PRÉPAS **SCIENTIFIQUES**

ÉPREUVE DE FRANÇAIS-PHILOSOPHIE

CONCOURS 2024

Individu et communauté

Tout-en-un

Eschyle – Spinoza – Wharton

Nicolas Cavuoto-Denis, agrégé de lettres classiques et docteur en langues et littératures anciennes, enseigne en CPGE au lycée Pasteur à Besançon.

Glen Grainger, agrégé de lettres modernes, enseigne en CPGE au lycée Thuillier à Amiens.

Aurélie Palud, agrégée de lettres modernes et docteure en littérature comparée, enseigne en CPGE aux lycées Gallieni et Ozenne à Toulouse.

Anne-Bérengère Poirey, agrégée de philosophie, enseigne en CPGE au lycée Montesquieu au Mans.

Pierre Prodromides, agrégé de philosophie, enseigne à Sorbonne Université à Paris.

Laurent Russo, agrégé de lettres modernes, enseigne en CPGE au lycée Mistral à Avignon.

Claire Sani, agrégée de lettres modernes, enseigne au lycée Yourcenar et intervient en CPGE au lycée Montesquieu au Mans.

Vuibert

Les renvois de page, numéros de lettres, actes ou vers présents dans l'ouvrage sont issues des éditions suivantes :

– éditions Gallimard (collection Folio Classique) pour *Tragédies complètes*, Eschyle, 1982.
– éditions Flammarion (collection GF) pour *Traité théologico-politique*, Spinoza (édition 2024).
– éditions Flammarion (collection GF) pour *Le Temps de l'innocence*, Wharton (édition 2024).

ISBN : 9978-2-311-21860-2

Création de la couverture : Hung Ho Thanh
Adaptation de la couverture : Les PAOistes
Composition : Hervé Soulard

Sommaire

PARTIE 5. SUJETS ET CORRIGÉS

PARTIE 6. CITATIONS

PARTIE 1

Repères sur le thème

Introduction

> « *À mesure que les conditions s'égalisent, il se rencontre un plus grand nombre d'individus qui, n'étant plus assez riches ni assez puissants pour exercer une grande influence sur le sort de leurs semblables, ont acquis cependant ou ont conservé assez de lumières et de biens pour pouvoir se suffire à eux-mêmes. Ceux-là ne doivent rien à personne, ils n'attendent pour ainsi dire rien de personne ; ils s'habituent à se considérer toujours isolément, et ils se figurent volontiers que leur destinée tout entière est entre leurs mains.*
>
> *Ainsi, non seulement la démocratie fait oublier à chaque homme ses aïeux, mais elle lui cache ses descendants et le sépare de ses contemporains ; elle le ramène sans cesse vers lui seul, et menace de le renfermer enfin tout entier dans la solitude de son propre cœur.* »
>
> Alexis de Tocqueville, *De la démocratie en Amérique*, tome III, deuxième partie, chapitre 2, 1848.

Au cœur de New York, capitale économique du monde capitaliste contemporain, se trouve un ensemble de dix-neuf bâtiments et gratte-ciels construit par l'une des familles les plus riches de l'histoire des États-Unis : la famille Rockefeller. On y lit, sur une plaque commémorative, les mots suivants : « *Je crois à la valeur suprême de l'individu, à son droit à la vie, à la liberté, et à la recherche du bonheur* ». Ces mots sont ceux de John D. Rockefeller Jr., fils de John D. Rockefeller Sr., fondateur de la Standard Oil Company, puissante et tentaculaire compagnie pétrolière de la première moitié du vingtième siècle. Bien sûr, on aura reconnu les trois droits inaliénables établis dans le préambule à la Déclaration d'indépendance des États-Unis en 1776 : « *Nous tenons pour évidentes par elles-mêmes les vérités suivantes : tous les hommes sont créés égaux ; ils sont doués par leur créateur de certains droits inaliénables ; parmi ces droits se trouvent la vie, la liberté et la recherche du bonheur* ». Néanmoins, tandis que, selon la Déclaration d'indépendance, ces trois droits sont également distribués « *par le créateur* » à tous les hommes, Rockefeller paraît ne les placer qu'en seconde position, comme fondés sur un fait plus fondamental : la **valeur suprême de l'individu**. Il y a là comme un détournement frauduleux du texte fondateur de la culture politique états-unienne, car en déclarant leur indépendance, les treize colonies créaient une **communauté politique**. Et les droits inaliénables que la Commission des Cinq, chargée de composer le texte de la Déclaration, accordait aux individus étaient **indissociables des valeurs et idéaux de la communauté politique** qu'ils tentaient de fonder.

La croyance en la valeur suprême de l'individu enveloppe l'idée que ce qui compte, en premier lieu, et qui doit être le premier objet de considération dans les décisions publiques, ce sont les buts et les aspirations des personnes individuelles plutôt que du groupe social dans son ensemble. Cette idée est **située historiquement et culturellement**. Ni un citoyen d'une cité grecque, ni un paysan du Moyen Âge européen, ni un habitant de la ville multiethnique de Teotihuacan située dans la vallée de Mexico au ve siècle de notre ère, n'aurait pu penser que sa communauté ne devait mettre en place des lois et des coutumes que dans la mesure où celles-ci favoriseraient son propre épanouissement personnel, ses désirs et ses buts.

Pour renforcer ce point, notons que le mot « individu » n'a désigné que très tardivement une réalité politique. Étymologiquement, « individu » est l'exact équivalent latin du grec « atome » : ce qui ne peut plus être divisé. Lorsque les philosophes médiévaux parlent ainsi d'individus, ils ont en tête ces objets que l'on ne peut diviser sans qu'ils perdent leur identité : une personne, mais aussi un animal, une chaise, une plante, par opposition aux choses qui peuvent être divisées (une certaine quantité d'eau, un tas de sable).

Si l'on s'en tient à cette étymologie, l'individu au sens politique sera la plus petite **division** d'une communauté politique. Le concept d'individu peut alors être lu en comme un concept fonctionnel — son sens est donné par la fonction qu'il occupe dans une explication : on considérera **« individu » comme la plus petite unité explicative en fonction de la réalité sociale qui est étudiée**. Par exemple, l'étude d'une société donnée pourra considérer que la plus petite unité explicative est la personne, car ce sont les volontés et les désirs des personnes qui expliquent leurs choix et leurs actions, et donc le comportement de la communauté dans son ensemble. Mais une étude des rapports économiques au sein d'une communauté pourra plutôt considérer la famille ou le ménage comme individu, car ce serait au niveau du ménage que sont prises les décisions économiques, et ainsi le ménage serait, de ce point de vue, la plus petite unité explicative. Enfin, si on étudie les relations internationales, on pourra vouloir traiter les États comme des individus, plus petite division explicative d'une communauté internationale, puisque ce qui compte alors, ce sont les volontés et les actions des États et non directement des personnes qui les composent.

Il ne faut pas perdre de vue cette variabilité explicative du concept d'individu. Néanmoins, et pour revenir à l'esprit de la modernité occidentale que caractérise la formule de Rockefeller, la pensée politique qui se fait jour en Europe à partir de la fin du xviiie siècle paraît accorder à l'individu, compris en tant que **personne individuelle**, d'être la réalité politique fondamentale. À l'heure des révolutions, la communauté politique n'est plus organisée selon un ordre transcendant accomplissant des fins fixées par une nature ou un dieu sans que les personnes individuelles n'aient leur mot à dire. L'ordre naturel du *cosmos*, ou de la cité de Dieu, ne sont plus des modèles que les communautés humaines devraient imiter ; ce sont les volontés individuelles qui deviennent les principes de l'association politique.

Notre époque contemporaine se situe dans cet héritage et elle a consacré le **primat de l'individu**. Pourtant, on peut se demander si nos sociétés occidentales n'ont pas radicalisé à outrance la prédominance des désirs des individus sur les buts de la communauté dans son ensemble. Peut-on même croire qu'un individu puisse être l'auteur exclusif de ses pensées, de ses volontés et de ses actions ? Ce que désire un individu dépend aussi des valeurs que porte la communauté dont il fait partie. Il est alors impossible de croire que les individus ne dépendent que d'eux-mêmes et que l'on pourrait les étudier sans prendre en compte le tissu de relations sociales dans lequel ils s'intègrent. En ce sens, **« individu » et « communauté » sont des concepts réciproques**. De même que la cause est toujours la cause d'un certain effet – et l'effet, l'effet d'une certaine cause –, l'individu est toujours l'individu d'une certaine communauté, et la communauté, la communauté de certains individus. Si une communauté se forme parce que certains individus partagent des valeurs, des croyances et des désirs, il est très clair qu'en retour, les valeurs, croyances et désirs des individus dépendent de leur appartenance à une ou plusieurs communautés.

Nous avons noté que la naissance du concept d'individu comme réalité politique fondamentale est historiquement et culturellement située dans l'Europe de la fin du XVIIIe siècle, et que nos sociétés contemporaines ont, dans le sillage de cette situation historique, érigé l'individu comme *« valeur suprême »*. Mais nous avons également relevé que ce qui définit chaque individu – ses croyances, ses actions et ses désirs – dépend de la communauté à laquelle il appartient. Ces deux traits révèlent la **situation paradoxale** dans laquelle se trouvent nos sociétés occidentales. Comme tout être humain de toute époque, nous aspirons aux valeurs de notre communauté mais, comme nous l'avons noté, ces communautés particulières que sont les sociétés contemporaines occidentales ont pour valeur suprême le primat de l'individu, de sorte que celles-ci **nous renvoient à nous-mêmes**, et nous ne savons plus comment donner du sens à notre vie, et aux liens que nous formons avec les autres individus. Ce diagnostic était déjà celui de Tocqueville dans la citation en exergue qui semble correctement décrire la situation de nos sociétés contemporaines. Le choix de ce thème, *« individu et communauté »*, peut donc nous encourager à réfléchir aux moyens de ne pas se trouver *« enfermés dans la solitude de [notre] propre cœur »*.

1. Différents moyens de faire communauté

Comment des individus en viennent-ils à faire communauté ? Il faut d'abord noter que la formulation même de cette question n'a rien d'évident. En effet, a-t-on déjà vu des individus qui ne feraient partie d'aucune communauté ? Il est possible d'étudier, historiquement, comment certaines communautés se sont formées, mais les individus qui ont formé ces communautés faisaient toujours déjà partie d'autres communautés. On ne trouvera pas un moment dans l'histoire où des êtres solitaires qui ne comptaient que sur eux-mêmes se sont tout d'un coup trouvés à vouloir partager leur vie avec d'autres êtres solitaires, dans le cadre d'une association politique pour promouvoir un bien commun.

Par conséquent, notre question doit être précisée puisqu'il ne peut s'agir de décrire une hypothétique formation de communauté *ex nihilo*. D'un côté, on peut choisir d'étudier les **communautés déjà formées** et repérer les mécanismes qui participent à maintenir, développer et renforcer les liens sociaux entre les individus. Et d'un autre côté, on peut préciser notre problème en lui donnant un sens normatif : comment des individus **devraient-ils** former des communautés ? Ces deux questions correspondent à deux grandes traditions opposées en philosophie politique.

La première, que l'on peut appeler **institutionnaliste**, soutient que les communautés politiques sont fondées dans un grand nombre d'institutions sociales (famille, État, associations), économiques (commerce, impôts, Sécurité sociale) et culturelles (théâtre, sport) qui participent à créer du **lien social** entre des individus qui en viennent à partager des valeurs, des désirs et des croyances. Cette tradition peut être associée aux noms d'Aristote, de Hegel, de Marx et, plus récemment, de Charles Taylor.

La seconde, que l'on peut appeler **contractualiste**, correspond à la pensée politique dominante aux XVIIe et XVIIIe siècles. Il s'agit d'affirmer que les communautés politiques sont fondées dans un **contrat social** tacite que les membres passent les uns avec les autres. L'effort de cette tradition consiste à réfléchir aux conditions dans lesquelles un contrat social peut être **juste**, c'est-à-dire respecter les droits que les individus ont naturellement et dont la communauté ne peut les priver. Cette tradition est associée aux noms de Hobbes, Locke, Spinoza, Rousseau, Kant et, plus récemment, John Rawls.

A. Fonder la communauté politique sur un contrat social

Comme nous l'avons remarqué, il n'est pas possible de décrire historiquement la formation d'une communauté politique par des individus qui n'appartiendraient à aucune société. Les théoriciens du contrat prennent acte de cette impossibilité, mais soulignent que cela ne nous empêche pas de décrire une situation **fictive** dans laquelle de tels individus passeraient contrat. Puisque la perspective est normative, qu'il s'agit d'établir quel doit être le **bon contrat social**, il est pertinent d'imaginer cette situation pour voir ce que des individus **devraient** alors faire pour fonder une communauté juste. Cette situation fictive où les individus n'appartiennent à aucune communauté est l'**état de nature**. Néanmoins, la fiction de l'état de nature n'est pas une simple fantaisie ; elle est toujours adossée à une certaine conception anthropologique, c'est-à-dire à une certaine idée de la **nature humaine**. Ainsi, chaque théorie du contrat social est **à la fois une théorie normative de la communauté politique et une théorie de la nature des individus humains qui contractent**.

a. Les individus égoïstes de Hobbes et le pacte de soumission

Pour le philosophe anglais Thomas Hobbes (1588-1679), l'état de nature fictif est un **état de guerre** de chacun contre chacun. En effet, chaque individu a un **droit naturel égal** à chercher à préserver sa vie par tous les moyens dont il dispose, y compris des moyens violents. Cet égoïsme, fondé sur un droit naturel, conduit chaque individu à se trouver dans un danger constant, caractérisé par la célèbre formule provenant du théâtre latin : « *l'homme est un loup pour l'homme* ». Hobbes reprend à son compte cette locution mais y ajoute : « ***il est également vrai que l'homme est un dieu pour l'homme*** ». Hobbes ne tranche pas ; l'homme est à la fois un loup et un dieu pour les autres hommes. La raison en est que si, dans l'état de nature, les hommes doivent se méfier les uns des autres car ils ne peuvent rien attendre d'individus qui ne sont qu'égoïstement guidés par leur volonté naturelle de se préserver eux-mêmes, au contraire, dans l'**état civil**, les individus, parce que leur sécurité est assurée, peuvent entrer en relation les uns avec les autres en témoignant du meilleur de leur nature.

On voit donc que l'essentiel d'une communauté juste est, pour Hobbes, qu'elle assure la **sécurité** de chacun de ses membres, condition nécessaire pour que les individus puissent tisser des liens sociaux. Quel type de contrat les individus doivent-ils alors passer pour former une communauté où leur sécurité est assurée ? Il s'agit, pour Hobbes, d'un **pacte de soumission** par lequel chacun abandonne son droit à préserver sa propre vie par tous les moyens, et le transfère à un **Souverain**, qui est soit un monarque soit une assemblée ; et ce Souverain est chargé d'assurer la sécurité des membres de la communauté. Ainsi, dans la théorie hobbesienne, deux éléments doivent fonder la communauté politique : la **promesse** que chaque individu fait à tous les autres de ne pas exercer son droit naturel à préserver sa vie par tous les moyens, et l'**État-souverain** que le pacte institue, et qui promet en retour d'assurer la sécurité de tous.

Texte-clé

« Le seul moyen d'établir pareille puissance commune, capable de défendre les humains contre les invasions des étrangers et les préjudices commis aux uns par les autres et, ainsi, les protéger de telle sorte que, par leur industrie propre et les fruits de la terre, ils puissent se suffire à eux-mêmes et vivre satisfaits, est de rassembler toute leur puissance et toute leur force sur un homme ou sur une assemblée d'hommes qui peut, à la majorité des voix, ramener toutes leurs volontés à une seule volonté. C'est plus que le consentement ou la concorde ; il s'agit d'une unité réelle de tous en une seule et même personne, faite par convention de chacun avec chacun, de telle manière que c'est comme si chaque individu devait dire à chaque individu : *j'autorise cet homme ou cette assemblée d'hommes, et je lui abandonne mon droit de me gouverner moi-même, à cette condition que tu lui abandonnes ton droit et autorises toutes ses actions de la même manière.* Cela fait, la multitude, ainsi unie en une personne une, est appelée un État [...]. »

Hobbes, *Léviathan*, livre II, chapitre 17, Gallimard, « Folio Essais », Paris, 2007, traduction G. Mairet, p. 287.

b. Les individus libres de Rousseau et le pacte d'association

Ainsi, les individus hobbesiens abandonnent au souverain une grande partie de leur liberté. Or, pour le philosophe suisse Jean-Jacques Rousseau (1712-1778), la liberté est le cœur de la nature humaine, et celui qui abandonne sa liberté renonce par là aussi à son humanité. La communauté fondée par le pacte de soumission de Hobbes ne peut donc convenir à des individus qui sont libres par nature. Le contrat social rousseauiste est un **pacte d'association** qui a pour but de créer une **volonté générale**. C'est le concept central qui caractérise la communauté politique pour Rousseau : il s'agit de la volonté de la communauté dans son ensemble, qui vise toujours le bien commun. Il est essentiel, pour Rousseau, de la distinguer de la **volonté de tous** : la volonté de tous n'est que la somme des volontés individuelles – en ce sens, elle peut être pétrie de contradictions, puisque chaque individu peut vouloir des choses différentes, viser des biens individuels. L'idée de Rousseau est que la volonté générale ne vise pas un bien individuel, ou une somme de biens individuels, mais le **bien commun**, et en ce sens, elle est la volonté de la communauté.

Cette communauté réunie par une volonté générale, Rousseau l'appelle la **République**. Chaque individu doit se soumettre à la République, mais cette soumission n'est pas une perte de liberté comme chez Hobbes. En effet, la volonté générale de la communauté est aussi la volonté de chaque individu puisqu'il est, par le pacte d'association, citoyen de la République. De sorte que chaque citoyen ne se soumet qu'à sa propre volonté ; il est ainsi libre, au sens où il se donne, via l'association avec d'autres individus, sa propre loi et vise le bien commun. D'où la célèbre phrase de Rousseau selon laquelle

*« quiconque refusera d'obéir à la volonté générale y sera contraint par tout le corps : ce qui ne signifie autre chose **qu'on le forcera à être libre** »* (*Du contrat social*, I, 7).

Texte-clé

> « Ainsi par la nature du pacte, tout acte de souveraineté, c'est-à-dire tout acte authentique de la volonté générale, oblige ou favorise également tous les citoyens, en sorte que le Souverain connaît seulement le corps de la nation et ne distingue aucun de ceux qui la composent. Qu'est-ce donc proprement qu'un acte de souveraineté ? Ce n'est pas une convention du supérieur avec l'inférieur, mais une convention du corps avec chacun de ses membres : convention légitime, parce qu'elle a pour base le contrat social, équitable parce qu'elle est commune à tous, utile parce qu'elle ne peut avoir d'autre objet que le bien général, et solide, parce qu'elle a pour garants la force publique et le pouvoir suprême. Tant que les sujets ne sont soumis qu'à de telles conventions, ils n'obéissent à personne mais seulement à leur propre volonté [...]. »
>
> Jean-Jacques Rousseau, *Du contrat social*, livre II, chapitre 4.

c. Les individus rationnels de Rawls et les principes de justice

Dans sa *Théorie de la justice* (1971), le philosophe John Rawls (1921-2002) renouvelle le projet contractualiste de la philosophie politique classique en faisant porter l'accent sur le concept de justice. Les contractants doivent se mettre d'accord sur des **principes de justice** qui seront au fondement de la communauté politique. *Justice* n'est pas ici entendu au sens restreint du pouvoir judiciaire, mais au sens plus large que Rawls appelle la ***« justice comme équité »***. Rawls décrit la situation fictive des contractants comme la ***« position originelle »*** caractérisée par le ***« voile d'ignorance »***. Dans cette situation fictive, tous les individus sont placés sous un voile d'ignorance : ils ne savent rien de leur position dans la communauté, s'ils sont riches ou pauvres, puissants ou non ; ils ne savent rien non plus de leurs compétences et talents personnels ; enfin, ils ne savent rien de leurs aspirations et, en particulier, ils ne savent pas ce que constituerait pour eux une vie bonne. Cette situation d'ignorance permet de garantir que les contractants ne pourront pas favoriser leurs préférences subjectives puisque, par hypothèse, ils les ignorent. La question de Rawls est alors la suivante : sur quels principes de justice de tels individus se mettraient-ils d'accord ?

Comme on l'a dit, chaque théorie du contrat social comporte une anthropologie sous-jacente, c'est-à-dire une certaine conception de la nature des individus humains. Pour Rawls, ce qui caractérise la nature de l'individu humain, c'est sa **rationalité** : il est capable de délibérer et de faire des choix qui lui permettent de parvenir aux fins qui comptent pour lui. Supposons alors des individus rationnels ignorants de leur destin futur dans la communauté. Pour Rawls, de tels individus se mettraient d'accord sur trois principes de justice, par ordre d'importance :

- le principe d'**égale liberté** : chacun a un accès égal aux libertés fondamentales, et particulièrement à celle de décider ce qui constitue pour lui une bonne vie ;

- le principe de **différence** : les inégalités sociales et économiques ne sont justes que si elles contribuent à améliorer le sort des moins favorisés ;
- le principe d'**égalité des chances** : les inégalités sociales et économiques sont attachées à des postes et des fonctions qui sont ouvertes à tous.

L'idée de Rawls est ainsi que la communauté juste obéit aux principes sur lesquels des individus rationnels se mettraient d'accord, alors même qu'ils ne sauraient pas quelle est leur situation, favorisée ou non, dans la communauté. Il faut bien noter la dimension normative et idéale de la théorie rawlsienne ; pour lui, par exemple, le capitalisme économique est un système incompatible avec le principe de différence, car les inégalités qu'il produit ne contribuent pas à améliorer le sort des moins favorisés. De sorte que nos communautés politiques occidentales sont loin d'être des communautés justes.

B. Créer du lien social à travers des institutions

Pour d'autres philosophes, il est tout à fait vain d'élaborer des théories idéales du contrat social car ce n'est tout simplement pas comme cela que fonctionnent les communautés politiques. Il ne faut pas penser l'individu humain à partir d'une essence abstraite, et ensuite expliquer comment celui-ci s'engagerait dans une communauté sociale, car l'individu est toujours, déjà, une réalité sociale. Comme le dit le philosophe allemand Karl Marx dans ses *Thèses sur Feuerbach* (1845) : « ***l'essence humaine n'est pas une abstraction inhérente à l'individu singulier. Dans sa réalité effective, elle est l'ensemble des rapports sociaux*** ». Une communauté n'existe que parce qu'il y un grand nombre d'**institutions qui favorisent les liens sociaux**, et qui tissent des rapports d'interdépendance étroits à tous les niveaux de la vie des individus. Le concept d'institution est ici à entendre en un sens très large, il s'agit de toute pratique engageant des membres de la communauté, reposant sur des **règles reconnues et acceptées par les individus**. Si certaines institutions sont légalement encadrées – le mariage, la grève, les associations et partis politiques –, les règles qui gouvernent d'autres institutions ne sont parfois inscrites dans aucune loi, bien qu'elles soient suivies par les membres de la communauté. Ainsi, une fête chez des amis ou une sortie au musée repose sur un certain nombre de règles qui gouvernent le comportement des individus et tissent du lien social, chacun attendant de l'autre certaines attitudes et pratiques, et sachant que l'autre en attend tout autant, mais ces règles restent tacites. Ces institutions peuvent parfois, au contraire, distendre les liens sociaux, soit en éloignant les individus les uns des autres, soit en excluant certains individus des communautés qu'elles créent. Par conséquent, la perspective qui étudie la communauté à partir de ses institutions doit aussi être une perspective **critique** qui évalue ces institutions.

a. L'analyse hégélienne de la famille : apprendre à vivre en communauté

Le philosophe allemand Hegel (1770-1831) voit dans la famille l'une des institutions par lesquelles les individus tissent des liens sociaux. La famille dont il est question chez Hegel est la famille nucléaire bourgeoise, arrangée autour du couple hétérosexuel, marié, monogame, et de ses enfants. Il est certain que, sur plusieurs points, l'analyse hégélienne ne peut être maintenue pour nos communautés contemporaines dans la mesure où elle place la femme dans une position subalterne et ne prend en compte que des relations hétérosexuelles. Néanmoins, le cœur de la conception hégélienne de la famille n'est pas là, et l'analyse peut donc avoir une pertinence pour nos sociétés contemporaines. Pour Hegel, une famille est avant tout une institution dans laquelle des individus **apprennent à vivre en communauté**. Le couple apprend l'interdépendance ; il transforme le sentiment subjectif d'amour en lien social objectif. Le couple s'affirme aussi comme une personne individuelle dans la communauté des familles puisque, pour Hegel, un mariage est avant tout la création d'une nouvelle famille, distincte des familles dont proviennent chacun des époux.

On pourrait pourtant penser que la famille restreint le lien social puisqu'elle crée une sphère privée où se fréquentent les parents et les enfants, opposée à la sphère publique du reste de la communauté. Mais pour Hegel, ce n'est pas le cas car la famille est une **réalité transitoire** qui enveloppe toujours la possibilité de sa dissolution : les enfants quittent la famille, les parents meurent. Autrement dit, du point de vue des enfants, la famille est l'institution dans laquelle ils apprennent à nouer des liens sociaux mais qu'ils sont aussi destinés à quitter pour former d'autres liens sociaux à l'échelle plus large de la communauté – de même que les parents doivent apprendre à laisser partir les enfants en les reconnaissant comme des membres de plein droit d'une communauté plus large que celle de la famille.

Texte-clé

« §162

Peuvent apparaître comme points de départ subjectif du mariage plutôt l'*inclination particulière* des deux personnes qui entrent dans ce rapport, ou bien la *prévision* et l'arrangement entre les parents, etc. ; mais le point de départ objectif est le libre consentement des personnes, en l'occurrence le consentement à *constituer une seule personne*, à renoncer à leur personnalité naturelle et singulière dans cette unité-là ; il est, à cet égard, une autorestriction, mais, comme elles y gagnent précisément leur conscience de soi substantielle, il est leur libération.

§163

L'*élément-éthique* du mariage consiste en la conscience de cette unité en tant que fin substantielle, consiste donc en l'amour, la confiance et la communauté de toute l'existence individuelle. [...]

§177

La dissolution éthique de la famille tient à ce que les enfants, éduqués à la personnalité libre, sont reconnus à leur *majorité* comme des personnes juridiques et sont reconnus capables d'une part d'avoir une libre propriété qui leur soit propre, d'autre part de fonder leur propre famille [...]. [I]ls ont désormais leur destination substantielle dans cette famille, devant laquelle s'efface leur première famille, en tant qu'elle est seulement un fondement premier et un point de départ [...]. »

Hegel, *Principes de la philosophie du droit*, PUF, « Quadrige », Paris, 2013, traduction J.-F. Kervégan, p. 329.

b. Travail et communauté

L'idée que le travail est une institution qui tient un rôle essentiel dans l'établissement et dans l'enrichissement des liens sociaux est ancienne. Déjà, Platon, dans sa *République* (384-377 av. J.-C.), notait qu'il est essentiel, dans une cité, que les tâches nécessaires au bon fonctionnement de la communauté soient réparties entre les individus selon leurs compétences particulières. Platon est ainsi l'un des premiers penseurs de la **division du travail**. La division du travail renforce les liens sociaux puisqu'elle implique l'interdépendance des individus, comme chacun n'assure qu'une partie des tâches nécessaires à fabriquer ce dont la communauté a besoin. Néanmoins, comme Karl Marx (1818-1883) l'a montré, la division du travail qui a cours dans le système de production capitaliste conduit à l'**aliénation** des ouvriers. Ceux-ci répètent mécaniquement les mêmes tâches et ne reçoivent pourtant pas le profit que leur travail produit, puisque celui-ci est approprié par le capitaliste, c'est-à-dire par celui qui possède les moyens de production. Plus précisément, pour Marx, c'est l'invention des **manufactures** qui est responsable de cette aliénation. En effet, en réunissant des ouvriers dans une manufacture, le propriétaire de l'usine crée une **communauté de travail** qui, par la mise en commun de leur force de travail, produit **plus** que s'ils étaient restés isolés. En ce sens, la manufacture est bien une institution qui participe à créer une communauté, une **classe**, que Marx appelle le **prolétariat**. Néanmoins, c'est une communauté qui **aliène** les individus qui en sont membres car ils ne reçoivent pas les fruits de leur travail : il leur est seulement payé un **salaire** qui est nécessairement **inférieur à la valeur de leur travail** puisque l'entreprise doit dégager un **profit**. Pour Marx, ce mode de production comprend donc une contradiction interne dans la mesure où les communautés qu'il institue aliènent les individus membres de ces communautés.

Texte-clé

« D'autre part, les individus eux-mêmes sont complètement subordonnés à la division du travail et ils sont par là même placés dans une dépendance totale les uns vis-à-vis des autres. Dans la mesure où, à l'intérieur du travail, elle s'oppose au travail, la propriété privée naît et se développe par la nécessité de l'accumulation et continue, au début, à conserver la forme de la communauté, pour se rapprocher cependant de plus en plus de la forme moderne de la propriété privée dans son développement ultérieur. »

Marx et Engels, *L'Idéologie allemande*, Éditions Sociales, Paris, 1968, traduction Henri Auger, Gilbert Badia, Jean Baudrillard et Renée Cartelle, p. 101.

Ce mode de production capitaliste comporte un autre type d'aliénation que Marx n'avait pas aperçu. En effet, pour que la communauté de travail puisse produire, il faut qu'elle **conserve et maintienne sa force de travail**. Or cette conservation et ce maintien sont l'objet d'un travail non ou mal rémunéré : le **travail de reproduction sociale**. Des philosophes féministes contemporaines comme Sylvia Federici ou Nancy Fraser ont ainsi prolongé l'analyse de Marx en montrant que le travail domestique et affectif, le travail d'éducation et de soin, toute cette dimension non directement productive du travail, participe à **maintenir la communauté en état d'accomplir les tâches productives** que

Marx a analysées. Or, ce travail de reproduction sociale, qui est indispensable à la communauté, est en majorité réalisé par des femmes, des personnes racisées ou issues de l'immigration. Ces personnes subissent alors une **aliénation supplémentaire** par rapport aux ouvriers de la manufacture, car non seulement leur rémunération est inférieure à la valeur de leur travail (quand elle n'est pas inexistante), mais la valeur de ce travail non productif n'est même pas considérée dans la mesure où ce dernier ne s'insère pas directement dans le système des échanges de marchandises, puisqu'il ne produit pas directement de marchandise. Autrement dit, **la contribution de ces individus à la communauté n'est même pas proprement reconnue**.

c. Les institutions de gestion des biens communs

Certains biens sont indispensables à la communauté et n'appartiennent pourtant à aucun de ses membres : l'eau, l'air, les ressources dont la communauté tire son alimentation. En 1968, le biologiste Garrett Hardin met en évidence ce qu'il appelle la **tragédie des biens communs**. Si chaque individu de la communauté peut s'approprier une partie de ces ressources communes, et si chacun souhaite maximiser le profit qu'il tire de cette ressource, la communauté court le risque d'épuiser la ressource et d'en perdre le bénéfice. Si chaque pêcheur pêche autant qu'il le peut, la ressource en poissons risque de s'épuiser. Les individus jouent ici un **dilemme du prisonnier** contre l'ensemble de la communauté : ils ont intérêt à prendre le plus possible de la ressource pour maximiser leur gain, mais si chacun suit cette stratégie dominante, la ressource s'épuise et le résultat collectif est le pire possible.

L'économiste et prix Nobel Elinor Ostrom (1933-2012) a montré que ni la propriété privée, ni la propriété publique étatique ne résout la tragédie des biens communs. La propriété privée des biens communs va contre l'intérêt général puisque la communauté dans son ensemble doit profiter de ces biens. La propriété publique par l'État conduit à une gestion trop verticale et souvent désastreuse des biens communs. Pour Ostrom, il faut des **institutions de gestion collective de la ressource** dans lesquelles les individus communiquent et participent chacun directement aux décisions concernant la ressource. Ce mode de gestion collectif contribue ainsi à tisser des liens sociaux forts entre des individus qui partagent un intérêt commun : celui de préserver la ressource indispensable à la communauté dont ils font partie. Ostrom prend l'exemple des pêcheurs d'Alanya, en Turquie, qui ont créé des **coopératives** qui décidaient de règles de pêche que chacun respectait puisque chacun se sentait partie intégrante d'une communauté appuyée sur la ressource commune, gérée en commun.

2. Différents moyens d'affirmer son individualité

Être un individu dans une communauté, ce n'est pas simplement être un membre de la communauté, c'est aussi affirmer sa différence par rapport aux autres membres. On peut appeler **individualisation** les différentes manières par lesquelles des individus choisissent d'affirmer leur **singularité**.

A. Affirmer sa liberté individuelle

L'individualisation est indissociable de l'affirmation de la liberté des individus au sein de la communauté : liberté des individus de choisir, pour eux-mêmes, quelles valeurs et quels choix de vie leur conviennent. Néanmoins, il ne peut s'agir de n'importe quel concept de liberté. Le concept adéquat est celui d'**autonomie**, ou d'**autodétermination**, c'est-à-dire décider pour soi-même et obéir à sa propre loi. Pour que les individus puissent s'individualiser en s'autodéterminant, la société doit garantir à l'individu son **indépendance**. Ainsi, le philosophe français Benjamin Constant (1767-1830) oppose la **liberté des Anciens** à la **liberté des Modernes**. Pour lui, les sociétés anciennes comme la société athénienne ou romaine, et les sociétés modernes, c'est-à-dire postérieures la Révolution française, sont fondamentalement différente. La liberté des Anciens est marquée par la prédominance de la sphère **publique** : est libre le citoyen athénien qui participe par son vote à la vie de la cité. De ce point de vue, la liberté des Anciens n'est pas un moteur d'individualisation des membres de la communauté car il s'agit avant tout de la liberté du **citoyen**. Or, en tant que citoyen, tous les individus libres (c'est-à-dire, à Athènes, une très petite partie de la population) sont égaux et se ressemblent dans la mesure où ils se définissent par leur participation à la vie publique de la cité.

Au contraire, la liberté des Modernes est marquée par la prédominance de la **sphère privée**. La sphère privée est un espace protégé des interventions excessives de la puissance publique, dans lequel les individus sont entièrement libres de leurs choix et de leurs actions. La liberté des Modernes est la liberté non pas du citoyen public, mais celle de l'**individu privé**. Affirmer son individualité, c'est donc exercer cette liberté des Modernes dans la sphère privée. Il s'agit d'une conception **individualiste** de la communauté, dans laquelle les affaires individuelles du domaine privé ont priorité sur les affaires communes du domaine public. En plus de la gestion des affaires publiques, l'État doit être le garant de la liberté fondamentale des individus, et protéger le plus possible cette sphère privée dans laquelle les individus peuvent vivre, affirmer librement qui ils sont et obtenir ce qu'ils désirent.

Texte-clé

« Nous possédons encore aujourd'hui les droits que nous eûmes de tout temps, ces droits éternels à consentir les lois, à délibérer sur nos intérêts, à être partie intégrante du corps social dont nous sommes membres. Mais les gouvernements ont de nouveaux devoirs ; les progrès de la civilisation, les changements opérés par les siècles, commandent à l'autorité plus de respect pour les habitudes, pour les affections, pour l'indépendance des individus. Elle doit porter sur tous ces objets une main plus prudente et légère. [...]

Que le pouvoir s'y résigne donc ; il nous faut de la liberté, et nous l'aurons ; mais comme la liberté qu'il nous faut est différente de celle des Anciens, il faut à cette liberté une autre organisation que celle qui pourrait convenir à la liberté antique ; dans celle-ci, plus l'homme consacrait de temps et de force à l'exercice de ses droits politiques, plus il se croyait libre ; dans l'espèce de liberté dont nous sommes susceptibles, plus l'exercice de nos droits politiques nous laissera de temps pour nos intérêts privés, plus la liberté nous sera précieuse. »

Benjamin Constant, *De la liberté des Anciens comparée à celle des Modernes*, 1819.

B. S'individualiser en affirmant son originalité

La figure de l'affirmation de la singularité radicale du « *moi* » dans la communauté est celle de l'**originalité**. L'individu original, c'est celui dont l'identité personnelle ne dépend pas de sa communauté, mais seulement des choix et désirs qui caractérisent son **for intérieur**. De la même manière, une œuvre originale est une œuvre qui n'est pas soumise aux canons de la communauté artistique de laquelle elle est issue. Il nous semble aujourd'hui évident qu'une œuvre artistique doit être originale et refléter la personnalité intime de son auteur. Mais cette idée est en réalité récente : elle date du XIXe siècle. Ce sont les penseurs et artistes **romantiques** qui ont insisté sur la valeur artistique de l'originalité. Cette thèse esthétique repose, en réalité, sur une nouvelle conception de l'individu : pour s'accomplir pleinement, celui-ci doit **marquer son originalité** par rapport aux autres membres de la communauté.

On peut faire intervenir ici la notion de **style** pour penser cette originalité. Il faut donner à sa vie un style qui lui est propre, et qui ne correspondrait à personne d'autre. La nouveauté de cette conception romantique de l'individu est bien marquée par l'interprétation que les Romantiques ont donnée d'une phrase célèbre de Buffon : « ***Le style, c'est l'homme même !*** ». Là où Buffon, auteur du XVIIIe siècle, entendait mettre l'écrivain face à ses responsabilités – celui qui écrit doit choisir un bon style, un style admis par la communauté, parce que ce style engage moralement l'écrivain –, les Romantiques, au contraire, liront la phrase dans l'autre sens : l'homme singulier, marqué d'une identité propre irréductible à aucune autre, doit choisir un style tout aussi singulier et original, et non se conformer au bon goût de la communauté. Dans ce mouvement d'affirmation romantique de l'originalité, d'autres figures de la littérature classique reçoivent une nouvelle lecture. Ainsi Alceste, le misanthrope dont Molière raillait la prétention à ne pas se conformer aux normes sociales, devient pour les Romantiques, au contraire, le modèle à suivre d'un vrai individu original. L'individualisation par l'originalité est ainsi, pour les Romantiques, un moyen de rejeter tout conformisme social, et d'affirmer la prédominance du moi.

C. La nécessaire médiation de la communauté : la reconnaissance

Néanmoins, l'affirmation de son originalité ne réussit que si la communauté reconnaît cette originalité. En effet, la figure de l'original est aussi celle de l'individu dont les bizarreries l'excluent de la communauté. Autrement dit, la communauté semble poser des limites à l'individualisation des personnes. On peut identifier deux conceptions de ces limites.

Dans la première conception, l'individu est un **personnage**. La communauté propose un ensemble de rôles, de personnages, de figures. Ces rôles sont des places sociales associées à des coutumes et à des pratiques particulières. La communauté attend que l'individu se conforme à l'un de ces modèles, et la liberté de l'individu ne consiste qu'à choisir lequel de ces personnages il jouera. Dans ce premier cas, on voit que les limites de l'individualisation sont déterminées **par avance** par la communauté ; et on aura du mal à croire que l'individu peut véritablement affirmer son originalité. Cette organisation des possibilités d'individualisation en personnages sociaux est généralement la marque d'une société très hiérarchisée, où chacun a son rôle à jouer, mais où la mobilité sociale est difficile, voire impossible.

Dans la seconde conception, l'individu est une **personne**. L'éventail des personnalités possibles n'est pas fixé par avance par la communauté. Néanmoins, l'affirmation d'une personnalité propre et originale passe par la **reconnaissance** de cette personnalité par d'autres membres de la communauté. Ici, l'affirmation de soi, l'individualisation, **passe toujours par les autres membres de la communauté, qui sont les seuls à même de reconnaître que la personnalité qui est la mienne m'est propre**, et est le fruit de mes choix et de mes désirs. Aussi, l'individualisation des membres de la communauté croît à mesure que se resserrent les liens sociaux, puisqu'il faut toujours des autres pour que je puisse m'affirmer en tant que moi-même. Comme le dit le philosophe allemand Axel Honneth dans son ouvrage *La Lutte pour la reconnaissance*[1] : « *la formation du "je" [...] présuppose la reconnaissance réciproque entre sujets : c'est seulement quand chacun des deux individus se trouve confirmé dans son activité propre par son vis-à-vis qu'il parvient corrélativement à se comprendre lui-même comme un "je" individualisé agissant de façon autonome.* » Dans cette conception qui met au cœur de l'affirmation d'une personnalité la reconnaissance par d'autres de l'originalité de cette personnalité, l'individualisation ne se fait jamais contre la communauté mais, au contraire, **par la communauté**.

D. La figure contemporaine de l'individualisation : le *self-made man*

Dans nos sociétés contemporaines, ce sont la **réussite** et le **mérite individuel** qui ont remplacé l'originalité comme figure centrale du succès de l'individualisation. Le mythe états-unien du ***self-made man*** en est la représentation la plus claire. Le *self-made man* est celui qui a su, par son travail et son mérite individuel, s'élever socialement pour parvenir aux plus hautes sphères sociales. Son histoire est celle de la réussite qui ne doit rien à autrui et tout à lui-même. Le mythe du *self-made man* est indissociable de la culture politique états-unienne, et l'un des Pères fondateurs des États-Unis en fut l'une des premières figures : Benjamin Franklin. La conception de la communauté qui accompagne ce mythe de la réussite individuelle est une conception dans laquelle la communauté n'est rien d'autre qu'un **espace d'opportunité** pour les individus. En retour, le *self-made man* est érigé en modèle, preuve que la communauté fait bien son travail d'assurer l'égalité des chances pour tous les individus : puisque certains, par leur mérite individuel, y parviennent, c'est que tout le monde peut le faire, pour peu que l'on s'en donne les moyens.

Évidemment, les sociologues et les philosophes ont montré que cette conception de la réussite individuelle tient bien plus du mythe que de la réalité. Elle repose sur deux principes : l'organisation de la communauté selon le **principe d'égalité des chances et des opportunités**, et le **mérite individuel**. Si la communauté fournit à chacun des chances égales, alors c'est bien le mérite individuel qui explique la réussite. Mais des sociologues comme Pierre Bourdieu et Jean-Claude Passeron ont montré, en étudiant, par exemple, l'école, que nos communautés n'assurent pas l'égalité des chances et des opportunités. Bien au contraire, l'école conduit le plus souvent à **reproduire des inégalités sociales et culturelles**. Et la notion de mérite individuel est également douteuse.

1. Gallimard, « Folio Essais », Paris, 2013, traduction Pierre Rusch, p.115.

Premièrement, il est difficile de distinguer ce qui, dans la réussite individuelle, est lié à des **conditions sociales favorisées**, à des **talents individuels naturels**, ou bien véritablement au travail fourni par l'individu. Or, il est clair que l'individu n'est responsable ni de ses conditions d'éducation, ni de ses talents naturels ; par conséquent, s'il réussit mieux parce qu'il possède un certain talent naturel, il n'y a là aucun mérite.

Deuxièmement, il est très difficile d'évaluer le facteur **chance** dans la réussite individuelle. Lorsque l'on observe la réussite d'un individu, on a tendance à ne pas prendre en considération les circonstances favorables dont l'individu a pu bénéficier. Il s'agit d'un biais cognitif bien connu des psychologues : le **biais de narration**. Nous avons tendance à récrire l'histoire comme s'il s'agissait d'un roman, d'une narration bien ordonnée où chaque événement a une cause qu'il faut chercher dans la volonté des individus, et par conséquent, nous considérons la réussite individuelle comme la fin d'un roman dont le *self-made man* est le héros. Mais le monde est plus chaotique et les circonstances toujours plus complexes que ce que nous pouvons nous raconter.

Troisièmement, le récit de la réussite individuelle à tendance à oublier **ce que l'individu doit à la communauté**. La fondatrice d'une grande entreprise ne réussit pas seulement parce qu'elle a fait une invention géniale. Elle réussit parce que tout un ensemble d'autres individus ont travaillé pour produire et commercialiser cette invention, parce qu'elle a bénéficié d'une éducation dans des lycées et universités, parce qu'elle a pu avoir des aides de l'État à la création d'entreprise, parce qu'elle a pu se reposer sur une famille et des amis qui l'ont soutenue, etc.

E. L'idéal d'authenticité

Si l'on peut attribuer la figure du *self-made man* aux dérives de l'individualisme contemporain, est-il néanmoins possible de proposer un autre idéal pour l'individualisation dans les sociétés contemporaines ? Le philosophe canadien Charles Taylor (né en 1931) propose en ce sens un **individualisme authentique** dans son livre majeur : *Les Sources du moi : la formation de l'identité moderne* (1989). Pour lui, l'idée moderne, associée aux Lumières, de l'individualisation par l'indépendance et la liberté individuelle ne produit qu'un individualisme déficient. L'indépendance de l'individu doit être associée à **un idéal et une exigence d'authenticité**. L'individualisme authentique de Taylor cherche ainsi à faire une synthèse entre la liberté individuelle affirmée par les Lumières d'un point de vue universaliste, et l'exigence d'originalité affirmée par les Romantiques d'un point de vue particulariste. La liberté de l'individu ne vaut que si c'est en tant que lui-même qu'il est libre ; que si, dans sa liberté, il est authentiquement qui il est. Cette exigence de **fidélité à soi-même**, de **sincérité**, est essentielle dans le processus d'individualisation, par lequel un individu se singularise dans sa communauté.

Pour Taylor, l'idéal d'authenticité n'est pas atteignable par l'individu **tout seul**. En effet, les communautés auxquelles l'individu se sent appartenir font partie intégrante de qui il est. Par conséquent, l'idéal de sincérité avec soi-même implique nécessairement de tisser des liens sociaux forts avec d'autres individus. **L'individu qui est authentiquement lui-même est toujours traversé par les communautés auxquelles il appartient, et par les individus qu'il connaît et aime**. De ce point de vue, Taylor suit Aristote en ce que l'homme est un animal politique, dont non seulement la nature, mais aussi l'identité particulière sont définis par les liens qu'il tisse avec d'autres hommes. Cette dimension plurielle de l'idéal d'authenticité permet à Taylor d'éviter les écueils de l'individualisme contemporain. **Il n'y a pas de primat de l'individu, car les individus, lorsqu'ils sont authentiquement eux-mêmes, sont pleinement des membres des communautés auxquelles ils appartiennent.**

3. Des pathologies de la communauté

Dans cette troisième partie, nous discutons quelques figures pathologiques de la relation entre individu et communauté. Ces deux concepts sont, en effet, au centre d'accusations politiques régulièrement entendues : la droite accuse la gauche de **communautarisme**, et la gauche accuse la droite d'**individualisme**. Que valent conceptuellement ces accusations ? Quels mécanismes conduisent à isoler les individus, ou à les monter les uns contre les autres, à détruire le lien social de **solidarité** qui doit faire tenir la communauté ?

A. L'individu contre la communauté

a. Le hors-la-loi

La figure la plus radicale de l'individu qui se place contre sa communauté est celle du **hors-la-loi** : celui qui refuse les coutumes et les lois de la communauté, qui s'en extraie ainsi volontairement. La figure du hors-la-loi correspond ainsi à un **resurgissement de l'état de nature dans l'état social** puisque le hors-la-loi brise le pacte social qui fait tenir la communauté. Au nom de quoi le hors-la-loi se place-t-il en dehors de la communauté ? Bien sûr, le brigand commet des crimes **par intérêt** : c'est ici la satisfaction individuelle qui se fait aux dépens de la communauté. Mais on trouve aussi des figures de bandit au grand cœur, comme Robin des Bois, qui se place hors de la communauté pour en **corriger les injustices** internes. Cette désobéissance au nom de principes moraux se retrouvent également aujourd'hui dans la figure du **lanceur d'alerte**.

Est-il néanmoins juste, au nom même de principes moraux, de s'extraire de la communauté alors que c'est précisément toujours dans la communauté que s'exercent ces principes ? N'y a-t-il pas là un idéalisme contradictoire ? On trouve, dans la pièce de Schiller *Les Brigands* (créée en 1781), une figure exemplaire du hors-la-loi qui, plutôt qu'obéir à la loi de la communauté, **obéit à la loi du cœur, la loi morale qu'il trouve en son for intérieur**. La pièce met en scène deux frères : Karl, l'aîné, un homme charismatique et rebelle au grand cœur ; Franz, le cadet, roublard et calculateur. Franz complote pour spolier Karl de sa part d'héritage ; symboliquement, c'est ici une exclusion de la communauté qui se joue puisque la transmission de l'héritage représente le moment où les fils prennent leur place propre dans la communauté. Karl devient alors le chef d'une troupe de brigands, de hors-la-loi.

Le personnage de Karl a fourni à la réflexion philosophique l'incarnation de l'individu qui n'obéit qu'à la loi du cœur, c'est-à-dire qui **se révolte contre l'ordre du monde, et avant tout contre sa communauté, au nom de l'affirmation de son individualité**. Parce que l'ordre social est fondamentalement injuste, les brigands de Schiller décident de s'y soustraire. Dans sa *Phénoménologie de l'Esprit* (1807), Hegel a montré qu'il y a là **une**

forme d'illusion, car la loi du cœur est toujours la loi de *mon* cœur. De sorte que pour les autres individus, cette loi n'en est jamais vraiment une. Celui qui affirme la loi de son cœur ne pourra jamais la rendre effective dans la communauté tant qu'il la maintient dans cette dimension subjective. Ainsi, dans son culte de la liberté individuelle, Karl affirme que les hommes ne sont qu'une *« race de crocodiles hypocrites »* ; mais ses actes de brigandage, même s'ils sont réalisés au nom d'un idéal – la loi du cœur, censée apporter la satisfaction de l'humanité – finissent par tant ébranler l'ordre social que Karl se rendra à la justice pour expier ses fautes contre la *« majesté des lois »*.

b. Le passager clandestin

Moins radical que le hors-la-loi, une autre figure d'individu plaçant ses désirs et ses volontés au-dessus des intérêts de la communauté est celle du **passager clandestin** (*free-rider*). Le passager clandestin, ou resquilleur, est celui qui profite des biens communs de la communauté sans fournir d'effort, qu'il soit financier ou non, pour préserver ces biens communs. Un exemple classique est celui de l'usager des transports en commun qui ne paye pas son billet. Le problème est ici que l'individu fait peser sur la communauté le poids de l'usage qu'il fait des biens communs. Bien sûr, s'il y a trop de passagers clandestins, le bien commun disparaît.

La notion de passager clandestin peut être appliquée à une large gamme de situations. Par exemple, les efforts écologiques à fournir au sein d'une communauté, voire entre les différents États : certains États, souvent les plus pollueurs, attendent de la communauté internationale qu'elle fournisse les efforts écologiques sans s'y soumettre eux-mêmes. L'intérêt de la notion de passager clandestin réside aussi dans le fait qu'elle peut être modélisée par la **théorie de jeux**, qui sert à l'étude des logiques de décisions individuelles et collectives. Cela explique en partie le succès de cette figure, après son introduction par l'économiste Mancur Olson en 1965. Néanmoins, l'idée que les individus prennent, en général, moins soin de ce qui est commun que de ce qui est propre est une idée ancienne. Déjà, au IVe siècle av. J.-C., Aristote affirmait dans ses *Politiques* que *« ce qui est commun au plus grand nombre ne fait pas l'objet de soins attentifs, l'homme prend davantage soin de ce qui lui est propre »*.

c. Le désintéressement et le repli sur la sphère privée

Il n'est pas nécessaire que l'individu se place explicitement contre la communauté pour que le lien social s'en trouve affecté. On a vu que l'établissement et la protection d'une **sphère privée** sont caractéristiques de la conception moderne de la liberté. Néanmoins, lorsque les individus se replient sur la sphère privée et se désintéressent des affaires publiques, la liberté privée individuelle devient une forme d'**individualisme**. Pour Tocqueville, il s'agit du plus grand danger qui guette les démocraties modernes. Pour jouir de la sphère privée qui leur est garantie par la communauté, les individus se fragmentent et le lien social qui les unit se distend. Pour Tocqueville, les individus choisiront alors des représentants et leur délégueront entièrement la gestion des affaires publiques, créant ainsi un *« immense pouvoir tutélaire »*, qui témoigne d'un **despotisme doux**. Tocqueville montre ainsi comment nos sociétés modernes ont créé un nouveau sentiment, *« l'individualisme »*, bien distinct de l'égoïsme traditionnel. À cette société d'individus atomisés, Tocqueville oppose une communauté marquée par une culture politique forte.

Texte-clé

« L'individualisme est une expression récente qu'une idée nouvelle a fait naître. Nos pères ne connaissaient que l'égoïsme. L'égoïsme est un amour passionné et exagéré de soi-même, qui porte l'homme à ne rien rapporter qu'à lui seul et à se préférer à tout. L'individualisme est un sentiment réfléchi et paisible qui dispose chaque citoyen à s'isoler de la masse de ses semblables et à se retirer à l'écart avec sa famille et ses amis ; de telle sorte que, après s'être ainsi créé une petite société à son usage, il abandonne volontiers la grande société à elle-même. L'égoïsme naît d'un instinct aveugle ; l'individualisme procède d'un jugement erroné plutôt que d'un sentiment dépravé. Il prend sa source dans les défauts de l'esprit autant que dans les vices du cœur. L'égoïsme dessèche le germe de toutes les vertus, l'individualisme ne tarit d'abord que la source des vertus publiques ; mais, à la longue, il attaque et détruit toutes les autres et va enfin s'absorber dans l'égoïsme. L'égoïsme est un vice aussi ancien que le monde. Il n'appartient guère plus à une forme de société qu'à une autre. L'individualisme est d'origine démocratique, et il menace de se développer à mesure que les conditions s'égalisent. »

Alexis de Tocqueville, *De la démocratie en Amérique*, livre II, partie 2, chapitre 3, 1835.

Cette affirmation de l'importance de la sphère publique est aussi celle du sociologue Richard Sennett dans son livre *Les Tyrannies de l'intimité* (1979). Pour lui, les sociétés contemporaines occidentales sont des sociétés de l'**intime** marquées par deux principes : le **narcissisme** et la **communauté**. Les individus sont narcissiques parce qu'ils se détournent de leur intérêt réel pour ne chercher des gratifications que dans la seule image de soi. De leur côté, les communautés – famille, voisinage, amis, etc. – favorisent ce narcissisme puisqu'elles sont fondées sur la ressemblance et sur des identités communes entre les membres. Il faut noter qu'ici, Sennett prend *« communauté »* en un sens restreint, qu'il oppose à la **société publique**, lieu des affaires publiques et des actions collectives. Cette sphère publique ou civile est pour Sennett le lieu où les individus doivent se présenter de manière **impersonnelle**, comme des **citoyens** plutôt que comme des individus appartenant à une communauté identitaire.

Cette approche, fortement inspirée par la pensée grecque de la cité, insiste donc sur le fait que les individus, dans la sphère publique, ne doivent pas marquer leur personnalité ou leur identité. Néanmoins, on peut noter que cette idée du citoyen public cache, le plus souvent, une vision restrictive. En effet, en refusant de considérer la question des identités et des communautés d'appartenance des individus, on court le risque d'être **aveugle aux phénomènes d'exclusion, de racisme et de sexisme qui caractérisent la sphère publique**. Dans la sphère publique, tout le monde n'est pas également citoyen et n'a pas également voix au chapitre ; et le citoyen public de Sennett, qui s'avance pour gérer les affaires communes, est bien, le plus souvent, un homme, blanc, et bourgeois. Il est donc essentiel d'étudier les mécanismes par lesquels la communauté exclut certains individus de l'espace public.

B. La communauté contre l'individu

a. La négation de toute individualité : du système totalitaire à l'industrie culturelle

Le type d'État qui s'oppose le plus radicalement à l'individu est l'État **totalitaire**. Comme son nom l'indique, le totalitarisme est la soumission de l'ensemble des parties du corps social au **tout**. Non seulement les liens entre les individus sont dissous, mais ce sont les individus eux-mêmes qui sont privés de toute personnalité propre. Le totalitarisme cherche à faire émerger un homme nouveau pour faire ainsi disparaître toutes les individualités qui l'ont précédé. Le projet d'une société totalitaire est celui d'une **société sans individu**.

Dans son fameux ouvrage *Le Système totalitaire* (1951), la philosophe allemande Hannah Arendt identifie deux points sur lesquels le totalitarisme fait fond : la **société de masse** et la **désolation des individus**. La société de masse peut être vue comme la disparition de toute communauté politique. Il n'y a plus de monde commun, d'espace partagé dans lequel les individus pourraient tisser des liens de solidarité et d'entraide. Il n'y a plus de sphère publique dans laquelle des citoyens pourraient débattre et prendre des décisions collectives. Cette société de masse est le lieu d'une **désolation** des individus. Cela désigne l'absence, la disparition des liens humains qui réunissent les individus. Ils ne sont plus que des points isolés, sans repères et sans appartenance. L'éducation totalitaire vise en cela à la destruction de toute possibilité d'affirmation de l'individualité : « *le but de l'éducation totalitaire n'a jamais été d'inculquer des convictions mais de détruire la faculté d'en former aucune* » (Arendt, *Les Origines du totalitarisme*[2], p. 823). De cette situation, le système totalitaire prend acte et veut pousser la désolation jusqu'au bout au moyen de la **terreur totale**, qui est pour Arendt l'essence du régime totalitaire. Elle écrit : « *aux barrières et aux voies de communication entre les hommes individuels, [la terreur totale] substitue un cercle de fer qui les maintient si étroitement ensemble que leur pluralité s'est comme évanouie en un **Homme unique aux dimensions gigantesques*** » (*ibid.*, p. 820).

Sans aller jusqu'à un système totalitaire faisant disparaître toute individualité, on peut remarquer que certains aspects des sociétés et cultures de masse occidentales opposent aux individus une vision totalisante de la communauté. Ainsi, dans *Kulturindustrie. Raison et mystification des masses* (1947), les philosophes Theodor W. Adorno et Max Horkheimer discutent ce qu'ils appellent **l'industrie culturelle**. Il s'agit de la production industrielle de biens culturels de consommation : films, musique, séries. Pour Adorno et Horkheimer, cette production en masse est marquée par deux phénomènes : la **standardisation** et le **conformisme**. Comme toute production à dimension industrielle, les produits culturels doivent être standardisés, ce qui implique d'***éliminer au maximum toute trace de l'individualité et de la singularité de l'objet produit***. Par exemple, les différentes séries télévisées produites par les chaînes de télévision ne se distinguent qu'en apparence ; elles reposent, au fond, sur des recettes standards qui permettent de les produire facilement et rapidement. L'industrie culturelle transforme des œuvres d'art en biens de consommation standardisés, et ainsi se caractérise par un conformisme extrême.

---

2. Gallimard, « Quarto », Paris, 2002, traduction Jean-Loup Bourget, Robert Davreu et Patrick Lévy, révisé par Hélène Frappat.

En effet, les biens standards doivent se conformer aux valeurs les plus superficielles de la communauté pour **plaire au plus grand nombre**, et donc se vendre au mieux. Ainsi, on voit bien que l'industrie culturelle est une production de produits standards par des artistes qui abandonnent leur individualité et leur originalité, à destination de consommateurs qui se ressemblent tous et aiment les mêmes choses. La communauté des producteurs-consommateurs des biens culturels se construit donc bien contre l'individualité des goûts et l'originalité des avant-gardes.

b. L'exclusion et le mépris social

Une communauté, sans nier toute possibilité d'individualisation, peut néanmoins exclure des individus sur des critères économiques, racistes ou sexistes. L'**exclusion sociale** frappe des individus qui ne répondent pas aux normes de la communauté : les personnes sans domicile, les personnes handicapées ou les personnes âgées. Il faut noter qu'une des normes essentielles des sociétés capitalistes contemporaines est que la valeur de l'individu est mesurée à son **rôle productif dans la société**. Les figures de l'exclusion sociale dans ces sociétés sont alors souvent celles d'individus qui n'ont plus de rôle productif ou, du moins, que le reste de la société considère comme tels : les chômeurs, les retraités. Pour remédier à cela, les communautés politiques occidentales ont mis en place des **États-providence** censés assurer une protection sociale. Mais si les assurances chômage et retraite garantissent un revenu de subsistance, elles ne sont en aucun cas une solution contre l'exclusion sociale. En effet, si la communauté mesure la valeur de l'individu à son rôle productif, elle exclura et méprisera toujours l'individu qui n'assure pas ce rôle, même s'il perçoit de l'État un revenu qui lui assure une existence sociale minimale. On identifie très bien ce mécanisme d'exclusion sociale et économique dans les accusations, à peine voilées, qui font des chômeurs des « *fainéants* » ou des « *profiteurs* ».

Les normes des communautés occidentales ne sont pas seulement économiques, mais aussi raciales et genrées. L'exclusion sociale de l'individu sur des critères de genre et de race fonctionne souvent comme une **invisibilisation**. Dans son roman *Homme invisible, pour qui chantes-tu ?* (1952), l'écrivain afro-américain Ralph Ellison décrit cette invisibilité de l'homme noir dans une communauté où l'homme blanc est la norme de l'individualité. La riche métaphore de l'invisibilité souligne l'**humiliation** qu'il y a à être là sans être vu, sans compter, comme les domestiques noires dont le regard ne compte pas lorsque la maîtresse blanche se dénude. Dans son prologue, Ellison fait jouer un « *je* », dont il ne dit pas encore qu'il est noir, face au « *on* » de la communauté. Puisqu'**on** ne me voit pas, je suis exclu de cette communauté, de ce « *on* » des gens visibles et qui comptent. Le narrateur d'Ellison dit ainsi que l'on « *regarde à travers* » lui. Cette invisibilité a été interprétée par Axel Honneth comme un **déni de reconnaissance** dans son livre *La Société du mépris* (2006). Ces différents dénis de reconnaissance, qui isolent les individus dans la communauté, Honneth les pense sous la figure du **mépris** : l'individualité qui n'est pas reconnue est méprisée ; elle ne compte pour rien dans la communauté.

Dans *Le Deuxième Sexe* (1949), la philosophe française Simone de Beauvoir cherche à comprendre l'exclusion genrée qui frappe les femmes dans les sociétés patriarcales. L'un des points centraux de son analyse est que le patriarcat est la forme sociale d'une communauté dans laquelle le masculin est **l'absolu,** tandis que le féminin est toujours placé **relativement** à cet absolu. La femme est l'**autre de l'homme**. En d'autres termes, l'individu en tant que tel est, dans une communauté patriarcale, toujours pensé comme un individu masculin. Les femmes, en ce sens, sont des **non-individus**, des *« autres »* qui se voient assigner des rôles de second ordre dans la communauté, puisqu'elles n'en sont membres que relativement aux individus pleinement reconnus comme tels : les maris, les pères, les frères.

Plus généralement, l'importance des questions d'identité dans les luttes sociales est aujourd'hui très reconnue par les philosophes et les sociologues. L'exclusion de certains individus de la communauté se fait le plus souvent par des **assignations d'identité** : femme, noir, homosexuel, handicapé... La juriste afro-américaine Kimberlé Crenshaw (née en 1959) a introduit le concept d'**intersectionnalité** pour rendre compte du fait que différentes assignations d'identité peuvent concourir à renforcer l'oppression de certains individus, par exemple les femmes noires. Deux attitudes peuvent être envisagées pour lutter contre ces discriminations et faire advenir une réelle égalité des individus dans la communauté. D'abord, on peut imaginer tout faire pour nier et niveler les différences au nom d'un **principe universaliste** : l'individu public, le citoyen qui s'avance dans la sphère publique de la communauté, n'est ni un homme, ni une femme, ni noir, ni blanc. C'est un citoyen pourvu de droits individuels universels. L'idéal libéral des droits de l'homme fonctionne ici à plein. Néanmoins, les études féministes et décoloniales ont montré que, sous la conception universaliste, se cache le plus souvent, en tout cas c'est le cas historiquement, une conception restrictive de l'individu pourvu de ces droits : **les droits de l'homme ne sont en général pas les droits des humains, mais ceux des hommes et des blancs**.

Il faut donc probablement préférer reconnaître que les assignations d'identité participent à la construction à la fois des individus et des communautés politiques, et qu'il est impossible de s'en défaire au nom d'un idéal abstrait de l'individu-citoyen. Les luttes sociales doivent prendre en compte les mécanismes d'exclusion et d'oppression reposant sur des assignations d'identité. Une société égalitaire et multiculturelle n'est pas une communauté où tous les individus sont pensés sur le modèle abstrait du citoyen-public, mais une communauté où la notion d'individu est **pluralisée** : ce sont des individus concrets, riches de toutes leurs différences, qui forment une communauté.

C. Communautés contre communautés

a. Guerres civiles et factions

Pour terminer notre réflexion sur les pathologies de la communauté, disons quelques mots du cas où l'ensemble de la société se déchire et devient le lieu d'affrontement **entre communautés**. La figure la plus radicale de ce déchirement est celle de la **guerre civile**. La société se déchire en communautés qui s'affrontent et deviennent ainsi des **factions**. La guerre civile a toujours été le repoussoir absolu de la philosophie politique. La construction de l'État-Léviathan, chez Hobbes, est ainsi indissociable du contexte de guerre civile qui était celui de l'Angleterre au milieu du XVIIe siècle. Déjà, la philosophie politique grecque identifiait la ***stasis***, la guerre civile entre factions, comme le pire des maux pour la cité. L'historien grec Thucydide, dans *La Guerre du Péloponnèse* (III, 82) fait une description magistrale de la ruine de la communauté à laquelle conduit la guerre civile. Même les liens sociaux les plus naturels, comme la famille, sont dissous au profit des factions. Les promesses et les serments n'ont plus cours, toutes les valeurs de la communauté sont sens dessus dessous. La cause en est que la seule chose qui compte, pour l'individu, dans la guerre civile, c'est de savoir **dans quel camp il est**.

Texte-clé

> « Ainsi la guerre civile régnait dans les cités [...]. On changea jusqu'au sens usuel des mots par rapport aux actes, dans les justifications qu'on donnait. Une audace irréfléchie passa pour dévouement courageux à son parti, une prudence réservée pour lâcheté déguisée, la sagesse pour le masque de la couardise, l'intelligence en tout pour une inertie totale ; les impulsions précipitées furent comptées comme qualité virile, et les délibérations circonspectes comme un beau prétexte de dérobade. [...] En vérité, la parenté même devint un lien moins étroit que le parti, où l'on était prêt davantage à oser sans détour ; car ces réunions-là, au lieu de respecter les lois existantes en visant à l'utilité, violaient l'ordre établi, au gré de la cupidité. Et les engagements mutuels tiraient moins leur force de la loi divine que de l'illégalité perpétrée en commun. »
>
> Thucydide, *La Guerre du Péloponnèse*, Les Belles Lettres, Paris, 2019, traduction J. de Romilly, p. 57-58.

b. Communautés et colonialisme

Un exemple historique de l'affrontement entre communautés est aussi le **colonialisme**. La logique coloniale sépare les individus en deux communautés : les colons et les colonisés. Si la guerre civile n'est pas ouverte et déclarée entre ces deux communautés, elle est toujours présente, car la logique coloniale est une logique d'oppression d'une communauté par une autre.

Le psychiatre et philosophe martiniquais Frantz Fanon (1925-1961) a ainsi analysé la logique coloniale de la France en Algérie. Pour lui, le monde colonial est *« un monde coupé en deux »*, organisé par une logique **manichéenne**. La société coloniale établit une différence insurmontable entre colons et colonisés. Les efforts de déshumanisation des colonisés par les colons conduisent à une opposition entre des individus qui ne peuvent plus se reconnaître comme des personnes de plein droit. En conséquence, la seule possibilité d'interaction entre ces communautés est la **violence**.

L'affrontement entre communautés dans un contexte colonial se distingue néanmoins de la guerre civile puisque, dans celle-ci, les factions qui s'affrontent se reconnaissent quand même comme des communautés, même si chacune est pour l'autre un ennemi. À l'inverse, pour maintenir son pouvoir sur les peuples indigènes, la puissance coloniale tente de **nier la communauté indigène en isolant les individus**. Les valeurs, croyances et langues, qui participent à former les cultures indigènes et assurent un sens de communauté aux individus, sont remplacées par les valeurs, croyances et langue du colon. La dilution du sens communautaire et l'atomisation des individus est ainsi un moyen de **contrôle** de la population indigène. Pour Fanon, la communauté indigène se reconstruit dans la lutte contre le colon qui implique de **faire cause commune**. D'après lui, la nature de l'oppression coloniale, parce qu'elle détruit violemment les communautés indigènes, ne laisse pas d'autre choix à ces communautés de se reconstruire par la lutte armée.

c. La question du communautarisme

Dans le contexte politique français, il faut être très soigneux dans l'usage de la notion de *« communautarisme »*. Le **communautarisme**, voire parfois le **séparatisme**, est devenu l'accusation favorite d'une partie de la classe politique et médiatique française. Au nom de l'**indivisibilité de la République**, inscrite à l'article premier de notre Constitution, l'accusation de *« communautariste »* frappe d'opprobre des groupes d'individus qui ne se conformeraient pas aux *« valeurs de la République »* et voudraient donc, par là, s'en extraire.

Néanmoins, il faut noter d'emblée que le principe d'indivisibilité de la République ne doit pas être compris comme un principe d'**uniformisation** des individus dans la communauté républicaine. En ce sens, l'indivisibilité de la République n'est absolument pas contradictoire avec une société **multiculturelle**, dans laquelle coexistent **plusieurs communautés culturelles**. Ainsi, si la République est bien indivisible, cela n'implique pas nécessairement que doive être mise en place une logique d'**assimilation** de ces communautés culturelles à la communauté majoritaire. De plus, la logique d'assimilation ne peut que participer à renforcer les inimitiés entre les différentes communautés. En effet, comme l'a montré Charles Taylor dans *Multiculturalisme : différence et démocratie* (1994), **la proximité et le sentiment d'appartenance à une communauté participent grandement à la construction de l'identité personnelle d'un individu**. Par conséquent, vouloir nier cette appartenance et forcer l'individu à s'assimiler à une communauté majoritaire dans la société ne peut conduire l'individu qu'à se sentir méprisé, et non reconnu pour ce qu'il est. Ces mécanismes nourrissent alors, sans doute, des rivalités et des haines qui conduisent à diviser réellement la communauté républicaine, alors que la logique d'assimilation était précisément censée la protéger de la division.

Conclusion : de la *philia* grecque à la *solidarité*

Nous avons ouvert ce parcours du thème ***« Individu et communauté »*** en proposant de réfléchir aux moyens par lesquels éviter l'écueil individualiste d'individus *« enfermés dans la solitude de leur propre cœur »*. Pour conclure, il convient de noter l'importance de prendre ce thème au **pluriel**. L'individu qui n'est pas enfermé dans la solitude de son cœur, c'est avant tout celui qui partage des **liens sociaux** avec d'autres individus, et forme ainsi des **communautés**. Nous avons parlé de la communauté politique à l'échelle d'un État, mais nous avons aussi montré que les communautés sont diverses et que les individus appartiennent à **plusieurs communautés en même temps**. Nos sociétés ne sont pas des sommes d'individus isolés, réunis dans un seul territoire, sous l'autorité d'un seul État. Nos sociétés contemporaines sont plutôt des réseaux d'individus réunis en communautés qui partagent et échangent de nombreuses valeurs et croyances. Ce sont des sociétés plurielles où les individus sont traversés par différentes communautés d'appartenance. L'effort politique est d'arriver à penser les conditions d'un **vivre en commun** de tous ces individus et de toutes ses communautés.

Comment faire pour que cette diversité n'éclate pas ? Les philosophes grecs avaient un mot qui décrivait ce lien social qui unit les individus : la ***philia***, que l'on traduit généralement par **amitié**. L'amitié n'est pas, ici, à prendre au sens d'une affection subjective que partageraient deux individus, mais au sens plus large de ce qui crée du lien dans une société. Néanmoins, l'amitié, au sens contemporain, semble impliquer une communauté d'appartenance subjective entre un petit groupe de personnes. Un meilleur équivalent contemporain serait plutôt la notion de **solidarité**. La solidarité est la condition de ce « *vivre en commun* » d'individus et de communautés qui reconnaissent et acceptent leurs différences. En effet, la solidarité ne repose jamais seulement sur une appartenance, une identité, ou un ensemble de valeurs ; elle traduit le choix de **nouer des liens sociaux malgré les différences et sans vouloir les gommer**.

Texte-clé

Mais il semble bien, comme on l'a dit au début, que les mêmes matières et les mêmes personnes qui impliquent l'amitié, impliquent aussi ce qui est juste. Toute association semble en effet impliquer quelque chose de juste, mais aussi de l'amitié. En tout cas, l'on traite expressément comme amis ses compagnons d'équipage ou ses compagnons d'armes, et il en va encore ainsi de ceux qui nous sont unis dans les autres formes d'associations.

D'ailleurs, plus complète est l'association, plus profonde est l'amitié, car ce qui est juste a d'autant moins de limites. Et le proverbe « Entre amis, les biens sont communs » exprime correctement les choses, puisque l'amitié implique communauté.

Aristote, *Éthique à Nicomaque*, GF Flammarion, Paris, traduction Pierre Pellegrin, 1159b, 25-34.

PARTIE 2

Résumé et analyse des œuvres au programme

Les Suppliantes (vers 490 av. J.-C.) et *Les Sept contre Thèbes* (467 av. J.-C.)

Eschyle

Introduction

Dans un dialogue imaginaire entre Eschyle, mort depuis un demi-siècle, et Euripide, mort un an plus tôt, Aristophane, dans sa comédie *Les Grenouilles* (405 av. J.-C.) fait débattre les deux dramaturges. L'auteur des *Perses* s'exclame : *« ma poésie à moi n'est pas morte avec moi ; mais la sienne, elle est morte avec lui*[1]. » À la fin du ve siècle avant notre ère, donc, Eschyle demeure **le poète tragique le plus admiré**, le plus aimé du public athénien, et les mots de la comédie d'Aristophane montrent cette éternité.

Inventeur du deuxième acteur sur la scène, chantre d'un drame aux valeurs patriotiques, vainqueur de nombreuses fois des concours dramatiques, Eschyle était **le poète d'une communauté, d'un temps et d'une époque** qui croyait dans la liturgie théâtrale pour **souder une patrie autour de valeurs communes**. Dans ses tragédies *Les Suppliantes* et *Les Sept contre Thèbes*, le poète s'est donc attelé à dire la grandeur de sa cité et l'immensité des dieux, l'engagement individuel dans un collectif au service de l'ordre civique et religieux.

1. Aristophane, *Les Grenouilles*, in *Théâtre complet II*, traduction de Victor-Henry Debidour, Gallimard, « Folio classique », p. 331.

1. Eschyle, un poète dramatique des VIe-Ve siècles avant J.-C.

A. Eschyle : fouilles dans les vestiges d'une biographie...

De manière certaine, car peu d'éléments biographiques nous sont parvenus, Eschyle naît à Éleusis en **526 avant J.-C.** dans une grande famille athénienne. À la fin du VIe siècle, lorsqu'il est encore adolescent, la cité d'Athènes chasse les fils de Pisistrate, tyrans comme leur père, et se dote de ses **premières institutions démocratiques** sous l'impulsion de Clisthène. Eschyle, en âge de porter les armes, a donc été soldat pendant dans la guerre qui opposa les Grecs à l'un de leurs plus grands ennemis, les Perses. On sait qu'il est notamment allé au front pendant la fameuse bataille de Marathon, où les Athéniens repoussèrent ceux qu'ils nommaient alors les **« barbares »**. Les Perses étaient en effet vus comme des étrangers cherchant à **menacer leurs institutions**, leur culture et, partant, **la démocratie naissante**. On sait aussi qu'Eschyle combattit pendant la fameuse bataille de Salamine, où il puise une inspiration sensible dans *Les Perses*, qu'il compose quelques années plus tard.

Si Eschyle a vu naître les premières institutions démocratiques, il n'a cependant pas connu leur essor, ni la puissance du rayonnement économique, politique et culturel de la Grèce sous l'impulsion de Périclès, gouverneur d'Athènes entre 460 et 430 avant J.-C. C'est lui qui donna à ce modèle toute sa grandeur et engagea la prospérité. Eschyle n'est donc pas un poète – comme Sophocle ou Euripide – qui chanta la *polis* pendant son apogée, mais **un dramaturge qui loua seulement les débuts de ce modèle** et sa résistance face aux ennemis qui la menaçaient.

Après la représentation de *L'Orestie*, sa dernière trilogie à succès jouée à Athènes en - 458, il part en Sicile. On sait qu'il y mourut deux ans plus tard, à Gela, en **- 456**.

B. Fouilles des manuscrits : rapide aperçu de l'œuvre du poète

a. Un faible matériau laissé à la postérité

Eschyle a commencé à écrire du théâtre dès le début du Ve siècle avant J.-C., quand il a une vingtaine d'années. **De son œuvre, il ne nous reste presque rien, comme d'ailleurs pour bon nombre d'auteurs de son époque.** Parmi le millier d'œuvres dramatiques qui aurait été écrites entre le VIe et le IVe siècle avant J.-C., on n'a gardé la trace que de trente-deux tragédies.

Par chance, on sait en revanche ce qu'Eschyle a pu écrire et faire jouer. On estime entre **soixante-treize et quatre-vingt-dix** le nombre de pièces qu'il aurait écrites, et à treize le nombre de ses victoires aux concours. Pour autant, **sept tragédies seulement ont pu être conservées**.

La première est avec certitude celle des *Perses*, en - 472. Celle-ci est d'ailleurs la plus ancienne de toutes celles dont nous ayons conservé une trace écrite. Mais singulièrement, cette pièce est la seule des sept du dramaturge qui n'appartienne pas à une trilogie, sans doute parce qu'en - 472, cette pratique était encore inconnue. Eschyle passe pour **l'inventeur d'une pratique d'auteur consistant à écrire trois tragédies** apparaissant comme trois épisodes d'une grande histoire, que ce soit celle d'une famille, d'une lignée, ou d'un territoire...

Les tragédies eschyliennes qui nous sont parvenues sont donc les morceaux d'un tout dont on ignore – la plupart du temps – la teneur exacte, des ensembles à reconstruire. Voici, de manière succincte, les pièces conservées :

- ***Les Perses*, - 472.** La tragédie a été jouée en même temps que deux tragédies à sujet mythique : *Phinée* et *Glaucos de Potnies*.
- ***Les Sept contre Thèbes*, - 467.** La pièce était la dernière d'une trilogie thébaine composée par *Laïos* et *Œdipe*. Elle était suivie d'un drame satyrique intitulé *Le Sphinx*.
- ***Les Suppliantes*, - 463.** La tragédie ouvrait quant à elle une trilogie, composée des *Égyptiens* et des *Danaïdes*.
- ***L'Orestie***, seule trilogie conservée, jouée en **- 458**, composée d'*Agamemnon*, des *Choéphores* et des *Euménides*. Seul le drame satyrique qui suivait, *Protée,* n'a en revanche pas été retrouvé.
- ***Prométhée enchaîné*.** La pièce n'a pas été datée précisément, et certains spécialistes doutent d'ailleurs de la paternité de ce texte par l'auteur. Quoi qu'il en soit, elle aurait été le premier volet d'une trilogie composée de *Prométhée délivré* et *Prométhée porte-feu*.

Malgré la faible conservation de ses textes, Eschyle était considéré sans doute comme **un des pères fondateurs du genre théâtral**, un des plus reconnus par les Grecs, à l'époque. Après sa mort, la cité lui rendit un hommage immense en faisant jouer, lors de nouveaux concours, certaines de ses tragédies. Cette action, très rare, est un gage de la reconnaissance de notre poète par ses contemporains.

b. Eschyle, chantre de la grandeur de sa cité : l'individu-poète au service de sa communauté

Il paraît évident que le geste créateur d'Eschyle se pense en lien avec la grandeur d'Athènes. Avant d'être citoyen, le jeune homme a combattu pour sa patrie, il a porté les armes pour elle.

À n'en pas douter, donc, **sa notoriété est liée à sa place dans la cité**, au soutien qu'ont pu lui accorder les puissants de son temps. À titre d'exemple, Périclès lui proposa d'écrire trois poèmes sur la grandeur de la cité en - 472, alors qu'il n'est pas encore gouverneur mais qu'il est désigné comme chorège[1]. Le dramaturge compose alors *Les Perses*, la première tragédie que nous avons conservée de cette époque. On ne peut s'empêcher de voir comme **un symbole cette alliance entre le poète et Périclès : l'ancien soldat de la cité peut désormais chanter sa grandeur, et l'honorer théâtralement**. *Les Perses* chantent en effet Athènes menacée par le peuple barbare que les dieux sauvent de ces étrangers. La justice divine apparaît alors comme un reflet du culte grec, une manière de l'honorer dans un genre lui-même d'inspiration divine. Les dieux aident les Athéniens, mais ces derniers se battent malgré tout : la victoire grecque ici louée prend alors des

1. Les chorèges étaient des notables qui finançaient les concours dramatiques. *Cf.* infra : « Le théâtre : un concours pour louer la cité ».

allures d'**ode patriotique**. Il s'agissait pour le dramaturge de montrer, selon les mots de Jacqueline de Romilly, que « *les grandes crises ont quelque chose de collectif ; [l'expérience] se combinait donc facilement avec le rôle alors joué par le chœur, pour inviter Eschyle à insister sur le retentissement que leurs drames individuels ont sur les groupes humains auxquels appartiennent des héros*[1]. »

Ainsi, à l'image de cette tragédie, il s'agissait pour le dramaturge d'inscrire son œuvre dans son temps, de **jouer de et jouer avec des mythes connus de ses concitoyens afin de louer sa cité**, quitte à user volontairement d'**anachronismes**. Il en va ainsi de Pélasgos dans *Les Sept contre Thèbes*, qui loue notamment la grandeur des institutions démocratiques face au héraut égyptien, pour défendre les femmes, alors même que **la cité d'Argos – au temps du mythe – n'est pas instituée en démocratie** : « *Par un vote unanime, le peuple argien l'a proclamé sans appel : jamais il n'abandonnera à la violence une troupe de femmes. C'est là un clou assez fermement planté et enfoncé, pour que rien ne l'ébranle jamais. Il ne s'agit point de mots inscrits sur des tablettes ni scellés dans des rouleaux de papyrus : tu entends ici le clair langage d'une bouche libre* » (p. 83). Louant les nouvelles institutions athéniennes, le dramaturge se fait alors le **chantre de la collectivité** : **il chante la communauté, sa puissance et sa grandeur**.

C. La tragédie en Grèce antique : un théâtre au cœur de la cité

a. Le théâtre : un art religieux et démocratique

L'auteur dramatique, aux VIe et Ve siècles avant notre ère, n'avait pas le statut qu'on lui accorde aujourd'hui. La raison est simple : **le théâtre n'était ni un genre littéraire ni une pratique artistique, mais une cérémonie religieuse**.

Au cours du premier millénaire avant notre ère, et notamment à partir du VIIIe siècle, dans la péninsule méditerranéenne, se développe un **culte en l'honneur de Bacchos**, dieu du vin, de la fête et de la fertilité (il s'appelait Bacchos ou Dionysos chez les Grecs, puis Bacchus chez les Romains). Chaque année, au début du printemps, afin que le dieu aide les hommes à obtenir des récoltes prospères, on organisait des **fêtes en son honneur**. Des **bacchanales** s'instituent comme de véritables fêtes décrites comme des « orgies » pendant lesquelles les femmes – prêtresses du dieu – jouaient un rôle central. Ces cérémonies, jugées obscènes, se sont toutefois ritualisées au cours des siècles.

Aux VIe et Ve siècles avant J.-C., la Grèce, en pleine expansion, se dotait d'institutions démocratiques au même moment où **le théâtre s'inscrivait comme une fête sacrée qui honorait les dieux et la cité**. Aussi incroyable que cela puisse paraître, **le théâtre a donc été inventé en même temps que la démocratie**. Aller au théâtre n'était pas une pratique culturelle ou un simple divertissement, mais un **acte social**. On s'y rendait dans un cadre très précis : celui des fêtes en l'honneur de Dionysos, instituées dans le cadre de concours eux-mêmes organisés par la *polis*.

Plus extraordinaire encore, **l'éclosion soudaine du genre de la tragédie correspond aux quatre-vingts années les plus éblouissantes d'Athènes**. On peut fixer avec précision celle des premières Dionysies athéniennes, nom donné à ce concours dramatique.

1. Jacqueline de Romilly, *La Tragédie grecque*, PUF, 1970, p. 53.

Elles eurent lieu en - 538, sous le règne du tyran Pisistrate. Cette date confirme une fois de plus la fragilité du statut du texte dramatique, quand on se souvient que le premier texte conservé est celui des *Perses*, en - 472. À quoi ressemblaient les tragédies jouées ? Étaient-elles semblables à la première dont nous disposons ? Cela est difficile à attester. Quoi qu'il en soit, il est évident que **ces œuvres s'inscrivaient dans le cadre de ces fêtes civiques et religieuses**, et qu'à l'instar d'Eschyle, il s'agissait de **louer la cité**.

Texte-clé

« Par suite, ce spectacle revêtait le caractère d'une manifestation nationale. Et le fait explique à coup sûr certains traits dans l'inspiration même des auteurs de tragédies. Ceux-ci s'adressaient toujours à un très large public réuni pour une occasion solennelle : il est normal qu'ils aient cherché à l'atteindre et à l'intéresser. Ils écrivaient donc en citoyens s'adressant à des citoyens. »

Jacqueline de Romilly, *La Tragédie grecque*, PUF, 1970, p. 15.

b. Le théâtre, un concours pour louer la cité

Le théâtre s'est donc institué comme un **genre lié à la pratique de concours** : dans l'organisation de la cité grecque, cet art est une institution fonctionnant selon les mêmes normes que les assemblées et tribunaux populaires. **Il est ainsi un service public, une liturgie parmi d'autres.**

La représentation dramatique n'existait, pendant toute la durée de la Grèce classique, que pendant les concours. Chaque pièce, chaque trilogie, n'était composée que pour être représentée dans le cadre unique d'une manifestation civique, que l'État institutionnalisait comme **moment de cohésion nationale**. Et si le genre théâtral est originellement religieux, les **concours étaient eux aussi sacrés**.

Pour n'évoquer qu'elles[1], les **Grandes Dionysies** pendant lesquelles Eschyle fit jouer ses pièces se déroulaient à **Athènes**, pendant plusieurs jours. Elles commençaient par une **procession** : la statue du dieu, sortie du temple de Dionysos, était portée en grande pompe jusqu'au théâtre à ciel ouvert. Ce rituel est très signifiant : son installation dans la partie basse de ce théâtre est une sorte d'épiphanie qui conférait à l'espace de la représentation théâtrale une importance symbolique. Pendant cette **première journée**, on offrait à Dionysos **l'hécatombe**, un sacrifice de cent taureaux. Cette viande sacrifiée était ensuite partagée entre les citoyens. Après cette procession, premier spectacle en quelque sorte, qui portait les citoyens à communier et à partager l'objet du sacrifice avec le dieu, le concours dramatique pouvait commencer. **Les représentations étaient alors organisées pendant jours suivants** : d'abord un concours de dithyrambes[2], le deuxième et le troisième jour, qui se concluait par un défilé religieux le dernier soir.

1. D'autres cités organisaient leurs propres concours, avec des modalités parfois légèrement différentes.
2. Ancêtre du genre tragique, le dithyrambe était un spectacle chanté et dansé, qui invoquait les dieux, particulièrement Dionysos.

Les **concours dramatiques**, à proprement parler, avaient lieu **les jours suivants**. Les représentations avaient lieu en plein air, à la lumière du jour, dans d'immenses théâtres à ciel ouvert[1]. On représentait d'abord une suite de **trois tragédies** composées par le même poète, **puis un drame satyrique**[2] qu'il composait également, et enfin, **une comédie** écrite par un autre auteur. C'est **l'archonte**, le plus haut magistrat de la cité, qui désignait parmi les candidats les trois qui présenteraient chacun une **tétralogie** – les trois tragédies et le drame satyrique – et ceux qui composeraient les **comédies**. Il choisissait également, parmi les citoyens les plus riches, **les chorèges devant organiser et financer les chœurs**. Cette désignation représentait un très lourd impôt mais un très grand honneur : le chorège verrait son nom inscrit sur le marbre à côté de celui du poète vainqueur, comme pour Périclès en - 472 avec Eschyle. **Un jury de cinq à dix citoyens tirés au sort décernait alors trois prix : celui du meilleur chorège, du meilleur auteur, et du meilleur acteur.**

Outre leur aspect religieux, ces concours revêtaient une **haute importance civique**. Toute la cité était conviée à ces fêtes et processions et assistait à ces représentations, dont les textes sonnaient comme des **odes à la cohésion et à la communion autour de valeurs communes : l'amour des dieux, l'unité de la nation contre les ennemis**... La vie sociale et marchande cessait, et à certaines périodes de la vie athénienne, les citoyens les plus pauvres étaient même dédommagés de leurs journées non travaillées, tant la présence à ces instances était souhaitée. Les représentations étaient même autorisées aux esclaves et aux femmes[3], d'un statut pourtant subalterne dans la cité. Véritables **moments de communion**, ces concours étaient alors une manière d'**honorer la cité et les dieux** et d'inscrire le **genre théâtral dans une optique politico-religieuse**.

2. *Les Suppliantes* et *Les Sept contre Thèbes* : deux tragédies antiques

A. La tragédie grecque : purger les émotions, représenter la terreur et l'effroi

a. Définir la tragédie : l'entreprise aristotélicienne

On dit souvent qu'Aristote a défini les règles de la tragédie grecque. Cette idée est partiellement fausse. Le philosophe a en effet composé un texte très important, *La Poétique*, mais **il n'a fait qu'y attester les pratiques poétiques de son époque**. En effet, il aurait composé son œuvre autour de **335 av. J.-C., soit, il faut le rappeler, plus d'un demi-siècle après la mort de Sophocle et d'Euripide, en - 406, et presque un siècle après celle d'Eschyle, en - 456**. Toutes les définitions qu'il donne de la tragédie ne sont

1. Le théâtre de Dionysos, à Athènes, pouvait accueillir 17 000 spectateurs, par exemple.
2. Genre théâtral inspiré de la tragédie mais tendant parfois à l'obscène, qui met en scène des satyres. Le genre est mal connu, car très peu de drames ont été conservés.
3. Les théories divergent sur ce point, mais il semblerait que les femmes aient été présentes pendant les représentations des tragédies, au moins.

donc en rien des conduites à suivre pour les auteurs de son époque, mais **une manière d'expliquer ce qui a effectivement fait la fortune des trois poètes tragiques**.

Plusieurs principes concourent à la réussite d'une tragédie. Pour vaincre lors des concours, les poètes devaient user des meilleures ficelles propres au genre. Pour cela, Aristote demande à ce que le dramaturge compose des **histoires** qui prennent vie grâce à des **actions** : « *Notre thèse est que la tragédie consiste en la représentation d'une action menée jusqu'à son terme, qui forme un tout et a une certaine étendue ; car une chose peut bien former un tout et n'avoir aucune étendue. Un tout, c'est ce qui a un commencement, un milieu et une fin*[1]. »

Le principe d'organisation de la fable réussie constitue donc **un tout**, composé d'une **intrigue linéaire** et construite autour du **schéma usuel début-milieu-fin**. C'est la qualité du tout qui **conditionne la réussite de l'activité représentative** – qu'Aristote nomme la ***mimêsis*** – et qui **produit une représentation qualitative**. Ainsi, dans le sixième chapitre de son œuvre, il définit le genre de la tragédie dans une formule fameuse.

Texte-clé

« [L]a tragédie est la représentation d'une action noble, menée jusqu'à son terme et ayant une certaine étendue, au moyen d'un langage relevé d'assaisonnements d'espèces variées, utilisés séparément selon les parties de l'œuvre ; la représentation est mise en œuvre par les personnages du drame et n'a pas recours à la narration ; et, en représentant la pitié et la frayeur, elle réalise une épuration de ce genre d'émotions. »

Aristote, *La Poétique*, 6, 49 b 21, traduction Dupont-Roc et Lallot, Le Seuil, 2011.

Tout d'abord, la notion de « représentation » met en son cœur la notion même de *mimêsis*. **La tragédie est avant tout représentation, c'est-à-dire acte de transformation** : la *mimêsis* aristotélicienne ne cherche pas à faire de la représentation un miroir fidèle des choses. C'est **l'action qui est un principe tragique pour lui** : il s'agit bien de représenter en montrant, en agissant, en créant une fable. **Cette action est la condition *sine qua non* de la réussite du genre** : il ne s'agit pas de raconter une histoire par le biais d'une diégèse, comme dans l'épopée, mais de **montrer le contenu de cette histoire par l'intermédiaire de personnages**.

Aristote précise en effet que la mise en œuvre de la représentation se fait par les **personnages**, qui sont ceux qui agissent sur la scène, qui portent le contenu de la fable. Cette précision est fondamentale par rapport à l'héritage historique dont Aristote se réclame pour le genre tragique. Ailleurs dans *La Poétique*, il revient sur l'ancêtre de la tragédie, le genre du **dithyrambe**, qui n'était qu'un **poème dansé et chanté par un chœur**. Il explique alors que la tragédie s'est créée à partir du moment où elle a inventé un premier personnage qui dialogue avec ce chœur, de manière parlée et non plus uniquement chantée. La séparation chœur-acteurs, centrale dans cette forme dramatique, constitue son principe d'écriture. Mais les poètes, pour donner corps de manière plus nette à l'action représentative, ont précisément eu besoin de plus d'acteurs : **Eschyle a alors inventé**

1. Aristote, *La Poétique*, 7, 50 b, traduction Dupont-Roc et Lallot, Le Seuil, 2011.

le deuxième acteur, et Sophocle après lui innovera en accordant une place encore plus grande aux personnages, en faisant jouer un troisième acteur. Dans *Les Suppliantes* ou *Les Sept contre Thèbes*, **deux interprètes passaient alors très concrètement d'un rôle à l'autre**.

Mais l'élément plus central et déterminant encore concerne la **visée esthétique** du genre. La représentation tragique **provoque** chez son auditeur une **épuration**, nommée ***catharsis***. Pour Aristote, la tragédie repose sur deux ressorts émotionnels : la **pitié (*eleos*)** et la **frayeur (*phobos*)**. Ces deux émotions doivent être créées par l'activité mimétique afin de créer un trouble émotionnel chez le spectateur : **il s'agit de générer ces émotions dans l'histoire, dans l'action, par la représentation, pour émouvoir l'auditeur**. De fait, *« elle réalise une épuration de ce genre d'émotions »* : **ce sont donc les troubles qui sont purifiés, épurés, et non pas le spectateur lui-même**. L'interprétation morale de cette phrase – notamment par les auteurs classiques au XVIIe siècle – n'est donc pas présente chez Aristote. Seuls les troubles du spectateur sont vidés de leur substance par l'excitation produite par l'activité représentative. **Le spectateur ressent alors la *catharsis*, mais il n'est pour autant ni éduqué ni édifié par le contenu de la représentation.**

Pour Aristote, c'est le poème dramatique avant tout qui doit contenir le matériau capable de générer la *catharsis* : **la qualité du texte est donc primordiale**. L'activité représentative, en vue de laquelle le genre dramatique est conçu, devient ainsi le moyen permettant de produire la *catharsis* contenue par le poème.

Pourtant, apparaît un **paradoxe : au lieu de la peine, c'est du plaisir que le spectateur ressent face à la douleur du protagoniste**. Aristote le dit lui-même ailleurs dans *La Poétique*, quand il évoque le *« le plaisir que doit produire le poète »*[1]. L'effet cathartique défini par le théoricien est ainsi l'épuration des troubles (fureur et pitié) qu'elle fait naître chez les spectateurs, **épuration qui transforme la peine en un véritable plaisir**. Et toute la grandeur du théâtre réside dans le fait de conférer à la représentation sa capacité à créer cette transmutation.

Assister à une tragédie, c'est donc aimer ressentir la terreur et la pitié, souffrir pour et avec les personnages, trembler avec eux, pleurer avec eux. Les hommes vont au théâtre et prennent plaisir à voir un acte de représentation, **ils ressentent une sorte de joie à voir et reconnaître une action vraisemblable**. Le plaisir cathartique devient alors **intellectuel**. Dans la représentation, **le spectateur s'attend ainsi à tirer une connaissance des formes et des objets qu'il observe**. Ainsi s'expliquent, par exemple, le plaisir à revivre le récit de combats légendaires qu'il connaît déjà comme celui entre Étéocle et Polynice dans *Les Sept contre Thèbes*. **Il souffre avec les siens et face au spectre terrifiant de la guerre, mais pour son plus grand plaisir civique.**

b. La place du chœur et des acteurs chez Eschyle

Mais l'analyse de la définition aristotélicienne de la tragédie ne serait pas complète si l'on en négligeait ses derniers mots. Le philosophe revient en effet sur le **langage** qui est propre à la tragédie : un *« langage relevé »* comportant *« rythme, mélodie et chant »*. En réalité, Aristote décrit ici l'écriture même de ces pièces. La tragédie grecque était en effet un **genre versifié, faisant alterner des passages dialogués et des chants du chœur**. À

1. *Ibid.*, 14, 53 b 1.

l'origine, la tragédie était un *dithyrambe*, genre musical où des choreutes chantaient et dansaient, racontant des fables mythologiques. C'est l'invention de l'acteur qui transforma le dithyrambe en tragédie.

Dès lors, la dramaturgie antique a fait de **l'alternance entre les différents épisodes** dialogués, et de **l'alternance, au cours de ces épisodes, entre les personnages et le chœur**, un principe central de composition. Même si le chœur a une part prépondérante dans la dramaturgie eschylienne, le volume textuel de ce dernier s'est considérablement réduit avec l'incursion d'un second acteur dans ses pièces, pour laisser **une place plus forte aux dialogues**.

Le **chœur** est, à n'en pas douter, **l'énigme du théâtre antique**. Qu'il s'agisse des tragédies grecques ou romaines, cette instance que l'on tente d'appréhender, d'analyser, de comprendre, demeure énigmatique pour un lecteur-spectateur contemporain. Le chœur n'est rien d'autre qu'un **personnage collectif**, qui porte une **parole à la fois singulière et centrale**, mais qui ne fait pas beaucoup avancer la fable et qui ancre le drame dans un temps que nous avons souvent du mal à appréhender, dans une forme d'expression étrangère aux modes modernes d'expression dramatique.

Le chœur, dirigé par un coryphée – son chef et porte-parole – participe de la composition en **chantant sans cesse l'effroi et la pitié**. Ses longues interventions ponctuent les scènes, lors des *stasima* qui leur sont dédiés, ou en dialoguant avec les personnages, pendant des différents épisodes : ils sont alors le reflet **et le miroir des émotions du spectateur**...

Dans chacune de ses interventions, le chœur chantait et dansait. On imagine assez peu aujourd'hui la **spectacularité** que constituaient ces moments. Les traductions en rendent peu compte, mais la versification ancienne reposait sur la longueur des syllabes et des rythmes définis. À une strophe répondait une antistrophe : les figures rythmiques se répondaient l'une à l'autre, mètre pour mètre et syllabe pour syllabe... Une véritable poésie et recherche stylistique s'instituait donc, dans cette écriture, concourant à **susciter l'effet cathartique**.

La constitution du chœur des tragédies faisait partie du travail du chorège qui le finançait. Les **choreutes** recrutés – douze à l'époque d'Eschyle, quinze à partir de celle de Sophocle – étaient des **citoyens non professionnels** qui étaient honorés, la plupart du temps, d'être choisis pour chanter la grandeur de la cité. Les choreutes n'étaient que des **hommes** : ils se déguisaient en femmes pour incarner le chœur des Danaïdes, dans *Les Suppliantes*, ou des Thébaines, dans *Les Sept contre Thèbes*. D'après les peintures retrouvées sur les vases de cette époque, on imagine que les choreutes portaient des **masques**, comme les acteurs, et des **costumes assez simples**, en rapport avec l'identité du chœur tragique joué.

En dialogue avec le chœur, **deux acteurs** interprétaient, à l'époque d'Eschyle, tous les rôles. Les tragédies grecques sont constituées d'un principe que l'on nomme ***l'agôn***. L'action, pour avancer dans sa linéarité, **nécessite des oppositions, des débats, des contradictions entre les différentes forces en présence**. C'est de cette opposition que naît l'intrigue, et partant, le nœud tragique. Lorsqu'il était seul face au chœur, le protagoniste – littéralement premier (*proto*) acteur (*agôn* : combattant) – répondait et s'opposait à cet autre personnage qu'est le chœur. En inventant un deuxième acteur, comme le souligne Aristote, « *[Eschyle] diminua la partie du chœur et donna le premier rôle au* *dialogue*[1]. » Le protagoniste a donc un débatteur face à lui, un opposant qui lui permet de faire grandir l'*agôn*. Il s'agit du deutéragoniste.

c. Le théâtre d'Eschyle, un art du dire et du spectaculaire

Théâtre de l'*agôn*, le théâtre d'Eschyle est ainsi un **théâtre de la parole**. Les différents **acteurs s'affrontent et joutent verbalement**. Si la guerre fait rage aux portes de Thèbes ou d'Argos, les combats n'ont presque jamais lieu sur la scène : **c'est le récit des combats qui fait trembler, plus que les combats eux-mêmes**. Le chœur, notamment, par sa parole qui commente et fait frémir, donne vie à l'espace dramatique[2], à l'espace du hors-scène qui s'anime par le discours cathartique : sans être présents, les combats prennent vie par la parole. D'une manière générale, la dramaturgie antique regorge de ces procédés et cherche le **spectaculaire par le langage**. Pourtant, elle n'empêche pas un spectacle visuel. Les Grecs adoraient les effets scéniques, et Eschyle, dès les premières années de l'explosion du genre tragique, va participer à créer des effets de scène singuliers.

La présence du chœur, tout d'abord, participait à **l'effet magistral**. Même s'il est peu probable que la didascalie liminaire des *Suppliantes* ait pu être respectée à la lettre, l'entrée du chœur, décrit comme constitué de *« cinquante princesses au masque hâlé, parées de bandeaux et de voiles à la mode barbare. Cinquante servantes les accompagnent »* (p. 51), **concourt à la création d'un effet de masse qui se voulait impressionnant**. De même, l'omniprésence de cette instance, par ses chants et ses complaintes allant jusqu'à la transe, tout au long de la pièce, devait **générer un effet spectaculaire**.

Il en va de même des **effets scéniques**. On sait qu'Eschyle a utilisé, notamment dans *L'Orestie,* un **eccyclème**, c'est-à-dire une estrade à roulette ou pivotant sur un axe central, permettant d'amener un personnage et/ou un décor sur la scène pour suggérer un changement de lieu. Dans *Agamemnon*, notamment, des notes attestent que c'est par ce procédé qu'apparaissait le corps du roi étendu à terre, au moment où Clytemnestre revenait victorieuse et ensanglantée après lui avoir donné la mort. Est-ce ce même procédé qui fut utilisé à la fin des *Sept contre Thèbes* ? En effet, la didascalie précise *« On apporte les corps d'Étéocle et de Polynice »* (p. 169) et les paroles du chœur ne font que confirmer le retour des corps morts : *« Voilà qui parle assez clair : nos yeux voient le récit du messager »*. **Spectaculaire, l'effet de mort est donc saisissant.** Le récit sanglant, qui excitait la terreur et la pitié, se voit renforcé par le **tableau funeste de corps montrés, déposés**. Que l'eccyclème ait été ou non utilisé – on peut aussi imaginer que les corps furent portés sur le *proskenion*[3], ce qui est sans doute plus probable étant donné que la pièce ne se jouait que sur l'*orchestra*[4] – **le dénouement pensait le spectaculaire avant tout**.

1. *Ibid.*, 4, 49 2.
2. On distingue au théâtre l'*espace scénique* – espace visible des spectateurs, qui est institué sur l'espace de la scène et où se déroule la fable – de l'*espace dramatique* – l'espace invisible pour les spectateurs, qui prend vie par le langage et l'évocation que l'on en fait.
3. Partie surélevée par rapport à l'*orchestra*, sur laquelle jouaient les acteurs.
4. Lieu central, sur le parterre du théâtre, en forme de cercle, sur lequel évoluait le chœur pendant la représentation.

B. La tragédie grecque : construire une fable

a. Des pièces à la construction codifiée

Toutes les tragédies grecques suivent un schéma de composition unique. L'origine chorale du genre dramatique a encouragé les poètes à garder dans leurs pièces une **structure faisant alterner passages parlés et chantés**. Aristote lui-même, dans *La Poétique*, tirait une conclusion des textes qui lui ont précédés : « *Voici les parties distinctes en lesquelles se divise la tragédie : le prologue, l'épisode, l'*exodos *(sortie), et le chant du chœur, qui se divise à son tour en* parodos *(chant d'entrée) et* stasimon *(chant sur place) ; ces parties sont communes à toutes les tragédies*[1]. »

L'alternance entre les scènes dialoguées et chantées est un principe central aux *Suppliantes* et aux *Sept contre Thèbes*. **Le chœur ponctue la composition de ces pièces**, et par son importance dramatique – il est l'un des personnages qui subit la guerre dans *Les Sept contre Thèbes* et un personnage déclenchant l'action dans *Les Suppliantes* – il participe à la progression de la fable.

Deux interventions du chœur étaient particulièrement attendues par les spectateurs de l'époque et travaillées par les auteurs : **la *parodos* et l'*exodos***. La *parodos* désigne les entrées latérales de chaque côté de l'*orchestra*, dans le lieu de représentation. Les *parodoï* étaient les deux couloirs par lesquels entraient les choreutes, entre les premiers rangs du *théâtron*[2] et le *proskenion*. Le nom du lieu dans le théâtre a donné le sien à la **scène d'entrée du chœur, et à la partie de la tragédie constituée par ce chant**. L'autre moment important était **l'*exodos***, qui désigne à la fois la sortie du chœur et **la dernière partie dialoguée de la pièce précédant cette sortie**.

Entre ces deux grands moments, Eschyle crée des **épisodes** qui viennent ponctuer la fable. Nous faisons le choix, dans le résumé comme dans notre analyse des deux pièces, de restituer ces passages comme des blocs indépendants, dans un souci de clarté et d'identification plus aisées des passages, même si l'édition au programme n'affiche pas ces différents termes.

b. *Les Suppliantes* et *Les Sept contre Thèbes* : des tragédies comme les autres ?

Les Suppliantes et auparavant *Les Perses* sont les deux rares tragédies conservées qui présentent une distorsion par rapport à la définition structurelle proposée par Aristote. En effet, **ces deux pièces ne comportent pas de prologue et commencent directement par la *parodos*** : le premier volet d'une trilogie ayant pour fil conducteur l'histoire des **Danaïdes fait alors de ces dernières les protagonistes de leur propre histoire**. En rébellion face au sort qui leur est réservé, **elles lancent l'élan tragique du drame**, comme pour encourager tout peuple à les accepter. Le coryphée expose d'emblée, à la manière d'un prologue, le nœud de l'action : l'errance de vierges persécutées qui demandent un asile. Eschyle substitue donc au prologue traditionnel un procédé identique, au sein de la *parodos* elle-même.

---

1. *La Poétique*, *op. cit.*, 14, 52 b 14.
2. Lieu d'où l'on voit. Il s'agit des gradins, l'espace des spectateurs.

Les Sept contre Thèbes présente une spécificité quant à son *exodos*. **La pièce semble contenir, en effet, deux fins.** À la fin du premier *exodos*, chantant la réunion des deux corps morts dans leur lutte, le cortège sort. Pourtant, **un ajout** à cette fin – sorte de nouvel épisode après l'*exodos* – a été ajouté de manière posthume à la pièce d'Eschyle. La traduction de Paul Mazon prend le parti d'attribuer les paroles de l'*exodos* au chœur, qui se partage en deux demi-chœurs, mais certains traducteurs ont attribué ces deux chants funèbres à Ismène et Antigone, pour préparer cet épisode final.

C. Deux tragédies grecques : résumés des *Suppliantes* et des *Sept contre Thèbes*

a. *Les Suppliantes*

■ Un peu d'histoire...

La pièce *Les Suppliantes* a été longtemps tenue pour la plus ancienne des tragédies conservées, et datée des années 493-490 avant J.-C. Elle figure encore en tête des œuvres d'Eschyle dans certaines éditions, dont celle de Paul Mazon. Mais des récentes recherches, dont un papyrus publié en 1952, attestent que la pièce aurait plutôt été représentée en - 463, après les débuts de Sophocle au théâtre. **Ce document témoigne qu'Eschyle et Sophocle se sont affrontés lors de ce concours. Eschyle a remporté le premier prix avec sa trilogie, composée des *Suppliantes*, puis des *Égyptiens* et des *Danaïdes*.** Un seul manuscrit nous est parvenu. Il comporte quelques mots difficiles à déchiffrer pour lesquels les traducteurs ont émis des hypothèses tout en laissant des vers vides de sens.

■ Un peu de mythologie...

La tragédie se déroule à **Argos**, cité antique fameuse par sa taille et sa puissance, dans la région du Péloponnèse. Dans la période primitive, la cité était occupée par les Pélasges, dont Pélasgos est le roi dans la tragédie des *Suppliantes.* Eschyle s'inspire alors d'un mythe antérieur à l'époque à laquelle il fait jouer sa pièce pour la faire résonner avec l'actualité de son siècle.

La mythologie fait de **Zeus**, marié à **Héra**, un dieu infidèle. Il séduit **Io**, prêtresse du temple d'Héra à Argos. La déesse, jalouse, transforme Io en vache, que Zeus continue de courtiser en se transformant en taureau. Héra, toujours vindicative, **la fait persécuter par un taon** qui la poursuit sans relâche. Ce n'est que lorsqu'elle arrive en Égypte que l'insecte disparaît. Zeus libère alors Io et la fait redevenir humaine. Elle donne naissance à un fils dont Zeus est le père, **Épaphos**, qui grandit et devient roi d'Égypte. Ses arrière-petits-fils, **Danaos et Égyptos**, entrent un jour en conflit car Danaos a cinquante filles qu'Égyptos veut marier à ses cinquante fils. **Une guerre éclate entre les deux frères** : Danaos fuit l'Égypte pour Argos, avec ses filles, demandant – au nom de leurs racines communes – l'asile aux Pélasges, qui occupent l'Argolide.

■ De l'histoire à l'intrigue

Parodos [pp. 51-56]

La tragédie s'ouvre par l'entrée du chœur dirigé par le coryphée : ces cinquante princesses étrangères, accompagnées de leurs cinquante servantes, sont des Danaïdes en exil. Elles ont quitté leurs terres pour échapper aux fils d'Égyptos qui veulent les forcer à les épouser. Après une longue navigation, elles débarquent sur les terres d'Argos dont les origines leur sont communes : elles invoquent et prient donc leurs ancêtres, Io et Zeus, dans leurs chants qui prennent progressivement des allures de transe, afin qu'ils accèdent à leurs supplications. Si leurs plaintes ne sont pas écoutées, les hommes d'Égyptos, qui les ont suivies, voudront les ramener sur leurs terres et les marier de force.

Premier épisode [pp. 57-69]

L'épisode commence par l'entrée de Danaos, qui demande expressément à ses filles d'adopter la posture de suppliantes. Il leur recommande la prudence et la modération.

Le roi d'Argos, Pélasgos, lui succède et reconnaît, à l'accoutrement de la troupe qu'il voit, un peuple « barbare », c'est-à-dire étranger aux mœurs grecques, dont il veut connaître l'origine. Ni lui, ni le coryphée ne se reconnaissent. Pélasgos se présente donc à lui, et expose son caractère royal. Le coryphée, pour sa part, expose au roi leur filiation commune, et c'est à ce titre qu'il demande la protection argienne.

Le nœud dramatique s'expose : les choreutes clament leur peur d'être mariées de force aux fils d'Égyptos, alors que Pélasgos craint une guerre avec eux s'il répond à cette supplication. De plus, les hésitations du roi portent sur l'assentiment de son propre peuple, dont il craint le soulèvement face à cet exil. Le roi vit alors un véritable dilemme. Les suppliantes, en plein désarroi, le menacent de se pendre aux statues des dieux si l'exil leur est refusé.

Malgré la souffrance qui le tiraille, Pélasgos accepte les femmes, mais demande à Danaos, leur père, d'aller se présenter au peuple d'Argos en accrochant les bandeaux des femmes sur d'autres statues comme signe d'assimilation à leurs pratiques cultuelles.

Premier _stasimon_ [pp. 70-72]

Prière du chœur à Zeus. Les Danaïdes se présentent comme ses filles et demandent son écoute, parce que le rivage d'Argos est le lieu d'exil de leur colonie et un asile naturel pour toutes. Pendant leur prière, elles chantent aussi les errances d'Io, auxquelles Zeus, dans sa grandeur, a mis fin.

Deuxième épisode [pp. 72-73]

Danaos revient et annonce à ses filles que le peuple argien accepte de les protéger. Il raconte alors l'unanimité démocratique, à la suite du plaidoyer de Pélasgos en leur faveur. La décision est également attribuée au dieu protecteur qui, plus encore que les hommes, semble accepter le sort des suppliantes.

Deuxième _stasimon_ [pp. 73-75]

Le chœur remercie la cité, à qui il adresse tous ses vœux de prospérité. Son bonheur se répand, dans cette prière, à ceux qui les accueillent.

Troisième épisode [pp. 75-78]
Danaos se replace sur le tertre et voit arriver, au loin, le navire des fils d'Égyptos. Il tente de rassurer les femmes, postulant une double confiance dans la justice des dieux et dans l'aide des Argiens, mais les Danaïdes sont bouleversées. L'épisode, qui fait alterner parties dialoguées et parties chantées, concourt à la *catharsis* tragique : elle annonce le combat inéluctable qui se prépare.
Troisième *stasimon* [pp. 78-80]
Le chœur, effrayé, chante sa terreur et supplie Zeus une nouvelle fois. Ces femmes craignent d'être enlevées par les fils d'Égyptos et mariées de force. Elles réaffirment leur préférence pour la mort plutôt que la soumission.
***Exodos* [pp. 80-87]**
Le moment de l'*exodos* se décompose en plusieurs étapes. Tout d'abord, le héraut égyptien, accompagné de soldats, tente de ravir le chœur des femmes, qui leur résistent.
Ce long *kommos*[1] prend fin grâce au retour du roi. Ce dernier interdit aux étrangers de toucher aux femmes, invoquant alors la justice divine et la force indétrônable des lois démocratiques. La force rhétorique de Pélasgos met les Égyptiens en déroute.
Le roi invite ensuite les Danaïdes à entrer dans la ville fortifiée, en leur promettant la sécurité dans les maisons argiennes.
Le coryphée accepte cet asile, mais s'en remet à Danaos pour décider du sort de ses filles. Le père leur demande de se montrer dociles et respectueuses envers leurs hôtes, mais leur recommande la prudence vis-à-vis des hommes, étant donné la beauté qui est la leur.
Le véritable *exodos*, pendant lequel les choreutes sortent, apporte un ultime débat. Les jeunes filles clament leur vœu de virginité alors que leurs servantes doutent de ce sort impie.

b. *Les Sept contre Thèbes*

■ Un peu d'histoire...

La pièce *Les Sept contre Thèbes* a été représentée en **467 avant J.-C**. Elle est la dernière pièce d'une trilogie dont les deux premières tragédies, perdues, étaient *Laïos* et *Œdipe*. La pièce a obtenu le **premier prix au concours athénien** cette année-là.

■ Un peu de mythologie...

Tout commence avec **Laïos**, roi de Thèbes, qui désire ardemment un fils, mais sa femme, **Jocaste**, est stérile. Il implore **l'oracle d'Apollon** qui lui conseille de renoncer à avoir une descendance, car cette dernière perdra Thèbes. Mais les dieux, cruels, aident Jocaste et lui donnent un fils. Repensant à l'oracle, Laïos le consulte à nouveau. On lui prédit un **destin criminel** : l'enfant tuera son père et épousera sa mère. Le roi décide d'abandonner son fils **Œdipe** pour expier sa faute, mais l'enfant grandit loin de Thèbes, dans l'ignorance de son sang, et accomplit sans le savoir son destin. Il devient roi. Quand

1. Lamentation commune du chœur et des acteurs en scène.

il apprend la vérité, bien des années plus tard, **il se crève les yeux et Jocaste, sa mère et épouse, se pend**. Leurs deux fils, Étéocle et Polynice, l'enferment au fond du palais royal, où il se sent **humilié : il lance sur ses deux fils des malédictions, leur prédisant un partage du trône en s'entretuant**. Œdipe meurt et une dispute éclate entre les deux frères : Polynice fuit à Argos et devient le gendre d'Adraste à qui il demande de dresser une armée pour récupérer le trône de son père, à Thèbes.

■ De l'histoire à l'intrigue

Prologue [pp. 143-145]
Le prologue est constitué de trois grandes étapes.
Tout d'abord, Étéocle, chef de Thèbes, dresse à son peuple, à qui il recommande une prière sans limites envers les dieux, l'image de sa cité assiégée. Le devin Tirésias a parlé : les Argiens attaqueront la cité dans la nuit.
Puis, un messager arrive, attestant avoir vu les sept chefs ennemis faire serment de saccager la cité cadméenne et de tirer au sort laquelle des sept portes de Thèbes chacun attaquera. Il enjoint alors Étéocle à fortifier sa cité.
À sa sortie, ce dernier prie les dieux de protéger ses concitoyens contre les erreurs individuelles passées de son père, Œdipe.
***Parodos* [pp. 145-148]**
Le chœur de Thébaines entre et chante, dans l'effroi et la terreur tragiques, la peur d'une victoire des ennemis sur la cité et d'être, en cas de victoire des Sept, réduites en esclavage par les ennemis.
Premier épisode [pp. 148-152]
Étéocle et le chœur, dirigé par la figure du coryphée, s'opposent. Le chef thébain s'en prend violemment aux femmes, à qui il reproche leurs lamentations et leur manque de convenance. Il les somme de se taire, de cesser d'effrayer la cité, et de mieux honorer les dieux. S'en prenant avec véhémence au sexe féminin, qu'il dénigre par principe et par nature, il affirme alors son pouvoir en leur recommandant de ne pas se mêler des choses publiques réservées aux hommes.
Premier *stasimon* [pp. 152-154]
Malgré les ordres d'Étéocle, le chœur ne peut calmer ses craintes et ses peurs terrifiantes, qu'il chante ici à nouveau. Il dresse une image apocalyptique d'une défaite éventuelle.
Deuxième épisode [pp. 154-165]
Cet épisode, le plus long de la tragédie, constitue son acmé. Il prépare le combat fratricide entre Étéocle et Polynice.
Le messager entre, suivi de son roi. Le premier lui rapporte comment les ennemis se sont répartis aux différentes portes pour menacer la cité. Au-delà des noms des guerriers, il lui décrit avec une extrême précision et une grande fidélité quels boucliers portent ces derniers, quels blasons ils affichent, et la manière dont leur orgueil est excité.

Précisément, à la porte Proitide, les Sept ont placé Tydée, auquel Etéocle oppose Mélanippe. À la deuxième, la porte Électre, c'est Canapée que le sort a choisi, et Polyphonte lui fera rempart. Le troisième chef étranger, à la porte Néiste, est Etéoclos, qui affrontera Mégareus. À la quatrième porte, Athéna Onka, s'opposeront d'un côté Hippomédon et de l'autre Hyperbios. À la porte Nord, Parthénopée l'Arcadien sera opposé à Actor, frère d'Hyperbios. Enfin, à la porte Homoloïs, le puissant devin Amphiaraos sera opposé à Lasthène.
La description de chacune des interventions du messager est ponctuée par un échange avec Étéocle, commentant avec confiance et sagesse ses choix. Ces annonces sont entrecoupées de brèves réactions du chœur.
Mais ces longs récits sont construits de manière à mettre en attente l'objet du principal combat qui se prépare : celui entre les deux fils d'Œdipe. Polynice est d'abord décrit comme un guerrier plein de démesure, et Étéocle reconnaît alors, à la volonté belliqueuse de son frère, la malédiction des Labdacides. Il décide d'agir et de se sacrifier pour sa cité, en dépit des conseils du chœur. Étéocle part donc au combat, en connaissant par avance sa fin tragique.
Deuxième *stasimon* [pp. 165-167]
Le chœur chante à nouveau sa peur, mais ici, portant sur la malédiction des Labdacides. Il rappelle alors la faute ancienne de Laïos, qui a bravé la volonté des dieux, puis des imprécations de son fils, Œdipe, contre ses propres enfants.
Troisième épisode [pp. 167-169]
Le messager revient. Ce dernier annonce que la ville est sauvée grâce aux six champions choisis par Étéocle mais que les deux frères se sont entretués aux portes de celle-ci.
Le chœur chante le sacrifice d'Étéocle, remerciant Zeus et les maîtres de Thèbes de leur protection, en même temps qu'il pleure les malheurs et la réalisation des imprécations d'Œdipe.
***Exodos* [pp. 169-174]**
On amène sur la scène les deux corps morts de Polynice et Étéocle. Les choreutes chantent la réunion des frères ennemis dans leur mort. Elles sortent, en se lamentant de cette tragédie familiale.
Ajout au texte, qui suit l'*exodos* [pp. 174-176]
Cette scène, ajoutée à la pièce d'Eschyle, conclut la tragédie en cherchant à amorcer la suite du mythe familial. Un héraut vient annoncer la décision des commissaires de la cité cadméenne : les honneurs sont accordés au corps d'Étéocle, pour avoir sauvé la cité, et l'interdiction d'une sépulture pour Polynice, qui a attenté à l'ordre de celle-ci.
Antigone réagit de manière véhémente à cette décision, s'opposant au héraut, en lui annonçant son souhait d'ensevelir elle-même son frère. Le chœur chante une dernière fois ses craintes pour Thèbes.

3. Individu et communauté dans *Les Suppliantes* et *Les Sept contre Thèbes*

Penser l'individu et de la communauté dans des tragédies grecques, c'est penser le statut de personnages de théâtre. **Un personnage, par définition, n'a pas d'identité** : il est une création littéraire. D'une manière globale, les tragédies antiques font de ces entités des ***types***. Déterminés par leur **fonction**, ils peuvent certes avoir une histoire, mais ce n'est pas elle qui importe. Ainsi, Eschyle met en scène des personnages qui ne sont que des **rôles sociaux** – roi, messager, chœur, etc. – **pour faire avancer l'action**. Penser les individus derrière ces types nous conduit alors à **considérer la question identitaire en refusant, d'emblée, la notion de *caractère***, qui consiste à penser le personnage comme doté d'une histoire singulière échappant à une catégorisation préétablie. ***Type* plus que *personne*, le personnage antique se définit par ce qu'il fait, tout en étant un personnage *possiblement référentiel*.** Le poète n'invente pas, en effet, les héros qu'il met en scène : Étéocle ou Polynice vivent dans des mythes, au-delà même de la pièce d'Eschyle. Dès lors, la notion d'individu dans les deux œuvres scrute davantage la **détermination actancielle des personnages en scène que l'individualité propre de ces derniers**.

A. L'individu dans sa communauté

a. L'individu à la tête de la communauté

L'individu est d'abord représenté, dans nos deux tragédies, comme **un homme seul à la tête d'un collectif**, d'une communauté sur laquelle il exerce un pouvoir descendant.

■ Au nom du peuple : des rois « là pour savoir les mesures à prendre » (*Les Sept contre Thèbes*, p. 150)

Les deux tragédies mettent en scène des **communautés civiques dirigées par des rois**, des dirigeants incarnant un idéal de puissance militaire lié à la fonction. Type même du personnage présent dans toutes les tragédies de cette période, le gouvernant de la cité – Pélasgos dans *Les Suppliantes* et Étéocle dans *Les Sept contre Thèbes* – est aussi un **chef d'armées cherchant l'assentiment des dieux pour agréer ses combats et placer la justice du côté de son peuple**.

Dans *Les Suppliantes*, tout d'abord, Pélasgos incarne la cité argienne. Le chœur ne s'y trompe pas, quand il lui dit dans le premier épisode *« C'est toi, la cité ; c'est toi, le Conseil [...] toi seul décides de tout »* (p. 64). **L'identification du personnage à la *polis*** fait de lui l'incarnation même de cette autorité. Le chœur reconnaît son pouvoir suprême et l'engage d'ailleurs à **prendre seul la décision** quant à sa demande d'asile. Il en va de même dans *Les Sept contre Thèbes* avec Étéocle, qui agit lui aussi en sa qualité de roi. Dès le début de son prologue, l'individu s'adresse au peuple de Thèbes – cité de Cadmos – en prenant la posture d'un capitaine en pleine tempête : *« il doit dire ce que l'heure exige, le chef qui, tout à sa besogne, au gouvernail de la cité, tient la barre en main, sans laisser dormir ses paupières »* (p. 143). **Individu fort de la cité, c'est donc lui qui la guide, qui la protège contre l'ennemi**, notamment dans un contexte belligérant. Le roi est ainsi représenté comme un **protecteur** : il est un chef aux commandes de sa communauté, et c'est ce que ses administrés – comme le messager – attendent de lui : « *Allons, bon pilote, à la barre ! Fortifie ta cité, avant que se déchaîne l'ouragan d'Arès* » (p. 145). On reconnaît, ici, aisément son type.

Cependant, les pouvoirs de ces deux rois sont limités par deux instances que nous développerons ensuite : la voix des dieux, et la voix du peuple. Bien que chefs en pleine tempête, **les deux rois demeurent des humains, soumis à la fragilité d'instances qui les dépassent : la religion et la démocratie**.

■ Au nom du père : Danaos et ses cinquante filles

Une autre figure tutélaire apparaît dans nos œuvres : celle du **père**. Comme individu, Danaos est représenté comme le géniteur des cinquante suppliantes qui demandent asile à Thèbes. Il est de fait, lui aussi, un **individu exerçant une autorité descendante sur ses filles**. Dès son entrée, sa position spatiale le place en surplomb, dans une posture supérieure « *[...] monté sur le tertre* » (p. 57). Pourtant, il conseille et avise, plus qu'il n'ordonne. Ses premières paroles sont destinées à ses filles, qu'il engage à la **prudence**. Il incarne alors une **voix de raison, de pacification**, après la transe à laquelle se sont adonnées les jeunes suppliantes : « *Mes enfants, la prudence doit être notre loi : c'est en prudent pilote qu'ici vous a conduites le vieux père en qui vous avez foi, et maintenant, à terre, ma prévoyance encore vous engage à garder mes avis bien gravés en vous* » (p. 57). Père pour ses filles, Danaos est ainsi une voix individuelle s'adressant, lui aussi, à une communauté qu'il dirige et cherche à conduire à l'intérieur la cité.

■ Au nom des dieux : des entités célestes pour diriger et fédérer les hommes

Ces mêmes individus, pourtant influents sur leurs cités ou leurs communautés, sont eux-mêmes dirigés par **des entités absentes mais omnipotentes**. Les dieux sont en effet partout, et sans intervenir directement – ce qui est pourtant le cas dans certaines pièces d'Euripide, comme *Les Bacchantes* ou *Oreste*, dans lesquelles les dieux sont des personnages qui agissent de manière incarnée – ils inondent le discours. On ne cesse, dans le théâtre d'Eschyle, de les **évoquer**, de les **prier**, de les **appeler à intervenir** dans le sort des actants. Ils deviennent ainsi eux aussi des entités dirigeantes, qui **gouvernent tous les hommes, jusqu'à leurs représentants**.

Zeus, qui par ses infidélités a provoqué la colère d'Héra contre Io, est d'abord celui à qui s'adressent les suppliantes pour lui demander secours. Dès la *parodos*, le coryphée l'implore : « *que Zeus soit notre aïeul, jette un regard sur nous !* » (p. 57). Même Danaos se soumet à sa puissance, en ajoutant : « *Oui qu'il nous regarde ici d'un œil clément !* » (p. 58). **Le dieu des dieux est ainsi fédérateur : il fait la jonction entre le peuple argien et les Danaïdes**, qui se réclament de sa descendance, alors même qu'elles ne prient pas les mêmes divinités, en Égypte. Lorsqu'elles pénètrent l'*orchestra*, des statues de dieux sont posées : « *le chœur monte sur le tertre et salue d'abord une statue de Zeus* » (p. 58). Elles saluent alors Apollon, miroir de leur condition, lui « *dieu jadis, exilé du ciel* » (p. 58) ou Poséidon, que Danaos reconnaît à son « *trident, attribut d'un dieu* ». Les divinités, celles que l'on évoque ou celles que l'on voit, sont ainsi partout, et on leur reconnaît une puissance suprahumaine.

En effet, à la fin du deuxième épisode, on apprend que le peuple argien accepte la harangue du roi et donc le sort des jeunes exilées. Toutefois, la décision du Pélasgos, soutenue par le peuple, est présentée par Danaos comme **un signe divin** : « *mais Zeus lui-même est l'auteur de la décision dernière* » (p. 73). **Le pouvoir du dieu, décisionnaire absolu, est alors celui d'une entité qui surpasse la volonté humaine.** Étéocle sait, lui aussi, ses pouvoirs limités : s'il décide pour ses hommes, il ne peut rien contre la décision des dieux, contre leurs volontés implacables. À la fin du prologue, après la sortie du messager, il prie alors Zeus et les dieux de sa terre, soulignant sa vulnérabilité individuelle, bien que roi, face aux pouvoirs divins. Il les implore d'« *épargne[r] du moins [s]a cité* » (p. 145), se posant ainsi comme un roi protecteur des siens, mais soumis à des forces qui le surpassent.

Les dieux ont ainsi un **pouvoir directeur et fédérateur pour les hommes**. Comme pour la décision des Pélasges, la stratégie militaire d'Étéocle **dépend de l'acceptation divine plus que de ses qualités royales**. Il le verbalise d'ailleurs quand il considère qu'« *en cas de succès, aux dieux tout le mérite* » (p. 143). Le triomphe et la défaite des troupes cadméennes sont donc également liés à la suprématie de l'Olympe, dont le pouvoir surpasse tous les mortels. Les **dieux sont ainsi les réels protecteurs de la cité, plus que les dirigeants**. La conscience de cette suprématie pousse Étéocle à sommer les siens d'honorer Zeus sans limite : « *vous devez [...] chacun enfin se donnant au rôle qui convient à ses forces, porter secours à la cité, aux autels des dieux du pays – afin que leur culte ne soit à jamais effacé* » (p. 143). Le dieu suprême devient alors omnipotent et fédérateur tout à la fois : les vœux des Thébains se rassemblent autour des mêmes luttes pour leur permettre de vaincre l'ennemi.

Plus encore, s'ils reçoivent leurs ordres des dieux, **les hommes les écoutent et communiquent même avec eux**. Au-delà des offrandes et de la lecture des présages auxquels les Grecs étaient accoutumés, **le personnage du devin** incarne, dans cette civilisation, le rôle de **relai entre la Terre et les Cieux**. Tirésias, nommé par périphrase dans *Les Sept contre Thèbes*, entend alors le sort funeste que l'Olympe annonce. Le messager en informe donc Étéocle : « *Mais voici qu'aujourd'hui parle le devin [...] ce qu'il déclare, lui, le maître des augures, c'est qu'une immense attaque achéenne tout à l'heure se décidait dans la nuit et va sournoisement assaillir notre ville* » (p. 144). **Fédérateurs, les dieux sont tout autant transparents et cyniques** : ils avisent les hommes de leur volonté, dictée il y a fort longtemps au grand-père du roi, Laïos.

b. Conflits d'individus, joutes fraternelles

Ces figures d'autorité sont ainsi les protagonistes – ou deutéragonistes – de ces tragédies. En tant que *sujets*[1], ces personnages ont alors des *opposants* avec qui ils entrent en conflit, ce qui fonde l'intérêt de l'intrigue. Plus précisément, nos deux pièces interrogent la question des conflits entre individus à la tête de communautés. Ces individus-frères s'opposent et entraînent dans leurs oppositions leurs peuples et patries.

1. Nous entendons le terme, ici, dans le cadre du « schéma actanciel » défini par Julien Greimas, faisant du sujet le cœur d'une quête. Ce sujet, dans cette recherche, aura nécessairement des opposants et des adjuvants.

■ Égyptos *vs* Danaos

Dans *Les Suppliantes*, tout d'abord, le combat qui fait rage entre les deux frères est singulier car Égyptos peut être considéré comme une **menace fantôme**. Si Danaos et lui sont frères, ce chef n'est pas présent scéniquement, tout comme Polynice d'ailleurs, dans *Les Sept contre Thèbes*. Mais à la différence de la pièce thébaine, Égyptos ne se présente pas aux portes de la cité : **il n'apparaît que par son spectre, son nom, son ordre, et c'est son héraut qui le représente**. Tout au long de la pièce, Danaos conduit ses filles dans la cité de Pélasgos pour leur éviter de subir le sort auquel ses neveux veulent les vouer. L'opposition est donc seulement verbale, dans un premier temps. Pourtant, le combat prend vie scéniquement au début de l'*exodos*. Le messager égyptien, suivi d'une troupe en armes, dit sa détermination, par la violence, envers les fugitives qu'il menace *« des cheveux arrachés, oui, arrachés, des corps marqués au fer, des têtes coupées, d'où gicle à flots le sang du massacre »* (p. 80) si elles refusent de les suivre. Un **combat scénique** prend vie, entre les choreutes et les soldats.

Pourtant, là encore, ce n'est pas Danaos qui combat son frère. Le conflit familial fait intervenir un **troisième actant, Pélasgos**. Le chef argien, qui a promis son secours et son asile aux Danaïdes, agit comme **un protecteur des femmes assaillies et s'oppose directement au héraut d'Égyptos : le combat fraternel n'a donc lieu qu'entre deux de leurs représentants**. Balayant les violences de l'ennemi étranger, le chef grec les assimile à des barbares : *« Crois-tu donc débarquer dans un État de femmes ? Pour un barbare aussi tu montres avec les Grecs un peu trop d'insolence ! »* (p. 82). La tragédie prend alors vie dans **l'opposition entre deux forces contraires**, deux instances opposées. La réponse du héraut dit d'ailleurs son incompréhension du mal causé : *« Quelle faute ai-je commise ici contre le Droit ? [...] Je retrouve ce que j'avais perdu »* (p. 81). Comment ne pas entendre l'écho avec la définition du tragique proposée par Hegel : *« Le tragique, originairement, consiste en ce que, dans le cercle d'un pareil conflit, les deux partis opposés, pris en eux-mêmes, ont chacun la justice pour eux*[1] *»* ? Si les deux individus **ne se comprennent pas**, s'ils ont chacun, dans leur opposition, **des raisons légitimes de combattre**, alors **la haine à venir est sans limites**, et justifie le reste de la trilogie qu'Eschyle initie avec ses *Suppliantes*. Le principe de l'*agôn* est dès lors à son comble.

■ Étéocle *vs* Polynice

Dans *Les Sept contre Thèbes*, le poète reprend le même procédé, mais en proposant un **combat fraternel sans intermédiaire**. Dès le début de la tragédie, l'affront se prépare entre deux armées, mais aussi entre deux membres de la même famille. La guerre a toutefois ceci de différent qu'elle oppose **deux frères appartenant à la même culture**. Si les dieux et les mœurs opposent Égyptos et Danaos – qui est désormais sous la protection de Pélasgos, et donc de ses lois, de ses dieux et de sa culture –, Étéocle et Polynice combattent alors qu'ils sont du même sang. La description initiale fait de l'ennemi un frère dans lequel on reconnaît les formes du même.

Si Polynice est l'agresseur, s'il cherche à détruire Thèbes, le messager décrit un sacrifice au cours duquel les *« sept preux capitaines »* ont *« fait serment, ou d'abattre et saccager la ville de Cadmos, ou, par leur mort, d'engraisser ce sol de leur sang »* (p. 144). La

1. G. W. F. Hegel, *Leçons sur l'esthétique*, PUF, 1995, p. 143.

pratique du tirage au sort de *« la porte où chacun d'eux conduirait sa phalange »* (p. 145) que décrit le personnage souligne une pratique connue par les Grecs. Il ne s'agit donc pas d'un affront entre deux peuples totalement étrangers l'un à l'autre, mais entre **deux communautés conduites par deux chefs qui se ressemblent** et dont on peut identifier les agissements.

Par ailleurs, si Polynice est l'agresseur, Étéocle le désigne par essence comme tel. Son frère, qui le connaît bien, voit dans son nom le signe même du combat qu'il décide de mener contre lui et contre Thèbes. Ce **Polynice** *« vraiment si bien nommé »* (p. 163) – étymologiquement, il est *« l'homme aux mille querelles »* – ne cherche qu'un **combat mortel pour l'individu et la cité**. L'affront qui se joue est ainsi résumé superbement : *« Roi contre roi, frère contre frère, ennemi contre ennemi, j'engage le combat avec lui »* (p. 163).

Le combat fratricide se prépare alors, et avec lui, celui de douze hommes en duel. Pourtant, le tort suprême de Polynice – qui lui sera reproché par la loi citée après sa mort – est **d'avoir engagé dans son combat des chefs étrangers**, qui par leur impiété **menacent à la fois l'ordre patriotique et divin**. La description de chaque couple d'opposants, dans le troisième épisode, fait s'affronter de ce point de vue des couples d'ennemis étrangers, comme dans *Les Suppliantes*. Un exemple est particulièrement saillant : celui à la quatrième porte entre *« la stature, la forme gigantesque d'Hippomédon »* (p. 158) et Hyperbios. L'opposition entre les deux guerriers est donc celle d'un barbare et d'un Thébain. Le combat entre individus devient alors celui d'une **confrontation de valeurs et de dieux** : *« si l'un porte Typhée à la bouche enflammée »* – un dieu protecteur barbare donc – *« Hyperbios, lui, a sur son écu Zeus, père des dieux, ferme en son trône, les carreaux de feu dans la main »* (p. 159). **Les individus combattent donc au nom des deux frères, mais également au nom des deux dieux** : Polynice devient implicitement un étranger pour Thèbes, un agresseur que les dieux grecs ne peuvent agréer.

■ Faire et éviter la guerre : des dirigeants pacificateurs

Le théâtre d'Eschyle est ainsi un **théâtre de la guerre, de ses horreurs et de ses misères**. Ce mal humain, que connaissent bien les Grecs, qu'Eschyle a vécu aussi en tant que soldat dans sa jeunesse, est contemporain de ces intrigues tragiques et résonne alors comme une **toile de fond** dans nos deux textes. Il ne s'agit pas pour l'auteur, pour autant, d'être dans un esprit de revendication : **si la guerre est présente, c'est sans doute plutôt pour ériger à rebours une image valorisante des chefs militaires**, ou du moins pour dessiner le sens des responsabilités qui leur incombe. À n'en pas douter, Pélasgos ou Étéocle ont comme rôle premier d'éviter à leurs peuples de subir les épreuves sanglantes qui s'annoncent.

Ainsi, la représentation des rois est associée à l'image de la puissance : le peuple, pour éviter le massacre qu'on lui annonce, a besoin d'un **homme fort**. Le courage d'Étéocle n'a aucune limite, et au moment de prendre les armes contre son frère, en dépit des cris dissuasifs du chœur, il prouve que son action n'est pas celle d'un lâche : *« mais il ne convient ni de pleurer, ni de se plaindre, de peur de faire naître des lamentations plus lourdes à mon front »* (p. 163). Son envie et son besoin de protéger la cité se font alors plus forts que tout, et il se sacrifie pour sa cité.

Il en va de même de Pélasgos dans *Les Suppliantes*. Dans son opposition frontale avec le héraut d'Égyptos, il n'hésite pas à **menacer** son interlocuteur au nom de la défense des siens. Ainsi, si le barbare ose *« toucher »* les femmes qu'il protège, *« [il lui] en cuirait, ce ne serait pas long ! »* (p. 83). Mais le héraut, lui, ne connaît que la guerre : *« Sache dès lors que tu soulèves là une guerre incertaine »* (p. 83). **La société civilisée semble ici s'opposer à celle des barbares qui, eux, prônent la violence belliqueuse et la soumission des femmes.**

Toute la grandeur du dirigeant consiste alors à **éviter – au moins temporairement – ce conflit armé**. Il fait faire fuir le héraut égyptien par les mots, par sa puissance rhétorique l'assimilant parfaitement au type théâtral du roi protecteur. Habile négociateur, sa force de dissuasion réside **dans le verbe plus que dans les armes**. La tragédie se clôt donc de manière pacifiée, alors même que la trilogie ne fait que commencer pour les Athéniens d'alors, et qu'une guerre adviendra bien. Toutefois, cette image d'une **paix obtenue par négociation**, en guise de dénouement, apparaît pour un lecteur contemporain comme porteuse d'espoirs, dans un monde où règnent encore des conflits armés.

c. Servir la communauté, se sacrifier pour elle

Ainsi, si des individus dirigent des communautés, s'ils s'opposent entre eux ou au nom de ces mêmes groupes, ces individus – ou d'autres avec eux – servent aussi le collectif, se fondent en lui, voire se sacrifient pour lui.

■ *« Nous sommes filles »* (*Les Suppliantes*, p. 70) : voix du chœur, voix individuelle fondue dans la communauté

Le chœur apparaît dans nos deux tragédies comme un **personnage unique**. Composé uniquement de femmes – soit Danaïdes, soit Thébaines – ce groupe d'individus ne parle que **d'une seule voix**. Singulièrement, dans nos deux textes, cette **voix relaie leurs peurs**. Le sentiment d'anxiété, de terreur et de désarroi anime alors notamment les suppliantes, qui donnent leur nom à la tragédie. Leurs craintes se nourrissent de leur impuissance face au sort qu'Égyptos veut leur réserver, et sans cesse Eschyle fait de leur **lamentation le leitmotiv de leur prise de parole**. Dans le troisième *stasimon*, elles chantent notamment l'absence de terre, la difficulté à trouver un accueil pérenne et protecteur : *« Terre monstrueuse, juste objet de mon culte, que vais-je devenir ? Où fuir ? Sur la terre d'Apis est-il pour moi une cachette sombre ? »* (p. 78). Elles chantent encore, quelques strophes plus loin, la misère des femmes soumises à la violence des hommes : *« Où trouver du moins un roc escarpé [...] avant que je subisse, contre ma volonté, l'hymen d'un ravisseur ! »* (p. 79) et le sacrifice de leur vie auquel elles sont prêtes, en cas d'échec : *« Le trépas vienne donc à moi avant le lit nuptial ! »*.

Le chœur des *Sept contre Thèbes* chante, lui aussi, l'horreur et la souffrance, mais cette fois celle de la **guerre qui ravage les peuples et dont les femmes seront les victimes sacrificielles**. Dès leur entrée, les Thébaines chantent l'effroi, en faisant de leur complainte un lamento cathartique : *« Je clame ici mes peurs et mes douleurs immenses »* (p. 145). *Eléos* et *phobos* sont donc présents, dès la *parodos*, pour **construire l'émotion tragique quant au sort des peuples meurtris par la guerre**, dont *« le fléau »* (p. 146) est redouté. Plus loin, les choreutes cherchent à dépeindre de manière plus apocalyptique encore les conséquences terribles provoquées par cette haine fratricide. *« Ah ! je redoute de lourds désastres ! Et il serait pitoyable que de chastes vierges avant les rites qui* *cueilleront leur tendre fleur, prissent la route nouvelle d'une demeure abhorrée. Ah ! les morts, je l'assure, ont un meilleur destin !* » (p. 153). Ce tableau sans concession dresse alors l'image horrifique de cette funeste hypothèse et exprime **la voix collective de cette communauté sacrifiée sur l'autel de la guerre**.

Le tragique de la condition féminine se pose alors ici comme celui d'une **entité collective dans laquelle les individus se fondent**. Si aucune singularité n'apparaît – la voix demeure commune, les choreutes sont indifférenciées – on ne peut mesurer la portée de ces lamentations que si on les ramène au **sort individuel de chacune des femmes** qui compose cette instance. Toutes les Danaïdes chantent bien ensemble leurs peines et leur effroi, mais **chacune risque individuellement le viol** des fils d'Égyptos dans *Les Suppliantes*, et **les exactions les plus immondes** dans *Les Sept contre Thèbes*. **Derrière la voix commune, s'entend alors la peur individuelle de ces êtres qui fondent leurs voix dans la communauté**, au nom des vœux de mariage qu'elles réfutent ou de la guerre qu'elles exècrent. La voix collective révèle ainsi les **peurs individuelles révélatrices d'une communauté**.

La **voix individualisée, notamment du coryphée,** exprime de manière solitaire cette complainte collective. Dès la *parodos* des *Suppliantes*, c'est elle qui exprime une première prière d'hospitalité : « *Daigne, Zeus suppliant jeter un regard favorable sur cette troupe vagabonde* » (p. 51). **L'individu dit alors le collectif, en se fondant en lui.** Au nom des Danaïdes, il expose au spectateur leur statut d'étrangères à la cité (« *nous errons en bannies* ») et explique les raisons de cet exil : « *pleines d'une horreur innée de l'homme, nous détestons l'hymen des enfants d'Égyptos et leur sacrilège démence* ». Il expose par là même que l'exil en mer s'est fait à travers les « *rives d'Argolide, berceau de notre race* », posant dès lors le passé commun avec la cité d'Argos comme revendication de la future demande d'asile. **L'utilisation d'un « *nous* »**, procédé récurrent dans ces moments choraux, détermine aussi cette **voix à l'identité collective**. Dans *Les Sept contre Thèbes*, alors même que le chœur est entièrement tourné vers des dieux qui lui sont familiers, ce « nous » en appelle à Cypris, apostrophée directement : « *Et toi, Cypris, antique aïeule de notre race, protège-nous* » (p. 147). La complainte collective répète alors le motif de la protection, en implorant une tranquillité de chacune des femmes individuelles qui composent cette communauté.

■ *« Tu n'auras jamais de blâme à adresser à mes rapports »* (*Les Sept contre Thèbes*, p. 162-163) : des individus au service de la communauté

D'autres personnages, comme **le messager**, sont représentés **au service de la communauté**. Personnage-type des tragédies antiques, il est un **individu sans histoire**. Son nom le définit et le relègue à sa fonction : plus qu'un individu, il est un **simple porte-voix**.

Le messager **fait avancer la fable** en racontant ce qui se passe hors scène, dans l'espace dramatique. Il en va ainsi dans nos deux tragédies, et notamment au début des *Sept contre Thèbes*, quand dès son entrée, il dresse par une hypotypose[1] le récit de ce qu'il a vu : « *j'arrive des lignes et t'apporte un récit fidèle* » (p. 144). Son rôle est central, car il

1. Figure de style qui consiste à dresser un récit d'une grande précision et qui permet à l'auditeur de se représenter la scène à la manière d'un tableau animé.

annonce la guerre qui s'approche et enjoint Étéocle à choisir ses « *meilleurs chefs, l'élite de [s]a ville, pour qu'ils commandent aux issues de nos portes* » (p. 145). Son rôle est ici **dramatique** : il **apporte la tragique nouvelle de la guerre et pousse à l'action**. C'est lui aussi, au terme de la tragédie, qui annonce le sort favorable de Thèbes : « *la ville a échappé au joug de l'esclavage ; on a vu s'effondrer les vanteries de ces puissants guerriers* » (p. 167). Par le même procédé langagier, il décrit le succès des gardes aux portes des remparts, mais dresse avec effroi la nouvelle du sort funeste pour leur roi.

Porte-voix ramenant l'espace dramatique dans l'espace scénique, il fait de sa parole un spectacle, attestant avec fidélité de ce qu'il a vu. Individu au service du pouvoir, il se range totalement derrière sa patrie et son roi, notamment en jurant de **l'exactitude de ses propos et de sa dévotion** : « *Je t'ai dit exactement mes intentions : tu n'auras jamais de blâme à adresser à mes rapports* » (p. 162-163). Messager avant d'être individu, il s'efface ainsi derrière son type.

D'autres individus-personnages sont aussi des porte-voix. Ainsi, dans *Les Suppliantes*, le **héraut égyptien** joue le même rôle que le messager. Il est alors possible de relire son opposition à Pélasgos à l'aune de cette idée, en montrant combien sa fonction prime dans cette scène. De même, **le coryphée**, dans chacune des deux pièces, peut également être interprété comme une entité individuelle qui émerge du chœur et qui sert sa cause. **Porte-voix de cette communauté**, c'est lui, souvent, qui communique avec les personnages sur le *proskenion*. Dans *Les Suppliantes,* le chef du chœur de femmes joue un rôle particulièrement intéressant. En dialoguant avec Pélasgos, au nom des Danaïdes, il procède à une **maïeutique**[1] **de laquelle va émerger, pour le roi, l'identité des choreutes**. Au terme d'un jeu de questions-réponses qui fait revivre les racines communes entre les Argiens et les Égyptiens, il établit le passé commun aux deux peuples. Ainsi, au terme de ce dialogue, il conclut : « *tu connais donc maintenant mon antique origine : traite donc en Argiennes, celles dont la troupe est ici devant toi* » (p. 62). Cette péroraison donne ainsi toute sa force à cette entité : porte-parole de la « troupe » qu'il désigne et dans laquelle il s'inclut, il en est un digne représentant.

■ « *L'offrande de ma mort* » (*Les Sept contre Thèbes*, p. 164) : se sacrifier pour la communauté

Et si certains personnages s'effacent pour laisser parler leur type, d'autres, au contraire, tout en remplissant la fonction dramatique qui est la leur, sont **des actants qui s'illustrent par leur dévouement**. Ainsi, si les rois sont représentés comme des types liés au pouvoir, ils sont aussi des **figures notables par leur engagement au service de leur communauté**. La représentation de l'exercice du pouvoir, dans nos deux tragédies, est ainsi liée à **l'idée de sacrifice** : celui qui mène un collectif doit **tout donner pour lui**, même sa vie, si les circonstances ou les dieux l'exigent.

Le fils d'Œdipe représente évidemment cette image du sacrifice individuel. Dans la scène des boucliers, quand il apprend que Polynice est lui-même posté à la septième porte, **il se dévoue pour aller lui-même au combat**. Assimilant sa décision à une démesure, le chœur rejette alors **l'*hybris* qui le prend** : « *Quel est ce délire, enfant ? Ne laisse pas l'égarement d'une folie meurtrière emplir ton cœur et t'emporter* » (p. 164). Cherchant

1. Méthode socratique qui procède à l'accouchement de la vérité par la parole. C'est par le procédé du questionnement que cette vérité aboutit.

à le dissuader, il condamne ce qu'il voit comme une folie du roi, alors que ce dernier sent en lui l'inextricable malédiction de son père se réaliser : « *C'est que l'odieuse, la noire Imprécation d'un père, sans une larme en ses yeux secs, est là qui s'approche et me dit : "Tout est profit à mourir plus tôt que plus tard"* » (p. 164). Se sacrifiant, donc, au nom de sa race maudite, **le chef thébain compare son engagement à un sacrifice humain qu'il ferait aux dieux**, en ajoutant : « *L'offrande de ma mort, seule, a du prix pour eux* ». Pourtant, c'est grâce à cette offrande de lui-même que la cité est préservée : « *Il y a là matière à la joie comme aux pleurs. Thèbes a la victoire ; mais ses rois, ses deux chefs d'armée, se sont partagé tout leur patrimoine avec le fer scythe forgé au marteau [...] !* » (p. 168).

Dans une moindre mesure, on pourrait considérer que **Pélasgos, lui aussi, fait preuve de bravoure, sinon de sacrifice**, en osant s'engager personnellement avant l'assentiment de son peuple, devant les Danaïdes. N'osant d'abord pas promettre ce qu'il ne pourra réaliser sans l'assentiment de son peuple, le roi veut « *avoir communiqué les faits à tous les Argiens* » (p. 64) avant de donner l'asile aux suppliantes. Pourtant, **un sentiment de compassion et d'humanité le prend, l'exposant à un dilemme** : il sait que sa décision peut provoquer l'ire de son peuple, mais n'est pas insensible personnellement aux prières de ces femmes, de ce peuple qu'il voit comme des « *concitoyens-étrangers* » : « *Mais vous secourir, je ne le puis sans dommage. Et pourtant il m'est pénible aussi de dédaigner vos prières. Je ne sais que faire ; l'angoisse prend mon cœur : dois-je agir ou ne pas agir ? Dois-je tenter le Destin ?* » (p. 64). Le chœur l'enjoint alors à agir seul, sans attendre l'avis de son peuple, pour faire le bien au nom de la justice. **Ce dernier finit alors par trancher, au terme de cet *agôn*** : « *Mais, quand il s'agit du sang de nos frères, il faut pour l'épargner, sacrifier, offrir à tous les dieux toutes les victimes aptes à remédier à un tel malheur [...] que tout s'achève au mieux – contre mon attente !* » (p. 67). Cet épisode fait de son **action une sorte de sacrifice au nom du sentiment humain et, surtout, au nom du respect de la voix des dieux tout-puissants**. L'empathie l'emporte sur la décision individuelle ou collective. À défaut d'offrir sa mort, **Pélasgos engage alors son honneur**, et il apparaît ici, au-delà de sa fonction, comme un être dont l'humanité dépasse la volonté de régner. Tout en restant un personnage incarnant le type même du « *bon roi* », il confère à ce type une certaine profondeur.

B. L'individu contre ou avec la communauté ?

Les différents individus représentés dans nos tragédies apparaissent donc comme liés à leurs communautés, quand ils œuvrent à leur service. Pourtant, des tensions posent ces deux entités dans une forme de cheminement dialectique allant de la **nécessité pour un individu d'appartenir à une communauté, à la recherche, pour ce dernier, à s'émanciper d'elle**. Il faut donc analyser ces différentes tensions pour montrer les difficultés du vivre ensemble, dans une société hiérarchisée par des cultes, des rites et des institutions dans lesquelles l'individu doit s'inscrire.

a. L'individu assimilé à la communauté

■ Une société fondée sur une communauté de croyants : un individu soumis aux dieux

Si les dieux sont partout dans le théâtre d'Eschyle, c'est parce qu'il est à l'image d'une **société construite autour de pratiques dans lesquelles les dieux régissaient**

tout. Montrant les pratiques religieuses et sociales des Grecs, son théâtre reproduit une liturgie et une culture. Pourtant, le monde qu'il dépeint n'est pas agencé de manière harmonieuse, et apparaît au contraire comme **un monde désordonné, qui vit dans la peur, la guerre et la violence**. À l'instar d'Io, changée en génisse et persécutée par un taon, le monde fuit vers sa perte, se débat contre des monstres et des ennemis qui nous persécutent. Aucun repos n'est possible, semble-t-il, pour l'humanité, car **à chaque crise résolue répond une nouvelle crise**. Ainsi, alors que tout semble réglé, à la fin de chacune des deux tragédies, un nouveau problème point : dans *Les Suppliantes*, si les Danaïdes sont sauves, elles craignent toutefois pour leur sort de jeunes vierges, dans la nouvelle cité. Les Suivantes du chœur décrivent alors le mariage comme inéluctable : « *Ce qu'a fixé le Destin risque fort de s'accomplir – on ne passe pas outre à la pensée de Zeus, auguste et insondable – et, après des milliers de femmes avant toi, l'hymen pourrait bien être ton lot final* » (p. 86). Il en va de même dans *Les Sept contre Thèbes*, une fois la cité apaisée des prédications d'Œdipe. Eschyle semblait vouloir soutenir l'idée d'une ville pacifiée, mais ses continuateurs ont transformé sa pièce en poursuivant la malédiction des Labdacides. **L'éternel retour advient alors** pour faire apparaître « *une des plus parfaites machines construites par les dieux infernaux pour l'anéantissement mathématique* »[1] des mortels. Ce monde peuplé de dieux que l'on veut justes, autour desquels les hommes se fédèrent, est ainsi **un monde en proie au mal**. Mais malgré les peurs, malgré les injustices, les personnages gardent la foi et continuent à se fédérer autour de ces entités supérieures, quoi qu'il leur en coûte.

■ Honorer les dieux de la cité : une nécessité collective ?

Un impératif s'impose donc : honorer les dieux de la cité. Sans piété, sans dévotion, **l'humanité se retrouve dans l'incapacité d'espérer un quelconque repos**. Pourtant, les deux tragédies démontrent avec force que l'action individuelle de piété réclamée par les dieux se confronte à la **difficulté de savoir mener collectivement ce culte, sans outrager ces divinités ni engager l'humanité à une vengeance**...

Ainsi, **l'opposition entre la piété individuelle et collective** se retrouve dès les premières pages des *Sept contre Thèbes*. Si Étéocle, comme nous l'avons montré, prie les dieux d'épargner sa cité dans le prologue, le chœur agit en impie aux yeux du roi car, **plutôt que de se montrer fidèles aux dieux dans des vœux protecteurs, les femmes ne cessent de se plaindre et de pleurer** ! C'est en substance le résumé qu'en fait Étéocle quand, dans l'épisode l'opposant aux choreutes, il crie sa haine face à leurs lamentations. Condamnant leur transe et leur emportement, il s'écrit alors : « *Invoque les dieux, sans pour cela te sottement conduire !* » (p. 149) avant de préciser que « *c'est aux hommes à offrir aux dieux des hécatombes, à questionner le sort en tâtant l'ennemi. Ton rôle à toi, est de te taire et de rester dans ta maison* » (p. 150). **Le roi s'oppose ainsi à une partie de sa communauté** qui cherche à se sauver du mal de la guerre en pensant être pieuses. Mais le fils d'Œdipe exclut les femmes des honneurs religieux, pour la survie de sa cité. **La nécessité collective d'honorer les dieux divise donc les humains**, même quand l'ensemble des individus cherche une forme de piété.

Il en va de même dans *Les Suppliantes*. Dès la *parodos*, le coryphée puis les Danaïdes expriment une ferveur divine qui dit leurs peurs et angoisses et leur recherche d'une

1. Jean Cocteau, *La Machine infernale*, Grasset, 1934, Le Livre de Poche, 1936, p. 36.

nouvelle terre. Conscientes du sort qui est le leur, elles disent errer « *en bannies* » (p. 51) et portent leurs prières vers Zeus. Toutefois, cette prière semble prendre, d'après les didascalies, des allures de **transe** : « *Le Chœur commence à se livrer à une mimique véhémente qui doit faire violence aux dieux qu'il implore. Il déchire ses vêtements et accompagne chacun de ses refrains d'une danse sauvage* » (p. 54). Au lieu d'implorer selon les coutumes des Grecs, **les femmes usent d'une violence qui outrage les dieux**. Comme le remarque Pierre Vidal-Naquet dans sa préface à la pièce : « *C'est que les Danaïdes sont moins des victimes que des révoltées ; leur langage, en maint passage, est déjà celui de la démesure* (hybris) *interdite à tout mortel*[1]. » Dès lors, **au lieu d'adresser de justes prières, les jeunes femmes blasphèment**. En s'adonnant à une transe, qui prend forme dans des « *tristes douleurs que disent [leurs] cris aigus* » (p. 54), elles honorent mal les dieux. Il point dès lors l'image d'une **méconnaissance collective du culte**, que ces vierges profanent et on comprend pourquoi Danaos leur recommande, dans sa première tirade, « *la prudence* » (p. 57). Si honorer les dieux apparaît alors comme une action nécessaire pour la communauté, force est de constater que la pratique la malmène collectivement.

■ Des rites cultuels aux rites culturels : savoir s'assimiler

Dès lors, nos tragédies interrogent les **difficultés, pour un individu, à s'assimiler à une communauté**, à en apprendre les codes, les pratiques culturelles et cultuelles. Si les femmes savent qu'il faut prier, les épisodes précédents questionnent, par exemple, **la connaissance des bonnes pratiques**. *Les Suppliantes* sont dès lors imaginées comme un **poème dramatique interrogeant l'accueil de l'étranger, son assimilation à la cité**. D'ailleurs, le dilemme de Pélasgos porte sur la **capacité de ses administrés à accepter des étrangères**, et la vraie question n'est pas tant celle de l'accueil de l'autre que celle de sa capacité à savoir se plier aux cultes grecs.

D'une certaine manière, Eschyle interroge ici les **fondements du sentiment national qui fonde l'appartenance à l'identité grecque**, par la croyance en des dieux comme dans les institutions démocratiques. Cette société conférait seulement aux hommes – au sens biologique du terme – la possibilité d'être considérés comme **citoyens**, à condition de n'être ni étrangers – on parlait alors de *métèques* voire de *barbares* – ni esclaves. Les femmes – que l'on méprisait par nature – sont ainsi la troisième catégorie exclue de ce statut. **Accueillir des femmes étrangères pose donc un double problème** à Pélasgos au regard de la citoyenneté, et on comprend tout l'enjeu de son dilemme à décider seul de leur asile.

En conséquence, l'attitude de Danaos envers ses filles prône une prudence de circonstance : **celle d'une piété totale et d'une nécessaire assimilation aux pratiques nationales, pour recevoir l'accueil**. Ne sachant pas quelles seront les intentions des Argiens, le père propose de transformer le temple en « *un infrangible bouclier* » (p. 57). De plus, il demande à ses enfants une véritable docilité envers les hôtes : « *répondez aux étrangers en termes suppliants, gémissants et éplorés, ainsi qu'il convient à des arrivants [...]. Sache céder, tu es une étrangère, une exilée dans la détresse* » (p. 57). Il en va de même, lors de l'*exodos*, quand il leur décrit le culte qu'elles doivent respecter : « *Mes filles, il faut qu'aux Argiens vous offriez prières, sacrifices et libations, comme à des dieux de l'Olympe* » (p. 84). **S'assimiler, se soumettre à la culture de l'hôte : voilà en somme la leçon que le père donne à sa descendance.** Les Danaïdes doivent ainsi aux Argiens, comme à de nouveaux

1. Eschyle, *Tragédies complètes*, Gallimard, « Folio Classique », 1982, p. 48.

dieux, une **dévotion totale** : elles doivent faire amende honorable et accepter leurs nouveaux devoirs, pour **rendre à la cité l'honneur qu'elle leur fait**. « *Une troupe inconnue ne se fait apprécier qu'avec le temps ; quand il s'agit d'un étranger, chacun tient prêts des mots méchants, et rien ne vient plus vite aux lèvres qu'un propos salissant* » (p. 85). Par ces mots, Danos dit alors combien l'accueil de l'autre est complexe.

b. L'individu contre la communauté

Si la communauté peine parfois à accueillir l'individu, ou si ce dernier trouve difficilement sa place dans cette même communauté, il peut également **émettre une voix dissonante au regard du collectif** ou de cette communauté.

■ Le chœur, de la voix commune à la dissonance polyphonique

Alors que le chœur est l'émergence d'une voix collective qui dit de manière indistincte l'ensemble des souffrances et des peurs des femmes, il est intéressant d'analyser les **effets de dissonance au sein de cette instance-personnage**. Si cent voix sont censées fonder celles des Danaïdes et de leurs suivantes – on sait que cela n'était que convention, puisque le chorège finançait un chœur de douze choreutes, à l'époque d'Eschyle – toutes **ces paroles ne s'accordent pas toujours à l'unisson**. L'*exodos* des *Suppliantes*, notamment, fait entendre quelques **fausses notes**. Alors que Danaos venait d'engager ses filles à entrer dans la cité et à faire usage de leur beauté avec mesure et docilité, il ne manque pas de leur rappeler qu'elles possèdent « *cette jeunesse qui attire les yeux des hommes. Le tendre fruit mûr n'est point aisé à protéger [...]. Aussi, sur la délicate beauté des vierges, tous les passants, succombant au désir, lancent-ils le trait charmeur du regard* » (p. 85). Contre de nouveaux fils d'Égyptos, le père engage alors ses filles à respecter leur vœu de virginité. Le coryphée accepte ce sort, puisqu'il défend sa « *fleur* » et l'assure qu'il ne « *dévier[a] pas de la route qu'a jusqu'ici suivie [s]on âme* » (p. 86).

Pourtant, **le débat sur le mariage fait sonner une musique polyphonique au sein même de la communauté**. Les suivantes semblent en effet s'opposer à leurs maîtresses, et **la voix chorale se divise en deux sous-communautés**. Alors que les filles de Danaos prônent une virginité éternelle (« *Ah ! que l'auguste Zeus écarte de moi l'hymen des fils d'Égyptos* », p. 87), leurs suivantes les rappellent à un devoir qu'elles ont écarté : « *Ce serait pourtant là le mieux* ». Un débat prend vie entre elles, au sein de la communauté. Victor-Henri Debidour note ainsi, dans sa préface des *Suppliantes* qu'« *en s'exaltant sans cesse sur leur vocation de virginité, elles font éclater une sorte de psychose non seulement de fuite devant le mâle, mais de défi à l'ordre du monde, aux lois mêmes de la vue, incarnées par la majesté d'Aphrodite : c'est blasphème, et la pièce s'achève sur une inquiétude sourde quant aux suites que la Némésis ne manquera pas de donner à une telle "démesure" : c'est ce qu'amorce le débat entre les Danaïdes et leurs suivantes, qui semblent prendre contre elles le relai d'une conscience droite et éclairée de ce qui est dû*[1] ».

Ce phénomène de polyphonie se retrouve aussi dans l'*exodos* des *Sept contre Thèbes*. Au terme de la tragédie, **le chœur se divise et sort en dialoguant**. Sans être dissonante, l'entité fait alors apparaître un **partage des voix**. Ainsi, les corps morts des deux frères qui s'affichent comme deux membres d'une famille touchée par la discorde se réunissent

1. Victor-Henri Debidour, in *Les Tragiques grecs*, Livre de Poche, 1999, p. 118.

par leur mort : « *Leur haine a pris fin. Dans la terre trempée de leur sang, leurs vies se sont mélangées ; cette fois, ils sont bien du même sang !* » (p. 172). Et pour chanter cette union, **Eschyle crée une polyphonie mimant leurs discordes passées et leur combat**. Les voix contraires, à l'image de l'opposition fraternelle, se répondent et se complètent pour dire cette union des deux Labdacides dans l'élan mortel qui les conduit aux Enfers : « *Frappé, tu as frappé. / Et toi, tu es mort après avoir tué. / Ta lance a tué. / Une lance l'a tué* ». Cette voix plurielle des deux parties du chœur donne ainsi sa grandeur tragique au dénouement, au moment de la sortie de l'entité chorale, en faisant résonner des dissonances vocales au sein de la même entité.

■ S'affranchir de la communauté : le spectre d'Antigone

Eschyle a donc fait le choix d'une tragédie qui termine la trilogie des Labdacides par la fin de la menace sur Thèbes. Pourtant, la postérité, probablement à cause de l'*Antigone* écrite par Sophocle, a ajouté un nouvel épisode et un nouvel *exodos* à cette tragédie, comme pour marquer que la **malédiction familiale n'avait jamais de fin**, et que le poids de la faute rongerait le monde de manière éternelle.

Ainsi, un héraut prend la parole pour « *proclamer ici ce qu'ont jugé et décrété les commissaires du peuple de la cité cadméenne* », à savoir que **l'individu qui s'est sacrifié pour la communauté doit être reconnu pour son dévouement** : « *Pour celui-ci, Étéocle, à raison de son dévouement au pays, il a été décrété qu'il serait enseveli en de pieuses funérailles* » (p. 174). À l'inverse, son frère fautif « *sera jeté hors de nos murailles, sans sépulture, en proie aux chiens, puisqu'il eût été un dévastateur du pays cadméen, si un dieu ne s'était pas dressé devant sa lance, à celui-là !* ». Polynice est dès lors perçu comme celui qui a déjoué l'ordre des dieux « *qu'il a outragés en lançant une armée étrangère à la conquête de sa ville* » et donc comme le **fauteur de trouble au sein de la communauté thébaine**.

Pourtant, Antigone, sœur d'Étéocle et de Polynice, vient ajouter une **nouvelle dissonance dans cette communauté**. En réfutant l'ordre politique, au nom de l'amour familial et des honneurs que l'on doit à un corps mort dans la culture grecque, **elle s'oppose à la loi de la cité et devient la figure de résistance** que Sophocle avait érigée avant ce nouveau dénouement. Osant braver l'ordre établi, elle déclare que « *si personne ne veut aider à l'ensevelir, c'est moi qui l'ensevelirai. Je saurai affronter un péril pour enterrer un frère* » (p. 175). Dans un *agôn* avec le héraut représentant cette loi et à qui elle ose dire non, alors même qu'une femme ne doit « *point [donner] sa voix* » parce que « *ce qui se fait hors de la maison est l'affaire des hommes* » selon Étéocle (p. 148), **elle s'oppose doublement à la cité et à l'ordre de la communauté civique. Réfutant à la fois les ordres masculins et les lois démocratiques**, elle apparaît donc comme celle à qui on n'adresse pas « *de sommations vaines* » (p. 175), mais surtout comme celle qui **s'affranchit de sa communauté**, en annonçant son acte à venir. Un nouveau trouble dans la communauté émerge, au terme de la trilogie.

■ La « faute » individuelle responsable d'une « souillure » collective : l'individu à l'origine du malheur d'une cité

Dans un monde régi par les dieux, où les actions humaines individuelles ou des vœux impies peuvent fâcher les habitants de l'Olympe, **les fautes de certains individus peuvent avoir des conséquences tragiques sur d'autres individus** ou sur des peuples entiers. Comme l'expliquent Paul Demont et Anne Lebeau, dans l'univers d'Eschyle – conformément aux codes culturels grecs –, le malheur, même (et surtout) quand il est *« le résultat d'une faute individuelle, touche toujours une collectivité, race ou cité, dont l'individu est inséparable, ici la nation perse, ailleurs la race des Atrides et la cité d'Argos, dans* Les Sept *Thèbes entière, menacée par l'effet de la malédiction qui pèse sur la race des Labdacides et conduit inexorablement à la mort d'Étéocle et de Polynice*[1] *».*

Ainsi, dans *Les Sept contre Thèbes*, c'est autant la volonté protectrice qui s'éprend d'Étéocle que la réalisation des prédications de son père contre sa race. **Les dieux sont cruels**, et font payer aux fils d'Œdipe les fautes de Laïos et de son fils. La malédiction des Labdacides se reporte inextricablement sur l'individu et sa communauté, et c'est **Thèbes tout entière qui en est la victime, à cause de la faute originelle d'un homme**. Le roi le sait, lui qui évoque dès le prologue la *« Malédiction, puissante Érinyes d'un père »* (p. 145), ou qui s'écrie plus loin : *« Ah ! race furieuse, si durement haïe des dieux ! Ah ! race d'Œdipe – ma race ! – digne de toutes les larmes ! Hélas ! voici accomplies aujourd'hui les malédictions d'un père ! »* (p. 163). C'est ainsi une faute familiale qui s'abat sur une communauté entière, et quoi que lui recommande le chœur dans ses pleurs, **Étéocle ne peut être sauvé**. Il combat parce qu'il se sait maudit et parce qu'**il ne peut se dérober aux crimes de sa race**. Ses lamentations répétées à plusieurs reprises – lui qui conspue pourtant celles des Thébaines – sont vaines. Le problème est insoluble : si le roi n'entend pas les conseils du chœur – *« Ne prends pas ce chemin : ne va pas à la septième porte »* (p. 165), lui dit par exemple le coryphée –, ce n'est pas par principe, par misogynie, ou par peur de sa réputation dans la postérité, mais simplement parce que par son sang, par la malédiction qui coule dans ses veines, il ne peut faire autrement que de se sacrifier. C'est une conception antique de la destinée et de la justice divine qui s'exprime ici.

Pour autant, c'est la communauté qui a peur, et c'est **Thèbes qui risque sa survie à cause de la faute d'un de ses rois**. Laïos a en effet commis, par *hybris* et volonté de puissance individuelle, un vœu contraire à celui des dieux. On comprend dès lors que le chant du chœur dise la peur de la communauté : *« [...] et j'ai peur que Thèbes ne succombe avec ses rois. / Car voici que s'achève le douloureux règlement des imprécations d'autrefois »* (p. 167). **Les actions et erreurs individuelles ont alors des conséquences toxiques pour une communauté entière**, et la faute individuelle condamne potentiellement tous les enfants de Thèbes à périr à cause de la démesure d'un homme seul.

c. Communautés en eaux troubles : guerre et divisions

Si la communauté peut être menacée à cause d'un individu, elle peut cependant aussi être **mise en danger par une autre communauté**. Dans nos tragédies, en effet, des groupes s'affrontent, ont du mal à cohabiter, à faire société, à intégrer l'autre sans créer de **troubles communautaires**.

▪ *« Voilà ce qu'on gagne à vivre avec des femmes ! »* (*Les Sept contre Thèbes*, p. 148) : une guerre entre les sexes

La figure d'Antigone illustre une double tension : la femme, en étant rebelle, s'oppose à la communauté des hommes, dans tous les sens du terme. Faire acte de folie relèverait,

1. Paul Demont et Anne Lebeau, *Introduction au théâtre grec antique*, Le Livre de Poche, 1996, p. 92.

selon le héraut, d'une opposition à la cité tout entière. **Mais Antigone agit-elle parce qu'elle est *femme* – donc insensée aux yeux des hommes de son époque – ou parce qu'elle est *sœur* ?** D'une manière générale, donc, nos œuvres reproduisent le regard social que la civilisation grecque portait sur le sexe féminin, et si la fille d'Œdipe apparaît comme un individu isolé, les deux tragédies opposent d'une manière assez nette la communauté des femmes à celle des hommes.

Exclues de la citoyenneté et des honneurs, **les femmes étaient dépourvues de considération, à cause de leur sexe**. Elles sont dès lors une communauté violentée, soumise au désir des hommes. Dans *Les Suppliantes*, les Danaïdes disent en effet combien **leur sort est fragile physiquement**, au regard de la force masculine : « *Ne me laisse pas seule, je t'en supplie, ô père : seule, qu'est-ce qu'une femme ? Arès n'habite pas en elle* » (p. 77). L'allusion au dieu de la guerre dit précisément la nature vulnérable des femmes, dépourvues de la force virile et des capacités à combattre qui déterminent les hommes.

D'ailleurs, **une guerre oppose littéralement les deux sexes** dans *Les Suppliantes*. Eschyle propose un épisode où les femmes sont violentées scéniquement par les hommes, qui essaient de les enlever. Le héraut et les soldats d'Égyptos agressent ainsi physiquement les fugitives qui refusent de les suivre. Alors que les femmes, incapables de combattre, ne font que souhaiter la mort de leurs agresseurs (« *puisses-tu donc périr d'une mort brutale, englouti par les saintes eaux de la mer* », p. 81), ces derniers les pressent : « *Je t'invite à gagner la galère aux flancs courbes, et vite ! nul retard ! Quand on traîne une rebelle, on n'épargne pas ses cheveux* » (p. 81). La violence générée par l'invasion barbare concourt à un **spectacle belliqueux d'une rare intensité dramatique** : l'épisode faisait alterner des passages dialogués et chantés, sans doute accompagnés d'une danse. Dans *Les Sept contre Thèbes*, cette guerre prend des allures plus traditionnelles, en étant davantage verbale : elle se lit dans **l'*agôn* entre Étéocle et le chœur**. Le roi accuse la communauté des Thébaines d'impiété et d'un manque de respect des mœurs : ses paroles à leur encontre se dotent d'une **misogynie sans égale, mais dont la teneur était sans doute acceptée sans grande difficulté par le public d'antan**. Ainsi, si Étéocle voit dans le genre féminin d'« *intolérables créatures* », il prie le Ciel pour qu'il le « *garde de la femme !* » car, à en constater leur impiété, leur sens de la répartie et de la rhétorique, il en conclut : « *Voilà ce qu'on gagne à vivre avec des femmes !* » (p. 148).

L'impiété qui leur est reprochée déshonore la société dans son ensemble, c'est-à-dire également les hommes. **La *polis* tout entière risque, selon lui, une punition divine** : « *est-ce là faire ce qui convient et qui sauvera la ville ? est-ce là donner confiance à ce peuple assiégé, que de vous jeter sur les statues des dieux thébains avec des cris, des hurlements qui font horreur aux gens sensés ?* » (p. 148). Pire encore, les **exhortations du dirigeant** poussent les hommes à la lâcheté, donc à la perte de leur virilité et de leur courage : « *avec vos courses éperdues par la ville, vous avez parmi les nôtres clamé l'appel de la lâcheté peureuse* » (p. 148). En réalité, Étéocle accepte que les femmes honorent les dieux, mais seulement en s'éloignant des statues qui sont au centre de la cité, sur l'*agora*, un lieu réservé aux hommes, surtout en temps de guerre. Il les accuse d'être inconvenantes dans leur culte : se jeter sur les statues avec cris et pleurs est contraire à la *sophrosunè*, la sagesse et la modération que requiert un tel agissement. Le reproche religieux devient alors **politique : en se mêlant au culte, les femmes attentent à l'ordre social, c'est-à-dire à la communauté des hommes, puisque eux seuls peuvent être**

citoyens. C'est pour cela qu'il profère : « *Ce qui se fait hors de la maison est l'affaire des hommes – que la femme n'y donne point sa voix !* » (p. 149).

Ce réquisitoire est alors révélateur de la guerre des sexes qui se joue en un pareil contexte. **L'opposition entre communautés, au sein d'une même cité, se dit sur un fond social qui relègue les femmes à un statut subalterne**, alors même qu'elles existent, et qu'elles expriment avec force, dans les deux tragédies, leurs peurs individuelles en cas de victoire de l'ennemi. Si le « *rôle d'une femme est de [se] taire et de rester dans [sa] maison* » (*Les Sept contre Thèbes*, p. 150), le coryphée ne comprend pas cette injonction (« *Nous devons aux dieux d'habiter une ville invaincue* », p. 150), car les femmes craignent avant tout une soumission pire encore que celle qui est la leur : « *Dieux de ma cité, épargnez-moi l'esclavage !* » (p. 151). Si guerre des sexes il y a, **Eschyle nous indique donc que les communautés, masculine comme féminine, sont égales en vulnérabilité**. À la question posée par Étéocle à Zeus (« *qu'as-tu créé en nous en créant la femme ?* »), le coryphée répond de façon cynique : « *Un être misérable, aussi bien que l'homme, quand leur ville est prise* » (p. 151). **Les deux sexes vivent donc les mêmes tragédies**, et si l'humanité se divise en de telles considérations, le poète ramène une égalité de fait : les hommes et les femmes sont tous vulnérables quant aux maux qui les dépassent et qui devraient plutôt les réunir.

■ La *polis* contre l'ennemi : combattre, repousser et haïr

La lutte entre communautés engage dès lors nécessairement **l'opposition entre nations ennemies**. Vivre ensemble au sein de la *polis* requiert le **partage d'un ensemble de codes et de valeurs**. Ainsi, les Grecs opposaient au sentiment d'appartenance commune le concept du *barbare*, de l'étranger. L'image de la cité, dont les remparts et les « *portes* » de Thèbes disent la protection contre la menace extérieure, figure précisément cette **volonté de circonscrire des mœurs et des valeurs communes contre un autre que l'on juge possiblement menaçant pour cet équilibre**. La communauté des concitoyens est alors mise en péril par *l'autre*, dont les codes, la langue, les pratiques religieuses diffèrent.

Les Danaïdes apparaissent dès lors comme de véritables barbares avant d'être accueillies, au début des *Suppliantes*. C'est ainsi que les voit Pélasgos lorsqu'il entre en scène « *sur son char, suivi d'une escorte armée* » (p. 59) : « *d'où vient donc cette troupe à l'accoutrement si peu grec, fastueusement parée de robes et de bandeaux barbares, à qui je parle ici ?* ». Il reconnaît alors une mode étrangère : « *ce n'est point-là le vêtement des femmes ni à Argos, ni dans aucun pays de la Grèce* ». Outre cette parure étrangère, le roi souligne aussi l'affront et le manque de codes culturels de ces femmes : elles sont venues « *sans hérauts ni proxènes* ». **Cette absence de signes communs révèle alors les difficultés à considérer la différence entre peuples et entre individus**, et la rencontre entre le roi et ces femmes aurait pu aboutir à une guerre. Mais celle d'Argos n'aura pas lieu, puisqu'un **passé commun s'établit** entre les deux peuples, que Pélasgos admet et reconnaît.

En revanche, ceux qui persécutent ces jeunes femmes sont considérés, eux, comme des ennemis de la cité. Lors de sa harangue contre le héraut égyptien, Pélasgos désigne le porte-parole d'Égyptos comme un « *barbare* » qui « *[montre] avec les Grecs un peu trop d'insolence !* » (p. 82). **Le terme souligne l'attitude de ces soldats qui bafouent les dieux de la cité et qui disent ne pas craindre** « *les dieux de ce pays* » qui « *n'ont élevé [leur] enfance, ni nourri [leurs] vieux jours* » (p. 81). Le roi argien s'érige alors contre cette impiété : « *Tu t'adresses à des dieux et tu ne montres aucun respect des dieux !* » (p. 82), car si, pour l'émissaire étranger, « *[l]es dieux du Nil sont les dieux [qu'il] adore !* », il néglige « *ceux d'ici* » qui ne semblent « *rien pour [lui]* ». Mais par ailleurs, les étrangers ignorent les institutions des Grecs : comme « *par un vote unanime, le peuple argien l'a proclamé sans appel : jamais il n'abandonnera à la violence une troupe de femmes* » (p. 83), il ne peut revenir sur cette loi ferme, que l'étranger ne conçoit ni ne comprend. **La démocratie, régime unique alors, est inconnue pour ces barbares qui apparaissent comme doublement impies et qui ne savent démontrer que leur sauvagerie face à la puissance de la civilisation moderne.**

Il en va de même dans *Les Sept contre Thèbes*, lors de la scène des boucliers. Le messager, qui décrit les ennemis, exprime lui aussi **l'opposition manichéenne entre l'étranger violent et le Thébain civilisé** : si les soldats choisis par Étéocle sont au combat, c'est d'abord et avant tout parce que les barbares qui menacent la cité font preuve d'une sauvagerie sans limite. En évoquant la porte Nord, par exemple, le messager présente Parthénopée l'Arcadien comme un belligérant qui « *n'est qu'un métèque* » (p. 159) dont le blason porte les insignes d'intimidation pour rappeler l'oracle de la Sphinx et la destinée des Thébains : « *il allait brandissant l'affront infligé à Thèbes, la Sphinx mangeuse de chair crue, dont l'image, fixée par des clous, se détache, éclatante, en relief, et qui maintient sous elle un Cadméen, afin d'attirer sur le guerrier le plus de traits qu'il se pourra* » (p. 159-160). Cette guerre de l'image n'intimide pourtant pas Étéocle qui fait d'Actor son héros pour empêcher l'ennemi « *de franchir nos murs à celui qui porte l'image d'une bête monstrueuse et abhorrée sur un bouclier ennemi* » (p. 160). Une opposition de valeurs se donne à voir dans cette confrontation d'individus. **L'autre apparaît dès lors comme un sauvage à repousser par sa volonté de nuire à la communauté, à sa culture et à ses institutions.**

■ Accueillir l'autre : troubles dans la communauté

La communauté peut ainsi se fissurer en cas d'accueil de l'autre. Eschyle, avec les Danaïdes dans *Les Suppliantes*, montre combien la demande d'asile des femmes peut créer un double désordre. Pélasgos craint en effet à la fois une guerre contre les ennemis et une guerre civile possible, au sein de la communauté d'Argos. Autant que celle des dieux, le roi craint la réaction de son peuple. Il expose en effet son dilemme au chœur en **refusant d'exercer son pouvoir de manière autocrate**, et en cherchant le consentement de sa communauté. « *Décider ici n'est point facile : ne t'en remets pas à moi pour décider. Je te l'ai dit déjà : quel que soit mon pouvoir, je ne saurais rien faire sans le peuple. Et me garde le Ciel d'ouïr Argos me dire un jour, si pareil malheur arrivait : "Pour honorer des étrangers, tu as perdu ta cité !"* » (p. 65). **Le cœur du souverain se trouve alors pris en étau entre son humanisme et sa peur d'un soulèvement contre sa décision autocrate.** Représentant la communauté, il cherche à éviter la « *souillure* » de ses concitoyens qu'il préfère réserver à ses « *ennemis* » (p. 64). Craignant « *une guerre incertaine* » (p. 63), le roi redoute le soulèvement d'Argos (« *puisse la cause de ses concitoyens étrangers ne point créer de maux !* »), propos répétés par le chœur : « *pour que notre exil ne crée point de maux, puisse Thémis Suppliante [...] jeter un regard sur nous* ». L'accueil de l'autre peut donc causer un trouble indéniable dans la communauté.

Mais un autre cas semble plus problématique encore : celui d'une **réconciliation éventuelle entre Étéocle et Polynice**. Alors même que les deux frères ont été maudits par leur père, leur serait-il encore possible d'éviter le combat, de faire la paix, alors que la haine est maximale ? Les choreutes dissuadent en effet Étéocle de combattre, pensant que *« le Destin »* pourrait lui apporter *« un souffle plus clément »* (p. 165). Mais le vœu est utopique : **Polynice ne peut plus appartenir à la communauté thébaine après l'avoir souillée en pactisant avec des chefs étrangers et en menaçant l'ordre politique : il est devenu un étranger**. Si Étéocle va au combat, c'est non seulement parce que son devoir l'y porte, mais aussi et peut-être surtout parce qu'aucune autre issue n'est possible, que seule la mort est capable d'apaiser éternellement ce conflit. La décision de la cité ne s'y méprend pas, d'ailleurs, en refusant les funérailles au frère fautif. **Aucune réconciliation n'est donc envisageable, et le trouble semé par la faute de Polynice reste à jamais identifié à un trouble dans la communauté politique.**

C. Les communautés : face aux divisions, une impossible concorde ?

Dès lors, si des tensions véritables s'instituent entre les individus ou entre l'individu et sa communauté, quel regard Eschyle, et la société grecque avec lui, portent-ils donc sur la cohésion entre les communautés ? Si son théâtre est un théâtre de l'*agôn* qui mire les conflits humains, y a-t-il un espoir de **passer de la désunion à l'union, voire trouver une voie de l'unisson** ?

a. La communauté comme secours de l'individu et de la communauté

■ Au nom de l'asile : la cité protectrice, au nom de la « justice »

La communauté, plus précisément celle de la cité, apparaît d'abord comme un **rempart protecteur pour les individus ou pour les communautés qu'elle décide de protéger**. Rappelons seulement que le sort des Danaïdes apparaît central dans cette conception. Elles qui errent *« en bannies »* (*Les Suppliantes*, p. 51) sont revenues sur les *« rives d'Argolide, berceau de [leur] race »*, avec lesquelles elles entretiennent un passé commun et une source commune. Ce qu'elles cherchent à obtenir et qu'elles obtiennent en effet est ainsi la **reconnaissance d'un droit naturel lié à leurs origines**. Ainsi, le nœud dramatique porte sur l'accueil de ces femmes dans la cité, et c'est Danaos lui-même qui l'annonce à ses filles : *« le peuple a rendu un décret décisif »* (p. 72). La communauté argienne agrée alors ces nouvelles femmes parmi elle, et ce d'une *« voix unanime »* qui leur donne *« la résidence en ce pays, libres et protégées contre toute reprise par un droit d'asile reconnu »*.

Ainsi, elles sont sauvées *in extremis* de la menace des soldats du fait de la protection commune. **La cité apparaît alors pour elles comme un rempart véritable** : si elles ont d'abord utilisé les temples comme un *« infrangible bouclier »* (p. 57), elles deviennent protégées par un bouclier plus grand encore : *« l'appareil [des] remparts élevés »* de la *« cité bien close »* (p. 84). Comme pour ériger l'image de la communauté protectrice, Eschyle fait alors du dernier discours d'accueil de Pélasgos un hymne à cette protection collective dans la cité : *« Des logis sont là tout prêts pour vous, si vous voulez habiter avec d'autres. Vous êtes libres aussi, s'il vous agrée davantage, d'occuper des demeures disposées pour vous seules. Choisissez – vous êtes libres – ce qui vous paraîtra le plus avantageux et le plus agréable »* (p. 84). La répétition du motif de leur liberté au sein de la communauté d'accueil, et de l'hospitalité protectrice qu'il leur propose sous plusieurs formes – remparts protecteurs de la cité, « *appartements* » et « *logis* » – souligne avec force la grandeur et la générosité argienne. **Savoir tout donner à l'étranger en détresse, alors même que le repli nationaliste aurait évité « *une guerre incertaine* » (p. 63) apparaît alors comme une décision audacieuse et sublime, au regard des discours de rejet.** La communauté argienne s'institue comme protectrice pour la communauté qu'elle intègre et assimile.

■ Au nom du peuple et de la démocratie : le patriotisme protecteur

Cette protection s'inscrit, en fait, dans le cadre plus large des institutions grecques. Si Pélasgos se veut si protecteur, si son discours loue les logements comme des remparts indestructibles et infrangibles comme le sont les boucliers des temples, par assimilation, c'est parce **qu'Eschyle loue à travers lui la force des institutions politiques de sa patrie**. La démocratie a été *inventée* par les Grecs en promouvant avant l'heure l'idée d'un **contrat social protecteur**, dans lequel l'individu donne sa liberté en échange d'une sécurité collective, soutenue par les lois et la justice. C'est en ce sens qu'il faut sans doute comprendre **la nécessité du don/*contre-don* promu par Danaos** après l'accueil de ses filles. S'il leur demande d'accorder aux hôtes « *prières, sacrifices et libations [...] car, sans se partager, tous ont été nos sauveurs* » (p. 84), il défend surtout la nécessité de rendre ce qu'ils reçoivent : « *En échange de tels bienfaits, nous leur devons, si notre âme est guidée par un bon pilote, l'hommage d'une gratitude qui les honore encore plus que jamais* » (p. 85). Ainsi, **cette reconnaissance pourrait être semblable à l'échange de la liberté individuelle d'un citoyen au profit de sa protection, dans un régime démocratique**. La question du contrat social, encore non théorisé ici, est semblable à cette réciprocité qui permet la protection des individus au sein de la communauté, et la préservation du tissu social. Ainsi, la cité protège les citoyens, et même ici les femmes, au nom d'un **patriotisme protecteur dont les valeurs sont supérieures à tout**, et égales à la justice divine.

Il en va de même, dans *Les Sept contre Thèbes*, de la demande d'Étéocle à Zeus de protéger sa cité : si le dieu est appelé à ne pas faire couler le sang, c'est pour préserver la liberté démocratique. L'allusion est notable, notamment, dans la description de Thèbes comme « *une ville qui parle le vrai parler de Grèce, des maisons qui protègent un foyer ! Ne courbez point un pays libre, une ville fondée par Cadmos, sous un joug d'esclave* » (p. 145) : **la liberté de la ville, qui évite d'être sous le joug de cultures barbares, et « *le vrai parler de la Grèce* » sont autant d'expressions qui soulignent les caractéristiques mêmes du régime démocratique**. Les agresseurs barbares, qu'il s'agisse des « sept » aux portes de la cité ou des soldats égyptiens, sont alors perçus comme tels à cause de cette méconnaissance des institutions protectrices.

L'image du bon souverain que propose Eschyle est donc liée à ces institutions et à cette conception d'un patriotisme protecteur : **le roi gouverne pour et au nom du peuple**. Pélasgos le dit au coryphée, il n'est rien sans son peuple : « *quel que soit mon pouvoir, je ne saurais rien faire sans le peuple* » (p. 65). Pour décider, il se doit de « *convoquer les gens de ce pays, pour disposer en ta faveur l'opinion populaire* ». Ce que les pièces du dramaturge demandent alors, au-delà des guerres que l'on ne peut éviter, c'est **la protection des vies et le respect du peuple**. Il fait donc de la cité un personnage central. Rien ne peut jamais se décider sans la ville, puisque tout, toujours, concerne le sort des citoyens.

Il nous faut toutefois nuancer quelque peu nos propos. **La question démocratique n'est pas pour autant parfaite** : si l'esprit patriotique est chanté à travers cette institution, les femmes, les étrangers et les esclaves n'étaient pas citoyens, et **la revendication patriotique ne peut donc s'instituer de manière totalement unanime pour le peuple**. Parler de la cité, c'est évoquer, dans les faits, une partie limitée d'entre elle, et le sort des femmes, nous l'avons évoqué, serait funeste à Thèbes si Étéocle ne protégeait pas convenablement sa cité. N'étant pas protégées par les mêmes lois, n'étant pas *« pleines d'Arès »*, elles seraient les premières victimes de la loi démocratique qui ne les reconnaît pas comme individus. Le premier *stasimon* chante alors cette injustice et cette peur d'être réduites en esclavage : si le chef craint l'invasion aux portes de Thèbes, les habitantes, elles, sentent leur *« angoisse, installée aux portes de [leur] âme »* (p. 152). Une fois encore, hommes et femmes ne sont pas mis sur un rapport d'égalité et, même face à des lois qui protègent les communautés, certaines menacent persistent.

b. Refonder l'humanité et retisser des liens entre les individus et les communautés : la religion du théâtre

■ Des dieux trompeurs : une mise à l'épreuve de l'humanité par les dieux

Si l'humanité se divise, si des communautés s'affrontent, **la croyance apparaît pour les Grecs comme ce qui relie les hommes**. Pourtant, il convient aussi de montrer l'inconfort dans lequel les dieux placent l'humanité. **En réalité, les divinités grecques éprouvent les hommes autant qu'elles les fédèrent** : si la religion relie – étymologiquement, le terme est dérivé du latin *religere,* « relier » –, les dieux créent des guerres mettant l'humanité au défi de sa foi ou de sa persévérance. Ils la malmènent, par vengeance ou en conséquence d'impiété. Il en va ainsi des Danaïdes qui demandent l'asile, au nom de Zeus dont elles disent être *« filles »* (p. 70), qui le prient, mais qui redoutent malgré tout son assistance. Dès leur entrée, leurs craintes se nourrissent du sentiment de leur impuissance et de l'incertitude du sort que les dieux leur réservent : *« Allons, divins auteurs de ma naissance, vous voyez où est le Droit : exaucez-nous ! Ou, si le Destin ne veut pas que le Droit ait satisfaction pleine, du moins, dans votre haine toujours prête à frapper la démesure, montrez votre justice en face de cet hymen »* (p. 53). Le mutisme et le silence divin diffèrent la sentence de l'Olympe et **plongent l'humanité dans sa condition tragique** : *« Les voies de la pensée divine vont à leur but par des fourrés et des ombres épaisses que nul regard ne saurait pénétrer »* (p. 54).

Le jeu des dieux se remarque aussi dans *Les Sept contre Thèbes* lorsque les choreutes rappellent combien elles se sont dévouées par le passé, combien elles ont été fidèles dans leurs prières. **Il s'agit d'attendre une récompense ou un remerciement de ceux que l'on a priés, comme une contrepartie de ce que l'on a pu leur donner...** Ainsi, les Thébaines s'adressent aux *« divinités amies »* en leur demandant de se souvenir *« des sacrifices que ce peuple [leur] offrit »* et en espérant *« que ce souvenir [les] guide à [leur] secours »* (p. 148). Malgré leur silence, dans un acte de cruauté, les dieux choisissent Étéocle comme celui qui devra braver leur choix. Paradoxalement, alors que le chef thébain protégeait les siens, se livrait à des prières ou cherchait à faire respecter le culte dans la cité, **il devient le jouet de la destinée et l'incarnation de ce que les dieux détestent**, au moment où la malédiction de son père s'anime en lui. Pris d'une véritable colère qu'il ne contrôle plus, **il est présenté comme un homme plein d'*hybris* qui ne peut plus se contrôler quand il s'engage au combat** : *« Mon cœur est aiguisé : des mots ne l'émousseront pas »* (p. 165). Comparable à un personnage happé par son sort funeste, il crie : *« Aux malheurs que les dieux envoient nul ne saurait échapper »* (p. 165) avant de sortir en courant. Jouet des dieux, victime parfaite de la faute de Laïos, il incarne le pantin qui réalise les fautes de ses aïeux. **Au lieu d'honorer les prières des hommes, de les fédérer dans la paix, les dieux punissent des humains pour les fautes de leurs ancêtres.** Se sacrifiant au nom des siens, Étéocle est donc le bouc émissaire des dieux : ceux-ci s'offrent sa vie, en même temps que celle de son frère, comme punition de fautes qui ne lui incombent pas.

Ainsi, *« le douloureux règlement des imprécations d'autrefois »* (p. 167) s'achève dans un jeu, dans un acte de division de la communauté. **Plutôt que d'être le ciment des hommes, les dieux en sont les fissures : ils laissent aux hommes un monde en chantier**, qui n'a plus qu'à se reconstruire, au terme des *Sept contre Thèbes*.

■ Montrer l'horreur et le mal par la puissance cathartique : fonder une communauté de spectateurs

Si l'humanité représentée est mise à mal par les dieux, il s'agit, pour Eschyle, de montrer le mal du monde. Sans véritablement prétendre le dénoncer, le poète cherche à en faire l'objet et le cœur de son théâtre dans une *catharsis* nécessaire à la réussite de ses tragédies. De nombreux procédés, dans nos deux pièces, concourent à cet effet : **il existe un ordre et une justice divine qui doivent s'imposer coûte que coûte**, quelles que soient les souffrances qu'ils engendrent, et toute la dramaturgie concourt à créer une émotion face à cette cruauté.

La parole joue un rôle central : en concentrant l'essentiel des enjeux de la fable dans les récits du chœur ou des personnages porte-voix, le dramaturge fait naître la terreur et la pitié chez son spectateur. **Le chœur, miroir de l'assemblée qui le regarde, mime d'ailleurs souvent, dans ses peurs, celles du public.** Ainsi, dans *Les Suppliantes*, le récit de l'arrivée des soldats est raconté par Danaos monté sur le tertre, voyant débarquer en Argolide *« le reste de la flotte, et toute l'armée, bien en vue ! »* (p. 76). Les choreutes, qui ne voient pas plus que le spectateur ce que raconte le personnage, s'éprennent d'une *« peur [...] [, d'une] épouvante anxieuse »* et leurs chants deviennent de plus en plus vifs, violents, comme le précisent les didascalies répétant l'adjectif « agité » au début de chaque strophe. À l'image du sentiment funeste que les choreutes ressentent, **le spectateur s'émeut, par pitié, c'est-à-dire en partage de la souffrance**.

Les combats aux portes de la ville concourent au même procédé dans *Les Sept contre Thèbes* : l'hypotypose des combats qui grondent décrit *« des bruits sourds par toute la ville »*, ou des *« vagissements sanglants des nourrissons »* qui *« élèvent leur plainte enfantine »* (p. 153). **La guerre terrible, qui menace l'ordre de la cité, trouble la tranquillité émotionnelle du spectateur.** Comme le chœur, destinataire premier de ce récit, le spectateur ressent que *« les mots s'enfoncent dans [s]a poitrine, [s]es cheveux tressés se dressent, quand [il entend] parler l'insolence de ces impies arrogants »* (p. 160). **Il s'agit donc bien de toucher, d'émouvoir une communauté : celle des auditeurs assemblés dans les théâtres**, qui entendent ces chants tragiques et ces combats sanglants, celle qui souffre aussi de voir le retour des corps morts des deux frères, au dénouement de la tragédie. En prononçant ces mots, *« Voilà qui parle assez clair : nos yeux voient le récit* *du messager* » (p. 169), le chœur qui commente l'action scénique apporte un élément cathartique très fort et participe à la réussite de la tragédie. **Le personnage collectif comme les spectateurs ont la souffrance en partage.** Ainsi, pour reprendre les mots de Victor-Henri Debidour, « *[le chœur] rayonne de puissance : s'il parle tant, ce n'est pas pour meubler des interruptions de l'action, pour en commenter les à-coups, c'est pour exprimer, en lui donnant corps et âme face aux dieux, l'unanime silence de ceux qui sont venus au théâtre pour communier à la célébration d'une sorte de présence d'éternité*[1] ». **Les spectateurs deviennent ainsi les témoins d'une histoire qu'ils connaissent et reconnaissent, pour leur plaisir intellectuel, mais dont ils frémissent malgré tout.** Ils souffrent ensemble des peines racontées ou montrées pour communier, de manière presque liturgique, autour des valeurs fondamentales des tragédies : celle du **vivre ensemble que l'on cherche à retrouver dans une mythologie commune**. Même si les dieux malmènent les individus fautifs, le fait de les honorer en se rassemblant pour eux dans des fêtes qui permettent de chanter la puissance d'être ensemble et à leur merci demeure sans doute l'un des enjeux de ces représentations dramatiques.

■ Refonder l'humanité, ressouder la communauté : un pas vers la fraternité ?

Face à des œuvres montrant la discorde, les désunions possibles, voire la guerre entre les individus et/ou les communautés, le chemin indiqué par Eschyle ne serait-il pas celui de la **recherche d'une concorde entre des communautés dans un élan d'ordre fraternel** ? Nos deux tragédies se fondent sur un même mouvement, allant **de l'éclatement d'un noyau initial soudé à la désunion, et à la réunion finale**. Dans *Les Suppliantes*, les Danaïdes rappellent qu'Io était une mère commune : « *nous nous honorons d'être de race argienne et de descendre d'une génisse féconde* » (p. 60). L'élan d'union initial, disloqué à cause du « *vol du taon* » (p. 52), justifie précisément ce retour dans une terre commune. L'élan d'asile et d'accueil fraternel se pense alors, dans cette tragédie, comme un retour dans cette Terre-mère. Ce mouvement d'éloignement se voit alors compensé par l'acceptation des femmes dans la cité, qui **conclut la tragédie dans un mouvement de concorde entre les deux communautés et au nom d'une fraternité retrouvée** entre ces deux peuples. Les « *antiques liens* » (p. 62) entre les deux pays sont alors renoués pendant la tragédie, au nom de valeurs humaines.

C'est ce **même procédé** qu'utilise Eschyle dans *Les Sept contre Thèbes*. Si Étéocle et Polynice sont fils d'Œdipe, ils appartiennent au même noyau familial, ce que les termes de « *sang* » et de « *race* » soulignent d'ailleurs à de nombreuses reprises dans la tragédie. Pourtant, leur opposition au service du pouvoir dissout ce lien en transformant les deux frères en ennemis mortels. Le chœur des Thébaines dit combien la « *souillure* » de leur crime à venir met fondamentalement à mal la fraternité parmi les hommes. **Quand deux frères se déchirent et s'entretuent, alors c'est l'humanité elle-même qui se meurt petit à petit** : « *mais le meurtre de deux frères, tombés sous des coups mutuels, c'est là une souillure qui ne vieillit pas* » (p. 164). Pourtant, cet élan de désunion en revient, paradoxalement, à une forme de concorde à la fin de la pièce ; alors que les corps morts sont ramenés en scène, le chœur chante la fin de la discorde par la réunion des deux ennemis :

1. Victor-Henri Debidour, « Préface aux *Sept contre Thèbes* » in *Les Tragiques grecs*, Le Livre de Poche, 1999, p. 72.

« rois, vous avez connu une royauté douloureuse ! et vous voilà désormais réconciliés par le fer ! » (p. 170). **Comme si les individus se réconciliaient dans et par leur mort, ils se rassemblent devant les spectateurs et pactisent enfin**, d'une certaine manière, en vivant le même sort. C'est d'ailleurs par l'image d'une union avec leur père qu'Eschyle fait sortir le chœur : *« Leur misère ira donc reposer près d'un père »* (p. 174). Loin de la nouvelle séparation proposée par les continuateurs, c'est donc bien à une **paix fraternelle qu'invite notre poète, dans cette image et dans ce vers final**.

Conclusion

Malgré des sorts funestes, les individus, les communautés peuvent se réconcilier, vivre en paix, dans un élan fraternel de concorde ou de pacification qui les rassemble. **Si les tragédies proposent le modèle de l'agôn comme efficace dans la progression d'une action, ces conflits disent aussi combien l'humanité se fragilise dans ces combats incessants.** Retrouver la fraternité, par la foi, par l'intelligence collective, ou par la représentation théâtrale, voilà le chemin que nous proposent ces tragédies. Deux millénaires et demi après leur écriture, elles demeurent d'une actualité sidérante, dans un monde au sein duquel cette fraternité entre les individus et/ou les communautés a bien du mal à retrouver les chemins de l'espoir...

Bibliographie succincte

Sur la tragédie antique

- Aristote, *La Poétique*.
- Paul Demont et Anne Lebeau, *Introduction au théâtre grec antique*, Le Livre de Poche, 1996.
- Jacqueline de Romilly, *La Tragédie grecque*, PUF, 1970.

D'autres traductions intéressantes des *Suppliantes* et des *Sept contre Thèbes*

- *Les Tragiques grecs, Théâtre complet*, traduction de Victor-Henri Debidour, Le Livre de Poche, « La Pochotèque », 1999.
- Eschyle, *La Trilogie de la guerre*, traduction d'Olivier Py, « Actes Sud - Papiers », Actes Sud, 2010.

Traité théologico-politique (1670)

Baruch Spinoza

Introduction

Spinoza a écrit deux textes politiques : le *Traité théologico-politique*, dont nous allons étudier les cinq derniers chapitres (chapitres XVI à XX), et le *Traité politique*, un texte inachevé mais néanmoins majeur. C'est dire s'il porte une grande attention au problème politique. Cette attention s'explique en partie par le contexte des Provinces-Unies du XVIIe siècle, où il vit, un contexte de fortes tensions religieuses qui pèsent sur le pouvoir politique, lui-même objet d'âpres disputes[1]. Mais plus profondément, son intérêt pour ces questions n'est pas étranger à la sagesse qu'il recherche en tant que philosophe. En effet, ce que ces tensions théologico-politiques contribuent à détruire, c'est **la liberté de la pensée**, le droit de juger librement et de dire ce que l'on pense. En d'autres termes, c'est la philosophie elle-même, en tant que pensée libre, qui est en danger.

On sait que le conflit entre la philosophie et la cité est ancien – il n'est que de se souvenir de la mort de Socrate, en 399 avant notre ère, condamné par ses concitoyens athéniens pour ne pas respecter les dieux de la cité, inventer de nouveaux dieux et corrompre la jeunesse. Avec Socrate, on a déjà affaire à un problème théologico-politique, au sens où les croyances religieuses sont des instruments de pouvoir en tant qu'elles ont une puissance fédératrice, mais qu'elles peuvent aussi devenir des principes de discorde et de division de la cité. La pensée met toujours en danger le pouvoir, et le pouvoir tend très facilement à juguler la liberté de la pensée. Pour cela, la mainmise sur les croyances religieuses est un levier puissant. Or, la vie dans la cité n'est pas, pour le philosophe, un simple accident, une simple contrainte dont il voudrait s'abstraire : *« L'homme qui est conduit par la Raison est plus libre dans la Cité où il vit selon le décret commun; que dans*

1. Voir infra, partie sur le contexte politique et religieux.

la solitude où il n'obéit qu'à lui-même[1] ». C'est pourquoi il est nécessaire, dans l'Antiquité grecque, dans le XVIIe siècle de Spinoza comme aujourd'hui encore, d'établir intellectuellement les conditions du libre exercice de la pensée face au pouvoir politique, et donc aussi face au pouvoir religieux qui n'en est peut-être qu'un aspect. Tel est l'objet essentiel du *Traité théologico-politique* : « La séparation de la Foi et de la Philosophie [...] est le but principal auquel tend tout l'ouvrage » (chapitre XIV).

Examinons de plus près le problème tel qu'il est posé dans le *Traité théologico-politique*. Une certaine conception de la religion conduit au rejet de la raison, à la haine et à la violence. Pour elle, les textes « sacrés » – en l'occurrence la Bible – **sont** la parole de Dieu elle-même. Cette parole de Dieu, obscure et mystérieuse, est considérée comme n'étant pas intelligible pour le commun des mortels, et réservée aux ecclésiastiques. Officiellement, parce que ces textes sont la parole de Dieu donnée aux hommes ; en réalité, pour des enjeux de pouvoir. Il s'ensuit un **complet renversement** de la religion telle qu'elle est censée être, à savoir que ceux qui se prétendent pieux et religieux se reconnaissent à ce qu'ils défendent leurs croyances par tous les moyens, en particulier des moyens violents, cherchant à forcer les autres à croire ce qu'ils croient. Alors que la religion est censée consister dans la pratique de la justice et de la charité, elle devient le lieu de l'injustice et de la domination des êtres humains.

Texte-clé

« Tout le monde dit bien que l'Écriture sainte est la parole de Dieu et qu'elle enseigne aux hommes la béatitude vraie ou la voie du salut. La conduite des hommes montre tout autre chose, car le vulgaire ne paraît se soucier de rien moins que de vivre suivant les enseignements de l'Écriture sainte, et nous voyons que presque tous substituent à la parole de Dieu leurs propres inventions et s'appliquent uniquement sous le couvert de la religion à obliger les autres à penser comme eux. »

Spinoza, *Traité théologico-politique*, chapitre VII.

La religion n'est donc qu'un prétexte, ce dont on se couvre pour donner libre cours à une soif de pouvoir qui n'est que trop humaine ; et le hiatus entre ce que l'on dit et ce que l'on fait s'élargit sans cesse. Au lieu d'être la voie du salut et de la béatitude, la religion conduit à l'enfer. Or, le principe de ce renversement, c'est le rapport qu'on entretient avec l'Écriture sainte. En effet, en considérant l'Écriture comme une vérité révélée et divine, on lui attribue une autorité au nom de laquelle on prétend être légitime à jeter l'anathème.

C'est donc à ce **statut de l'Écriture** qu'il faut réfléchir, et c'est ce à quoi s'emploie Spinoza dans l'ensemble du traité. Il s'agit, dans la première partie de l'ouvrage (chapitres I à XV), de montrer que l'Écriture ne peut pas être considérée comme étant, en tant que telle, la parole de Dieu, mais qu'elle est un **ensemble de textes humains**, écrits par des hommes situés dans l'espace et dans le temps, dont les croyances et les opinions sont tributaires de leur situation. La Bible, loin d'être la parole de Dieu, est plutôt

1. Spinoza, *Éthique*, IV, 73, PUF, Paris, 1990, trad. Robert Misrahi, p. 281.

l'expression de la manière dont les hommes appréhendent le divin à partir de leur complexion personnelle, et de la complexion collective du peuple auquel ils appartiennent, en l'occurrence le peuple hébreu. Puis, dans la deuxième partie du traité (chapitres XVI à XX), Spinoza s'emploie à **fonder la liberté de penser et de s'exprimer** à partir d'une conception rationnelle du rapport entre pouvoir politique et pouvoir religieux.

Il ne faut donc pas se laisser prendre aux apparences : si Spinoza fait sans cesse référence à la Bible, ce n'est pas qu'il tombe dans le travers des théologiens et qu'il l'invoque comme faisant autorité. Son souci est pédagogique. Le principe est que, pour que quelqu'un nous comprenne, il est nécessaire d'adopter son langage. Pour se faire comprendre des théologiens, Spinoza part de leurs opinions. Il s'appuie sur la Bible pour montrer que la Bible elle-même ne dit pas ce que les théologiens croient qu'elle dit. En examinant la Bible à la lumière de la raison humaine, selon une méthode rigoureuse (qu'il explicite au chapitre VII), on parvient à la comprendre, et on voit qu'elle n'est pas la parole de Dieu révélée aux hommes, mais une parole humaine à propos de Dieu, et donc, comme telle, relative.

Mais il est assez évident que le propos de Spinoza ne saurait être compris des théologiens, malgré ses efforts, si ceux-ci n'admettent pas en principe la compétence de la **raison** à juger dans ce domaine. Or, il n'est pas certain qu'ils pourront l'admettre, puisque leur principe repose sur le fait que c'est l'Écriture qui fait autorité, quand bien même la raison y trouverait contradiction.

Ce que Spinoza s'efforce de montrer dans son étude de la Bible, c'est qu'elle révèle davantage la mentalité de ceux qui l'ont écrite que la nature même de Dieu. Autrement dit, on pourrait dire que dans la Bible, Dieu s'adresse aux hommes, et en particulier aux Prophètes, non pas pour leur dire les choses telles qu'elles sont, mais telles qu'ils sont capables de les comprendre étant donné leur situation et leurs limites. Dans le *Traité théologico-politique*, **Spinoza fait au fond la même chose avec les théologiens** de son temps : il ne leur dit pas les choses exactement telles qu'il les pense, mais il essaie de les leur dire en fonction de ce qu'ils peuvent comprendre à partir de leurs propres principes de théologiens. C'est seulement en ayant à l'esprit cette **posture méthodologique** que l'on peut comprendre le projet de cet ouvrage.

1. L'œuvre dans son contexte

A. Le contexte politico-religieux et le problème de la liberté de penser

Les Provinces-Unies sont un État fédéral issu, en 1581, de l'insurrection des Pays-Bas contre Philippe II (1527-1598), roi d'Espagne. C'est le premier État-nation néerlandais entièrement souverain. Pendant toute la durée de son existence, l'État des Provinces-Unies mène plusieurs guerres extérieures, notamment contre l'Espagne, l'Angleterre et la France.

À l'intérieur, le conflit politique entre les républicains et les monarchistes de la famille Orange-Nassau se double d'un conflit religieux opposant les tenants de la théologie

« arminienne » (du pasteur Arminius) aux partisans du théologien Gomarus. Ces derniers sont des calvinistes orthodoxes et défendent la thèse d'une prédestination absolue. Pour eux, les chrétiens doivent avant tout obéir au pouvoir spirituel qu'est l'Église, qui peut prétendre délier les sujets de toute obéissance à l'égard des princes « non chrétiens ». Cela revient à exiger des gouvernants qu'ils aient pour fin la promotion de la « vraie foi » en opprimant, au besoin, les réfractaires à leurs propres thèses. Pour des raisons politiques, la Maison d'Orange (monarchiste) était devenue protectrice des Églises calvinistes. Au contraire, les Régents (républicains) se trouvaient du côté des arminiens, calvinistes moins rigoureux. Les arminiens ne croient pas à une prédestination absolue, mais défendent une forme de libre arbitre ; ils valorisent la religion intérieure aux dépens de la religion institutionnelle, tout en défendant une certaine tolérance, ainsi que le primat du pouvoir civil sur le pouvoir religieux.

C'est la philosophie politique de **Thomas Hobbes** (*cf.* p. 10) qui sert d'abord de cadre conceptuel pour soutenir intellectuellement la « République des Régents ». En effet, dans son ouvrage le *Léviathan* paru en 1651, Thomas Hobbes défend la thèse d'une **primauté du pouvoir politique** sur le pouvoir religieux. Cette thèse s'inscrit dans l'exigence de limiter l'emprise du pouvoir religieux sur les esprits, et de renforcer par là-même le pouvoir politique nécessaire à la paix et à la sécurité des citoyens. Pour lui, tout ce qui touche à la religion extérieure, comme la nomination des ecclésiastiques, le contrôle des doctrines diffusées, les droits sur l'organisation des cultes, etc., relève du pouvoir politique. À cet égard, le *Traité théologico-politique* est très proche du texte de Hobbes.

Mais cette solution de Hobbes, qui visait à restreindre le pouvoir religieux vis-à-vis du pouvoir politique, n'était pas destinée à **garantir et organiser le pluralisme intellectuel** en général, et religieux en particulier. Ainsi, certains partisans de Hobbes limitaient la liberté religieuse à la religion intérieure dans la mesure où elle échappait à la prise juridique des gouvernants ; d'autres tentaient de préserver la tolérance en disant qu'il y avait une obligation morale des gouvernants de la garantir, et en pointant les effets pervers de la contrainte en matière religieuse. Mais ces positions ne constituaient pas une réelle solution théorique pour rendre compte du passage de la thèse du primat du politique sur le religieux à celle de la garantie du pluralisme.

Le projet du *Traité théologico-politique* se situe précisément à l'entrecroisement de ces deux thèses : il s'agit en effet, comme le dit Spinoza à Oldenbourg en septembre ou octobre 1665 (lettre 30), de *« défendre par tous les moyens la liberté de pensée et de parole que l'autorité trop grande laissée aux pasteurs et leur jalousie menacent de supprimer dans ce pays »*.

Pour cela, il faut d'une part limiter le pouvoir religieux vis-à-vis du pouvoir politique (c'est déjà ce qu'a fait Hobbes), et d'autre part fonder en raison le droit pour les individus de penser librement et d'exprimer ce qu'ils pensent, de telle sorte qu'ils ne soient plus susceptibles d'être inquiétés pour leurs opinions. Car si la Hollande restait, en Europe, le pays de la tolérance – comme le rappelle Spinoza dans la préface du *Traité théologico-politique* (p. 41) –, les querelles religieuses tenaient néanmoins une grande place dans la société hollandaise au moment de sa rédaction en 1665.

B. La vie de Spinoza

a. Jeunesse

Baruch d'Espinosa, qui se fera appeler Benedictus (traduction latine de Baruch), mais aussi Bento Spinoza, est né à Amsterdam le 24 novembre 1632. Cette obscurité quant à son nom est symbolique de l'obscurité même de sa vie, dont on ne sait pas grand-chose.

Il appartient à la communauté juive, dite portugaise, qui s'est installée aux Pays-Bas après l'expulsion des Juifs d'Espagne, en 1492, et des Juifs portugais en 1496. Cette communauté est majoritairement calviniste et ses relations avec les citoyens néerlandais sont pacifiques.

Spinoza fait ses premières études (de 1639 à 1650) dans une école rabbinique où il acquiert une connaissance approfondie de l'hébreu et de la Bible hébraïque (le Pentateuque, comprenant les cinq livres : Genèse, Exode, Lévitique, Nombres, Deutéronome, auxquels il faut ajouter les Prophètes, notamment Jérémie, Isaïe et Ezéchiel, ainsi que les nombreux livres historiques). Ensuite, il étudie à l'université de Leyde.

À l'âge de 15 ans, il assiste au châtiment infamant que les rabbins imposent à Uriel da Costa, qu'ils accusent de nier l'immortalité. Après sa flagellation en public, Uriel da Costa se suicide. Spinoza n'oubliera jamais cet événement. Par la suite, il aura l'occasion de fréquenter des penseurs libéraux humanistes, aussi bien juifs que protestants. À 24 ans, il subit l'excommunication et la malédiction par la Synagogue, et une tentative d'assassinat par un Juif fanatique. On lui reproche d'être athée.

b. Publications et événements politiques

Bien qu'ayant remporté un procès de succession qui l'oppose à sa sœur, il lui abandonne tous ses droits et décide de ne vivre désormais que de son seul travail artisanal : la taille et le polissage des verres optiques. À partir de 1660, il s'installe au village de Rijnsburg, près de Leyde, où il fonde un cercle d'études avec quelques amis, auxquels il communique ses premiers travaux. Il commence à écrire et publie son premier ouvrage en 1663, *Les Principes de la philosophie de Descartes*, accompagné d'un appendice, les *Pensées métaphysiques*. Ce sera le seul ouvrage publié du vivant de Spinoza avec sa propre signature : le *Traité théologico-politique* paraît en 1670 de manière anonyme, et sa grande œuvre, l'*Éthique*, sera publiée à titre posthume.

La date de parution du *Traité théologico-politique* n'est sans doute pas fortuite. C'est en effet au cours de cette année que se produisent deux événements importants : d'une part, Johan de Witt, Grand-Pensionnaire des Provinces-Unies depuis 1657, fait interdire le cumul du Stathoudérat et de la Capitainerie générale dans toutes les provinces. C'est une manière, pour ce républicain, de limiter le pouvoir de la famille d'Orange-Nassau, monarchiste. D'autre part, c'est en 1670 que Spinoza doit quitter Voorburg (où il vivait depuis 1663) pour s'installer à La Haye chez le peintre Van der Spyck, vraisemblablement à la suite de menaces.

c. Personnalité

C'est de la publication du *Traité théologico-politique* que date non seulement la véritable célébrité de Spinoza, mais aussi sa réputation subversive d'athée et de libertin.

Dans le même temps, il est tenu par toute l'Europe comme le représentant de la sagesse et de la philosophie. Il manifeste un courage intellectuel et physique constant. Non seulement il s'est toujours opposé aux dogmatismes des théologiens au risque de sa vie, mais il n'a pas hésité à prendre parti publiquement pour les républicains en 1672, lors de l'invasion des Pays-Bas par la France, qui conduisit à la démission de Johan de Witt au profit de Guillaume III d'Orange. Le 20 août 1672, les frères de Witt sont assassinés par les orangistes, et Spinoza veut placarder dans les rues une affiche manuscrite portant l'accusation : « *Ultimi barbarorum* » (« les pires des barbares »). C'est l'intervention de son logeur, le peintre Van der Spyck, qui l'empêche *in extremis* d'affronter les émeutiers.

Ce courage de Spinoza s'est également manifesté dans le soin qu'il a mis à préserver son indépendance intellectuelle. En 1673, il refuse l'invitation de Louis XIV à venir enseigner en France en échange d'une pension confortable. De même, il ne se rend pas à l'invitation du Grand Électeur palatin de venir enseigner en Allemagne à l'Université de Heidelberg.

Contraint d'assumer une situation exceptionnelle d'isolement et de célébrité, d'ambition philosophique et de modestie existentielle et sociale, Spinoza doit renoncer à publier son œuvre de son vivant. En 1675, lors d'un voyage à Amsterdam, il apprend l'existence d'une cabale contre l'éventuelle publication de l'*Éthique*, qu'il renonce à publier. Il meurt le 21 février 1677, seul, dans sa chambre de La Haye. Son ami, le médecin Louis Meyer, arrive peu après et repart immédiatement avec tous les manuscrits du philosophe, qui seront publiés très vite, grâce à un don anonyme, sous le titre : *B. d. S. Opera posthuma*.

Si sa vie n'a pas été sans une certaine forme de dépouillement, Spinoza n'est pas cependant un ascète. Il aime la vie et attache une grande importance à l'amitié. À un ami qui s'inquiétait de sa santé, Spinoza répondit en le rassurant et en lui demandant qu'on lui expédie, pour sa convalescence, un tonneau de bière et de la confiture de roses. C'est également un philosophe qui argumente avec patience des grands points de sa doctrine.

2. La philosophie de Spinoza

Dans la mesure où il s'agit de rendre plus facile la lecture du *Traité théologico-politique*, nous nous efforcerons de n'exposer ici que les thèses spinozistes susceptibles de l'éclairer, même si une telle sélection s'avère d'autant moins simple que l'on a affaire, avec Spinoza, à une philosophie à caractère systématique, c'est-à-dire dans laquelle toutes les idées sont interdépendantes.

A. Une éthique fondée sur la connaissance rationnelle

L'interrogation fondamentale de Spinoza porte sur le bonheur, sur le **« vrai bien »**, ce qu'il est et comment y parvenir. Dans le *Traité de la réforme de l'entendement*, qu'il rédige également dans les années 1665-1670, il explique pourquoi les biens que les êtres humains poursuivent généralement – le plaisir, la richesse et l'honneur – ne sont pas en mesure de nous rendre vraiment heureux : ils sont incertains et nous livrent sans repos à l'espoir et à la crainte.

Le seul vrai bien n'est alors rien d'autre que « *la connaissance de l'union que l'esprit a avec toute la nature*[1] ». Pour Spinoza, le bonheur réside dans la **connaissance**, dans la contemplation, et non dans l'action. Il s'agit de s'élargir à la dimension de toute la nature, de se penser comme une partie de l'univers. En effet, cette connaissance de notre union avec toute la nature est un bien dont rien d'extérieur ne peut nous séparer, et qui par conséquent dépend fondamentalement de nous et ne peut nous être enlevé par des circonstances extérieures. De plus, cette connaissance est en mesure de nous procurer la **vraie joie** en nous libérant des passions tristes.

Toute la pensée de Spinoza s'organise autour de cette recherche du vrai bien qui, dans la mesure où il est une connaissance, s'acquiert au moyen de la **raison**. S'il s'agit donc bien d'une éthique, d'une sagesse, celle-ci n'a cependant rien d'affectif ou de mystique ; elle relève de la connaissance rationnelle. La compréhension, la connaissance de notre union avec la nature est seule source de vraie joie. C'est tout l'enjeu de sa pensée que de viser à libérer les êtres humains de la culpabilité, de la faute, de la haine, et de la tristesse qui en résulte. L'éthique n'est pas une question de devoir, mais de puissance.

Afin de faire d'emblée le lien avec le texte du *Traité théologico-politique*, il est également important de noter que c'est cette définition du vrai bien qui fonde la façon dont Spinoza approche la question de la religion et de l'interprétation de l'Écriture dans notre texte. En effet, en définissant le bien comme une connaissance, il pose un principe à partir duquel appréhender toute chose, y compris la religion. Autrement dit, il n'est pas question d'abandonner la « *lumière naturelle*[2] » de notre esprit quand il s'agit de religion, comme s'il fallait s'en remettre alors à ceux qui prétendent savoir et faire autorité. Même en matière de religion, c'est ultimement à l'esprit de chacun de juger du vrai et du faux. Nul n'est en mesure de me dire ce que je dois penser, même – et surtout – en matière de religion. C'est pourquoi la raison n'a pas à se soumettre à la théologie, et c'est pourquoi les textes dits « sacrés » peuvent et doivent être passés au crible de la raison.

B. La méthode

Si le vrai bien est « *la connaissance de l'union que l'esprit a avec toute la nature* », la question se pose du sens de cette affirmation. Pour la comprendre, examinons plus généralement certaines thèses fondamentales de notre auteur. Nous commencerons par envisager la question de la connaissance.

Selon une première approche, la raison peut être vue comme **simple instrument** au service de la vie heureuse : elle permet non seulement de concevoir un bien qui ne soit pas subjectif et passager, mais solide et universel, mais également de convaincre autrui, ce à quoi Spinoza attache une grande importance. Mais plus profondément, les modes de connaissance sont une **manière d'exister**, de se rapporter au monde. C'est pourquoi la connaissance n'est pas qu'un instrument, mais bien une forme de la vie heureuse.

1. *Traité de la réforme de l'entendement*, Vrin, 2014, p. 43.
2. Expression très courante dans le *Traité théologico-politique*, qui désigne la capacité de l'esprit humain à comprendre. S'oppose à la lumière « surnaturelle » de la prophétie, critiquée au chapitre I.

a. Les trois genres de connaissance

■ Les idées-affections ou la connaissance du premier genre

Spinoza distingue trois « genres » de la connaissance des choses, qui correspondent à trois plans d'existence de l'individu, c'est-à-dire à trois manières de vivre. Le premier genre de connaissance est celui qui s'opère au niveau des **sens** et de l'**imagination**. C'est une forme de connaissance qui provient de la rencontre immédiate de mon corps avec le monde, et qui relève donc de l'**affection**[1], c'est-à-dire de la façon dont je suis affecté par le monde extérieur. Ce mode de rapport au monde ne me fait pas connaître ce que sont les choses en elles-mêmes, mais ce qu'elles sont relativement à moi. Il me conduit à former des idées inadéquates, mais aussi des affections passives et des affects-passions[2]. Par conséquent, il s'agit d'une connaissance illusoire qui, au fond, renseigne davantage sur la nature du corps affecté que sur la nature du corps affectant et les lois objectives qui les gouvernent. Par exemple, l'idée selon laquelle le Soleil tourne autour de la Terre n'est pas une connaissance objective du rapport réel entre la Terre et le Soleil. C'est une affirmation naïve, qui découle immédiatement de la perception, c'est-à-dire de la manière dont le Soleil affecte l'œil humain : nous voyons bien que le Soleil suit une trajectoire telle dans le ciel qu'il semble tourner autour de la Terre. Cette affirmation nous en apprend plus sur l'homme lui-même et sa position dans l'univers que sur la réalité des rapports entre les astres. Ce premier genre de connaissance est donc à dépasser, puisqu'il n'est en fait qu'un **ensemble d'opinions infondées et de préjugés**. De plus, en tant que manière de vivre, il conduit à l'espoir et à la crainte, passions peu propices au bonheur.

■ Les idées-notions ou la connaissance du deuxième genre

Ce n'est que par le deuxième genre de connaissance que l'on peut accéder à des idées vraies, qui ne sont plus de simples affections, mais des **notions**, c'est-à-dire des idées justifiées par un discours conceptuel et déductif, qui comporte de façon intrinsèque l'évidence et la complétude. Spinoza appelle « *Raison* » ce deuxième genre de connaissance, qui s'élève à la connaissance de la cause. Elle implique à la fois l'évidence interne de l'idée vraie (l'idée vraie comporte une évidence qui fait qu'elle n'a pas besoin d'une preuve externe) et l'insertion de cette idée dans un ensemble cohérent que la démarche démonstrative peut justifier et parcourir. La raison met en évidence, après démonstration, l'essence des choses et des êtres. Lorsque les choses entretiennent des relations permanentes, la raison appelle « *lois* » ces rapports d'ordre conceptuel qu'elle saisit entre les choses. Par exemple, si j'en sais assez sur les caractéristiques de l'arsenic et sur celles du corps humain, je peux former une notion de la raison pour laquelle l'arsenic détruit le corps humain.

■ L'essence, ou la connaissance du troisième genre

Ce type de connaissance n'est pas encore le plus élevé qui soit. De manière paradoxale, Spinoza considère que la connaissance rationnelle conduit à un troisième genre de connaissance qui est une forme d'**intuition**, mais surtout une manière de vivre selon

1. Du fait d'être affecté, c'est-à-dire de « subir » l'action d'un corps extérieur.
2. Voir infra, le point sur les affects.

la joie. On y parvient grâce à la connaissance rationnelle, lorsque l'on est dans cette compréhension de l'union de l'esprit avec toute la nature. Cette science intuitive n'est pas la connaissance mystique d'un Dieu transcendant ; elle est bien la compréhension enfin intuitive de l'unité du monde. Mais cette intuition est purement rationnelle, et donc humaine et universelle. Elle est conditionnée par la connaissance du deuxième genre.

b. La connaissance réflexive

La connaissance vraie est toujours une connaissance réflexive, qui fait retour sur elle-même. Cela signifie que, si la philosophie procède toujours par une connaissance discursive, c'est-à-dire démonstrative, selon un processus lent et rigoureux, sa démarche est aussi un retour de la conscience connaissante sur elle-même, une forme de conscience simultanée de soi et de l'objet connu. C'est ainsi que, dans le *Traité de la réforme de l'entendement*, Spinoza recommande de **commencer par une idée riche et dense**, la meilleure idée qui soit possible, à savoir celle de ***« l'Être le plus parfait »***. C'est en déployant les implications *« enveloppées »* dans cette idée de *« l'Être le plus parfait »* qu'il sera possible de construire une connaissance du monde qui soit cohérente, systématique et parfaite.

De manière audacieuse, Spinoza considère que la connaissance réflexive (qui est donc celle de la raison) est capable de connaître notamment deux types de réalité qui se donnent comme étrangères à la raison : **la nature de Dieu**, qui pourrait sembler au premier abord s'avérer un être absolument hors de portée pour notre raison purement humaine ; et **la nature des passions humaines** qui, étant irrationnelles, pourraient sembler résister à une approche rationnelle.

C. Ontologie, anthropologie, éthique

Examinons à présent quelques points de la doctrine spinoziste, concernant l'être en général (ontologie), puis l'homme (anthropologie), avant de dire quelques mots sur l'éthique, c'est-à-dire la théorie du bonheur et de la sagesse.

a. Ontologie

■ Dieu ou la Nature (*Deus sive Natura*)

La philosophie spinoziste commence l'édifice de la connaissance rationnelle à partir de l'examen de *« l'Être le plus parfait »*, c'est-à-dire Dieu. Mais le terme peut être trompeur. En effet, lorsque Spinoza utilise des termes religieux tels que *« Dieu »*, *« amour de Dieu »*, *« béatitude »* ou *« salut »*, il leur donne une signification neuve et non religieuse. Il choisit malgré tout de reprendre ces termes non seulement par prudence politique, pour ne pas provoquer le pouvoir politique des Provinces-Unies, mais aussi pour obtenir l'attention de ses lecteurs.

Pour Spinoza, **Dieu, c'est la totalité de la nature**. Il ne s'agit pas d'un être transcendant et créateur du monde tel qu'il est conçu par les religions monothéistes. La philosophie de Spinoza est un **immanentisme**[1]. Dieu n'est pas hors du monde, c'est le monde lui-même (il dit *« la Nature »*), et toutes les parties du monde qui sont des parties de

1. Doctrine selon laquelle Dieu n'est pas transcendant, c'est-à-dire extérieur au monde.

Dieu, l'homme y compris. C'est aussi un **monisme**[1], dans le sens où, pour lui, il n'y a fondamentalement qu'un seul être, un seul individu : la nature.

Cette identification entre Dieu et la nature est opérée à partir de l'analyse logique de l'idée de ***« substance »***. Dans la philosophie classique, et en réalité depuis la logique d'Aristote (384-322 av. JC) dans l'Antiquité grecque, on entend par *« substance »* ce qui se tient par soi, sans avoir besoin d'autre chose que de lui-même pour exister, par opposition aux « accidents », qui n'existent que relativement à la substance. Pour Aristote, les individus sont des substances, et ce qui arrive aux individus est appelé *« accidents »* (du latin *accidere* : arriver). Par exemple, Socrate peut être dit *« substance »* en tant que c'est un être complet, un individu. En revanche l'âge de Socrate, sa santé, ses cheveux, sa couleur de peau, ses savoir-faire, etc., sont des accidents qui n'existent que rattachés à Socrate.

Mais Spinoza radicalise le sens du mot *« substance »*. En effet, si pour Aristote on peut dire qu'un être humain est une substance, ce n'est pas le cas pour Spinoza, puisqu'un être humain n'existe pas absolument par soi ; il a besoin d'un milieu dans lequel vivre, d'oxygène, d'eau, de nourriture, de relations humaines, etc. Autrement dit, pour Spinoza, rien de ce qui existe dans la nature n'est une substance au sens strict du terme, puisque tous les êtres de la nature sont relatifs à d'autres êtres et ne peuvent pas exister par eux-mêmes. Pour lui, la seule réalité qui soit absolument **substance**, qui n'existe que par elle-même sans avoir besoin de rien d'autre pour être, c'est précisément **la totalité de la nature**, c'est-à-dire tout ce qui est. La substance est la totalité de l'être, et en dehors d'elle, il n'y a rien. C'est pourquoi la nature est infinie, et c'est pourquoi elle est Dieu. Dieu n'est donc pas extérieur au monde ni distinct du monde : il est ce monde lorsque nous le comprenons comme autosuffisant, infini et éternel, comme étant en somme *« cause de soi »*, c'est-à-dire de lui-même. On distingue alors deux ordres de la nature : d'une part, en tant qu'elle est dynamisme créateur, Spinoza parle de *« nature naturante »*, et d'autre part, il parle de *« nature naturée »* pour désigner la nature en tant qu'effet de cette cause productrice.

Mais ce monde, cette nature, peut aussi être saisi dans ses déterminations et aspects particuliers. Spinoza distingue deux niveaux : d'abord, ce qu'il appelle les *« attributs »* de la substance, qui correspondent aux aspects sous lesquels la nature existe, et dont nous ne connaissons que deux formes : la *« matière »* d'une part, et d'autre part l'*« esprit »*. Ensuite, ce sont les *« modes »* de la substance, qui sont les réalités concrètes, individuelles et limitées que sont les choses d'une part (matière), et les idées d'autre part (esprit), qui sont des parties de la nature, et donc des parties (ou plutôt des affections) de Dieu. Mais ces parties ne sont pas en Dieu au sens spatial du terme (sinon, Dieu serait divisible) ; ce sont plutôt des parties au sens de l'inhérence logique, des propriétés de l'essence.

Il est important de garder cela à l'esprit lorsqu'il est question de Dieu dans le *Traité théologico-politique*. Lorsque la Bible parle de Dieu, elle en parle comme d'un être transcendant et personnel, doté de sentiments, qui parle aux hommes, qui institue des règles, etc. Spinoza ne croit pas en ce Dieu-là. Pour lui, ce sont les hommes qui, ayant une idée fausse du divin – idée inadéquate du premier genre de connaissance – comme étant un être transcendant et créateur du monde, lui attribuent ces faits et gestes. Mais lorsque

1. Doctrine qui considère l'ensemble des choses comme réductible à un seul principe.

Spinoza parle de Dieu, il a en vue, lui, la « *nature-substance* ». On comprend donc le caractère terriblement **subversif** de sa pensée en général, et de sa lecture de la Bible en particulier. C'est la conception que Spinoza se fait de Dieu comme n'étant rien d'autre que la nature, et avant cela encore de la raison humaine comme référence ultime du vrai, qui lui permet de renverser les rapports traditionnels de préséance entre l'Écriture sainte et la « *lumière naturelle* » de l'esprit : alors que, traditionnellement, on considère que l'Écriture sainte est la parole de Dieu et qu'elle fait autorité quand bien même elle semble incompatible avec la raison humaine, Spinoza ne peut, au contraire, envisager le texte biblique que comme le produit de l'esprit humain, qu'il s'agit donc d'appréhender à la lumière de l'esprit humain. Pour lui, l'Écriture n'est qu'un texte humain, écrit par des humains, qu'il convient alors d'interpréter à la lumière de la raison et d'étudier scientifiquement. C'est sur cette base qu'il pourra justifier la liberté d'opinion en matière de religion.

■ Le déterminisme

Bien que Dieu et la nature soient la même chose, il faut cependant dire aussi que Dieu est **cause de la nature** (« *nature naturante* »). En effet, la substance ne peut être produite par une autre (sinon elle n'existerait pas absolument par elle-même) ; elle est nécessairement cause de soi. Mais Dieu n'est pas cause au sens où il aurait créé le monde en vertu d'une volonté libre. Cette représentation anthropomorphique de Dieu, où il est pensé à partir de l'être humain, relève de la connaissance du premier genre : c'est un préjugé issu de l'imagination qui n'a pas été purifié par le travail de la raison.

Dieu est cause du monde au sens où **d'une chose infinie doivent procéder une infinité d'effets**. En d'autres termes, on pourrait dire que ce que Spinoza appelle « *Dieu* », c'est le dynamisme même de la nature, le fait qu'elle agit, qu'elle ne fait pas que recevoir l'existence, mais qu'elle produit sa propre existence jusque dans le moindre être singulier qui la compose. Ce dynamisme n'est pas une prolifération chaotique ; il obéit à des lois nécessaires, puisqu'il ne s'agit de rien d'autre que des propriétés infinies d'une essence.

Il en va de même pour tous les modes de la substance (c'est-à-dire les individus singuliers) : puisqu'ils sont relatifs les uns aux autres, ils sont **déterminés à être ce qu'ils sont et à se comporter d'une certaine manière** par les autres choses singulières de la nature. Autrement dit, tout ce qui existe est déterminé à exister et à produire des effets par une autre cause, qui est elle-même déterminée par une autre, etc. C'est pourquoi « *il n'est rien donné de contingent dans la nature, mais tout y est déterminé par la nécessité de la nature divine à exister et à produire quelque effet d'une certaine manière*[1] ».

■ La contingence et le libre arbitre : des illusions

Nous avons spontanément tendance à penser que les choses qui arrivent auraient pu se produire autrement, même si elles se sont passées d'une certaine manière. Nous croyons spontanément à la **contingence**. De même, nous croyons que nous sommes dotés d'un **libre arbitre**, c'est-à-dire d'une capacité à choisir, et que, lorsque nous décidons de faire telle ou telle chose, nous aurions pu prendre un parti différent et tracer une autre voie. Pour Spinoza, la croyance au libre arbitre relève de l'illusion pure et simple, qui

1. Spinoza, *Éthique*, Prop. 29, *ibid.*, p. 85.

peut s'expliquer dans une certaine mesure par le fait que nous sommes conscients. Parce que nous avons conscience de nos désirs, nous pensons naïvement que nous pourrions désirer autre chose et choisir autre chose que ce que nous désirons et choisissons. Dans la lettre 58 à Schuller d'octobre 1674, Spinoza prend l'exemple d'un petit enfant qui aime le lait. Il croit aimer boire du lait librement. De même, un ivrogne croit librement avoir envie de boire du vin. Cette croyance au libre arbitre explique pourquoi nous pouvons éprouver des regrets ou des remords : j'ai bu trop de lait, ou trop de vin, je le regrette, je m'en veux. Mais c'est aussi cette croyance qui justifie les récompenses et les punitions, et toute la logique de la rétribution. Les sanctions et les récompenses n'ont de sens que si les actions faites auraient pu ne pas être faites.

Or, pour Spinoza, tout cela relève de l'**illusion** : en réalité, le petit enfant aime le lait parce que c'est un petit enfant, et il n'y a pas plus de liberté dans son goût pour le lait qu'il n'y en a dans le goût de l'ivrogne pour le vin. L'enfant ne peut pas ne pas aimer le lait, et l'ivrogne ne peut pas ne pas aimer le vin. C'est **absolument nécessaire**. Au début du chapitre XVI du *Traité théologico-politique*, c'est un autre exemple que prendra Spinoza : les poissons sont déterminés à nager par leur nature de poissons, et les gros poissons à manger les petits.

Texte-clé

« Conçois à présent, si tu le veux bien, que la pierre pense, tandis qu'elle poursuit son mouvement. Elle sait qu'elle s'efforce, autant qu'il est en elle, de poursuivre son mouvement. Eh bien, dans la mesure où elle n'est consciente que de son effort et qu'elle est tout sauf indifférente, cette pierre croira être parfaitement libre et persévérer dans son mouvement sans nulle autre cause que parce qu'elle le veut. Et voilà cette fameuse liberté humaine que tous se vantent d'avoir ! Elle consiste uniquement dans le fait que les hommes sont conscients de leurs désirs et ignorants des causes par lesquelles ils sont déterminés. C'est ainsi que le bébé croit librement désirer le lait, que l'enfant en colère croit vouloir la vengeance, et le peureux la fuite. Et puis l'homme ivre croit que c'est par un libre décret de l'esprit qu'il dit des choses qu'il voudrait avoir tues une fois dégrisé. »

Spinoza, *Lettre 58 à Schuller*, octobre 1674, trad. Maxime Rovère.

Déterminisme et liberté

Malgré les apparences, cette thèse du déterminisme de la nature n'est pas incompatible avec la possibilité de la **liberté**. Seulement, la liberté telle que l'entend Spinoza n'est pas une liberté de choix. La nécessité est incontournable, mais nous pouvons être soumis à une nécessité qui vient de causes extérieures, ou n'être soumis qu'à la nécessité de notre nature propre. La liberté consiste, nous y reviendrons[1], à **agir selon la nécessité de sa nature propre, sans être poussé à agir par des causes extérieures**.

1. Voir infra, la partie sur l'éthique.

b. Anthropologie

Puisque c'est sur la base d'une théorie de l'homme que Spinoza élabore sa théorie politique, il faut en poser ici quelques éléments.

■ L'individu

Plus haut, il a été question de l'individu en lien avec la notion de substance. Pour Aristote, en effet, on peut dire que l'individu et la substance sont la même chose. Une substance est un individu, c'est-à-dire un être qui existe par lui-même par opposition aux « *accidents* », qui n'existent que relativement à lui. Inversement, un individu est une substance, c'est-à-dire un être qui se tient par soi, qui n'est pas une partie d'un tout, ni une simple quantité, ou qualité, ou manière d'être, etc.

Précisément, Spinoza distingue – sauf en Dieu – la notion d'individu de celle de substance. Les individus ne sont pas des substances, mais des modes de la substance unique qu'est la nature. De plus, le concept d'individu n'est pas propre à l'homme, ni même aux êtres vivants en général, mais trouve son origine dans la physique.

■ L'individu comme permanence d'un rapport

Pour Spinoza, l'individu n'est pas une réalité simple, mais complexe. L'individualité d'un corps, c'est lorsqu'un certain **rapport très composé de mouvement et de repos** se maintient à travers tous les changements qui affectent les parties de ce corps. En d'autres termes, non seulement **un individu est composé d'une infinité de corps** qui constituent ses parties, mais ces parties changent sans cesse. Elles ne sont jamais les mêmes matériellement. De plus, elles sont tellement nombreuses qu'elles ne sont pas identifiables et ne peuvent pas permettre de déterminer l'identité d'un individu, de le différencier des autres. Ce qui fait donc l'individualité, d'après Spinoza, c'est, malgré cette infinité et malgré ces changements incessants, un certain rapport qui se maintient.

Texte-clé

« Quand certains corps de même grandeur ou de grandeur différente sont contraints par les autres corps à rester appliqués les uns contre les autres, ou, s'ils se meuvent à la même vitesse ou à une vitesse différente, sont contraints à se communiquer leur mouvement les uns aux autres selon un certain rapport, nous disons que ces corps sont unis entre eux et que tous composent ensemble un seul corps, c'est-à-dire un Individu qui se distingue des autres par cette union des corps. »

Spinoza, *Éthique*, II, Définition, PUF, Paris, 1990, traduction Robert Misrahi, p. 117.

■ L'essence de l'individu : le désir

Mais si ce rapport se maintient, c'est parce que, fondamentalement, l'individu est une certaine intensité d'existence, une **essence qui consiste dans un désir**, dans l'affirmation d'une puissance[1] d'exister. Autrement dit, un être naturel, quel qu'il soit, n'est pas une chose inerte, c'est un dynamisme. Cela vaut à plus forte raison pour l'être humain, que Spinoza désigne souvent comme *« Esprit »* : *« Aussi bien en tant qu'il a des idées claires et distinctes, qu'en tant qu'il a des idées confuses, l'Esprit s'efforce de persévérer dans son être pour une durée indéfinie, et il est conscient de son effort*[2] ». Cet effort est nommé ***« conatus »*** et il constitue le dynamisme de l'esprit, dynamisme qui sera nommé *« désir »* en tant qu'il poursuit des buts et, par là, un accroissement de sa puissance intérieure. Cela signifie que, pour Spinoza, un individu humain est fondamentalement un désir, c'est-à-dire l'affirmation d'une puissance d'exister qui tend à perdurer et à se déployer au travers des rencontres avec tous les autres corps de la nature, qu'ils soient inertes ou vivants. Le désir n'est pas une disposition de l'individu parmi d'autres, une faculté parmi d'autres. C'est **l'essence même de l'individu**, ce qui le définit dans sa singularité absolue. *« Le désir est l'essence de l'homme*[3] ». Le mot *« homme »* doit être entendu ici au sens d'individu, et ne renvoie pas à l'humanité en général. Chacun est un désir singulier, c'est-à-dire une manière dynamique et absolument unique de se rapporter au monde.

■ L'appétit

Dans le *Traité théologico-politique*, il n'est pas question explicitement de désir, mais plutôt de ce que Spinoza appelle l'*« Appétit »*. Du latin *appetitus*, le terme *« appétit »* a un sens beaucoup plus large que dans le français actuel où il renvoie principalement au désir de nourriture. On peut dire que ce que Spinoza appelle *« Appétit »* d'une manière générale, c'est une **forme de désir qui échappe entièrement à la raison et à la conscience**. Tous les êtres de la nature sont soumis à l'appétit, c'est-à-dire qu'ils font effort pour persévérer dans l'être, et pour cela tendent vers ce qui leur permet de continuer d'exister et de vivre. Autrement dit, l'appétit, c'est le *« conatus »*, le dynamisme de l'esprit en tant qu'il se rapporte au corps. C'est pourquoi, chez l'homme, être *« soumis aux seules lois de l'appétit »* (chapitre XVI, p. 67) signifie ne pas être capable de désirer quelque chose conformément à la raison, mais uniquement en fonction du plaisir immédiat qui peut s'ensuivre. L'homme soumis aux lois de l'appétit ne vit que pour son plaisir immédiat ; il peut même en être totalement esclave. Mais, comme le souligne avec insistance Spinoza au chapitre XVI, cette soumission à l'appétit n'est en aucune manière moralement condamnable. Celui qui vit en étant soumis à l'appétit a un droit souverain de le faire, de même que celui qui vit conformément à la droite raison. En effet, notre manière de vivre n'est pas le résultat d'un choix, d'un libre arbitre, mais découle de la nécessité de la nature. Ce qui détermine le principe d'après lequel vit un individu, c'est le genre de connaissance auquel il est parvenu. Celui qui n'a que des *« idées-affections »* vit nécessairement sous les lois de l'appétit, et celui qui a des *« idées-notions »* vit nécessairement sous les lois de la raison (chapitre XVI, page 67).

■ L'individu comme communauté

Remarquons que si l'individu consiste dans la permanence d'un rapport entre des parties infinies et changeantes, il peut en quelque sorte être vu lui-même comme une

1. Voir infra, le paragraphe sur la puissance dans la partie sur l'éthique.
2. Spinoza, *Éthique*, III, 9, *ibid.*, p. 165.
3. Spinoza, *Éthique*, III, Déf. I., *ibid.*, p. 206.

communauté. Finalement, j'existe comme individu tant que je suis capable de faire perdurer ce rapport qui me constitue, c'est-à-dire tant que je suis capable d'effectuer l'unité, la communauté des parties qui me composent. La mort de l'individu correspondrait au délitement de cette communauté, c'est-à-dire que les corps qui composent mon corps ne peuvent plus être maintenus selon le même rapport, mais sont contraints de se recomposer selon d'autres rapports qui constitueront d'autres individus.

« Le corps humain est composé d'un très grand nombre d'individus (de nature différente), chacun d'eux étant lui-même extrêmement composé. » (Postulat I, p. 119)

■ L'individu : corps et esprit

La philosophie de Spinoza propose une manière originale de concevoir à la fois la distinction et la relation entre l'esprit et la matière, et donc la *« relation »* entre corps et esprit au sein d'un même individu. Chez Descartes (1596-1650), par exemple, l'esprit et la matière sont précisément conçus comme des substances radicalement hétérogènes. Pour lui, l'esprit consiste dans la pensée, et la matière dans l'étendue. Ces deux substances hétérogènes coexistent cependant chez l'homme, qui est un être composé de deux substances. Descartes doit alors tenter de résoudre le problème de l'unité de l'individu-homme composé de deux substances, et le problème de l'interaction de ces deux substances. Il doit tenter d'expliquer comment l'esprit peut agir sur le corps, et comment le corps peut exercer une influence sur l'esprit, alors même qu'ils n'ont rien de commun l'un avec l'autre. Pour Spinoza, ce problème ne se pose pas. En effet pour lui, l'esprit et la matière étant deux aspects de la substance (la nature), ils n'interagissent pas au sens strict du terme. On peut dire, en quelque sorte, qu'ils sont parallèles entre eux, qu'ils se correspondent naturellement, sans que l'un ait à agir sur l'autre.

L'homme est esprit, mais cet esprit est la conscience d'un corps qui est le sien. Autrement dit, un être humain n'est pas l'union d'une âme et d'un corps, mais **un être unitaire, simultanément corps et esprit**. Parce que l'esprit et le corps sont des aspects d'une seule nature, ils n'ont pas à agir l'un sur l'autre ; les séries *« causales »* sont parallèles, elles constituent les deux aspects d'une même réalité. Parler de l'esprit ou parler du corps d'un être humain, c'est parler de **la même chose considérée sous deux aspects différents**.

■ L'affect

Être un individu, comme nous l'avons vu, c'est avoir la puissance d'intégrer en soi des parties extensives pour les unir selon un rapport qui nous est propre, conformément à notre essence caractéristique qui se présente comme un désir. Mais précisément, tout corps est sans cesse affecté par des corps étrangers. La possibilité d'être affecté s'explique par le fait que chaque individu n'est qu'une partie de la nature (un mode de la substance), et que toutes les parties de la nature agissent les unes sur les autres. **Lorsque d'autres parties de la nature agissent sur moi, je suis affecté.** Ces rencontres incessantes avec ce qui nous entoure peuvent être heureuses ou malheureuses. Elles peuvent, au pire, détruire ce rapport essentiel que nous sommes, et c'est la mort. Ou bien, elles peuvent détruire un rapport subordonné, et c'est la souffrance, la maladie, ou une forme de tristesse. Mais au contraire, ces rencontres peuvent aussi accroître notre puissance d'exister, sous forme d'énergie ou sous forme de plaisir. Par exemple, lorsque je mange quelque chose que j'aime, j'éprouve du plaisir et mes forces sont accrues. L'ensemble de ces affections du corps, et les idées qui correspondent à ces affections, c'est ce que Spinoza appelle *« l'Affect »* : *« J'entends par Affect les affections du Corps par lesquelles sa puissance d'agir est accrue ou réduite, secondée ou réprimée, et en même temps que ces affections, leurs idées*[1] ».

L'affect, c'est un mode de pensée qui ne représente rien comme tel, mais qui consiste dans le fait d'éprouver une plus ou moins grande intensité de notre puissance d'exister. Pour reprendre les mots de Gilles Deleuze, l'affect, c'est la *« variation continue de la force d'exister, en tant que cette variation est déterminée par les idées*[2] *qu'on a*[3] ». Toutes les idées qui défilent en nous du matin au soir ne sont pas neutres. Elles ont également une couleur affective, elles sont agréables ou désagréables, elles provoquent des ressentis positifs ou négatifs. Tous ces ressentis relèvent de *« l'Affect »*, et ils oscillent entre des termes extrêmes que sont ***« la Joie »*** et ***« la Tristesse »***, en passant par de nombreux intermédiaires que Spinoza analyse patiemment en *Éthique* III[4].

■ Affects passifs et affects actifs

À ce stade, il pourrait sembler que ce que Spinoza appelle *« Affect »* se confond avec ce que la tradition philosophique appelle *« passions »*. En effet, depuis Platon, les passions renvoient à l'affectivité en général, par opposition à la rationalité. Les passions sont les émotions que nous ressentons, émotions provoquées par des causes extérieures et vis-à-vis desquelles nous sommes passifs. Ainsi, dans la tradition philosophique, il s'agit, pour être libre, de ne pas se laisser gouverner par ses passions, mais au contraire de faire en sorte de soumettre ces passions à la raison.

Cette manière de voir l'affectivité comme exclusivement passive, et comme devant être soumise à la raison et à la volonté, n'est pas compatible avec la thèse du déterminisme. Nous n'avons pas de libre arbitre, de volonté qui nous permette de décider volontairement de ne pas laisser libre cours à un affect. De plus et surtout, si l'affectivité n'était que passive, alors elle serait aussi entièrement négative, et toutes les émotions positives devraient être éradiquées au profit de la raison. Pour Spinoza, il n'est pas envisageable de nier la dimension positive de l'affectivité, et c'est pour cela qu'il est nécessaire d'envisager que l'affect puisse être actif.

En fait, un affect n'est passif que s'il provient de l'action d'une cause extérieure. Mais précisément, Spinoza envisage la possibilité d'une **auto-affection**, c'est-à-dire d'une affection dont nous puissions être nous-mêmes la cause. Dans ce cas, l'affect est une action, et non une passion : « *Si nous pouvons être la cause adéquate de l'une de ces affections, j'entends alors par Affect une action ; dans les autres cas, une passion*[5]. » En fait, un affect est passif lorsqu'il provient d'une connaissance du premier genre, forgée par les sens et l'imagination. Mais en connaissant rationnellement la logique de la formation des

1. Spinoza, *Éthique*, III, Déf. 3, *ibid.*, p. 157.
2. Rappel : ce que Spinoza appelle « idée », c'est tout type de représentation. Cela comprend les perceptions, les images, mais aussi les concepts rationnels. L'esprit humain est donc sans cesse habité par des idées qui changent puisqu'il est toujours en train de percevoir ou d'imaginer ou de réfléchir, etc.
3. Gilles Deleuze, *Cours de Vincennes sur Spinoza*, www.webdeleuze.com, p. 7.
4. Spinoza, *Éthique*, III, *ibid.*, p. 207.
5. Spinoza, *Éthique*, III, Déf. 3, *ibid.*, p. 157.

affects passifs, comme le fait Spinoza dans la troisième partie de l'*Éthique* en particulier, nous prenons conscience de la vanité de certaines passions et de la servitude qu'elles provoquent, et c'est cette prise de conscience qui constitue le levier de la conquête de la liberté.

En tout état de cause, il faut se garder d'une confusion qui consisterait à identifier les affects passifs à des affects négatifs, et les affects actifs à des affects positifs. En effet, les affects positifs peuvent très bien être passifs ou actifs, comme c'est le cas de l'affect fondamental qu'est la joie, par exemple. Ils sont passifs lorsqu'ils sont produits par une cause extérieure. Mais ils sont actifs quand ils sont le résultat d'idées adéquates, et alors c'est l'individu lui-même qui est le principe de la joie qu'il ressent. Mais si les affects positifs peuvent être actifs, en revanche les affects négatifs, dont la forme fondamentale est la tristesse, et qui comprennent la haine, la colère, la peur, le désespoir, sont toujours des affects passifs qui nous maintiennent dans une forme de servitude.

En vue de la lecture du *Traité théologico-politique*, soulignons que, précisément, c'est une caractéristique du pouvoir que de susciter des passions tristes, des affects négatifs, pour dominer. « Le lien profond entre le despote et le prêtre, c'est qu'ils ont besoin de notre tristesse[1] », dit Deleuze.

c. Éthique

L'éthique spinoziste n'est pas une morale, elle ne porte pas sur la question du devoir. L'éthique spinoziste est centrée autour de la question de la **puissance**.

■ La puissance

Pour Spinoza, l'homme heureux est un homme puissant, ou plutôt un homme dont la puissance d'exister peut se déployer pleinement, sans être empêchée par l'action de causes extérieures. Cela ne veut pas dire qu'elle est une philosophie du pouvoir.

La notion de puissance (*potentia*) peut prêter à deux contresens qu'il faut éviter. D'une part, il ne faut pas confondre puissance et pouvoir au sens de la domination d'un homme sur un autre. La puissance dont parle Spinoza, que ce soit la puissance d'un être humain (puissance d'agir ou de penser) ou la puissance de Dieu, ou de tout autre être naturel, c'est **le pouvoir d'exister qui caractérise un être**. Tous les êtres n'ont pas la même puissance d'exister ou d'agir, et un même être subit également des variations quant à sa puissance d'exister ou d'agir. Par exemple, la douleur éprouvée constitue une réduction de ma puissance d'agir, et donc de ma puissance d'exister.

Le deuxième contresens à éviter concernant la notion de puissance, ce serait de la comprendre comme une possibilité. On dirait alors par exemple que quelqu'un a la puissance de devenir musicien ou écrivain. La puissance dont parle Spinoza est une puissance réelle, actuelle ; c'est le fait d'exister effectivement ou d'agir effectivement.

Ainsi, la puissance d'exister n'est **ni un pouvoir à exercer sur quelqu'un, ni une simple capacité qu'il nous faudrait conquérir**. C'est l'expression même de notre essence individuelle qui est tendance à se déployer.

1. Gilles Deleuze, *ibid.*, p. 7.

■ La servitude passionnelle

Mais cette puissance d'exister est d'emblée entravée chez l'homme du fait de l'imagination. En effet, les idées fausses de l'imagination trompent l'individu sur son désir, c'est-à-dire sur son essence. Il croit désirer ceci ou cela parce que l'imagination les lui présente comme des biens, tels que le plaisir, la gloire, ou la richesse. Mais ces désirs sont vains parce que les biens en question sont illusoires en ce qu'ils ne dépendent pas fondamentalement de moi. Désirer ces *« biens incertains »*, c'est se mettre en situation d'espérer et de craindre, c'est-à-dire d'éprouver des passions, des affects passifs, dont je ne suis pas la cause adéquate.

Dans l'*Éthique*, Spinoza se livre à une analyse très précise et détaillée de la logique passionnelle et de ce qu'il appelle *« la servitude humaine »*. Il situe **l'imagination au cœur de cette passivité affective**. C'est, en effet, par l'examen des différents procédés de l'imagination que Spinoza peut comprendre et classer les différentes formes de l'amour et de la haine, c'est-à-dire de la joie et de la tristesse dans notre rapport à l'autre. Ainsi, lorsque nous aimons quelqu'un, nous nous réjouissons de ce qui le renforce, et nous nous attristons de ce qui le diminue ; et inversement, lorsque nous haïssons quelqu'un, nous nous réjouissons de ce qui le diminue, et nous attristons de ce qui le renforce. Or, ce que montre Spinoza, c'est que **c'est seulement dans notre imagination** que la faiblesse de l'être que nous haïssons nous donnera une force supplémentaire. Ce n'est pas réellement que la faiblesse de l'autre me renforce ; et cela d'autant moins que **la haine que j'éprouve est une passion triste**, c'est-à-dire une passion par laquelle ma propre puissance d'agir est réduite : *« la Haine n'est rien d'autre qu'une Tristesse accompagnée de l'idée d'une cause extérieure*[1] ».

■ La liberté

Être heureux, c'est donc s'efforcer de sortir de la servitude passionnelle pour éprouver des affects actifs, c'est-à-dire pouvoir être dans une joie qui ne soit pas tributaire de causes extérieures, mais dont je puisse être la cause adéquate. Cela passe fondamentalement par la **connaissance même des affects**, c'est-à-dire de la nature humaine. Cette connaissance ne peut pas relever uniquement de l'introspection, mais exige une analyse rationnelle.

Mais cette connaissance ne saurait être efficace si elle n'est pas puisée dans la force du désir lui-même. De plus, tout en étant basée sur une analyse rationnelle et donc universelle, cette connaissance doit être en mesure d'éclairer l'individu dans sa singularité radicale. En effet, en définitive, lorsque nous ne sommes pas libres, nous nous trompons sur nous-mêmes. Nous croyons que notre puissance d'exister sera comblée par l'argent, par le plaisir, ou par la gloire, parce que nous ne savons pas qui nous sommes vraiment et quel désir nous sommes. C'est donc à la fois au moyen d'une connaissance universelle de la nature humaine et d'une connaissance singulière de soi en tant qu'individu que l'on peut s'acheminer vers une liberté plus grande, qui ne consiste pas, nous l'avons vu, dans la liberté de choisir ce que nous voulons, ni ce que nous voulons faire, mais dans le fait de **désirer effectivement ce que notre essence individuelle nous pousse nécessairement à désirer**.

---

1. Spinoza, *Éthique*, III, 13, *ibid.*, p. 168.

Mais le problème est que, spontanément, nous ne connaissons précisément pas notre essence ; nous sommes séparés de notre puissance d'agir par l'imagination qui nous leurre sur ce qui est susceptible de nous convenir vraiment. Nous croyons que l'augmentation de notre puissance d'exister passe par la diminution de celle des autres. C'est donc bien en opérant un **passage de la connaissance par l'imagination à la connaissance par la raison** que nous comprendrons que le déploiement de notre puissance d'exister n'est pas incompatible avec celui des autres, si nous cherchons notre utile propre sous la conduite de la raison. Alors nous serons justes, de bonne foi et honnêtes. La philosophie de Spinoza n'est pas, loin de là, une philosophie de l'affirmation de soi contre les autres. Elle incite à comprendre qu'en désirant le vrai bien, c'est-à-dire la connaissance de l'union que l'esprit a avec toute la nature, il devient possible de désirer pour les autres ce que l'on désire pour soi-même.

3. Focus sur l'œuvre

A. Le problème, les raisons d'écrire et les premiers chapitres

a. Le règne de la superstition

Dans la préface du *Traité théologico-politique*, Spinoza commence par la description détaillée de ce qu'il appelle la « *superstition* ». La **superstition** est une crédulité irrationnelle qui provient du fait que les hommes poursuivent des biens qu'ils ne sont jamais certains d'obtenir. Dès lors, ils sont sans cesse ballottés entre l'espérance de réussir et la crainte d'échouer. « *La cause d'où naît la superstition, qui la conserve et l'alimente, est donc la crainte* », dit-il (Préface, p. 44). C'est cette crainte d'échouer qui les pousse à croire même les choses les plus absurdes, pour se rassurer et trouver une base stable dans le monde. Concrètement, la superstition consiste pour Spinoza à interpréter les événements comme des signes, à croire aux prodiges censés manifester la colère des Dieux, aux miracles, à rejeter la raison au profit des délires de l'imagination tels que la divination.

Or, le problème est que la superstition est un formidable instrument de pouvoir. « *Nul moyen de gouverner la multitude n'est plus efficace que la superstition* », souligne-t-il (Préface, p. 46). Puisque les hommes ont naturellement tendance à la superstition, ils ont aussi naturellement tendance à être des « *sujets* », au sens de la soumission. En effet, leur besoin de croire les conduit vers des **autorités rassurantes**, qui peuvent jouer de la crainte pour faire agir les peuples comme elles le souhaitent.

De tels peuples sont asservis et les individus y sont privés de ce qui constitue leur nature la plus fondamentale : l'usage de la raison et de la liberté de jugement. Car si la crainte est constitutive de la nature humaine, la raison l'est encore davantage, de même que la liberté dont elle rend capable. « *Il est entièrement contraire à la liberté commune que le libre jugement propre soit asservi aux préjugés ou subisse aucune contrainte* », affirme Spinoza (Préface, p. 48).

b. « *Les causes qui m'ont poussé à écrire* »[1]

Spinoza s'étend sur les raisons pour lesquelles il écrit : ceux qui se déclarent chrétiens ne se reconnaissent pas à l'amour qu'ils se portent les uns aux autres, mais au contraire à **la haine** avec laquelle ils se combattent. Et l'origine de ce mal tient au fait que, pour ceux que Spinoza appelle « *le vulgaire* », c'est-à-dire la foule, ceux qui ne sont pas des penseurs (notons que le mot n'a pas de connotation péjorative et ne renvoie à aucune hiérarchie sociale), la religion consiste principalement à rendre hommage aux pasteurs. Or, les pasteurs, au lieu de propager la foi en Dieu, sont pleins d'ambition et d'avidité, si bien que le temple a dégénéré en théâtre où des orateurs (et non des Docteurs) d'Église ne cherchent qu'à fasciner les foules pour leur propre gloire.

De la véritable religion, il ne demeure plus que le **culte extérieur**. La foi ne consiste plus qu'en **crédulité et préjugés, en luttes, envie et haine**. En réalité, il ne s'agit plus que de **se soumettre** à l'Écriture. Les théologiens posent en principe que l'Écriture est vraie et divine, alors que cela ne devrait être que la conclusion d'un examen rationnel, sévère et exigeant. Mépris de la raison, crédulité, haines et discordes justifient de reprendre à nouveau et sans prévention l'examen de l'Écriture et de n'en rien affirmer, de ne rien admettre comme faisant partie de sa doctrine, sinon ce qui est enseigné par elle avec une parfaite clarté.

c. Thèse et plan de l'ouvrage

La thèse de l'ouvrage est la suivante : non seulement la liberté de juger et d'honorer Dieu selon sa complexion propre peut être accordée sans danger pour la piété et pour la paix de l'État, mais on ne peut la supprimer sans détruire la piété et la paix de l'État (Préface, p. 49). L'ouvrage est composé de deux parties : d'abord, il s'agit d'indiquer et de critiquer les préjugés concernant la religion (I à XV), puis les préjugés politiques (XVI à XX).

d. Les thèses principales de la première partie

La connaissance des thèses élaborées dans les quinze premiers chapitres peut être utile pour comprendre l'argumentation des chapitres au programme.

Préjugés des théologiens	Réponses de Spinoza
Les Prophètes sont des hommes dotés d'une science supérieure, divine.	Les Prophètes ont été doués non d'une pensée plus parfaite, mais du pouvoir d'imaginer avec plus de vivacité (Chapitre II).
La Prophétie est une connaissance supérieure à celle de la raison.	La Prophétie est inférieure à la connaissance naturelle qui n'a besoin d'aucun signe, mais comporte en elle-même une certitude.
Les miracles sont des phénomènes véritablement surnaturels et prouvent l'existence de Dieu.	Les « miracles » sont des phénomènes naturels qui dépassent la compréhension humaine ou semblent la dépasser (chapitre VI).

1. Préface, p. 49.

Préjugés des théologiens	Réponses de Spinoza
L'Écriture est la parole de Dieu elle-même, elle est absolument sacrée.	La parole éternelle de Dieu et la vraie religion sont écrites dans la pensée humaine (chapitre XI).
La foi consiste à croire en certains dogmes très précis. Avoir ses propres opinions en matière de croyance, c'est être hérétique.	L'objet de la foi, ce sont les œuvres (et non les opinions), à savoir : pratiquer la justice et la charité (chapitre XIII).
La foi est supérieure à la philosophie, et la philosophie doit se soumettre aux autorités en matière de foi.	Philosophie et foi sont totalement indépendantes l'une de l'autre et peuvent s'exercer dans leurs domaines propres sans qu'aucune doive être la servante de l'autre (chapitre XV).

Le chapitre VII décrit avec précision la méthode qui doit être employée pour étudier l'Écriture. Il est fondateur de toutes les approches herméneutiques[1] modernes, quels que soient les domaines.

Texte-clé

La règle universelle à poser dans l'interprétation de l'Écriture, est donc de ne lui attribuer d'autres enseignements que ceux que l'enquête historique nous aura très clairement montré qu'elle a donnés.

Spinoza, *Traité théologico-politique*, chapitre VII.

e. Résumé des chapitres XVI à XX

Ce que Spinoza veut défendre à présent, c'est donc la **liberté du jugement et de la parole**. Sa thèse est que cette liberté n'est pas un danger pour l'État, mais qu'elle lui est au contraire nécessaire.

Pour le montrer, il commence par poser – suivant en cela les principes de Hobbes dans le *Léviathan* (1651) – que l'État est une création humaine motivée par la recherche de la sécurité. Les individus ayant, par nature, le droit de faire tout ce qu'ils ont la puissance de faire, ils décident de transférer ce droit à la collectivité pour gagner la sécurité et la paix (chapitre XVI). Ainsi, le souverain devient détenteur de tous les pouvoirs. Toutefois, ce pouvoir rencontre des limites indépassables parce qu'en réalité, les individus ne peuvent pas renoncer à toute leur puissance d'agir. Dès lors, le pouvoir politique est toujours menacé de l'intérieur par ses membres eux-mêmes, et l'unité de l'État est compromise. Spinoza étudie alors les conditions institutionnelles de la pérennité de l'État, en prenant l'exemple de l'État hébraïque (chapitres XVII et XVIII). Il en conclut qu'il revient au pouvoir politique de statuer en matière de religion, et que le pouvoir religieux doit lui être soumis (chapitre XIX). Puis, il montre que pour maintenir ce droit le mieux possible

1. Herméneutique : science de l'interprétation des textes.

et assurer la sûreté de l'État, il faut laisser chacun libre de penser ce qu'il veut et de dire ce qu'il pense (chapitre XX).

B. Chapitre XVI – Des fondements de l'État ; du droit tant naturel que civil de l'individu ; et du droit du souverain

L'objet du chapitre XVI est d'établir les fondements de l'État démocratique. Spinoza expose d'un côté la teneur du droit naturel et du droit civil de l'individu, et de l'autre côté, il détermine l'étendue du droit du souverain.

a. Le droit naturel de l'individu

Repère

Droit naturel classique et droit naturel moderne

La notion de **droit naturel** fait sens, d'une manière générale, par opposition à la notion de **droit positif**. Le droit positif, c'est le droit écrit, posé dans des textes tels que la Constitution d'un pays, le Code civil et le Code pénal. Il détermine ce qui est légal dans un pays donné, c'est-à-dire conforme à la loi. La notion de droit naturel devient nécessaire quand on s'interroge sur la différence entre ce qui est légal et ce qui est légitime. Si l'on prétend contester la légitimité d'une loi, légalité, on le fait en se référant à un droit non écrit.

Mais il y a plusieurs conceptions du droit naturel, principalement en fonction de ce que l'on entend par « nature ».

Le **droit naturel classique** est une théorie du droit issue de Platon et d'Aristote, mise en forme par Cicéron au Ier siècle avant notre ère. Selon cette théorie, la « nature » d'un être correspond à son **essence**, c'est-à-dire à ce qui définit cet être. Le droit de nature, c'est ce qui est requis, ce qui est exigé conformément à l'essence. Autrement dit, l'idée de droit est **normative** et implique un devoir-être. Par exemple, on dira que c'est un droit de nature pour l'homme que de pouvoir exercer sa raison. Le droit de nature constitue donc une norme à laquelle il faut se conformer.

Avec la philosophie politique moderne, et Thomas Hobbes (1585-1679) en particulier, la notion de **droit naturel** change totalement de sens, car le mot « nature » ne renvoie plus à l'essence d'un être, mais à la **spontanéité**. **L'état de nature**, c'est la situation de l'homme à l'état brut, en dehors de toute éducation et de toute société. Dès lors, la nature ne comporte plus aucune dimension d'idéal. La nature humaine, ce n'est pas l'essence idéale de l'homme, mais **ce que l'homme est primitivement**. Et donc, parler de droit de nature, c'est dire que l'on a le droit de faire ce que l'on peut physiquement faire. *« Le droit naturel est la liberté qu'a chacun d'user à son gré de sa puissance en vue de la conservation de sa nature.*[1] »

Le droit de nature, dit Spinoza au début du chapitre XVI, ce sont les règles de la nature de chaque individu, règles suivant lesquelles nous concevons **chaque être comme déterminé à exister et à se comporter d'une certaine manière**. Pour le comprendre, il faut

1. Thomas Hobbes, *Léviathan*, chapitre XIV, éd. Vrin, 2004, trad. François Tricaud, p. 111.

se référer à la thèse générale du déterminisme. Le droit de nature n'est pas référé à une norme idéale, à une essence comme dans le droit naturel classique, mais bien à la spontanéité de l'individu. Ainsi, chacun a le droit de faire tout ce qu'il a la puissance de faire, qu'il y soit poussé par la raison ou par l'appétit, c'est-à-dire des pulsions irrationnelles. À l'état de nature, ce n'est pas la raison qui mesure ce que l'on a le droit de faire ou non. C'est la nature, et le droit de la nature n'est pas limité à ce qui est raisonnable ou juste. On ne peut donc pas considérer, ici, qu'il est mal de voler, de tuer, etc. La notion de mal moral n'a pas de sens dans l'état de nature.

Texte-clé

« Tout ce donc qu'un individu considéré comme soumis au seul empire de la nature juge lui être utile, que ce soit sous la conduite de la droite raison ou par la violence de ses Passions, il lui est loisible de l'appéter en raison d'un droit de nature souverain et de s'en saisir par quelle voie que ce soit, par la force, par la ruse, par les prières, enfin par le moyen qui lui paraîtra le plus facile ; conséquemment aussi de tenir pour ennemi celui qui veut l'empêcher de se satisfaire. »

Spinoza, *Traité théologico-politique*, chapitre XVI, p. 68.

b. Le pacte

Cependant, il est plus **utile** aux hommes de vivre en suivant la raison, car la raison est propre à l'homme et c'est elle qui détermine l'utilité pour l'homme. Tant que chacun peut faire tout ce qui lui plaît, il est impossible de vivre en sécurité. Or, personne n'aime vivre dans les inimitiés, la haine et la colère. Il est donc **nécessaire de s'unir en un corps**, et de faire en sorte que le droit que chacun avait, de nature, sur toute chose, appartienne à la collectivité et ne soit plus déterminé par la force et l'appétit de l'individu, mais par la puissance et la volonté de tous, ensemble. Or, cela n'est pas possible si les individus sont dominés par l'appétit, car l'appétit divise les hommes et en fait des rivaux dans la poursuite de biens qu'ils ne peuvent pas posséder en même temps. L'union des hommes dans la société impose donc d'accepter d'être raisonnables.

Le pacte fondateur de l'État n'est pas un événement historique, mais, comme dans toutes les théories contractualistes[1] modernes, une **expérience de pensée** destinée à expliquer la nature du pouvoir politique. On imagine un **état de nature**, c'est-à-dire une situation originelle privée de toute législation. L'idée est que le pouvoir politique n'existe que parce que les individus l'ont voulu. Il n'est légitime que s'il continue à respecter les raisons fondamentales pour lesquelles il existe. Spinoza reprend globalement les termes du pacte établis par Hobbes dans le *Léviathan*, avec des différences notables néanmoins. **Les individus renoncent en totalité à leur droit souverain de nature**, pour le transférer

1. On appelle « contractualiste » une théorie politique selon laquelle le pouvoir politique est fondé sur un pacte ou un contrat social. On peut dire qu'à l'époque de Spinoza, le contractualisme est encore à l'état naissant, mais néanmoins bien présent (chez Hobbes, notamment). Toutefois, on ne peut pas considérer Spinoza comme un penseur contractualiste à part entière, car il renonce à l'idée d'un pacte social dans le *Traité politique*.

en entier à **l'ensemble de la société**, qui devient alors légitime à commander. Ils doivent alors une entière obéissance au souverain.

Spinoza parle de la société et pas du souverain, parce que ce qui l'intéresse d'emblée ici, c'est de fonder un **État démocratique** compatible avec la liberté. Il ne s'intéresse pas à l'État en tant que tel. La différence fondamentale avec Hobbes apparaîtra surtout au chapitre XVII. Elle consiste en la question de savoir ce qui reste comme droit naturel aux individus. Pour l'instant, il semble que les individus aient renoncé à la totalité de leur droit de nature. Mais nous verrons que ce n'est que partiellement vrai.

Remarquons, enfin, la restriction indiquée par notre auteur : le pacte n'est valable qu'à la condition que sa raison d'être soit effective. Or, sa raison d'être est l'utilité. On peut dès lors envisager que, si le pacte n'assure plus la sécurité pour laquelle il a été contracté, il perd sa légitimité et les individus en sont libérés.

c. Objections et réponses

- **Objection n°1 : *« Mais, si le pacte implique une obéissance totale des individus à la société, et donc au souverain qu'elle aura désigné, cela n'en fait-il pas des esclaves ? »*** (p. 78)

Spinoza distingue alors deux types d'obéissance. Si l'on obéit dans l'intérêt de celui qui commande, alors en effet on est un esclave ; mais si l'on obéit dans notre propre intérêt, on est sujet. Spinoza n'emploie pas le mot de « citoyen », mais le sujet n'est pas seulement soumis. Le mot connote une forme de responsabilité et de liberté.

- **Objection n°2 : *« N'y a-t-il pas contradiction entre le Droit Naturel tel qu'il a été défini plus haut, et le Droit Divin révélé qui nous enjoint d'aimer notre prochain comme nous-mêmes ? »*** (p. 85)

D'après le droit naturel tel qu'il vient d'être défini, les individus peuvent légitimement faire tout ce qu'ils sont capables de faire. Par exemple, tuer quelqu'un est légitime si je peux le faire. Or, au contraire, le « droit divin révélé », c'est-à-dire la religion chrétienne, demande d'aimer son prochain comme soi-même. Il y aurait donc contradiction entre les deux.

À cela, Spinoza répond que : l'état de nature est antérieur à la religion. Avant la révélation, nul ne peut être tenu par le droit divin puisqu'il l'ignore. Si les hommes étaient tenus par le droit divin naturellement, Dieu n'aurait pas eu à conclure de traité avec les hommes.

- **Objection n°3 : *« les souverains sont tenus par ce droit divin autant que les sujets. Or, nous avons dit que les souverains conservent le droit naturel et que tout leur est permis de droit. »*** (p. 88)

La réponse à l'objection va permettre à Spinoza de revenir sur l'idée de droit naturel. Il dit que *« dans l'état de nature, chacun est tenu par le droit Révélé de la même manière qu'il est tenu de vivre selon l'injonction de la droite Raison »* (p. 88). Le point important ici est ***« de la même manière »***. En effet, dans l'absolu, le souverain n'est pas tenu de vivre selon l'injonction de la droite Raison. Détenteur par le pacte des droits de tous les individus, il peut théoriquement faire tout ce qu'il veut, suivre tous ses caprices et faire régner la terreur. Mais **s'il est intelligent, il cherchera plutôt un commandement raisonnable**, il suivra ce que la raison lui commande, pour que son pouvoir soit moins contesté et donc moins susceptible d'être renversé. Il en va de même pour le droit divin, c'est-à-dire pour la règle selon laquelle il faut aimer son prochain : le souverain n'est pas obligé de la respecter. C'est seulement pour lui une question de choix, et peut-être d'intérêt bien compris.

Toutefois, ici, Spinoza introduit une restriction : *« Il [le souverain] n'est tenu de reconnaître personne comme juge [...] si ce n'est un Prophète expressément envoyé par Dieu et qui l'aura montré par des signes indubitables. Et même alors il est contraint de reconnaître comme juge non un homme, mais Dieu lui-même. »* Cette restriction pose problème, car elle semble limiter le pouvoir politique vis-à-vis d'un pouvoir religieux qui chercherait à s'imposer.

La suite du texte (voir la réponse à l'objection suivante) permet de relativiser cette restriction. En effet, d'une part, à l'époque de Spinoza, on considère qu'il n'y a plus de Prophètes, c'est donc une éventualité très peu probable ; et d'autre part, il est également **très peu probable que l'on s'accorde** sur le fait qu'un Prophète serait expressément envoyé par Dieu. On peut donc penser qu'ici Spinoza fait une fausse concession, et sans doute même avec une certaine ironie envers les théologiens.

- **Objection n°4 :** ***« si le souverain commande quelque chose contre la religion et l'obéissance que par un pacte exprès nous avons promise à Dieu ? Faudra-t-il obéir au commandement divin ou à l'humain ? »*** (p. 90)

La réponse de Spinoza est subtile et prudente, mais claire. Ayant précisé que ce point doit être traité plus complètement par la suite, il écrit ceci : *« il faut obéir à Dieu avant tout, quand nous avons une révélation certaine et indubitable »*. Or, justement, cela n'existe pas. L'expérience montre en effet que c'est en matière de religion que les hommes sont le plus dans l'erreur : *« c'est à l'égard de la religion que les hommes errent d'ordinaire le plus et que la diversité des complexions engendre parmi eux comme un concours de fictions vaines »*. On le voit bien, le lexique employé ici tend à relativiser considérablement la question de la vérité dans le domaine religieux. Spinoza parle de ***« complexion »***. La complexion, c'est la constitution physique d'une personne. C'est dire que pour lui, les **opinions religieuses** sont très loin d'être vraies et objectives, mais ne sont souvent que **l'expression d'une manière d'être individuelle**. C'est pourquoi elles engendrent *« comme un concours de fictions vaines »* : chacun élabore sa propre croyance en fonction de sa complexion propre, de telle sorte qu'on a affaire à de pures inventions (fictions) de l'imagination, inventions vaines, c'est-à-dire sans objet véritable, vides. Et ces *« fictions vaines »* se concurrencent (*« concours »*) les unes les autres, prétendant à la vérité, ce qui produit rivalités, anathèmes et excommunications.

Étant donné cette diversité d'opinions religieuses, il est clair que si l'on n'était pas tenu d'obéir au souverain dans les choses que l'on croit appartenir à la religion, *« le droit de la cité dépendrait du jugement divers et du sentiment passionné de chacun »* (p. 90). On en conclut donc qu'il **revient au souverain**, qui a charge de conserver les droits de l'État, **de statuer sur la religion** comme il le juge bon, et aux citoyens d'obéir aux décrets du souverain à ce sujet, en vertu du pacte passé avec lui, *« que Dieu ordonne de garder entièrement »*, dit Spinoza. Cette précision est cruciale car elle souligne qu'il n'y a pas de contradiction dans l'argumentation. Il a été dit un peu plus haut qu'il faut obéir à Dieu avant tout. Pour les théologiens, cela semble immédiatement confirmer la primauté du pouvoir religieux sur le pouvoir politique. Mais c'est mal comprendre le propos de notre auteur. Ce qu'il veut dire, c'est qu'obéir à Dieu, ce n'est justement pas obéir aux commandements de l'Église plus qu'à ceux de l'État. Au contraire, **obéir à Dieu, c'est obéir au souverain, puisque le souverain est détenteur du droit au nom du pacte social** que les hommes ont établi en vue de leur utilité. Or, l'utilité des hommes relève de la nécessité de la nature, qui est Dieu dans la pensée de Spinoza. Le Dieu auquel il faut obéir, ce n'est pas celui de la religion, ou plutôt de la superstition, mais bien le Dieu connu par la raison. Ce « *Dieu* » veut nécessairement l'État, puisque l'État est l'institution de la liberté. Le pouvoir politique est si légitime qu'il est même licite d'obéir à un souverain qui ne serait pas chrétien (mais idolâtre, selon les termes en vigueur au XVIIe siècle), question sur laquelle le chapitre se termine.

d. Conclusion

Dans ce chapitre, la nature du gouvernement démocratique est établie, à savoir qu'il est le produit d'un contrat passé entre les citoyens, par lequel ils renoncent à leur droit de nature au profit de la société tout entière, dont ils font eux-mêmes partie. Ils sont donc tous égaux. Spinoza ne s'arrête pas ici sur le fonctionnement des institutions. Ce qu'il veut montrer, c'est que les sujets doivent obéissance totale au souverain (représentant du peuple), alors seul détenteur du droit naturel.

Il y a deux **limites au pacte social** : l'**utilité** d'une part, et d'autre part la **puissance** même du souverain. Si le pacte conclu n'est pas réellement utile, il n'a plus de raison d'être ; et si le souverain n'est plus concrètement en mesure de défendre son droit, alors il le perd.

Enfin, le pouvoir du souverain est tel que c'est à lui de trancher en matière religieuse, et que les citoyens doivent obéir à ses décrets dans cette matière. Spinoza a donc ici soumis le pouvoir religieux au pouvoir politique, ce qui constitue la première étape dans la démonstration de la nécessité de la liberté individuelle en matière d'opinion religieuse.

C. Chapitre XVII – Les limites du pouvoir politique et l'exemple de l'État hébreu

« Nul ne peut transférer en totalité ce qui lui appartient au Souverain et ce transfert n'est pas nécessaire. La constitution hébraïque : du vivant de Moïse et après sa mort. En quoi il fut excellent et pourquoi il a quand même été presque toujours divisé et a fini par périr. » (p. 95)

Les chapitres XVII à XIX posent plus spécifiquement **le problème de l'unité de la communauté politique** face à la possibilité toujours imminente de dissensions et de discordes susceptibles de détruire l'État. Ces chapitres visent très nettement à défendre une forme de **primauté de la communauté sur l'individu**. Spinoza met d'abord en évidence le problème : il existe une résistance invincible à l'unité de l'État, résistance qui trouve son origine dans la nature de l'être humain. Pour contrebalancer cette résistance et assurer, autant que possible, l'unité et la paix de l'État, il faut concevoir des institutions qui limitent les effets délétères des passions humaines.

a. Les limites indépassables du pouvoir souverain

■ Renoncer entièrement à leur droit naturel : une impossibilité pour les individus

Le début du chapitre XVII est problématique car il semble en contradiction avec le chapitre XVI et les termes du pacte social. Celui-ci est en effet formulé ainsi : « *il faut que l'individu transfère à la société toute la puissance*[1] *qui lui appartient, de façon qu'elle soit seule à avoir sur toutes choses un droit souverain de nature* » (chapitre XVI, p. 75). Or, cette affirmation semble en contradiction avec ce qui est défendu ici, où il est dit : « *Nul ne peut transférer en totalité ce qui lui appartient au Souverain* ». Et un peu plus loin : « *il faut donc accorder que l'individu se réserve une grande part de son droit* ».

En réalité, la contradiction n'est qu'apparente si l'on se souvient avec précision de la teneur du droit naturel, à savoir qu'il se confond avec la puissance. Ce que veut dire Spinoza, c'est que, même si des individus décident de se soumettre en tout à un souverain – ce qui correspond à la théorie du pacte telle qu'elle est exposée au chapitre XVI –, il leur est néanmoins **impossible de renoncer à toute forme de droit**, c'est-à-dire, en fait, à toute forme de puissance. En effet, être un homme, un être humain, exister, c'est être une certaine puissance d'agir. C'est pourquoi il dit : « *Nul en effet ne pourra jamais, quel abandon qu'il ait fait à un autre de sa puissance et conséquemment de son droit, cesser d'être homme* ». À ce moment-là, les exemples qu'il donne sont des exemples de lois de la nature humaine : on ne peut pas commander à un sujet de haïr son bienfaiteur, ou de ne ressentir aucune offense des injures, puisque cela est impossible. Un souverain, aussi puissant soit-il, ne peut pas commander à ses sujets ce genre de choses, parce que c'est impossible, et qu'il n'y aurait aucun sens à commander à quelqu'un quelque chose d'impossible.

Quel que soit, donc, le pouvoir d'un souverain, ce pouvoir admet des limites indépassables, limites qui correspondent aux « *lois de la nature humaine* » (chapitre XVII, p. 97). C'est en ce sens que l'individu se réserve une part de son droit. Chez Hobbes, au contraire, le droit de nature ne demeure que du côté du souverain.

■ La soumission totale : commander aux âmes

Mais malgré ces limites indépassables, le pouvoir du souverain est néanmoins très grand, parce qu'il peut vraiment recourir à tous les moyens à sa disposition pour que les hommes obéissent à ses commandements. Il peut utiliser la force physique, mais aussi des ressorts psychologiques tels que l'espoir d'obtenir quelque chose, ou l'amour de la patrie, ou encore d'autres sentiments. Ce que Spinoza veut montrer ici, c'est que l'on peut avoir l'impression d'agir librement, de notre propre chef, « *par son propre conseil* », alors que l'on est précisément en train d'obéir au souverain. **Le degré d'obéissance n'est pas proportionnel au sentiment de contrainte.** En effet, si l'on se sent contraint, c'est que l'on n'est pas complètement obéissant. Au contraire, le degré d'obéissance est proportionnel à la facilité avec laquelle on obéit. Si l'on fait ce que quelqu'un veut tout en ayant l'impression de décider par soi-même, alors on a atteint le plus haut degré d'obéissance, l'obéissance parfaite. Ainsi, une incitation financière (à la propriété, par exemple), est un

1. C'est nous qui soulignons.

ressort psychologique qui fait faire aux citoyens ce que l'État veut qu'ils fassent. Ils ont l'impression d'agir de leur plein gré, mais en réalité, ils font exactement ce que d'autres veulent qu'ils fassent. Ils sont donc dans une obéissance parfaite. Si le sentiment de contrainte était indispensable à l'obéissance, il faudrait dire que les souverains les plus puissants sont les tyrans, puisque, quand on leur obéit, on ne le fait pas de bon cœur. Mais en réalité, les souverains les plus puissants ne sont pas ceux à qui les citoyens obéissent par force, mais au contraire ceux qui se font obéir sans que l'on ait conscience d'obéir, car alors ils ont **pouvoir sur les âmes des individus**, et non pas seulement sur leurs corps.

■ Les passions antipolitiques, des forces explosives pour la communauté politique

Mais comme l'a dit Spinoza, c'est le droit le plus strict du souverain que de faire cela, puisque les individus lui ont transféré la totalité de leur droit naturel. Le droit du souverain ne s'arrête que là où s'arrête sa puissance. Ainsi, si ces procédés manipulatoires ne réussissent pas, si les citoyens désobéissent, alors ils ont le droit de désobéir. « *[C]e pouvoir [du souverain] ne sera [...] jamais assez grand pour que ceux qui en sont détenteurs aient puissance absolument sur tout ce qu'ils voudront* » (chapitre XVII, p. 101). Et c'est surtout sur ce point que l'auteur veut insister ici : il sera impossible à aucun souverain d'obtenir une obéissance telle que tous les citoyens penseront et agiront conformément aux décrets du souverain. Parce que les hommes sont les hommes !

Ici, Spinoza insiste sur la difficulté de la tâche que représente l'ambition de faire que les sujets « *restent constamment fidèles et vertueux* ». Il décrit ce que l'on pourrait appeler des ***« passions antipolitiques »***, c'est-à-dire qu'il montre l'homme comme un être par nature incapable de s'unir avec ses semblables dans la concorde.

Ces passions antipolitiques sont les suivantes :

- D'une manière générale, les hommes sont gouvernés par leurs passions plus que par la raison.
- Chacun pense être seul à tout savoir et veut tout régler selon sa complexion.
- Les hommes jugent des choses en fonction de leurs intérêts propres.
- Chacun méprise ses semblables et ne supporte pas d'être dirigé par eux.
- L'homme désire le mal d'autrui et y prend plaisir.

Pérenniser le pouvoir est dès lors une œuvre laborieuse à accomplir, car il faut prévenir tous ces maux par des moyens politiques : il s'agit de constituer un pouvoir tel qu'il n'y ait plus de place pour la fraude, établir des institutions faisant que tous placent le droit commun au-dessus de leurs avantages privés. Puisque l'on ne peut pas modifier la nature humaine, il faut la contenir au moyen des institutions.

b. C'est par les institutions qu'il devient possible de compenser les passions antipolitiques des hommes

Le recours à l'exemple hébraïque n'est pas anodin ; il s'explique par des raisons politiques et théologiques (voir plus loin, Repère – Spinoza et l'autorité d'un modèle : l'État hébreu).

■ La situation particulière du peuple hébreu au moment de la création de leur État

Les Hébreux, à leur sortie d'Égypte, n'appartenaient plus à aucune nation et ont eu la liberté d'instituer de nouvelles règles et d'occuper les terres qu'ils voulaient. Un **premier pacte** a lieu sur le conseil de Moïse en qui ils ont confiance : ils transfèrent leur droit à Dieu, et non à un mortel. Ils promettent unanimement d'obéir à tous les commandements de Dieu. Le pouvoir de commandement n'appartient qu'à Dieu seul. Donc, dans cet État, le droit civil et la religion étaient une seule et même chose. Autrement dit, les dogmes de la religion sont des règles de droit ; la piété consiste à être juste, et l'impiété à être injuste.

Mais ensuite, terrifiés par la parole de Dieu, ils abolissent le premier pacte (ce qu'ils ont le droit de faire puisque, par le premier pacte, ils restent tous égaux) et en passent un deuxième, dans lequel ils transfèrent sans réserve à Moïse leur droit de consulter Dieu et d'interpréter ses édits. Ils promettent alors à **Moïse, détenteur de la majesté suprême**, de lui obéir.

Cette description de la constitution de l'État hébreu est fondamentale dans la mesure où, d'emblée, Spinoza la décrit comme un **simple cas particulier de la formation de tout type d'État**, dont il a fait l'analyse au chapitre XVI : ce sont les individus qui décident ensemble de transférer leur droit au profit du souverain. Autrement dit, il dénie à l'Etat hébreu le caractère de théocratie qui lui vaut son statut exceptionnel et normatif aux yeux des théologiens.

■ Les institutions établies par Moïse

Le point essentiel dans les institutions hébraïques est que Moïse sépare le pouvoir politique en deux : il revient au **prêtre** d'interpréter les lois de Dieu et de les communiquer, et au **roi** d'administrer l'État suivant les lois déjà expliquées par le prêtre. Moïse ne donne à personne l'autorité pleine et entière ; il divise les pouvoirs et les empêche de fonctionner indépendamment l'un de l'autre. *« Qu'il élut des administrateurs et non des dominateurs de l'État »* (chapitre XVII, p. 115). Le grand pontife a le droit d'interpréter les lois, mais seulement à la demande du commandant des troupes ou d'une autre personne qualifiée. Le chef de l'armée et les conseils peuvent consulter Dieu quand ils le veulent, mais les réponses ne peuvent venir que du grand pontife. Le grand pontife ne fait que recevoir des réponses de Dieu (et non des décrets comme Moïse). Elles n'ont force de commandement que si elles sont validées par Josué et les conseils, c'est-à-dire par le pouvoir politique. Le pontife n'a pas de milices ni de droit de commandement. La succession des pontifes se fait de père en fils, et personne n'a le droit de désigner un pontife après Moïse.

■ L'action modératrice des institutions établies par Moïse sur les passions antipolitiques

Les moyens de contenir les chefs

Les Lévites (tribu de Lévi), à qui revient l'interprétation des lois, c'est-à-dire du pouvoir religieux, n'ont **aucune part au commandement** ni à la propriété, et leur fortune dépend entièrement du respect qu'ils reçoivent des autres tribus, et donc de la vérité de leur interprétation. Ainsi, ils ne peuvent pas se permettre de dire n'importe quoi au peuple.

De plus, le peuple se réunit tous les sept ans pour y être **instruit des lois par les pontifes**, et il est demandé aux citoyens de lire et relire constamment le livre de la loi. Par là, les chefs politiques sont contraints d'administrer suivant les lois prescrites, connues de tous, dans leur propre intérêt. Autrement dit, puisque le peuple connaît les lois indépendamment des chefs politiques, ceux-ci **ne peuvent pas prescrire de nouvelles lois** qui pourraient compromettre la liberté des citoyens.

Enfin, la participation de tous les citoyens au **service militaire** est obligatoire, et les chefs politiques ont **interdiction d'enrôler des mercenaires**. Par conséquent, les chefs auront du mal à réprimer militairement le peuple, puisque c'est le peuple qui fait partie de l'armée. Ils ne peuvent pas constituer une milice qui viendrait opprimer le peuple à volonté. De plus, une armée de citoyens est crainte par les chefs.

Les moyens de contenir le peuple

Trois grands moyens sont invoqués par Spinoza : d'abord, il faut faire naître, dans les âmes des citoyens, un tel **amour de la patrie** qu'il rend presque impossible l'idée même de trahir ou de faire défection. Cela est rendu possible par plusieurs facteurs : ayant fait un pacte avec Dieu (par l'intermédiaire de Moïse), ils croient que leur royaume est le royaume de Dieu et ont donc envers lui la plus grande piété ; ils sont égaux entre eux, nul n'est esclave et nul n'est maître ; haïr les Gentils (les non-Hébreux) relève de la piété, ce qui favorise considérablement leur cohésion. Ils sont d'autant plus unis que leurs mœurs et leurs rites sont singuliers, différents des autres, et que tous les autres leur apparaissent comme des ennemis.

Ensuite, le deuxième moyen consiste à leur assurer un **droit de propriété** inaliénable et quasiment éternel. En effet, la part de terre et de champs possédée par chacun était égale à celle du chef, et ils en étaient maîtres pour l'éternité. La pratique de la charité exclut la pauvreté, qui est une cause de révolte et de de dissensions.

Enfin, une forte **discipline** est pratiquée dès l'enfance et tout au long de l'éducation. Même les jours de fête sont prescrits. « *Je ne pense pas qu'on puisse rien trouver de plus efficace pour fléchir les âmes des hommes ; rien ne s'empare de l'âme avec plus de force que la joie qui naît de la dévotion, c'est-à-dire à la fois de l'amour et de l'admiration* » (chapitre XVII, p. 132).

Cependant, malgré l'efficacité de ces institutions, les Hébreux ont failli et leur État a fini par être anéanti.

■ Les causes de l'anéantissement de l'État hébreu

On ne peut pas invoquer la nature du peuple hébreu, car les nations n'ont pas de nature comme telle puisqu'elles sont le produit de la langue, des mœurs et des lois. Si l'on doit concéder que les Hébreux furent plus insoumis que d'autres peuples, cela ne peut être qu'en raison d'un vice des lois ou des mœurs reçues. À la suite de l'adoration du veau d'or[1], **Dieu décide de se venger des Hébreux, et poursuit leur ruine**. Dieu accorde

1. Épisode biblique au cours duquel les Hébreux, alors qu'ils avaient prêté serment à Dieu, se sont mis à adorer la statue d'un veau en or.

alors des privilèges aux Lévites. Il impose au peuple de payer une taxe aux Lévites pour tous les enfants premiers-nés, mais aussi de leur faire d'autres dons. Peu à peu, une haine s'instaure entre le peuple et les Lévites. Le peuple commence à croire que Moïse n'est pas réellement animé par l'amour de Dieu, mais recherche son propre intérêt. Peu à peu, le peuple abandonne le culte divin. Les chefs cherchent alors un moyen de s'attacher le peuple et de les détourner complètement des prêtres. Ils font des concessions et laissent s'installer de nouveaux cultes. Cela engendre de grands changements, une licence universelle et la décadence de l'État.

Toute cette fin de chapitre tend à montrer que la ruine de l'État hébreu, comme de n'importe quel État, procède d'une **rupture d'équilibre entre les institutions** et d'une autonomisation du pouvoir religieux vis-à-vis du pouvoir politique, qui engendre infailliblement des dissensions.

Repère

Spinoza et l'autorité d'un modèle : l'État hébreu

On peut s'étonner que Spinoza – dont le projet est de réfléchir aux conditions politiques de la liberté de penser – s'appuie de façon aussi prégnante sur l'analyse des institutions politiques des Hébreux. Pourtant, cette référence fait partie de la dimension subversive de son propos : mettre en échec les préjugés des théologiens en montrant que les textes bibliques ne peuvent pas justifier la primauté du pouvoir religieux sur le pouvoir politique avec le droit d'excommunier qui l'accompagne.

- **Le problème théologico-politique néerlandais au XVIIe siècle**

La réflexion néerlandaise sur le pouvoir politique au XVIIe siècle s'organise autour de la question de savoir qui a le droit de prendre les décisions concernant les plus importantes affaires religieuses, telles que le canon et l'interprétation de l'Écriture, mais aussi la nomination des pasteurs, le contenu de leurs prêches, et le droit d'excommunier. L'opinion dominante chez les théologiens protestants prône la **collaboration** du pouvoir politique avec le pouvoir religieux.

- **Le modèle de l'État hébreu : un moyen pour justifier l'autorité du pouvoir religieux**

On va alors chercher dans l'État hébreu le **modèle** d'un État où les lois civiles et les lois religieuses sont imbriquées. L'État des Hébreux fournit une norme qui apparaît comme indiscutable, puisque Dieu lui-même a pris la peine d'édicter des lois positives.

- **La réduction du modèle à l'exemple par Spinoza**

C'est cette situation qui oblige Spinoza, et les défenseurs du courant « républicain », à s'intéresser aux institutions politiques des Hébreux. Tout l'effort de Spinoza dans le *Tractatus* consiste à **refuser cette notion de modèle**, et il le fait d'abord par un principe très général dans son système : la nature humaine est une et la même. Les Hébreux sont montrés comme un peuple, certes, différent des autres, mais qui ne fait pas l'objet d'une préférence quelconque de la part de Dieu. Ensuite, il s'attaque à la thèse selon laquelle, dans la République des Hébreux, les puissances temporelles sont soumises aux prêtres et aux prophètes, pour montrer que c'est précisément l'inverse. Enfin, Spinoza s'en prend à la thèse de l'homogénéité des différentes époques ; il divise l'histoire des Hébreux en périodes, qui n'ont ni la même structure, ni la même valeur, ce qui relativise considérablement le statut de modèle puisque parler des institutions hébraïques en général n'a plus de sens. Grâce à cette analyse de type historique, il montre que c'est au moment même où l'État hébreu est à son plus bas qu'il ressemble à ce qu'en disent ses adversaires, c'est-à-dire que les prêtres y ont effectivement le pouvoir, mais pour le mener à sa perte.

Toutefois, refuser à l'État hébreu le statut de modèle ne suffit pas à Spinoza. Il utilise le « *modèle* » une fois déconstruit **comme un simple exemple** qui, tout en étant digne d'intérêt, constitue un cas tout à fait particulier qu'il est impossible et inutile de vouloir imiter. La République des Hébreux révèle à la fois les failles générales de la nature humaine que tout système de lois doit chercher à contourner, les particularités historiques qui donnent sa figure propre aux nécessités universelles, et les solutions qui ont permis d'instaurer un régime qui aurait pu rendre l'État « *éternel* ». L'État hébreu est daté historiquement et ne peut donc servir de modèle, surtout pour les États modernes. Il peut néanmoins servir d'exemple pour comprendre l'impact des passions humaines sur la construction politique et les moyens une fois utilisés pour parer à leurs effets dissolvants.

D. Chapitre XVIII – De l'État des Hébreux et de leur histoire sont conclus quelques dogmes politiques

L'État hébreu ne peut plus être pris pour modèle, mais on peut tirer des **leçons politiques** de son histoire.

D'abord, il est clair que l'existence même d'un pouvoir politique n'est pas contradictoire avec le règne de Dieu sur la terre, puisque les Hébreux eux-mêmes s'étaient dotés d'une constitution politique, comme on vient de le voir. Mais ensuite, Spinoza insiste avec vigueur dans ce chapitre sur les **processus d'émergence des dissensions politiques**. C'est l'autonomisation du pouvoir religieux vis-à-vis du pouvoir politique qui constitue l'origine de l'anéantissement de l'État. Ainsi, dans le premier État hébreu, tant que les prêtres n'avaient le droit de s'exprimer que pour répondre aux demandes des chefs ou des conseils, ils ne cherchaient pas à introduire des nouveautés dans la foi. Au contraire, quand ils ont commencé à avoir aussi un pouvoir politique, ils ont voulu rendre leur nom illustre en introduisant de nouveaux décrets, et le résultat fut que **la religion dégénéra en une superstition** funeste. Les Prophètes, de simples particuliers, irritèrent les hommes plus qu'ils ne les corrigèrent. Les rois, même pieux, jugèrent souvent les prophètes intolérables à cause de l'autorité qu'ils avaient de décider quelle action était pieuse, laquelle était impie, de châtier les rois eux-mêmes quand ils conduisaient des affaires à l'encontre de ce qu'ils avaient, eux, décidé. Cela engendra des guerres civiles, dommageables à l'État comme à la religion.

On en déduit quelques règles en vue de maintenir l'unité et la paix de l'État :

- Les ministres du culte ne peuvent avoir le droit de décréter quoi que ce soit concernant les affaires de l'État.
- Il est nécessaire d'accorder la liberté d'opinion car les opinions sont du droit de l'individu, et afin d'éviter les querelles d'opinions.
- Il revient exclusivement au pouvoir politique de décider en matière politique **et en matière religieuse**.

◆ Il faut éviter le plus possible de changer de régime politique, car cela est très difficile et produit des guerres civiles.

E. Chapitre XIX – Subordination du pouvoir religieux au pouvoir politique

Ce chapitre cherche à montrer d'une part que les pratiques religieuses doivent se régler sur la paix et l'utilité de l'État, et que le culte intérieur et la piété relèvent du droit de l'individu.

Spinoza va opérer selon un **syllogisme** rigoureux. **Il rappelle d'abord** que la foi consiste essentiellement dans la pratique de la justice et de la charité (et non pas dans le fait d'avoir telle ou telle opinion ; voir chapitre XIV). **Or**, cette pratique de la justice et de la charité n'acquiert force de droit que par le moyen du pouvoir politique, c'est-à-dire de la loi. En effet, rappelons que hors de l'État, les notions de juste et d'injuste n'ont pas de sens (voir chapitre XVI). **Il en résulte** que la foi ne peut s'établir que par le moyen du pouvoir politique. Même dans l'État hébreu, le juste et l'injuste sont consécutifs au pacte. C'est pourquoi Moïse ne peut pas punir ceux qui n'ont pas respecté le Sabbat avant le pacte.

a. Le souverain doit être le seul interprète du droit divin

Puisque le droit divin dépend du seul décret du souverain, il revient aussi au souverain de l'interpréter. Pour le montrer, on verra que le **culte religieux extérieur** et toutes les formes extérieures de la piété doivent se régler sur la paix de l'État. Autrement dit, seule la paix de l'État les justifie. On comprend alors que toute pratique qui peut mettre en danger la paix de l'État est aussi contraire à la religion, en tant que religion extérieure. Spinoza prend un exemple évangélique : si quelqu'un m'attaque et me prend ma tunique, Jésus recommande de lui donner aussi mon manteau[1]. Spinoza relativise donc ce commandement en le subordonnant à ses possibles conséquences politiques. Si c'est dangereux pour le maintien de l'État, la piété exige plutôt d'assigner le voleur en justice, même s'il doit être condamné à mort. C'est ce que fit Manlius Torquatus, homme politique romain du IVe siècle avant notre ère, qui fit exécuter son fils pour avoir enfreint une loi militaire promulguée par lui. *« Le salut du peuple est la loi suprême à laquelle doivent se rapporter toutes les lois tant humaines que divines »* (p. 174).

Or, puisqu'il revient au souverain de déterminer ce qu'exige le salut de tout le peuple et la sécurité de l'État, c'est aussi à lui qu'il revient de déterminer quelles sont les obligations en matière de piété à l'égard du prochain.

Cela est **utile à l'État**, car le droit de régler les choses sacrées est prestigieux pour le peuple, et donc, avoir cette autorité, c'est régner sur les âmes. C'est pourquoi, ravir cette autorité au souverain, c'est diviser l'État et cette division ne peut manquer de faire naître des discussions et des luttes impossibles à apaiser. *« Si donc on veut la ravir au souverain [l'autorité en matière de religion], c'est qu'on veut diviser l'État et cette division ne peut manquer de faire naître, comme autrefois entre les Rois et les Pontifes des Hébreux, des discussions et des luttes impossibles à apaiser »* (p. 179).

1. Évangile selon saint Matthieu 5 ; 40. Évangile selon saint Luc 6, 29.

Cela est **utile à la religion**. En effet, les Prophètes, simples particuliers, ne purent corriger les hommes bien que doués d'une vertu divine. Et de plus, quand les rois s'écartent de la religion, tout le peuple s'en écarte avec eux.

b. Objection : si ceux qui ont le pouvoir dans l'État veulent être impies, qui sera en droit de défendre la piété ?

C'est une objection importante dans la mesure où elle constitue un argument fort pour les ecclésiastiques, qui veulent garder un contrôle sur les lois politiques. Spinoza commence par répondre ironiquement en disant que les ecclésiastiques peuvent aussi être impies, et que donc leur contrôle n'est pas une garantie de piété. Puis il concède que, si les gouvernants veulent suivre leurs passions, toutes choses iront mal, qu'ils aient ou non le droit sur les choses sacrées. Mais le plus grand danger vient de la revendication que peuvent faire les particuliers. C'est pourquoi il vaut mieux confier le pouvoir religieux au gouvernement.

c. Pourquoi, dans un État chrétien, les discussions ne cessent pas à propos de ce droit ?

La religion chrétienne n'a pas été enseignée primitivement par des rois, mais par des particuliers qui se réunissaient en Églises privées contre la volonté du gouvernement. Puis, les ecclésiastiques l'ont enseignée aux empereurs eux-mêmes. Il fut alors facile pour ces docteurs, interprètes et pasteurs de l'Église d'être reconnus comme vicaires de Dieu. Les ecclésiastiques ont ensuite pris des mesures habiles pour que, plus tard, les rois chrétiens ne puissent pas s'emparer de cette autorité.

F. Chapitre XX – Dans un État libre, il est loisible à chacun de penser ce qu'il veut et de dire ce qu'il pense

Alors que les trois précédents chapitres étaient centrés sur le problème de l'unité et de la paix de l'État confronté aux passions antipolitiques inhérentes à la nature humaine, ce dernier chapitre est celui de la **liberté individuelle**. Le nœud de l'argumentation se situe dans la distinction entre **la pensée** d'une part, et **les actions** de l'autre. Ainsi, s'il faut obéir en tout au souverain du point de vue de la conduite, la pensée, elle, doit être laissée à la discrétion des individus. Mais le problème se pose alors de façon plus prégnante pour **la parole**, qui tient en quelque sorte le milieu entre la pensée et l'action.

a. Le problème : la parole relève à la fois de la pensée et de l'action

Puisqu'il est plus difficile de commander aux âmes qu'aux langues – on peut interdire aux hommes de parler, mais pas de penser – le droit naturel de faire de sa raison un libre usage ne peut pas être transféré, l'âme d'un homme ne peut pas appartenir entièrement à un autre (voir début du chapitre XVII). Donc, un gouvernement qui prétend prescrire à chacun ce qu'il doit admettre comme vrai ou rejeter comme faux est violent.

Mais si personne ne peut renoncer à la liberté de juger, il sera tout aussi difficile d'interdire de s'exprimer. En effet, les hommes ne savent pas se taire. *« C'est un défaut commun aux hommes que de confier aux autres leurs desseins, même quand le silence est requis* » (p. 192). Donc il faut également autoriser la **liberté individuelle de dire et d'enseigner ce que l'on pense**. Pourtant, les paroles sont comparables aux actions dans leur capacité à léser la majesté du souverain. Le problème se pose alors de savoir dans quelle mesure précise cette liberté de parole peut et doit être concédée sans danger pour la paix de l'État.

b. Solution du problème : la parole doit être libre, mais à certaines conditions

Pour commencer, Spinoza rappelle que la fin de l'État, son but, n'est pas la domination, mais bien la liberté (d'après le chapitre XVI). Si l'État est institué, *« c'est pour libérer l'individu de la crainte, pour qu'il vive autant que possible en sécurité, c'est-à-dire conserve, aussi bien qu'il se pourra, sans dommage pour autrui, son droit naturel d'exister et d'agir* » (p. 193). Pour former l'État, il est nécessaire que le pouvoir de décréter appartienne soit à tous collectivement (démocratie), soit à quelques-uns (aristocratie), soit à un seul (monarchie). Les individus renoncent seulement à leur droit d'agir selon leur libre décret. La liberté d'avoir des opinions, de juger et de parler est entière, mais à **certaines conditions** :

- ne pas aller au-delà de la simple parole ou de l'enseignement ;
- défendre son opinion par la raison seule, et non par la ruse, la colère ou la haine ;
- ne pas chercher à changer quoi que ce soit dans l'État de l'autorité de son propre décret.

Par exemple, un homme peut montrer qu'une loi contredit la raison et exprimer l'avis qu'elle doit être abrogée. Mais, en même temps, il doit soumettre son opinion à l'avis du souverain, et s'abstenir d'actions contraires à cette loi. Au contraire, s'il critique la loi pour accuser le magistrat d'iniquité et le rendre odieux, ou s'il tente d'abroger la loi contre le magistrat en faisant sédition, alors c'est un perturbateur et un rebelle.

c. Objection : agir contre son jugement, n'est-ce pas mettre en danger la justice et la piété ?

En fait non, puisque, comme il a été vu au chapitre XIX, la justice dépend uniquement du décret du souverain. Agir selon les décrets du souverain, cela ne peut pas être agir contre sa raison (même si l'on n'est pas d'accord, donc), car c'est par le conseil de la raison que l'on a décidé de transférer au souverain son droit d'agir d'après son propre jugement. On peut le confirmer par la pratique : dans un conseil, une décision n'est quasiment jamais prise à l'unanimité, et pourtant tout décret est rendu par la totalité des membres, et pas seulement par ceux qui l'ont approuvé. Autrement dit, lors d'un vote, la règle étant celle de la majorité, on est **d'accord par avance** pour que la majorité l'emporte, et pour se plier à sa décision. On ne peut donc pas être en désaccord avec une décision qui a été prise, même si on ne l'a pas approuvée lors du vote. C'est la même chose ici pour le pacte social fondateur.

d. Quelles sont les opinions séditieuses dans l'État ?

Il existe néanmoins des **opinions séditieuses** : ce sont celles que l'on ne peut poser sans lever le pacte par lequel l'individu a renoncé à son droit d'agir selon son propre jugement. Par exemple, que le souverain n'est pas indépendant en droit ; que personne ne doit tenir ses promesses ; qu'il faut que chacun vive d'après son propre jugement, etc. Penser ainsi, c'est être séditieux, non pas à cause du jugement lui-même, mais à cause des **actions impliquées par ce jugement**. Les autres opinions qui n'impliquent pas une action telle que rupture du pacte, vengeance, colère, etc., ne sont pas séditieuses, sauf dans un **État corrompu**, c'est-à-dire où certains se sont fait une renommée telle qu'elle l'emporte, dans la foule, sur celle du souverain.

Toutefois, il y a des opinions qu'il est malhonnête de proposer et de répandre, même si elles ne semblent pas impliquer des actions. Il s'agirait des opinions qui s'opposent au libre usage de la raison.

e. La liberté d'expression est souhaitable

Puisque la fidélité envers l'État, comme la fidélité envers Dieu, se reconnaît aux œuvres seules (et pas aux opinions), l'État le meilleur concède aux individus la même liberté que ce que la foi peut lui laisser. Cette liberté peut avoir des inconvénients, mais il est impossible qu'une institution n'ait aucun inconvénient. Il y a des choses qu'on ne peut pas interdire ; il faut donc les permettre. Cela est valable pour les vices tels que le luxe, l'envie, l'avidité, l'ivrognerie et autres passions. À plus forte raison, pour la liberté de jugement, qui est une vertu. Les inconvénients qu'elle engendre ne sont pas au-dessus de l'autorité des magistrats. Cette liberté est également utile pour l'avancement des sciences et des arts.

f. Il n'est pas souhaitable de légiférer sur les opinions

La liberté de jugement et d'opinion peut être comprimée, il est possible d'interdire toute forme d'expression. Mais on n'empêchera pas les hommes de penser. Par conséquent, les hommes auraient des opinions en désaccord avec leur langage. Ainsi la bonne foi, première nécessité de l'État, se corromprait ; cela encouragerait l'adulation et la perfidie, mais aussi la fourberie et la corruption.

g. Il n'est pas possible ni utile de légiférer sur les opinions

De plus, c'est **impossible**. On ne fera point que tous répètent la leçon faite. L'interdiction suscitera la résistance : détestation des lois, révolte contre les magistrats, sédition, etc. Enfin, les lois qui condamnent les opinions sont **inutiles**, car ceux qui sont d'accord avec les opinions condamnées ne peuvent pas obéir à ces lois. D'un autre côté, elles vont rendre orgueilleux ceux qui sont d'accord avec elles, à tel point que les magistrats ne pourront plus les abroger. Beaucoup de schismes dans l'Église sont nés de ce que les magistrats ont voulu mettre fin par des lois aux controverses des docteurs.

Les lois qui condamnent les opinions ont été souvent instituées pour faire des concessions à la colère de certains hommes, qui sont incapables de supporter les hommes de caractère, et qui peuvent faire tourner en rage la dévotion de la foule séditieuse et l'exciter contre ceux qu'ils lui désignent. On peut penser ici évidemment à Uriel da Costa et aux frères de Witt, atrocement torturés pour leurs opinions[1] – mais aussi à Spinoza lui-même, excommunié et insulté pour sa philosophie.

---

1. Voir supra, partie sur la jeunesse de Spinoza.

h. La liberté de penser est compatible avec la concorde dans un État

On peut voir, par des exemples, comment faire que cette liberté de juger n'ait pas d'inconvénients qui ne puissent être évités par la seule autorité du souverain ; et comment, par cette seule autorité, des hommes professant ouvertement des opinions différentes peuvent être mis aisément dans l'impossibilité de se nuire les uns aux autres, notamment dans la ville d'Amsterdam.

Les vrais schismatiques sont ceux qui condamnent les écrits des autres et excitent contre les auteurs le vulgaire turbulent.

i. Résumé des thèses principales

- Il est impossible d'enlever aux hommes la liberté de dire ce qu'ils pensent.
- Cette liberté peut être reconnue à l'individu sans danger pour le droit et l'autorité du souverain, à certaines conditions.
- L'individu peut posséder cette liberté sans danger pour la paix de l'État et elle n'engendre pas d'inconvénients dont la réduction soit aisée.
- La jouissance de cette liberté donnée à l'individu est sans danger pour la piété.
- Les lois établies sur les matières d'ordre spéculatif sont inutiles.
- Cette liberté peut non seulement être accordée, mais elle doit l'être pour la conservation de la paix de l'État, la piété et le droit.
- Au contraire, la répression de cette liberté fabrique des martyres d'hommes honnêtes, et incitent à la miséricorde envers eux plus qu'elle n'inspire d'effroi.

4. Individu et communauté dans le *Traité théologico-politique*

A. Pourquoi la communauté politique ?

La communauté politique est d'abord une simple **nécessité** en vue de la survie. Elle est fondée pour faire cesser le règne de l'appétit, qui est aussi le règne du droit du plus fort. L'État est institué « *pour libérer l'individu de la crainte, pour qu'il vive autant que possible en sécurité, c'est-à-dire conserve, aussi bien qu'il se pourra, sans dommage pour autrui, son droit naturel d'exister et d'agir* » (p. 193). Mais par ailleurs et surtout, elle est une **fin en soi** en tant qu'elle est condition d'une vie plus heureuse et plus parfaite. « *L'homme qui est conduit par la Raison est plus libre dans la Cité où il vit selon le décret commun que dans la solitude où il n'obéit qu'à lui-même*[1]. » La vie politique apparaît bien comme un élément à part entière du bonheur et du déploiement de la liberté.

1. Spinoza, *Éthique*, IV, 73, *ibid.*, p. 281.

B. Le statut de l'individu dans la communauté politique

Au chapitre XVI, Spinoza décrit le pacte social comme le passage brutal d'une situation où ne règne que le droit individuel à une autre où règne l'intérêt commun, donnant ainsi l'impression qu'entre les deux, il n'y a rien. Pourtant, force est de constater que la communauté politique est précédée par d'autres types de communautés. Ainsi, les Hébreux sont-ils qualifiés de **peuple**, ou de **nation**, et ce peuple est composé de **tribus** ayant pour origine les douze fils du patriarche Jacob, petit-fils d'Abraham et qui sont donc des **familles**.

On pourrait alors se de demander pourquoi Spinoza ne mentionne pas ces communautés dans son analyse des fondements de l'État. Ce point est tout à fait intéressant, parce qu'il révèle précisément que **le principe de la décision politique est bien l'individu**, et pas les communautés intermédiaires. Ce n'est pas le peuple hébreu en tant que collectivité qui décide de se constituer en un État, mais bien chaque individu membre de ce peuple. Certes, les individus n'ont pas explicitement contracté le pacte, mais pour que le pacte ait un sens, il faut bien penser qu'il procède des individus, et non des peuples en tant que communautés. Il y a donc bien déjà, à ce niveau-là, le principe d'une reconnaissance de la valeur des individus qui composent la communauté politique.

C. Le peuple : une communauté pré-politique ?

On pourrait toutefois se demander si le peuple est bien une communauté pré-politique, ou s'il n'est pas déjà une communauté politique. De fait, le texte n'est pas ici sans ambiguïté. En effet, il est dit d'une part que le peuple hébreu existe, même alors qu'il n'est pas tenu par l'obéissance à une loi : « *Après leur sortie d'Égypte, les Hébreux n'étaient plus tenus par le droit d'aucune autre nation et qu'il leur était loisible d'instituer de nouvelles règles et d'occuper les terres qu'ils voudraient* » (p. 106). Il semble bien ici que l'unité du peuple n'est pas, comme telle, une unité de type politique, puisqu'un peuple peut se retrouver sans gouvernement, ou bien peut changer de gouvernement, ou encore tenter d'en changer. De plus, en disant que les Hébreux ne sont tenus par le droit d'aucune autre nation, Spinoza laisse entendre que, dans ce moment-là, le peuple hébreu est aussi une nation. Le terme de « *nation* » aurait alors, conformément à son étymologie[1], le sens de communauté culturelle. Et pourtant, un peu plus loin, Spinoza écrit : « *La nature ne crée pas des nations, mais des individus, lesquels ne se distinguent en nations que par la diversité de la langue, des lois et des mœurs reçues* » (p. 134). Dans cette phrase, au contraire, le terme de « *nation* » implique une dimension politique puisqu'il est question non seulement de langue et de mœurs, ce qui relève de la culture, mais aussi de lois, ce qui relève du politique.

Cette ambiguïté témoigne de la complexité du problème de la constitution des communautés en général. **Une communauté humaine est toujours à la fois culturelle et politique** ; elle est formée à la fois par la vie commune, les échanges de tous ordres, qu'ils soient linguistiques, affectifs, intellectuels, techniques, artistiques ou religieux, et par les lois qui n'existent qu'en vertu d'un pouvoir commun dont Spinoza, comme Hobbes et les

1. Le terme *nation* vient du latin *nascor*, naître. Il indique que ses membres ont une origine commune.

contractualistes qui viendront après lui, affirment qu'il est fondamentalement institué par le peuple, c'est-à-dire par ceux qui sont gouvernés, et les individus qui le composent.

D. L'individu dans le régime démocratique

Plus simplement, le terme de « *peuple* » renvoie dans le texte à la **multitude en tant qu'elle est commandée** par un souverain. Ainsi Spinoza parle-t-il par exemple de « *salut du peuple* » pour désigner l'intérêt du peuple par opposition à l'intérêt du souverain. Il existe trois types possibles de souveraineté : monarchique (roi), aristocratique (nobles), et démocratique (peuple). Spinoza accorde un privilège à ce dernier type, qu'il juge « *le plus naturel et ce qui est le moins éloigné de la liberté que la nature reconnaît à chacun* » (p. 79). Dans l'État démocratique, le droit individuel est transféré « *à la majorité de la société dont lui-même fait partie* » (p. 80), ce qui fait que « *tous demeurent égaux* ». Mais même en démocratie, il faudra un système de gouvernement puisque le peuple ne pourra pas gouverner directement. Mais ce n'est pas cette question qui intéresse Spinoza dans le *Traité théologico-politique*.

Le statut de l'individu dans le régime démocratique est ambivalent, puisque d'un côté l'idée d'égalité implique la reconnaissance inconditionnelle de la valeur individuelle, indépendamment des prérogatives sociales. Mais d'un autre côté, cette égalité implique également une forme d'indistinction, indistinction qui constitue la condition de possibilité de l'unité de la multitude. Un peuple est un peuple pour autant qu'il se soumet à un commandement (*imperium*) commun qui, en tant que tel, nie les différences individuelles, ou considère les individus du point de vue de ce qu'ils partagent, à savoir un intérêt commun à vivre ensemble.

La communauté implique donc toujours, d'une manière ou d'une autre, l'**assimilation** des individus dans le tout qu'ils visent à former. Cette exigence d'assimilation se retrouve dans l'insistance de Spinoza sur la nécessité de l'obéissance lorsqu'il s'agit des actions individuelles. L'individu transfère à la société « *une souveraineté de commandement à laquelle chacun sera tenu d'obéir, soit librement, soit par crainte du dernier supplice* » (p. 75). Il s'agit de la formule employée lors de la description du pacte, mais le texte regorge d'expressions insistant sur l'exigence d'obéissance absolue au souverain. Cette insistance témoigne de la difficulté que représente l'unité de la communauté, tant les dissensions et les discordes sont imminentes. Toutefois, cette injonction à l'obéissance, pour être martelée dans le texte, ne signifie pas que les actions individuelles sont impossibles. Il s'agit bien seulement d'obéir aux lois. Une fois acquis ce respect des lois, les individus sont libres de faire tout ce qu'ils veulent.

E. Guerres et divisions : la communauté politique comme « œuvre laborieuse »

Précisément, l'obéissance est loin d'être facile à obtenir. Au chapitre XVII, Spinoza décrit minutieusement la façon dont les institutions établies par Moïse facilitent cette obéissance du peuple. Il évoque, en particulier, la discipline acquise au cours de l'éducation, ainsi que la prescription des fêtes, qui permet aux Hébreux de communier ensemble dans une joie qui naît de la dévotion. Pour se maintenir, le pouvoir doit s'appuyer sur les **affects** individuels.

Mais cela ne suffit pas à supprimer les tensions inhérentes à toute communauté politique. Les passions, les *« affections de l'âme »* auxquelles sont soumis les individus, sont aussi des principes de tensions au sein de la communauté. Spinoza les énumère, en particulier au chapitre XVII (p. 102) : *« Chacun pense être seul à tout savoir et veut tout régler selon sa complexion, une chose lui paraît équitable ou inique, légitime ou illégitime suivant qu'il juge qu'elle tournera à son profit ou à son détriment ; par gloire il méprise ses semblables et ne souffre pas d'être dirigé par eux ; par envie de l'honneur qu'il n'a pas ou d'une fortune meilleure que la sienne, il désire le mal d'autrui et y prend plaisir. Point n'est besoin de poursuivre cette énumération ; nul n'ignore à quels crimes le dégoût de leur condition présente et le désir du changement, la colère sans retenue, le mépris de la pauvreté poussent les hommes et combien ces passions occupent et agitent leurs âmes. »*

Sous ce rapport, les individus sont bien le principe de discorde dans la communauté. Mais on peut aussi envisager – même si Spinoza ne s'attarde pas sur cet aspect – que de **petites communautés** nuisent à l'unité de **la communauté politique**. C'est le cas des communautés religieuses, unies par des opinions communes et le désir du pouvoir, qui luttent pour s'attacher le peuple contre le pouvoir politique (p. 136). Voilà aussi pourquoi il est si important d'obéir : *« Quoi de plus insupportable en effet pour les rois que de régner à titre précaire et d'avoir à souffrir un État dans l'État ? »* (p. 138).

F. La pensée : une propriété individuelle fragile

Mais il y a des limites à l'exigence de l'obéissance, quand il s'agit de la pensée. En effet, Spinoza explique que le pouvoir du souverain, malgré ses limites, peut aller très loin, jusqu'à *« commander aux âmes »*. Malgré les apparences, la pensée d'un individu n'est pas inaccessible à la domination par un autre, sous prétexte qu'elle est intime et invisible. Même la pensée individuelle peut faire l'objet d'une emprise. Il serait naïf de croire que, parce qu'on ne force pas quelqu'un à faire ce qu'il fait, il est libre. Il est tout à fait possible de faire obéir des individus sans qu'ils le sachent, tout en les laissant croire qu'ils sont libres. Pour cela, il suffit d'agir sur leurs pensées, de leur faire croire ce que l'on veut qu'ils croient, afin qu'ils agissent conformément à notre intérêt. Le pouvoir du souverain va très loin : *« nous pouvons concevoir des hommes qui n'aient de croyance, d'amour, de haine, de mépris, de sentiment quelconque pouvant les entraîner, qu'en vertu du droit du souverain »* (chapitre XVII, p. 100).

G. Défendre la liberté de penser contre tous ses ennemis

Étant donné la difficulté que représente la réalisation de l'unité politique, on pourrait penser que, pour la favoriser, il faudrait précisément limiter le plus possible l'expression des individualités. C'est la solution des pouvoirs dictatoriaux, voire totalitaires : écraser l'individu sous le poids du collectif pour assurer une unité qui n'est plus qu'une collection d'exemplaires identiques. La solution proposée par Spinoza est autrement plus profonde puisque pour lui, l'unité de la communauté n'exige pas la mise au pas des individus. Il ne défend pas le **conformisme**, mais la **concorde**, et celle-ci est une harmonie dans le respect des différences. Pour bien penser cette union d'individus qu'est la communauté politique, il faut se rappeler **qu'un individu est déjà une communauté d'individus**. De même qu'un individu n'est pas un être simple, mais au contraire une unité capable d'intégrer les différences dans l'harmonie, une communauté politique n'est pas une fusion d'individus identiques et interchangeables, mais au contraire le **maintien d'un rapport identique entre des individus essentiellement différents par leur manière de penser**.

C'est pourquoi la liberté de penser est si importante, et c'est pourquoi il faut la défendre à tout prix. Si l'unité exige l'obéissance du point de vue des actions, seule la pensée peut constituer le vrai lieu de la liberté. Au-delà de son propre intérêt en tant que philosophe, c'est bien le **pluralisme** que défend ici Spinoza, le droit de tout individu de penser et de croire ce qu'il veut.

H. L'individu hors norme

Le *Traité théologico-politique* fait surgir trois types d'individus susceptibles de se démarquer de la communauté : le chef politique, tel Moïse ; le Prophète, tel Ezéchiel, Jérémie et d'autres ; et l'homme poursuivi, voire tué pour ses opinions, auquel il n'attribue pas de nom. Il ne nous dit rien des qualités du chef politique. Quant au prophète – qu'on a tendance à considérer comme un homme supérieur – il est remis à sa place, puisque Spinoza nie qu'il ait une science supérieure. Pour lui, il a seulement une plus grande capacité d'imaginer. Mais, surtout, le prophète est dangereux parce qu'il fascine les foules et peut les détourner de l'obéissance politique.

Le troisième individu hors norme fait l'objet – à la fin du chapitre XX – d'un éloge appuyé. Spinoza parle de ces « *hommes de caractère indépendant* », « *ceux à qui une bonne éducation, la pureté des mœurs et la vertu donnent un peu de liberté* », par opposition à ceux « *pour qui le salut suprême consiste à contempler des écus dans une cassette et à avoir le ventre trop rempli* » (p. 199). Ces hommes osent penser contre les dogmes et ne craignent pas d'être punis pour cela. Il songe, bien sûr, plus qu'à lui-même qu'on a excommunié, à ceux qui, tels Uriel da Costa ou les frères de Witt, sont morts dans des tortures atroces au nom de l'orthodoxie religieuse ou politique.

Bibliographie succincte

La philosophie de Spinoza

- Spinoza, *Éthique,* PUF, trad. Robert Misrahi, 1990.
- Robert Misrahi, *Spinoza*, éd. Médicis-Entrelacs, 2005.

Romans autour de Spinoza

- Alexandre Dumas, *La Tulipe noire*, 1850, Folio, 2011.
- Irvin Yalom, *Le Problème Spinoza*, Le Livre de Poche, 2014.
- Maxime Rovère, *Le Clan Spinoza,* Flammarion, 2019.

Le Temps de l'innocence (1920)

Edith Wharton

Introduction

Le Temps de l'innocence connaît un succès immédiat dès sa publication en 1920. Ce roman rétrospectif dépeint la haute société new-yorkaise dans les années 1870. Celle-ci est dominée par quelques anciennes dynasties dont l'hégémonie tend à se déliter face aux changements démographiques, sociétaux et culturels qui remettent en question leurs traditions conservatrices. Cette lutte pour maintenir leur domination témoigne d'une forme de déni qui révèle les failles d'une société pyramidale, fortement imprégnée des valeurs victoriennes et dont l'organisation quasi clanique impose à ses membres une étiquette sclérosante.

Entre cette époque et la date de publication du roman, les bouleversements économiques et sociaux qui aboutissent à la Première Guerre mondiale ont transformé, en profondeur et de manière irrémédiable, l'Amérique de l'enfance d'Edith Wharton. Elle écrit le roman en sachant que le monde auquel ses personnages s'accrochent est voué à disparaître.

Newland Archer, le personnage principal, est un jeune homme raffiné, bien éduqué et soucieux de répondre aux attentes de son milieu social, qu'il n'a jamais remis en question. Il fréquente l'Opéra et les musées, voyage en Europe et travaille à l'occasion dans un ancien cabinet d'avocats, comme tous les jeunes hommes de sa caste. Il apparaît comme un pur représentant d'une communauté élitiste et imbue d'elle-même. Son avenir semble tout tracé quand il se fiance avec May Welland, issue d'une autre famille éminente de New York. Mais la rencontre avec la cousine de sa future épouse, Ellen Olenska, remet en question son échelle de valeurs. De retour à New York, cette jeune femme semble vouloir s'affranchir des codes de la haute société en se séparant de son mari polonais, le comte Olenski, tout en souhaitant être acceptée de cette communauté que tout oppose à elle. En s'éprenant de cette jeune femme énigmatique, cultivée, franche et indépendante, Newland Archer découvre la vacuité de son existence au sein d'une société rétrograde où seule l'étiquette fonde une philosophie sociale peu soucieuse de la morale mais faisant loi, et devant laquelle les individus doivent s'incliner sous peine d'exclusion.

1. L'œuvre dans son contexte historique et littéraire

A. Edith Wharton (1862-1937), une femme libre et engagée

Edith Wharton est née dans une riche famille new-yorkaise. Elle est le troisième enfant et fille unique de George Frederic et Lucretia Rhénanie Jones. De 1866 à 1872, la famille Jones visite la France, l'Italie, l'Allemagne et l'Espagne. Pendant son séjour en Europe, Edith est éduquée par des tuteurs et des gouvernantes. Elle parle couramment le français, l'allemand et l'italien et développe un goût précoce pour les arts, l'architecture et la littérature.

De retour à New York, ses parents engagent une nouvelle gouvernante, Anna Catherine Bahlmann, pour assurer son éducation. Malgré les réticences de sa mère, la petite fille est autorisée à accéder à la bibliothèque de son père. À l'âge de 16 ans, elle publie en privé *Verses*, son premier recueil de poèmes. En 1880, elle fait paraître cinq poèmes anonymement dans un magazine littéraire de renom. Malgré ces premiers succès, sa famille ne l'encourage pas à publier d'autres ouvrages, mais elle continue d'écrire.

Après l'annulation de ses fiançailles, la mère du jeune homme s'y étant opposé, et une relation prometteuse avec un jeune avocat, Walter Berry, qui deviendra plus tard un ami proche, Edith épouse en 1885 un homme de douze ans son aîné, Edward Wharton, un ami de son frère. Teddy Wharton était un banquier issu d'une grande famille bostonienne. Ils ont vécu une vie relativement confortable à New York, Newport puis Lenox. Le mariage est vécu au début comme une libération, autant de l'injonction sociale de se marier – elle avait atteint l'âge critique de 23 ans – que de la domination de sa mère. La jeune femme était plus proche de son père, décédé deux ans plus tôt. Cette froideur se reflète souvent dans le portrait des relations mère-fille de ses fictions. En épousant Teddy Wharton, elle était enfin libre d'aller et venir comme elle le voulait, d'établir sa propre résidence et de voyager à l'étranger aussi souvent qu'elle le souhaitait. Mais progressivement, Edith Wharton ne se satisfait plus de son rôle limité d'épouse auprès d'un homme instable et dont la famille, patriarcale et socialement conservatrice, ignore son œuvre littéraire qu'elle considère d'une excentricité inappropriée et embarrassante. Elle sombre dans un état dépressif et suit un traitement tout au long des années 1890. Cet état de santé mentale l'a empêchée de publier son travail jusqu'à ses 36 ans. En 1908, Edith Wharton commence une liaison avec Morton Fullerton, un journaliste du *London Times* vivant à Paris. Elle a consigné tous les détails de leur relation intellectuelle et passionnée dans son journal intime. Elle s'installe à Paris en 1907 et divorce en 1913.

Entre 1900 et 1937, elle a écrit plus de 40 livres, des romans et des nouvelles, mais aussi des ouvrages sur le voyage et sur le design d'intérieur. La reconnaissance publique est immédiate avec la publication, en 1905, de *The House of Mirth*[1], qui offre une exploration approfondie de la société américaine. Elle devient de plus en plus prolifique et publie deux autres œuvres majeures : *Ethan Frome,* en 1911, et *Le Temps de l'innocence* en 1920, récompensé par le prix Pulitzer en 1921.

Sa vie bascule lorsque la Première Guerre mondiale éclate. Elle voyage en voiture à travers l'Europe, ouvre des écoles pour les enfants fuyant les zones de combats et des foyers pour les réfugiés et les malades dans le nord de la France et la Belgique. Une des rares journalistes et écrivains à être autorisés sur la ligne de front, elle soutient l'implication de son pays dans la guerre et écrit des rapports pour des publications américaines. En 1916, elle est décorée de la Légion d'honneur française pour son engagement. Elle s'installe définitivement en France et ne retourne aux États-Unis que deux fois : en 1921, pour chercher son prix Pulitzer puis, en 1923, pour recevoir son doctorat honorifique de l'Université de Yale.

Tout au long de sa vie, E Wharton accueille les intellectuels les plus doués de son temps : Teddy Roosevelt, Francis Scott Fitzgerald, Ernest Hemingway, mais aussi Paul Bourget, Anna de Noailles, André Gide et Jean Cocteau. Outre ces salons, son amitié avec Henry James a exercé une immense influence sur son travail. Elle continue à écrire jusqu'à sa mort, à l'âge de 75 ans. Elle est enterrée dans le cimetière américain de Versailles.

B. Un roman anthropologique

Texte-clé

« Le salon de Mrs. Newland Archer avait une réputation d'élégance. Une jardinière de bambou doré dont les primulas et les cinéraires étaient régulièrement renouvelées bloquait le bow-window (où l'ancienne mode aurait préféré une réduction en bronze de la Vénus de Milo). Les canapés et les fauteuils de brocart clair étaient savamment groupés autour de petites tables de peluche surchargées de bibelots en argent, d'animaux en porcelaine, et de photographies richement encadrées. Les minuscules lampes aux abat-jour rosés s'élançaient parmi les palmiers comme des fleurs tropicales. »

Edith Wharton, *Le Temps de l'innocence*, chapitre XXXIII, p. 299.

a. Les artefacts d'une société de fin de siècle

Edith Wharton écrit *Le Temps de l'innocence* avec la connaissance encyclopédique, sociale et historique d'une initiée et le détachement d'une observatrice maîtrisant son sujet. C'est en connaissance de cause qu'elle décrit le milieu dans lequel elle a grandi. Elle a côtoyé les grandes familles new-yorkaises, participé aux fêtes et aux dîners à Newport et à New York, fréquenté les musées et les théâtres, voyagé en Europe, tout en consignant avec un œil critique les rituels de ce monde privilégié. Elle connaissait les moindres

1. Titre français : *Chez les heureux du monde*.

degrés de la hiérarchie sociale new-yorkaise et les critères qui permettaient de définir chacun comme une personne de goût ou au contraire commune, de bonne extraction ou vulgaire. Ses descriptions témoignent également d'un souci du détail réaliste, qu'elle puise dans ses propres observations ou dans ses travaux de recherches sur la décoration des maisons et l'aménagement des jardins, objets d'étude qui la passionnaient.

Les études anthropologiques se développent dans les années 1900. Cette discipline des sciences humaines étudie, entre autres, les artefacts culturels, des objets créés par les êtres humains qui reflètent et représentent leurs contextes culturels, sociaux et historiques. Ces objets servent de marqueurs culturels, distinguant un groupe, une communauté ou une société d'une autre. Ils en résument l'essence. La romancière observe les artefacts qui ont défini la société new-yorkaise des années 1870 avec le même air détaché que celui de la comtesse Olenska devant les artefacts primitifs du musée *« où la collection Cesnola moisit dans une solitude inviolée »* (chapitre XXXI, p. 284). L'ultime scène de rencontre, en tête-à-tête, entre Ellen Olenska et Newland Archer, se déroule de manière significative dans un musée où *« leurs pas retentirent dans le vide des longues galeries sonores »* (chapitre XXXI, p. 284). Si la société new-yorkaise s'est imposée comme l'arbitre suprême de la morale et du goût, Wharton suggère ainsi qu'elle est aussi transitoire que ces objets.

Le dernier chapitre du roman se déroule au tournant du siècle. Assis devant le *« vieux bureau de noyer »* (chapitre XXIV, p. 308), dernier vestige de sa bibliothèque, Newland Archer revient sur ce passé révolu. Comme son personnage, la romancière a été témoin de la fin de l'ancien ordre et le fait renaître en écrivant le roman, mais contrairement à lui, elle est parvenue à s'en échapper.

b. Le vieux New York, une société primitive sophistiquée sur le déclin

La haute société new-yorkaise s'appuie sur des codes complexes que seuls des initiés peuvent comprendre et interpréter correctement. L'application de ces règles codifiées soulignent la méfiance de cette élite sociale envers les étrangers et sa tendance à les stigmatiser comme des ennemis potentiels. Toute personne qui transgresse le code est inévitablement exclue. Mais, alors que cette communauté du *« bon ton »*, où il convient de *« ne jamais paraître dans le monde sans une fleur à la boutonnière, de préférence un gardénia »* (chapitre I, p. 23), se considère comme l'apogée de la sophistication, Edith Wharton la dépeint comme primitive et tribale. Cette vieille société se méfie des *« nouveaux riches dont [elle] commençait à sentir à la fois l'attraction et le danger »* (chapitre I, p. 21), comme elle refuse les nouvelles idées apportées par les artistes ou les écrivains, relégués dans les quartiers jugés populaires de la ville.

La décadence sociale est une préoccupation majeure pour l'élite de la vieille société new-yorkaise. Elle alimente fréquemment les conversations dont l'objet tourne souvent autour du banquier Julius Beaufort, de Lemuel Struther – riche veuve qui organise des soirées musicales tous les dimanches – et plus récemment de la comtesse Olenska. Le but de ces discussions est de délimiter et de maintenir des frontières au sein de la communauté en identifiant et en étiquetant publiquement toutes les personnes et toutes les pratiques qui menacent l'hégémonie depuis l'intérieur du groupe. Beaufort emprunte ainsi une certaine respectabilité à sa femme, issue d'une vieille et riche famille. Il organise des fêtes somptueuses, accueille la compétition annuelle de tir à l'arc dans sa propriété de Newport, de sorte que la société le tolère pendant un certain temps et en dépit de ses origines obscures. Mais lorsque ses transactions illégales deviennent publiques, la vieille société new-yorkaise se doit de l'expulser en prétendant qu'il n'a jamais existé.

c. La famille et l'institution du mariage en question

Le principal pilier de la société new-yorkaise est la famille, en particulier les vieilles familles riches qui la dominent : principalement les Van der Luyden, les Mingott, les Welland, les Archer et les Chivers. La comtesse Olenska souhaite retrouver sa liberté en divorçant de son mari, mais Newland Archer la persuade qu'elle blessera sa famille et sera censurée par la société. Ses proches souhaitent même qu'elle retourne en Europe chez son mari, même si celui-ci la maltraite. Le même sort est réservé à Regina Beaufort, qui ne reçoit aucun soutien de Manson Mingott auprès de qui elle tente d'obtenir de l'aide lorsque son mari fait banqueroute. Bien qu'elle ne soit pas tout à fait conventionnelle, la grand-mère d'Ellen désapprouve le divorce, comme la tante, Medora Manson. Les deux femmes ne comprennent pas Ellen : son mari est un homme riche et d'origine aristocratique. Et lorsque la matriarche dit à Newland Archer que la vie de sa petite-fille préférée est terminée, elle signifie ainsi qu'Ellen Olenska ne pourra plus jamais avoir de mari.

Fait intéressant, Catherine Manson Mingott et Medora Manson sont toutes les deux veuves. Ce statut leur a permis de profiter de la fortune du mari décédé et d'une vie de voyages. Être veuve dans une société fortement imprégnée des valeurs héritées de la société victorienne est l'unique façon, pour une femme, d'être libérée de manière respectable des obligations du mariage et certainement la seule circonstance dans laquelle elle pourrait envisager de se remarier. Ellen Olenska semble y avoir finalement renoncé, même après le décès de son mari, comme on l'apprend à la fin du roman.

Edith Wharton remet ainsi en question le mariage, qu'elle décrit comme au mieux une alliance d'intérêts communs, et au pire un carcan. Au début du Livre II, Newland Archer compare son mariage à la première soirée à l'Opéra qui ouvre le roman. Il est submergé par une impression puissante d'aliénation et il ressent un sentiment d'étrangeté si intense que son corps perd conscience, un moment, de ce qui se passe autour de lui. Jusqu'à ce jour, son existence n'avait de sens que parce qu'il confondait les jeux sociaux du vieux New York avec la vraie vie. Ce changement intérieur de Newland met en lumière un changement de paradigme important : la culture victorienne avec ses pratiques sociales n'est supérieure à aucune autre culture. Les rituels et les tabous étranges de la haute société de New York ne sont pas différents de ceux des peuples *« primitifs »*. Au chapitre VI, Archer dénonçait déjà le mensonge de la plupart des mariages et l'hypocrisie de la société new-yorkaise qui fait mine d'ignorer les infidélités conjugales : *« ils vivaient tous dans un monde fictif, où personne n'osait envisager la réalité, ni même y penser »*. Au *« centre de ce système de mystification soigneusement élaboré »*, la jeune fille devient une *« énigme indéchiffrable »* (chapitre VI, p. 62).

La visite des fiancés pour obtenir l'assentiment de leur engagement par la matriarche n'est donc qu'une formalité sociale. Même son approbation de l'union n'est pas une surprise, étant donné que l'engagement entre Newland et May a longtemps été délibéré par leurs familles et approuvé avant qu'il ne soit finalisé par le consentement de May. Il s'agit d'un mariage non seulement entre deux individus, mais aussi entre deux familles, et ainsi, toute la société distinguée de New York est également liée par un réseau complexe de liens matrimoniaux.

C. Une œuvre féministe ambiguë ?

Texte-clé

« Loin de vouloir que la future Mrs. Newland Archer fît preuve de naïveté et d'ignorance, il désirait qu'elle acquît à la lumière de sa propre influence un tact mondain et une vivacité d'esprit la mettant à même de rivaliser avec les plus admirées des jeunes femmes de son entourage : car dans ce milieu c'était un usage consacré d'attirer les hommages masculins, tout en les décourageant. Si Archer avait pu sonder le fond même de sa propre vanité – ce qui lui arrivait parfois –, il y aurait trouvé le souci que sa femme fût aussi avertie, aussi désireuse de plaire que cette autre femme dont les charmes avaient retenu son caprice pendant deux années. »

Edith Wharton, *Le Temps de l'innocence*, chapitre I, p. 25.

a. Patriarcat et matriarcat se conjuguent

L'assujettissement des femmes à l'autorité masculine est un thème majeur du roman. Wharton fait le choix de suivre les pensées, les observations et les sentiments d'un homme, Newland Archer. Le lecteur n'a pas accès à la vie intérieure de May Welland ni d'Ellen Olenska. Il doit comprendre ces femmes à travers la perception très subjective et partielle qu'a Newland à leur sujet. Ce parti-pris narratif reflète la position des femmes dans le vieux New York et le déséquilibre des pouvoirs. Elles sont perçues comme des objets passifs, ayant besoin de la protection et du jugement des hommes. Néanmoins, Newland Archer n'est pas le narrateur. La distance entre le point de vue du protagoniste et celui de la narratrice permet à la romancière d'insérer sa propre vision critique de cette société patriarcale.

Le lecteur comprend que Newland Archer n'est pas réductible à ses tendances misogynes à l'égard d'Ellen et de May. Il est un produit de son époque, lorsque la société tenait pour acquis que les femmes étaient, par nature, plus faibles et qu'elles possédaient une culture délibérément limitée. Elles avaient donc besoin de la protection d'hommes plus forts et plus intelligents. En épousant les pensées de Newland Archer, la narratrice exprime ironiquement une critique subtile de cette misogynie culturellement implantée dans l'esprit collectif de la vieille société new-yorkaise. Même la matriarche, Catherine Manson Mingott, veuve riche et indépendante, jouissant d'une liberté sociale inégalée, fait preuve d'une misogynie intériorisée lorsqu'elle complote contre sa propre petite-fille et participe à son effacement final.

Au début du roman, Newland considère May comme une toile blanche. Elle est belle physiquement, mais elle n'a pas d'opinion personnelle et manque d'expérience. Il pense qu'il la façonnera selon ses propres désirs. Or, si les intérêts de May viennent à ne pas correspondre aux siens, Newland décrète qu'elle est dépourvue de vie intérieure ; si elle ne révèle pas ses pensées ou ses sentiments, il la voit comme un type féminin pouvant servir de modèle de statue, et non plus comme une personne. Son attitude envers Ellen est également teintée de ce sentiment de supériorité masculine. Son attirance est même influencée par ses préjugés : il est fasciné par la simple existence d'une femme qui s'exprime franchement et fait preuve de réflexion personnelle. Néanmoins, comme à l'égard de May, il fait souvent preuve de condescendance et ressent, à plusieurs reprises, le besoin de l'éclairer, de la sauver et de la protéger de ses actions.

De fait, Newland ne voit pas Ellen comme une égale, malgré sa proclamation selon laquelle *« les femmes devraient être libres, aussi libres »* que les hommes le sont (chapitre V, p. 59). Aussi ne remet-il pas vraiment en doute les accusations d'adultère du comte Olenski à son encontre. Bien qu'il soit avocat, il ne donne pas à Ellen une chance de répondre aux accusations. Il lui prodigue même des conseils juridiques, dans l'hypothèse que les accusations soient vraies. Parce qu'il s'agit d'une société dans laquelle les femmes sont ce que les hommes disent qu'elles sont, une autre version de l'histoire n'est tout simplement pas envisagée. De ce point de vue, Newland Archer est un hypocrite puisqu'il ne condamne l'adultère féminin que lorsqu'il ne peut pas en bénéficier.

Le personnage de M. Rivière, intellectuel français dont Newland a fait la connaissance lors de son voyage de noces à Londres, représente un contrepoint intéressant. Décrit par Wharton comme un homme *« commun »*, selon le point de vue dédaigneux de May, il fait preuve, au contraire, d'une grande moralité. Homme intègre, il s'abstient de parler ou d'agir d'une manière qui contredit ses convictions les plus profondes. Ne voulant pas se compromettre pour de l'argent, il arrête de travailler pour le comte Olenski dès qu'il se rend compte qu'Ellen est victime d'un traitement injuste. Il défend donc une vision féministe plus avancée que celle de Newland Archer et de la haute société new-yorkaise : ni la position sociale, ni la richesse, ni les allégations d'adultère n'ont d'incidence sur le droit de la comtesse à se séparer d'un mari abusif. Il laisse Ellen parler pour elle-même plutôt que de laisser le comte et la communauté s'exprimer pour elle.

Contrairement à celle de M. Rivière, l'existence de Newland Archer est un affrontement constant entre ses sentiments et ses actions. Il n'est pas un homme à principes et laisse la vieille société new-yorkaise dicter ses lois à Ellen. Avec une conscience claire, il ment à sa femme, car il croit qu'elle est naïve ; il ment à leur famille et à leur cercle social, car il rejette leurs priorités. En ce sens, il ne déroge en rien au modèle masculin dominant qui caractérise le vieux New York patriarcal, admis par les mères tant que le scandale n'éclate pas. Newland en prend pleinement conscience devant la défiance de sa mère à l'égard de la comtesse Olenska qu'il compare à May, *« [...] découragé à la pensée que cette pureté factice, si adroitement fabriquée par la conspiration des mères, des tantes, des grands-mères, jusqu'aux lointaines aïeules puritaines, n'existât que pour satisfaire ses goûts personnels, pour qu'il pût exercer sur elle son droit de seigneur, et la briser comme une image de neige »* (chapitre VI, p. 63).

b. Deux femmes puissantes : May et Ellen

Le roman est en partie structuré autour de ces deux femmes que tout semble opposer : entre l'adhésion aveugle à la moralité de la société de New York, incarnée par May, et ce qui est considéré comme les ambiguïtés morales de la vieille Europe, incarnées par Ellen.

Le personnage de May Welland contraste fortement avec celui d'Ellen Olenska. La jeune femme est un produit soigneusement façonné par la vieille société new-yorkaise, préparé pour son rôle d'épouse et de mère. Peu imaginative et prévisible, elle se soucie toujours de faire ce qu'il faut aux yeux de la société et de sa famille. Cependant, Newland Archer sous-estime la conscience de la jeune femme à nouer des relations et sa capacité à calculer et à manipuler. May connaît depuis toujours les sentiments de Newland pour Ellen. Elle sympathise avec sa cousine pour mieux se débarrasser de sa rivale en lui annonçant prématurément qu'elle est enceinte.

Néanmoins, en parlant franchement à Newland de ses préoccupations, May montre également un côté d'elle-même jamais vu auparavant. Jusqu'à présent, May a été présentée – à travers le prisme des perceptions de Newland à son égard – comme désespérément naïve, complètement réprimée, avec une innocence soigneusement cultivée que la vieille société new-yorkaise conspire à protéger à tout prix. Son innocence est évidente dans son langage corporel lorsque Newland l'embrasse sur les lèvres pour la première fois : elle est perturbée et refuse d'en parler. Aussi ne la considère-t-il pas capable de communiquer de manière authentique, contrairement à Ellen. Pourtant, lorsqu'il insiste pour avancer la date du mariage, la diction de May indique qu'elle a perçu quelque chose à son sujet. L'idée que May puisse voir le trouble à travers lui remet en question son hypothèse selon laquelle sa fiancée est aveugle. Newland veut assurer son pouvoir dans la relation, et la cécité de May est une condition nécessaire pour cela. Or, May se montre beaucoup plus perspicace que Newland ne la croyait.

Ellen représente le contraire de May. Indépendante et franche, elle a été élevée par une tante fantasque qui lui a permis de fréquenter les milieux artistiques et littéraires. Elle se conforme peu aux attentes des autres. Cependant, elle doute du bien-fondé de son ancienne vie qu'elle juge égoïste et elle est déterminée à ne pas acheter son bonheur aux dépens des autres. Elle s'efforce ainsi d'être honnête dans ses actions. Malgré ses tentatives pour s'intégrer dans la société new-yorkaise, elle finit par en mesurer l'impossibilité. Elle est, en effet, longtemps inconsciente des ficelles qui ont été tirées pour avoir l'honneur d'être invitée au dîner des Van der Luyden. Elle n'est pas non plus consciente que ce dîner est, en réalité, un moyen d'envoyer des instructions codées au reste de la société : en soutenant Ellen Olenska, les Van der Luyden obligent l'assemblée à suivre leur exemple. Dans son ignorance, Ellen témoigne d'une certaine désinvolture à l'égard de cette communauté qui la tolère. Elle ne censure ni son comportement, ni son discours, ce qui la distingue de la communauté des femmes conviées à la soirée. Newland découvre alors qu'Ellen est une personne plus mature que toutes les autres femmes présentes, bien qu'elle soit plus jeune qu'elles. Orpheline très jeune, elle a connu, dans son enfance à New York et plus tard en Europe, une vie instable et aventureuse qui a forgé son esprit et guide désormais sa conduite. Aussi ne comprend-elle pas que son désir d'être acceptée dans la société est incompatible avec son désir de dire la vérité. Newland Archer lui conseille de suivre les autres femmes, mais elle leur reproche d'avoir complètement réprimé leur authenticité. Ses pleurs suggèrent qu'elle en est justement incapable. Elle exprime ainsi la confiance qu'elle a en Newland, en lui montrant sa vulnérabilité. Lorsque Newland en est témoin, il la réconforte, partageant ainsi une intimité qu'il n'a jamais connue avec sa fiancée, May.

Par l'intermédiaire d'Ellen, Wharton remet donc en question les attentes de la société new-yorkaise à l'égard des femmes, qui émet sur elles des suppositions trompeuses :

May est considérée comme pure et innocente, mais elle en sait plus que ce qu'on lui attribue ; Ellen est supposée avoir une liaison avec Archer, alors que ce n'est pas le cas. Dans une certaine mesure, les deux femmes sont emprisonnées dans un rôle qu'on leur assigne. À travers ces deux personnages, la traditionnelle May et la progressiste Ellen, Wharton montre que les femmes sont un peu plus libres. Cependant, elle indique clairement, en décrivant l'histoire d'Ellen, qu'elles ne sont pas traitées de manière égale. Dans le chapitre VI , Newland Archer défend l'idée qu'elles devraient être aussi libres que les hommes. Mais la romancière ajoute ironiquement : « *Les femmes "bien élevées", si lésées qu'elles fussent dans tous leurs droits, ne revendiqueraient jamais le genre de liberté auquel il faisait allusion ; et les hommes se trouvaient – dans la chaleur de l'argumentation – d'autant plus disposés à la leur accorder* » (p. 61). Elle suggère ainsi que Newland ne remet donc pas fondamentalement en question l'organisation sociale de la communauté new-yorkaise qui le conforte dans ses comportements. Si la famille d'Ellen ne peut pas lui pardonner son refus de retourner chez son mari, personne dans la société ne mentionne en effet sa liaison passée avec une femme mariée.

Finalement, la jeune femme réaffirme son individualité en quittant l'Amérique, même si elle en paie le prix fort : elle est forcée de se retirer de la société new-yorkaise par la « *tribu* » familiale qui suppose qu'elle a une liaison avec Newland Archer. *A contrario*, celui-ci reste dans le monde qu'il connaît si bien, mais il sent qu'il a manqué « *la fleur de la vie* » (chapitre XXXIV, p. 307).

c. Une émancipation individuelle est-elle possible ?

Pour Edith Wharton, le changement est inévitable. Malgré son obsession pour la tradition et son rejet virulent des influences extérieures, le New York de la jeunesse de Newland finit par disparaître. Il est remplacé par un tout nouveau mode de vie en l'espace d'une seule génération. Dès les premières pages du roman, comme un signe avant-coureur de cette société en mutation, « *il était question de construire [...] un nouvel Opéra, rival en richesses et en splendeur de ceux des grandes capitales européennes* » (p. 21). Les membres de cette société conservatrice commentent fréquemment le changement, certains que ce changement indique toujours une dégradation, et non le progrès.

L'imagerie de la mort est récurrente dans le roman. Wharton utilise notamment le motif de l'enterrement, où les morts sont parfaitement préservés dans cette absence de vie, pour exprimer l'incapacité de la société new-yorkaise à reconnaître, accepter ou participer au changement. Des décennies se sont écoulées depuis que le portrait de Mrs. Van der Luyden a été peint, et le fait qu'il y ait peu de différence entre son apparence actuelle et son portrait souligne que sa vie est restée comme figée. Le couple Van der Luyden n'a ainsi pas évolué intellectuellement, émotionnellement ni spirituellement, et malgré le respect qu'il a pour eux, Newland ne les observe pas avec admiration : Louisa Van der Luyden est horriblement préservée et « *rappelait toujours à Newland Archer un de ces corps pris dans les glaciers, qui garde miraculeusement les couleurs de la vie* » (chapitre VII, p. 69). Cette apparence gelée et sans vie des Van der Luyden est symbolique de toute la société qu'ils président. Le fait que Newland le remarque témoigne de son insatisfaction croissante à l'égard de cette société et préfigure ses tentatives pour empêcher son propre enterrement.

Dans le dernier chapitre, Newland a 57 ans et se demande : « *Que restait-il du petit monde dans lequel il avait grandi, des principes qui l'avaient dominé et enchaîné ?* » (p. 310). Les anciennes règles sont déjà considérées comme des absurdités incompréhensibles par les membres de la nouvelle génération, comme le fils aîné de Newland, Dallas. Ceux qui ont soutenu les anciennes manières sont enfin décédés, la vieille société a disparu et un nouvel ordre a pris le relais, comme le souligne la fin du roman, avec des changements d'attitudes. La société porte maintenant de nouvelles idées et de nouveaux mouvements artistiques. Dallas Archer va épouser Fanny, la fille illégitime de Beaufort, et non seulement la nouvelle société ne s'y oppose pas, mais elle valorise Fanny pour sa personnalité vivante et originale. Mais s'il ne reste pas non plus d'obstacles s'opposant à la relation de Newland et d'Ellen, ce dernier semble encore retenu par un passé dont il ne parvient pas à se libérer, en définitive.

2. Focus sur *Le Temps de l'innocence*

A. Le titre

Texte-clé

> « Ne croyez pas que les jeunes filles soient aussi ignorantes que l'imaginent leurs parents... On écoute, on observe ; on a ses sentiments et ses idées... »
>
> Edith Wharton, *Le Temps de l'innocence*, chapitre XVI, p. 159.

Le titre du roman est polysémique. Il s'applique autant aux protagonistes qu'à l'ensemble de la société new-yorkaise. Au début de leur fiançailles, Newland Archer considère l'innocence de May Welland comme une marque de sa bonne éducation et un signe de son aptitude à devenir une bonne épouse. Dans l'emblématique scène inaugurale, Newland observe May depuis sa loge sans qu'elle se sache regardée par son futur époux et alors que se joue sur scène *Faust* : « *"L'adorable enfant", pensa [-t-il], son regard revenant vers la jeune fille aux muguets, "elle ne se doute même pas de ce que cela veut dire". Et il contempla le joli visage pensif avec un frémissement où l'orgueil de son initiation masculine se mêlait à un tendre respect pour la pureté profonde de la jeune fille* » (chapitre I, p. 24). Newland se considère plus éclairé que May et éprouve un plaisir anticipé à l'instruire par ses lectures de choix. Cependant, les sentiments de Newland à l'égard de l'innocence de May changent progressivement : « *il comprit que cet idéal de bonheur supposerait de sa part à elle une expérience, une adaptabilité d'esprit, une liberté de jugement, que son éducation lui avait soigneusement refusées* » (chapitre VI, p. 61). De fait, sa famille se consacre également à la protéger de toute connaissance des réalités les plus désagréables de la vie. En villégiature en Floride, « *Mrs. Welland saisit l'occasion pour aborder un sujet qu'elle évitait toujours en présence de sa fille* », celui du projet de divorce de sa cousine, Ellen. « *C'était sa terreur que sa fille ne vînt à apprendre l'existence de choses pareilles...* » (chapitre XVI, p. 156). Mais Newland Archer perd une partie de ses illusions – et de son innocence – quand, peu après cette conversation privée avec sa mère, Mrs. Welland, May lui avoue calmement et en toute franchise ne rien ignorer de ce qui se murmure en coulisse. Il comprend que cette innocence affichée n'est pas une qualité naturelle de sa personnalité, mais une attitude qu'elle a adoptée pour se conformer aux attentes de la communauté. Un an et demi après leur mariage, Newland considère que May n'est rien de plus que l'innocence construite dont elle fait preuve en public. Il se demande même si la « *jolie pureté de May [...] cette suprême distinction morale n'était qu'une qualité négative, un rideau baissé sur un vide ?* » (chapitre XXI, p. 211). May démontre à plusieurs reprises qu'elle n'est pas aussi innocente que Newland ne le pense, jusqu'au dîner d'adieu qui consacre sa victoire sur Ellen. De fait, alors qu'il s'aveugle de plus en plus, en pensant possible une relation clandestine avec Ellen, il suppose à tort l'ignorance de May. Or, ce n'est pas parce qu'elle ne montre pas sa vie intérieure à son mari qu'elle n'en possède pas. La cécité de Newland à l'égard de son épouse confine à une autre forme d'innocence. Il fait preuve de naïveté en supposant que May est incapable de calcul et en refusant de modifier sa perception, en dépit des preuves manifestes accumulées que May n'a rien de la pureté virginale du bouquet de muguets qu'il lui offrait quotidiennement et qu'elle caressait dans la loge. Wharton démontre ainsi, de manière implacable, que l'idée que Newland se faisait de l'innocence de May était une perception erronée et qu'il a sous-estimé sa perspicacité et sa ruse. L'« *innocente* » May obtient ce qu'elle veut et Newland se voit contraint d'admettre son pouvoir supérieur. Il ne quittera jamais New York et restera, aux côtés d'elle, un mari et un père fidèle, jusqu'à sa mort.

C'est sans doute Ellen Olenska qui apparaît comme la plus innocente de tous les protagonistes. Même si elle défie les normes sociales et parle pour elle-même, elle en vient à adopter un code moral qui l'oblige à restreindre ses propres désirs pour Newland afin de ne pas nuire à May et à sa famille. C'est cette innocence même qui la désigne comme la victime expiatoire que la vieille communauté new-yorkaise sacrifie pour protéger ses fondements fragilisés.

Cependant cette communauté restreinte aux beaux quartiers de New York que dépeint la romancière est elle-même innocente : non qu'elle soit pure, mais elle croit innocemment que ses propres coutumes et traditions insulaires sont une valeur absolue, alors qu'elles sont inadaptées à la réalité de la société dans son ensemble. Elle est donc elle aussi vouée à disparaître.

B. Résumé de l'œuvre

L'histoire commence au début des années 1870 : Newland Archer vient de se fiancer avec la jeune May Welland dont la cousine, Ellen Olenska, est rentrée d'Europe, où elle s'était mariée avec un riche comte polonais. Ayant passé plusieurs années loin de New York, elle en ignore les codes sociaux qui maintiennent un ordre établi sectaire et d'un ancien temps, fondé sur un système d'alliances endogamique. Fuyant son mari dont elle souhaite se séparer, le retour de la jeune femme est vécu comme un affront dans une société fortement influencée par les valeurs de l'Angleterre victorienne.

Le roman se divise en deux parties – avant et après le mariage – et c'est dans la seconde moitié que nous voyons Newland et May mûrir et entrer dans un conflit larvé qui met en évidence le jeu des alliances entre les différents clans pour étouffer tout scandale qui fragiliserait les fondements d'une communauté new-yorkaise sur son déclin.

LIVRE I

Chapitres I à IV

Un soir de janvier, **Newland Archer** se rend à l'Académie de musique de New York pour entendre une représentation de *Faust*. Plus tôt dans la journée, il s'était fiancé avec **May**, membre comme lui d'une imminente famille, les **Welland**. Il rejoint son cercle de connaissances dans la loge où se retrouvent les hommes appartenant à la haute société new- yorkaise, dont **Lawrence Lefferts**, le représentant et garant du « *bon ton* », et **Sillerton Jackson**, vieux mondain maîtrisant parfaitement le réseau complexe de liens familiaux de New York, ses scandales et ses secrets. De là, il observe la loge de sa future épouse. La présence inattendue de la **comtesse Olenska** provoque l'émoi général des hommes, d'autant plus qu'elle détonne par sa tenue non conventionnelle qui lui confère un parfum de scandale. Face aux rumeurs de divorce circulant sur cette cousine encombrante et qui pourraient entacher la famille de sa future épouse, Newland Archer souhaite se marier le plus rapidement possible. Après avoir prématurément officialisé leurs fiançailles lors du bal annuel de **Regina Beaufort**, épouse du puissant banquier **Julius Beaufort**, les deux jeunes gens inaugurent les traditionnelles visites auprès des membres de la famille, chez la matriarche du clan, **Catherine Manson Mingott, grand-mère** de **May Welland** et d'**Ellen Olenska**.

Chapitres V à VIII

Newland Archer vit encore avec sa mère, **Mrs. Archer**, et sa sœur célibataire, **Janey**. Convié à dîner, Sillerton Jackson condamne le comportement d'Ellen qui s'affiche en public avec Julius Beaufort, un homme marié aux origines obscures et notoirement volage. Mrs. Archer et sa fille s'étant retirées, Newland Archer réagit vivement, une fois seul avec l'invité, en critiquant l'étroitesse d'esprit de la société new-yorkaise. Il se surprend même à souhaiter que les femmes soient aussi libres que les hommes. Troublé par la jeune comtesse, il en vient à s'interroger sur le bien-fondé de son mariage : les conventions de son milieu exigent qu'il ne tolère pas que sa future épouse se comporte de la même façon que sa cousine, dont il prend pourtant la défense. Il finit par douter de l'innocence de May, soupçonnant sa naïveté d'être en réalité un artifice social. Il lui préfère la franchise et l'audace d'Ellen Olenska. Pour la faire accepter dans la communauté, les **Lovell Mingott** décident d'organiser un dîner, mais presque toutes les invitations envoyées sont déclinées de manière à peine voilée. À la demande de son fils, **Mrs. Archer** sollicite alors sa cousine **Louisa**, épouse d'**Henry Van der Luyden**, dont la famille occupe le sommet de la hiérarchie sociale en raison de sa lignée aristocratique. Considérant qu'elle fait « *presque* » partie de la famille, le vieux couple invite Ellen à un dîner en présence du **duc de St. Austrey**, un aristocrate anglais de passage à New York. La nouvelle de cette invitation se répand rapidement dans toute la communauté. Mais Ellen ne sait toujours pas se conformer au protocole social : elle arrive en retard et elle initie, contrairement à l'étiquette de préséance, une conversation avec le duc qu'elle avait déjà rencontré en Europe. Plus tard dans la soirée, elle échange longuement avec Newland Archer, auquel elle confie aspirer devenir une New-Yorkaise comme les Mingott et les Welland. Se sentant en confiance, elle l'invite à venir chez elle le lendemain.

Chapitres IX et X

Newland Archer poursuit ses visites avec May, mais il se sent pris au piège. Il se rend chez Ellen Olenska, qui réside dans un quartier populaire, fréquenté par des artistes et des écrivains. Newland découvre un mode de vie bohème qu'il a du mal à déchiffrer. La jeune femme lui demande des conseils pour mieux s'intégrer à la société new-yorkaise dont elle se sent confusément étrangère. Loin de l'admirer pour autant, elle la considère plus mesquine et étroite d'esprit que puissante, ce qui déstabilise un peu plus les convictions d'Archer qui sent ses repères vaciller auprès de cette jeune femme indépendante et réfléchie. Ce moment intime entre les deux jeunes gens est interrompu par l'arrivée du duc de St. Austrey. Il est accompagné de **Mrs. Lemuel Struthers**, une riche veuve extravertie qui les invite à sa soirée musicale qu'elle organise tous les dimanches soir. Archer décline poliment l'invitation et prend congé. Il envisage désormais avec anxiété sa future vie répétitive une fois marié. Alors qu'il se rend chez le fleuriste pour envoyer le bouquet de muguets qu'il offre quotidiennement à May, il est pris d'une impulsion et fait livrer anonymement des roses jaunes à Ellen. Le lendemain, il apprend de sa sœur, Janey, que leur mère et les Van der Luyden sont contrariés qu'Ellen Olenska ait assisté à la fête jugée décadente de Mrs. Lemuel Struthers, en compagnie du duc de St. Austrey et de Julius Beaufort. Janey reproche à son frère de ne pas avoir mis en garde Ellen Olenska contre ce nouvel impair qui relance les doutes **du clan Archer-Welland-Van der Luyden**. Newland porte un regard de plus en plus critique sur son milieu, qu'il juge arbitraire. Il ne parvient plus à garder ses pensées pour lui et il fait part ouvertement de son dédain à sa mère et à sa sœur.

Chapitres XI à XV

Jeune avocat associé du prestigieux cabinet Letterblair, Lamson and Low, Newland Acher est chargé contre son gré de s'occuper de l'affaire du divorce d'Ellen Olenska à la demande de la grand-mère, Mrs. Manson Mingott, qui souhaite un avis juridique. En lisant le dossier, Archer découvre une lettre de menace du comte Olenski qui accuse Ellen d'adultère. Malgré ses doutes, il éprouve de la compassion pour elle et décide de lui venir en aide. Or, **maître Letterblair** plaide pour éviter le divorce et, devant les réticences d'Archer, il lui rappelle qu'en épousant May, il appartiendra à cette famille qui sera inévitablement éclaboussée par le scandale. Archer rend visite à Ellen et la met en garde contre son projet de divorcer. Ellen regrette sa vie en Europe où elle côtoyait librement artistes et intellectuels. May s'absente avec ses parents qu'elle accompagne dans leur séjour d'hiver annuel à St. Augustine, en Floride. Elle lui envoie une lettre l'exhortant à veiller sur sa cousine, dont elle comprend intuitivement la solitude qu'elle ressent au sein d'une société qui se méfie d'elle. Mais les préjugés misogynes de Newland ne lui permettent pas de saisir la clairvoyance de May, qu'il considère trop innocente pour comprendre quoi que ce soit de l'existence ni de la personnalité d'Ellen. Celle-ci part à son tour quelques jours dans le domaine des Van der Luyden, à Skuytercliff, où elle fuit la communauté new-yorkaise. La présence de Julius Beaufort rend Newland Archer jaloux et il la rejoint en acceptant l'invitation des **Reggie Chivers**. Il convainc Ellen d'abandonner tout à fait la procédure de divorce, tout en faisant pression sur May pour avancer la date du mariage. Mrs. Welland n'accède pas à cette requête, mais elle remercie son futur gendre d'avoir pu éviter la procédure de divorce. Le clan veut protéger May, redoutant qu'elle comprenne que cette démarche soit possible alors qu'elle n'est pas admise dans leur milieu. Mais Newland Archer découvre une May plus mature que lui et sa famille ne le pensent : elle lui propose de mettre fin à leurs fiançailles, s'il aime une autre femme.

Chapitres XVI à XVIII

De retour à New York, Newland Archer apprend qu'Ellen Olenska a rendu visite à sa mère pendant son séjour en Floride. Il demande à Mrs. Manson Mingott de persuader les Welland d'avancer la date du mariage. La matriarche est consciente de la singularité de sa petite-fille, qui lui ressemble dans son incapacité à se conformer aux codes établis. Elle demande à Newland pourquoi il n'a pas épousé Ellen qui, selon elle, est désormais socialement morte puisqu'elle ne pourra pas fonder de famille. Le lendemain, Newland Archer chez Ellen. Il retrouve son ami **Ned Winsett** – un intellectuel, journaliste à ses heures, qui a renoncé à devenir écrivain – et fait la connaissance de la tante excentrique d'Ellen, la **marquise Medora Manson**, accompagnée de son ami le **Dr. Agathon Carver**, un spiritualiste qui prétend pouvoir parler aux morts, fondateur de la communauté de *« la vallée de l'amour »*. Ellen est absente. En dépit de la vie peu conventionnelle que lui permet son veuvage, la tante désapprouve, elle aussi, toute idée de divorce. Elle ne comprend pas pourquoi sa nièce a renoncé à la vie luxueuse que lui offrait le comte Olenski et demande à Newland Archer d'intercéder pour qu'elle retourne en Europe. En pointant un bouquet de roses rouges récemment offert à Ellen par un admirateur anonyme, la tante suggère que sa nièce n'a pas d'autre alternative que de rejoindre son mari ou se contenter d'amours clandestines déshonorantes avec des hommes mariés. Newland Archer réagit vivement, préférant voir Ellen morte. La tante l'interprète comme un signe qu'il désire avoir une liaison avec sa nièce. Ellen arrive enfin et, furieuse en découvrant le bouquet de roses, demande qu'il soit envoyé à la femme malade de Ned Winsett. Merdora Manson laisse les deux jeunes gens seuls. Acculé, Newland Archer déclare son amour à Ellen en lui disant en affirmant qu'il est prêt à renoncer à épouser May. Ellen reçoit alors un télégramme de sa cousine lui annonçant que la cérémonie se déroulera finalement peu après Pâques. Newland découvre un télégramme similaire chez lui et éclate nerveusement d'un rire ironique quand sa sœur lui précise que le mariage aura lieu dans à peine quatre semaines.

LIVRE II

Chapitres XIX et XX

Newland Archer se conforme à toutes les formalités de la cérémonie des noces. Résigné, il assiste à son mariage comme à une première à l'Opéra. Il comprend qu'il a passé son existence à appliquer à la lettre les usages et les manières de son clan, à se soumettre à l'implacable divinité du *« Bon-Ton »*. Lucide, il devra se contraindre toute sa vie à jouer cette parodie d'existence, ressentant physiquement son aliénation à ce qu'il juge à présent comme des enfantillages. May lui apparaît comme une étrangère dont le manque d'imagination ne lui permettra jamais, selon lui, de développer une individualité propre. Après leur lune de miel à la maison du *« Patroon »* à Skuytercliff, ils voyagent trois mois en Europe, comme la tradition le préconise. May ne prend aucun plaisir à voyager, sinon chaque fois que les occasions se présentent de pratiquer du *« sport »*, d'aller au théâtre ou dans les magasins. Newland renonce à visiter l'Italie. Il réalise que May est conforme à ce que l'on doit attendre d'une épouse qui n'a pas conscience de son absence de liberté. À Londres, il dîne chez **Mrs. Carfry** et sa sœur, avec lesquelles sa mère et Janey se sont exceptionnellement liées d'amitié – la communauté new-yorkaise rejetant l'idée de faire connaissance avec qui que ce soit à l'étranger. D'ailleurs, May peine à tenir un sujet de conversation autre que celui de sa vie à New York, incapable de s'adapter dans un lieu nouveau où les normes sociales de sa communauté ne s'appliquent pas. Lors de cette soirée, Newland fait la connaissance d'un intellectuel français, **M. Rivière**, qui ne parvient pas à vivre de sa plume et envisage de chercher du travail à New York. Newland admire sa liberté morale. Il propose à May de l'inviter à dîner le lendemain, mais elle refuse, le jugeant trop *« commun »*. Il y renonce et prend la mesure de sa vie future auprès de May, une femme de *« bien »* qui adopte invariablement le point de vue de sa communauté.

Chapitres XXI à XXV

De retour à New York, Newland s'installe dans une routine confortable. Il finit par penser que son amour pour Ellen Olenska n'était finalement qu'une fantaisie passagère. Comme chaque été, il rejoint la communauté new-yorkaise à Newport, au bord de la mer. Il se sent de nouveau étranger à lui-même. Lors de la compétition annuelle du club de tir à l'arc à la maison des Beaufort remportée par May, il retrouve **Medora Manson** qui lui apprend qu'Ellen traverse une période difficile, subissant de nouveau les pressions de son mari. Il ne l'a pas revue depuis un an et demi. Le couple rend visite à la grand-mère de May, **Mrs. Manson Minggot**. Ellen est partie se promener mais Newland, chargé d'aller la chercher, renonce à l'aborder alors qu'elle lui tourne le dos, assise au bord de la jetée. Elle lui apparaît comme une vision onirique du passé. À Newport, Newland Archer change de manière imperceptible ; toute son existence lui semble de nouveau irréelle et il remet en question sa propre identité. Mais son obsession pour Ellen est ravivée. Le professeur **Emerson Sillerton** et sa femme, **Amy**, organisent une fête en l'honneur des **Blenkers**, une famille bohème qui vit en marge de la communauté policée et qui héberge Ellen. Mrs. Welland accepte l'invitation avec dédain, par obligation sociale. La communauté tolère le professeur parce qu'il est riche et que son épouse est issue de l'aristocratie, mais elle ne comprend pas qu'il s'adonne à l'archéologie plutôt que de fréquenter les milieux mondains. Prétextant l'achat d'un cheval, Newland se rend chez les Blenkers, mais Ellen est déjà repartie pour Boston. Il décide de s'y rendre pour régler une prétendue affaire en urgence. Il ment une nouvelle fois à May, ne doutant pas de duper facilement sa naïve épouse. À Boston, il retrouve Ellen. Ils font une promenade en bateau, puis vont dîner. Newland Archer voit dans ces retrouvailles un signe du destin et croit à nouveau possible de se libérer des contraintes de son milieu. Ellen s'est installée à Washington où elle a trouvé une communauté vivante et plus ouverte d'esprit que celle de New York, qui obéit aveuglément à la tradition. Elle admet avoir sacrifié ses désirs en s'engageant à ne pas faire de mal à May. Elle n'envisage pas pour autant de repartir en Europe, même si cela signifie renoncer à son aisance financière. De retour à New York, Newland Archer croise **M. Rivière** : il découvre que celui-ci avait fait la connaissance d'Ellen en Europe, le comte Olenski l'ayant chargé de convaincre sa femme de ne pas le quitter. Il avait alors pris conscience du traitement injuste infligé à Ellen et décidé finalement de l'aider contre son mari. Lors de cet échange, Newland comprend que May et sa famille l'ont tenu à l'écart de ces nouvelles négociations.

Chapitres XXVI à XXXI

May et Newland sont mariés depuis deux ans. La famille et quelques amis se retrouvent au dîner de Thanksgiving organisé par **Mrs. Archer**. Celle-ci déplore l'influence des étrangers qui contribuent à la décadence de la société new-yorkaise. Les convives évoquent les rumeurs autour des spéculations imprudentes du banquier Julius Beaufort, ce qui contribue également à la dégradation générale. Cette crise des Beaufort explique la popularité indécente de **Mrs. Struthers** chez qui le tout New York se rend désormais, Mrs. Archer rappelant qu'Ellen en avait indirectement fait la promotion par le passé. Depuis qu'elle a refusé de rejoindre son époux, elle fait l'objet d'une désapprobation générale des deux familles, même si les **Mingott** préfèrent ne pas exprimer directement leur opinion, par solidarité. En privé, **Mr. Jackson** sous-entend auprès de Newland Archer que la comtesse est soutenue financièrement par Beaufort et qu'elle serait dans l'embarras s'il venait à faire faillite. Il se trahit en s'exclamant que jamais la comtesse ne retournerait auprès de son mari. Il décide de se rendre à Washington sous un nouveau prétexte. May n'est pas dupe et lui fait comprendre qu'il ne peut se libérer du soupçon qui se forme autour de lui qu'en persuadant Ellen de retourner chez son mari. Le lendemain, la banque de Julius Beaufort est au bord de la faillite. **Regina Beaufort** demande de l'aide à **Mrs. Manson Mingott**, qui fait un malaise vasculaire. Cet incident est étouffé avec la complicité du médecin qui le minimise en prétextant une simple indigestion. Regina Beaufort devra supporter seule la honte de son mari. Newland Archer renonce à se rendre à Washington : la famille a convoqué Ellen par télégramme. Il va la chercher à la gare. Ellen regrette sa présence et tente de lui ouvrir les yeux, mais il continue d'entretenir l'illusion d'une aventure possible avec elle. La froideur d'Ellen le déconcerte et il rentre seul, à pied.

Il se considère comme mort. La semaine passe et personne ne prononce le prénom d'Ellen autour de lui. Rétablie, Mrs. Manson Mingott souhaite le voir : même si elle n'ignore pas ce qu'il ressent pour Ellen, elle lui demande de plaider pour que sa petite-fille vive désormais auprès d'elle à New York. L'espoir renaît d'entretenir une liaison avec Ellen.

Chapitres XXXII et XXXIII

Newland Archer assiste à la représentation de *Faust*, comme deux ans auparavant lorsqu'il a rencontré Ellen. May porte sa robe de mariée comme le veut la coutume. Elle semble exactement la même fille innocente avec laquelle il s'était fiancé. Se souvenant de sa générosité lorsqu'elle lui avait demandé de rompre leurs fiançailles s'il aimait une autre femme, il décide de se montrer franc avec elle à propos de ce qu'il ressent pour Ellen et de lui demander de le libérer de son engagement. Dès qu'il commence sa confession, May l'interrompt et l'informe qu'il avait été décidé, dans la matinée, qu'Ellen retournerait en Europe pour vivre séparément de son mari. Sa cousine aurait pris cette décision, la veille, après leur discussion chez leur grand-mère. May demande aux Archer de l'aider à organiser son premier grand dîner. Il consacre les adieux officiels d'Ellen qui part pour l'Europe le lendemain. Toute la haute société de New York y est conviée. Ellen est assise à droite de Newland, une place d'honneur qui aurait dû être réservée à **Louisa Van der Luyden**. Pendant le dîner, le jeune époux prend conscience qu'il assiste à un rituel : celui de l'exclusion d'un membre de la tribu. Ceux qui l'ont autrefois ignorée et désavouée reçoivent Ellen avec gentillesse et chaleur, pour mieux la sacrifier sous les apparences d'une réhabilitation et d'un pardon. En dépit des avertissements de la communauté, Newland Archer souhaite toujours quitter May. Lorsqu'il est sur le point de le lui dire, elle lui annonce qu'elle est enceinte et qu'Ellen le sait déjà.

Chapitre XXXIV

Vingt-six ans ont passé. Newland Archer réfléchit à sa vie. Ami du gouverneur Theodore Roosevelt, il a siégé pendant un an à l'Assemblée départementale de New York. Il a écrit des articles dans des revues progressistes et participé à des actions philanthropiques et artistiques locales. Il sait qu'il a manqué la « *fleur de la vie* », mais qu'il a été « *un bon citoyen* ». May est décédée depuis deux ans. Leurs trois enfants, **Dallas**, **Mary** et **Bill** ont grandi. Le nouveau monde dans lesquels ils évoluent n'est plus celui qu'il a connu : il valorise l'individualité et l'engagement civique, plutôt que le conformisme et les clans. Le fils aîné, **Dallas**, va épouser la populaire **Fanny Beaufort**, la fille de **Julius Beaufort** et de **Fanny Ring**, son ancienne maîtresse. Devenu architecte, il vit à Chicago. Il téléphone à son père et lui demande de l'accompagner à Paris pour son travail. Une fois arrivé, il lui annonce qu'il a contacté Ellen, sa fiancée s'étant liée d'amitié avec elle. Alors que rien ne l'empêche de la revoir, Newland devient indécis et laisse Dallas se rendre seul dans l'appartement d'Ellen. Il reste longuement assis sur un banc, pénétré de la vision intérieure d'Ellen qu'il craint de sentir s'évanouir en la revoyant, et il finit par rentrer à son hôtel.

C. Un roman ironique sur la cécité et l'hypocrisie sociale

Textes-clés

« Rien n'est fait qui ne puisse se défaire. Je suis encore libre et vous allez l'être. »

Edith Wharton, *Le Temps de l'innocence*, chapitre XVIII, p. 179.

« Ce n'est pas vrai de dire qu'elle rend les gens aveugles. Au contraire, elle leur ouvre les yeux tout grands, elle leur coupe les paupières. Et l'on ne connaît plus jamais l'obscurité bienfaisante. »

Edith Wharton, *Le Temps de l'innocence*, chapitre XXIX, p. 272.

a. Un roman dialogique

Les propriétés dialogiques[1] du roman d'Edith Wharton donnent une représentation ambivalente et contradictoire de l'individu au sein de la société new-yorkaise. Une multiplicité de voix et de points de vue contradictoires sur les femmes, le mariage, le divorce, l'étiquette et l'ordre morale se juxtaposent, contribuant à fragmenter un peu plus la vision de la société new-yorkaise et rendre ambigu son discours dominant.

De fait, si la narratrice retranscrit essentiellement les pensées et les sentiments de Newland Archer, elle rapporte également les échanges dialogués des autres personnages, tout en décrivant le milieu dans lequel ils évoluent sans qu'il soit toujours aisé de définir s'il s'agit d'un regard externe ou interne. Aussi le lecteur n'a-t-il jamais accès directement aux réflexions personnelles de May ni à l'intériorité d'Ellen ou de tout autre personnage, sinon à travers les propos qu'ils tiennent. Ce parti-pris narratif de Wharton participe de l'ironie qui structure l'ensemble du roman, soulignant l'impossibilité ontologique de saisir tout à fait un individu, sinon à partir de ce qu'il donne à voir et à entendre de lui ou de ce qu'il comprend de lui-même et de l'existence.

Le récit est ainsi régulièrement décentré pour souligner le sentiment de solitude paradoxale qui accable progressivement les personnages. Plus les signes de désagrégation des fondements de cette vieille société pyramidale s'accentuent, plus les individus se replient sur eux-mêmes. Ainsi *« Mrs. Archer vivait retirée du monde et l'observait du haut de sa solitude »*, quand son fils Newland *« se heurtait contre les préjugés et les points de vue traditionnels comme un homme absorbé se heurte contre le mobilier de sa chambre. Il était absent. Il s'étonnait parfois que les personnes qui l'entouraient pussent s'imaginer qu'il fût encore là »* (chapitre XXVI, p. 251). Cette solitude est d'autant plus ironique que

1. *« Le dialogisme consiste à rapporter directement, et tels qu'ils sont censés sortir de la bouche, des discours que l'on prête à ses personnages, ou que l'on se prête à soi-même dans telle ou telle circonstance »*, Pierre Fontannier, *Les Figures du discours*, 1821. Au xxe siècle, cette notion est devenue un outil narratif théorisé par Mikhaïl Bakhtine (1895-1975) dans son ouvrage *Problèmes de la poétique de Dostoïevski* (1929). Selon l'auteur, le dialogisme se définit comme l'interaction entre le discours du narrateur et le discours des personnages qui interviennent dans son récit de manière indirecte. Il instaure ainsi une forme de polyphonie entre différents discours, rassemblés sous la voix unique du narrateur.

la communauté est omniprésente, comme le souligne Ellen qui répond à Newland lui demandant si elle aimait tant être seule : *« Oui, puisque mes amis m'empêchent de sentir ma solitude... »* (chapitre IX, p. 88).

b. De Faust à la Gorgone, ou le dessillement douloureux de l'innocence

Pour initier son roman, Edith Wharton a délibérément choisi un opéra de Charles Gounod (1818-1893) qui reprend l'intrigue d'une pièce de théâtre de Joan Wolfgang Goethe (1749-1832). L'histoire se déroule au XVIe siècle en Allemagne : le docteur Faust est un vieillard lassé d'exister et sur le point de se suicider quand il invoque le diable, qui apparaît sous les traits de Méphistophélès. Il lui demande de retrouver sa jeunesse ; celui-ci accède à sa requête s'il signe une déclaration où il s'engage à le servir dans l'autre monde. Faust accepte et demande à Méphistophélès de l'aider à séduire Marguerite, une jeune paysanne, qui incarne sur scène l'innocence, et dont le destin tragique sauvera *in extremis* l'âme de Faust, rongé par le remords. Alors que Newland compare l'innocence de sa fiancée à celle de Marguerite qui effeuille, sur la scène, une fleur pendant que Faust lui fait la cour, il ne comprend pas qu'il est sur le point de sceller, lui aussi, son destin à celui de May et de sa famille. Il ne mesurera que progressivement combien il est pris au piège d'une société avec laquelle il a signé un pacte dont il ne pourra jamais vraiment se libérer. Aveuglé par ses fantasmes et ses désirs, Newland lit mal les paroles de sa famille et arrive à des interprétations erronées qui ne conviennent qu'à sa propre fantaisie.

Or, cette cécité touche tous les membres de la communauté new-yorkaise. Elle fonde même un de ses principes fondamentaux qui en assure sa pérennité. Ainsi, non sans une pointe d'ironie, Wharton souligne, en adoptant le point de vue de Newland, que *« ([r]ien ne lui était plus agréable chez sa fiancée que la volonté de porter à la dernière limite ce principe fondamental de leur éducation à tous deux : l'obligation rituelle d'ignorer ce qui est déplaisant »* (chapitre III, p. 43). Tous les membres de la vieille société de New York fuient de manière similaire toute réalité qui pourraient leur être *« pénible »*, leitmotiv récurrent des conversations mondaines. Après le mariage, Newland ne parvient plus à saisir la personnalité de May : il pose sur elle *« le regard d'un étranger »*, puis la regarde *« avec des yeux d'aveugle »* (chapitre XIX, p. 195). Il ne la considère plus comme un individu vivant, mais la compare à une statue.

Néanmoins, certains personnages semblent échapper à cette cécité généralisée. Ils vivent significativement en marge de la vieille société new-yorkaise qu'ils côtoient par intermittence. Ainsi, les deux intellectuels qui ont renoncé à une carrière d'écrivain, Ned Winsett et M. Rivière, forment-ils une sorte de communauté à part, plus clairvoyante et refusant de s'aliéner à cette société qui les dédaigne. Enfin, Ellen finit par dessiller ses yeux, mais au prix d'une lucidité douloureuse. Lors d'une conversation avec Newland, au chapitre XXIX, alors qu'il tente de la persuader, une nouvelle fois, qu'il est possible de vivre librement leur amour, celle-ci évoque la Gorgone pour lui ouvrir les yeux. Dans la mythologie grecque, les Gorgones sont des monstres femelles ailés avec une chevelure de serpents. Méduse, la plus célèbre des Gorgones, a été tuée par Persée, mais sa tête décapitée transforme en pierre quiconque la regarde. Ellen explique qu'elle a dû regarder la Gorgone en face – la réalité, dans toute sa complexité douloureuse. Newland minimisant le symbole, elle réplique : *« Elle n'aveugle pas, elle brûle les larmes »* (chapitre XXIX, p. 269). La jeune femme explique ainsi que la Gorgone met fin à l'innocence. Newland comprend qu'il avait jusque-là esquivé des vérités gênantes ou laides, vivant dans une société qui évite scrupuleusement de se confronter à toute réalité *« désagréable »* ou « pénible » Après avoir brusquement quitté Ellen, il semble enfin ouvrir les yeux : *« il pleurait, et le vent avait gelé ses larmes »* (p. 273).

c. Une fin déceptive ?

Edith Wharton rompt avec la tradition des récits romantiques en proposant une fin ouverte. Rien n'empêche Newland et Ellen de se réunir. Elle laisse le lecteur frustré et insatisfait, exactement comme les deux protagonistes. L'effet de cette fin est de jeter une lumière extrêmement ironique sur cette histoire sans issue apparente. Newland Archer a lutté contre les restrictions d'une communauté qui désapprouvait son union avec Ellen, mais sans jamais le briser tout à fait. À l'âge de 57 ans, il a une dernière chance d'être proche d'Ellen Olenska : il est veuf, et tous ceux qui en auraient été offensés sont morts et enterrés. Pourtant, il ne peut toujours pas rejoindre celle qui a hanté sa vie, comme emprisonné dans ses souvenirs. Mais une autre interprétation est possible : Newland prend désormais sa propre décision de ne pas voir Ellen pour préserver sa compréhension du passé. Comme une relique, il préfère ne pas altérer ses souvenirs d'elle, aussi inexacts soient-ils. Devant son bureau, Newland s'était rendu compte que les parties les plus vivantes de sa vie ont toujours été ses expériences intérieures privées de ses propres désirs et fantasmes. Ainsi, reste-t-il fidèle à lui-même. Enfin, Ellen apparaît comme une femme libre, vivant à Paris, loin de la société new-yorkaise dans laquelle elle ne se reconnaissait pas.

3. Individu et communauté dans l'œuvre d'Edith Wharton

A. Identité et communauté

Textes-clés

« Être apparenté aux Manson ou aux Rushworth, c'était avoir "droit de cité" (comme disait Mr. Sillerton Jackson) dans la société de New York [...]. »

Edith Wharton, *Le Temps de l'innocence*, chapitre III, p. 37.

« New York était divisé en deux grands groupes fondamentaux : celui des Mingott, des Manson et tout leur clan, qui appréciait l'élégance, la bonne table et le luxe, et la tribu des Archer, Newland, Van der Luyden, qui, eux, s'intéressaient aux voyages, à l'horticulture, à la lecture des romans sérieux, et affectaient de mépriser les jouissances matérielles. »

Edith Wharton, *Le Temps de l'innocence*, chapitre V, p. 51.

a. Être ou ne pas être

Wharton interroge la difficulté des individus à être soi au sein d'une communauté très codifiée qui impose un mode de vie à la fois sophistiqué et très ritualisé. Dans *Le Temps de l'innocence*, l'individu se définit en marge ou au sein de la famille et des grandes familles qui constituent une caste sociale à part entière.

■ L'individu sein de la famille

Dans la vieille société de New York telle que nous la dépeint Wharton, chaque membre d'une même famille se voit assigner une place bien définie. Les loges de l'Opéra en sont une préfiguration significative : on distingue, d'une part, celles des hommes de celles des femmes, et d'autre part celles des grandes familles avec leurs membres représentatifs. Au lever du rideau, les lorgnettes des spectateurs sont ainsi tournées vers la loge « *de de la vieille Mrs. Manson Mingott, qu'une monstrueuse obésité empêchait depuis longtemps de se rendre à l'Opéra, mais qui s'y faisait toujours représenter, les jours de première, par quelques personnes de sa famille* » (chapitre I, p. 23). Des figures se détachent néanmoins de ces familles par leur personnalité plus ou moins conforme aux attentes du clan. Ainsi, certains comportements individuels peuvent s'avérer préjudiciables à la réputation de la famille et à ses membres. La narratrice suggère notamment que la légitimité de la matriarche Manson Mingott « *née Spicer* » n'a pas été immédiatement reconnue et acceptée dans la vieille société new-yorkaise, n'étant que « *Catherine Spicer, sans fortune, ni position sociale suffisante pour faire oublier que son père s'était publiquement déshonoré* » (chapitre II, p. 30). De même, Ellen hérite de la réputation fantasque de la tante qui prend en charge son éducation après la mort de ses parents : « *Pauvre Ellen ! [...] ajoutant avec compassion : Il faut tenir compte de l'éducation excentrique que lui a donné Medora Manson. Qu'attendre d'une jeune fille à qui l'on a permis de porter une robe de satin noir le soir de son premier bal ?* » (chapitre V, p. 57). Si l'identité de chacun est étroitement déterminée par sa lignée et ses biens, elle se définit donc également autant par ses comportements que par ceux des membres de la famille à laquelle il appartient. Parfaitement intégré dans son clan, Newland Archer, qui aspire à être « *un peu* » lui-même, s'entend dire qu'il est « *original* » (chapitre X, p. 98), ce qui sonne, dans l'esprit de May, comme un léger reproche de ne pas se conformer tout à fait aux règles de conduite de la communauté. *A contrario*, d'autres trouvent plus difficilement leur place, comme sa sœur non moins originale, Janey Archer, « *sujette à des envolées inattendues qui montaient de sources romanesques depuis toujours comprimées* » (chapitre V, p. 52).

■ L'individu au sein de la communauté familiale élargie

Avec son système complexe de manières et de mœurs, la haute société new-yorkaise est le point de référence constant de tous ses membres. On agit pour plaire à la société plutôt qu'à soi-même, afin de préserver le bon fonctionnement de la communauté. Comme dans le cadre de la famille, on retrouve les mêmes points de tension entre ceux qui se conforment aux attentes et ceux qui s'y soustraient.

Le commentaire d'Ellen selon lequel être à New York, c'est comme « *aller en vacances, quand on a été une bonne petite fille qui a bien fait tous ses devoirs* » (chapitre IX, p. 89) révèle la nature conventionnelle de la société à laquelle elle aspire pourtant à se conformer. Elle n'en mesure pas tout de suite la difficulté ; jusqu'ici, elle a agi pour se plaire et elle a suscité la désapprobation de sa communauté. La question implicite est de savoir comment cette tension sera résolue : Ellen se pliera-t-elle aux diktats de la société pour mener une vie tranquille, ou continuera-t-elle à suivre son propre chemin ? Elle avait *« besoin d'être libre »* (chapitre IX, p. 91), comme sa tante et sa grand-mère qui, pourtant, le lui reprochent désormais. En effet, comme Ellen, la grand-mère Catherine Manson Mingott n'est pas une femme conventionnelle ; mais contrairement à sa petite-fille, elle est acceptée en raison de sa position familiale de matriarche. Figure ambiguë de cette société, elle est à la fois une voix d'autorité à New York et un défi constant à ses attentes, ayant *« l'habitude de pousser son audace jusqu'aux dernières limites »* (chapitre II, p. 30). On peut se demander pourquoi sa réputation n'est pas entachée par son amitié avec Julius Beaufort, ni par les décorations *« frivoles »* et l'aménagement scandaleux de sa maison à la mode. La réponse peut résider dans le fait qu'elle n'a besoin de l'aide d'aucun homme et que son statut de veuve riche et indépendante la protège. Mais, surtout, elle n'a jamais fait l'objet de rumeurs quant à sa conduite. La haute société de New York se montre plus circonspecte avec ceux qui entrent dans la catégorie des extravagants ou des excentriques, sans pour autant que leur appartenance à la communauté ne soit contestée. En dépit de son apparence et de ses fréquentations fantasques, Medora Manson, la tante d'Ellen, reste dans le cercle des discussions des Archer-Welland-Mingott qui scellera l'avenir de sa nièce loin de New York. De même, on accepte l'invitation du professeur Emerson Sillerton, *« une épine au flanc de la société de Newport, une épine dont on ne pouvait se débarrasser, parce qu'il sortait d'une souche vénérable et vénérée »* et dont, qui plus est, *« la fortune et la situation sociale étaient excellentes »*. Mais la communauté ne comprend pas pourquoi *« se faire archéologue, ni même professeur »*, et encore moins pourquoi *« habiter Newport l'hiver au lieu d'avoir une maison à New York »* (chapitre XXII, p. 218).

L'initiative de Mrs. Archer, qui consulte le couple Van der Luyden pour remédier à l'injure que la communauté inflige à Ellen et aux Lovell Mingott en déclinant l'invitation au dîner, nous éclaire sur la façon dont le pouvoir est structuré et dont l'autorité s'exerce au sein de cette société fortement hiérarchisée. En raison de leurs origines aristocratiques et des ramifications générationnelles de leur famille à New York, les Van der Luyden, pourtant peu présents, ont établi les normes de comportement et de jugement qui régissent toute la communauté. Dans cette société, la reconnaissance individuelle n'est pas tant liée à ses qualités ou à ses succès personnels qu'à sa lignée familiale. Julius Beaufort est ainsi toléré parce qu'il a épousé une femme qui porte un nom de famille prestigieux. Mrs. Archer comprend qu'en tant que membre du puissant clan Mingott, Ellen Olenska doit être acceptée par la communauté sinon, sa présence constituera une menace pour la famille dans son ensemble. L'hypocrisie de la société new-yorkaise est soulignée par l'empressement des Lefferts et des autres familles, qui avaient refusé de rencontrer Ellen chez les Lovell Mingott, à lui rendre hommage depuis qu'elle est accueillie par les puissants Van der Luyden.

■ La communauté avant l'individu

Ellen ne réalise que progressivement ce que la société attend d'elle, et les restrictions qu'elle lui impose la rendent malheureuse. Plutôt que de passer du temps avec sa grand-mère et sa tante (chapitre IX), elle préfèrerait assister aux dîners de Julius Beaufort ou profiter de la compagnie animée des musiciens aux soirées du dimanche de la fantasque

Lemuel Struthers. La vie d'Ellen en Europe était vivante, mais non conventionnelle au regard de la société new-yorkaise. Elle y fréquentait notamment des artistes et des écrivains. Pour s'adapter aux conventions édictées et plaire à sa famille, elle doit nier sa nature, rejeter ses intérêts et se limiter à des activités jugées convenables par la communauté. La scène inaugurale de sa première apparition publique souligne que c'est bien le groupe qui prime sur l'individu. Les hommes qui lorgnent la jeune femme depuis leur loge jugent instantanément sa présence audacieuse. La narratrice insiste sur sa tenue vestimentaire peu conventionnelle qui suscite l'étonnement de Newland Archer et, sans doute, celle des autres hommes présents, notamment de Lauwrence Lefferts, l'arbitre du « *bon ton* » qui la remarque le premier. Ce moment résume le conflit central du roman, ainsi que certains des thèmes principaux de l'œuvre d'Edith Wharton. Ellen Olenska, qui semble alors « *inconsciente de l'attention qu'attirait sa toilette originale* » (chapitre I, p. 27), symbolise l'individualité et le changement dans une société qui les condamne. L'agitation de l'Opéra n'est que le début des complications que sa présence causera dans la société new-yorkaise. Mais, surtout, en décrivant les hommes qui regardent et jugent Ellen de loin, comme en situant essentiellement le récit du point de vue de Newland Archer, Wharton souligne la primauté du regard masculin dans le New York patriarcal de l'ère victorienne.

Malgré sa conviction que les femmes devraient être aussi libres que les hommes, Newland accepte d'agir comme porte-parole du clan Archer-Welland-Mingott pour persuader Ellen de renoncer à son divorce. La structure dialogique du roman met en évidence le discours hégémonique diffusé, plus ou moins consciemment, par Newland Archer et qui finit par étouffer la voix féminine jusqu'à la réduire au silence. Au chapitre XII, il décide de rendre visite à Ellen, mais il est furieux d'y trouver Julius Beaufort qui finit par prendre congé. S'ensuit un long échange qui conduit Ellen à renoncer à toute velléité de divorce. Elle part d'emblée vaincue, avant même que Newland n'aborde le sujet, puisqu'elle a décidé de « *rompre tout à fait avec [sa] vie passée ; devenir comme tout le monde* » (p. 122) en ne fréquentant plus le milieu des artistes, conformément aux attentes de la vieille société new-yorkaise. Elle semble avoir intégré le discours dominant en prétendant avoir « *horreur d'être différente* ». Newland recourt alors aux doctrines conventionnelles pour la persuader : sa réputation risque d'être entachée par les allégations du comte Olenski dans une société où le divorce est favorisé par la législation, mais où les « *habitudes sociales ne l'admettent pas* » ; elle n'aurait donc rien à perdre à rester mariée. Frustrée, Ellen objecte qu'elle y perd sa liberté et dénonce l'injustice sociale « *d'une voix si faible et si désolée* » que Newland éprouve du remords. Elle commence à céder à la doctrine dominante. Malgré tout (p. 126), il considère que l'on ne peut rien changer au fonctionnement de la société : « *L'individu, dans ces cas-là, est presque toujours sacrifié à l'intérêt collectif ; on s'accroche à toute convention qui maintient l'intégrité de la famille, protège les enfants* ». Le double argument culpabilisant est imparable. Mais le malaise du jeune avocat grandit, « *déversant le stock de phrases qui lui venait aux lèvres dans son intense désir de couvrir l'affreuse réalité que le silence de la jeune femme semblait avoir mise à nu* ». Comme « *elle* » ne « pouvait *pas prononcer le seul mot qui aurait éclairci l'horizon* » – pour dénoncer le discours dominant de manière ironique, Wharton écrit le verbe *pouvoir* en italique –, il préfère « *s'en tenir à la surface, à la manière prudente du vieux New York* ». Il n'agit que par « *devoir* » et en appelle implicitement à la loyauté pour la famille et les amis qui l'aiment. Elle finit par rompre « *le silence béant* » qui les sépare :

« *Je ferai ce que vous désirez* », cédant tout à fait aux injonctions sociales. Ce dialogue démontre le mécanisme d'une idéologie patriarcale qui réduit au silence la femme qui menace l'institution du mariage, en affirmant l'immuabilité de la convention et la supériorité de « *l'intérêt collectif* ». À partir de là, la représentation d'Ellen dans le récit se fragmente et devient ambiguë et contradictoire : en cédant à la pression sociale – la voix du discours porté par Newland faisant autorité –, elle n'est plus la simple jeune femme audacieuse et indépendante qui contrarie les siens, mais incarne la figure d'une femme victimisée qui se sacrifie pour le bien commun.

■ L'individu dissocié ou la perte de contact avec la réalité

Cette fragmentation de l'individu touche la plupart des personnages du roman, qui échappent en grande partie à la compréhension du lecteur. Si Newland accède à la demande de dissuader Ellen de divorcer, en revanche, il refuse de la pousser à rentrer en Europe auprès de son mari. Le lecteur suit l'évolution spectaculaire du personnage en quelques semaines, des fiançailles jusqu'à la cérémonie du mariage. Néanmoins, dès l'ouverture du roman, certains indices nous montrent qu'il est à la fois un initié et un étranger dans la société new-yorkaise. En tant que jeune homme bien né, riche et intelligent, il profite du confort que son statut lui confère ; il fréquente l'Opéra, le théâtre et les musées et s'adonne à la lecture ; il est promis à une belle épouse. Il connaît les conventions et les suit, mais il les considère aussi avec une distance ironique. L'arrivée d'Ellen le fait vaciller dans ses repères. Il est alors déchiré entre les deux femmes qui incarnent les deux voies qui s'offrent à lui : celle du mariage conventionnel sans désir qui l'intègre tout à fait dans la communauté new-yorkaise, ou celle de l'amour et de la marginalisation sociale assumée. Sa difficulté croissante à se conformer aux exigences de la société ont finalement conduit Newland à mettre en place une vie parallèle, où il exprime plus librement ses désirs et ses pensées cachées. Ellen fait partie de cette vie secrète où « *il lui avait érigé un sanctuaire qui bientôt été devenu le seul théâtre de sa vie réelle ; là aboutissaient toutes ses idées, toutes ses pensées* ». En dehors de ce monde, il « *se heurtait contre les préjugés et les points de vue traditionnels comme un homme absorbé se heurte contre le mobilier de sa chambre. Il était absent. Il s'étonnait parfois que les personnes qui l'entouraient pussent s'imaginer qu'il fût encore là* » (chapitre XXVI, p. 251). Après son mariage, il se sent comme mort à lui-même, semblant avoir perdu tout contact avec la réalité qui l'entoure. Il ment en se sachant découvert par May. Pensant même possible une liaison avec Ellen, il ne décrypte pas ce qui se trame autour de lui.

b. L'intériorisation des codes de la communauté : *habitus*[1], usage et conformisme

■ Vêtements, accessoires, objets

En épousant les préjugés de la société new-yorkaise à travers le regard de Newland, Wharton définit socialement ses personnages par quelques détails, en apparence anodins pour les non-initiés, mais signifiants pour la communauté. Le vêtement et ses

1. « *Phénomènes d'habitude sociaux qui peuvent se produire sans que ceux qui y participent en aient conscience : on en voit des exemples dans le langage et dans les mœurs.* » (André Lalande, *Dictionnaire technique et critique de la philosophie*. PUF, « Quadrige », 1997.)

accessoires expriment une manière d'être au monde dont les individus ne sont pas toujours conscients. Lorsque Mr. Van der Luyden se rend chez Mrs. Archer pour discuter de la nouvelle crise provoquée par les fréquentations d'Ellen, il *« s'assit, déposa ses gants et son chapeau à côté du fauteuil, selon le vieil usage »* (chapitre X, p. 104). Les objets témoignent donc de cette codification qui conditionnent les individus. La narratrice le souligne avec ironie en mentionnant les *« deux brosses à dos d'argent, chiffrées d'émail bleu »* qu'utilise Newland *« pour faire sa raie »*, comme la règle *« de ne jamais paraître dans le monde sans une fleur à la boutonnière »* (chapitre I, p. 23). Un autre détail interpelle le lecteur quand Ellen plaisante sur la défiance de son milieu vis-à-vis des écrivains : *« Elle, au contraire, n'en avait pas peur, à en juger par les livres qu'on voyait épars dans son salon (à New York, on ne laissait pas traîner de livre dans le salon). »* L'emploi de la parenthèse indique la double énonciation ironique : en adoptant le regard étonné de Newland, Wharton suggère le clivage existant entre le monde bohème et artistique que fréquente Ellen et celui, plus convenu et bien rangé, de Newland, sans qu'il soit possible de décider s'il désapprouve cette négligence ou si elle le fascine, sentant confusément qu'elle *« était femme à changer en lui toute l'échelle des valeurs »* (chapitre XII, p. 118).

■ Langage, langue et idiolecte

Cette intériorisation des usages et des conventions se traduit également dans la manière de s'exprimer des personnages. Chez Edith Wharton, la voix narrative est multiple et hybride, fusionnant avec les discours idéologiques et les systèmes de croyance. L'italique, le point d'exclamation, les points de suspension ou encore les guillemets sont autant de signes révélateurs d'une opinion qui se veut dominante. La langue de la société new-yorkaise se traduit ainsi par un usage spécifique du langage qui fonde un idiolecte commun. Certains mots sont récurrents dans le discours des personnages de manière indifférenciée mais significative, comme *« oser »*, *« pénible »*, *« désagréable »*, *« commun »*, *« romanesque »*, *« excentrique »*, *« bohème »*. Ils imposent aux individus une grille de lecture du réel qui forge une opinion publique figée. Un leitmotiv est symptomatique du statut de la femme victimisée au sein de la société new-yorkaise dès que sa situation déroge à la règle édictée : *« la pauvre Medora »*, *« la pauvre Ellen »*, *« la pauvre Regina »*, *« la pauvre Amy »*, etc. Les changements dans l'intonation, une manière d'appuyer sur une syllabe définissent l'état d'esprit ou la manière de penser de l'individu, tout en indiquant comment il s'inscrit dans l'idéologie dominante. Le désamour grandissant de Newland pour May transparaît ainsi dans ses échanges avec elle. Un épisode est particulièrement révélateur du délitement du couple lors du voyage de noces à Londres, où Newland propose à May d'inviter à dîner M. Rivière. Elle refuse catégoriquement, le trouvant insignifiant. Il *« détestait sa manière de prononcer : "intellectuel" et "commun". Il se surprenait à souligner de plus en plus à ses propre yeux certaines façons de May qui le choquaient. En somme, elle avait toujours eu le même point de vue : celle du monde qui les entourait, celui qu'Archer lui-même avait accepté jusque-là, le seul que pût avoir une femme "bien" »* (chapitre XX, p. 205). May est hors de son élément à Londres, où les normes sociales de New York ne s'appliquent pas. Elle est forcée de faire face à l'incertitude, ce que les coutumes sociales de New York évitent soigneusement de faire, en fournissant un code pour guider les individus dans chaque situation de vie. Cette fragilité devient évidente lors de la conversation du dîner chez les sœurs Carfry. Il est en effet difficile, pour les non-New-Yorkais, de la comprendre, presque comme si elle parlait une langue étrangère.

■ Conformisme, convenance et hypocrisie sociale

A contrario, Ellen Olenska, ayant passé la majeure partie de sa vie en Europe, n'a pas intériorisé les usages de New York. Son anticonformisme n'est pas celui d'une originale. Elle ne cherche pas non plus à défier l'ordre établi. Elle en ignore tout simplement les codes. Pour les autres membres de la communauté, ils sont devenus naturels au point de communiquer avec peu de mots. La société new-yorkaise se caractérise, en effet, par les silences et les sous-entendus de connivence. Évoquer à haute voix ses vrais sentiments ou parler de quelque chose de « *désagréable* » est considéré comme une transgression majeure. Mrs. Archer est tout de suite consciente de sa bévue quand elle rappelle aux Van der Luyden leur peu de présence dans le monde, sur le mode de plaisanterie (chapitre VII). Ce couple, qui régit les us et coutumes de la haute société new-yorkaise, est singulièrement édifiant. Alors que les Archer leur demande d'intervenir en faveur d'Ellen, après délibération, un silence s'instaure : « *Le mari et la femme se regardèrent encore. Leurs yeux pâles s'interrogèrent dans une consultation prolongée ; puis le visage de Mrs. Van der Luyden s'éclaira d'un léger sourire. Elle avait compris, et elle approuvait* » (chapitre VII, p. 73). Ce silence qui s'instaure au sein des couples est particulièrement révélateur du conformisme de la société new-yorkaise patriarcale, en annihilant les individus qui ne s'expriment plus que d'une seule voix ou se taisent. Dallas, le fils aîné de Newland et de May, résume ainsi la relation de ses parents : « *Vous ne vous êtes jamais rien demandé l'un à l'autre, n'est-ce pas ? Et vous ne vous êtes jamais rien dit. [...] un duo de sourds-muets* » (chapitre XXXIV, p. 314).

Wharton dénonce l'hypocrisie des conventions qu'impose la société en demandant aux individus de s'abstenir de dire ce qu'ils pensent vraiment. Newland et May connaissent tous les deux la vraie raison pour laquelle Ellen n'est pas allée au bal des Beaufort, mais ils continuent de faire semblant, en supposant qu'elle n'avait pas de robe appropriée. La tension qui sous-tend les relations entre les individus dans la société new-yorkaise réside dans l'écart qui existe entre ce que les personnages savent être la réalité et ce qu'ils font semblant d'exprimer, par convenance. Mrs. Archer et sa fille savent tout sur l'histoire louche de Julius Beaufort, mais elles évitent d'en parler ouvertement. Les Beaufort sont, en effet, acceptés et même courtisés tant que le scandale n'est pas visible au public. Au pire, Mrs. Archer concède-t-elle que Julius Beaufort est un homme « *vulgaire* ». Lauwrence Leffers incarne la violence symbolique de cette hypocrisie bien partagée : « *Devenu le grand prêtre du bon ton, il avait si bien façonné sa femme à sa convenance que, malgré les liaisons affichées, elle se plaignait en souriant du "puritanisme de Lawrence", et baissait pudiquement les yeux quand on faisait allusion devant elle aux deux ménages de Julius Beaufort* » (chapitre VI, p. 62).

c. Corps individuel/Corps social

■ Quand le corps, contraint par les conventions, fait signe

L'obésité de Catherine Manson Mingott est mentionnée dès les premières pages du roman. Elle l'empêche d'aller voir des spectacles et même d'assister à la cérémonie des noces de sa petite-fille May, au grand soulagement de la famille que l'« *exhibition de sa monstrueuse personne* » (chapitre XIX, p. 190) désolait, sans qu'elle puisse l'exprimer ouvertement. Ce corps débordant d'une femme qui se définit par son audace poussée jusqu'aux limites du convenable s'apparente à un pied de nez ironique envoyé à la société empesée et corsetée de New York. Mais cette corpulence hors norme symbolise également ce corps social malade de ses interdits, de ses injonctions, de ses silences et de son uniformisation à outrance. Mr. Welland, le père de May, est également un homme au corps souffreteux, atteint de maladies imaginaires insidieusement entretenues par sa femme qui l'accompagne tous les hivers à Saint-Augustin, en Floride. « *[Il] était convaincu qu'il avait les bronches délicates* » (chapitre XIII, p. 132). Son hypocondrie contraste avec la pleine santé de sa fille qui voue une passion aux activités sportives. Chez les Welland, ce sont les femmes qui détiennent le pouvoir. Homme « *de nature douce et silencieuse* », Mr. Welland « *n'avait pas d'opinion personnelles* » (chapitre XIII, p. 132). Se sentant comme « *déjà mort* », Newland finit par en prendre conscience, mais il est déjà trop tard : « *Maintenant, May mûrissait tranquillement, exacte reproduction de sa mère ; mystérieusement, et par suite du même développement, elle tendait à faire de lui un second Mr. Welland* » (chapitre XXX, p. 275).

■ Esprit de corps

L'épisode du malaise de la matriarche est également révélateur du fonctionnement de la société new-yorkaise. Son état de santé ne fait aucun doute, la description qu'en fait Wharton montrant clairement qu'elle a subi un accident cardio-vasculaire : ses domestiques l'ont retrouvée « *appuyée contre les oreillers, les lèvres grimaçantes, tandis que ses petites mains pendaient inertes au bout de l'énorme bras* » (chapitre XXVII, p. 258). Il est sous-entendu que ce malaise est le résultat de la détresse émotionnelle provoquée par la visite de Regina Beaufort venue lui demander, après la faillite de son mari, « *de ne pas les "lâcher", comme elle disait, en somme, d'engager toute la famille à couvrir et à patronner l'abominable scandale !* » (chapitre XXVII, p. 258). Or, Catherine Manson Mingott utilise cet accident pour mieux se débarrasser de cette parenté par alliance, devenue encombrante pour le reste de la famille et risquant de l'entraîner dans leur déshonneur. Regina devra assumer seule. Une fois cette exclusion du couple accomplie, la matriarche demande au médecin – le même qui avait découvert une pneumonie imaginaire à Mr. Welland – de modifier son diagnostic en indigestion, car elle ne veut pas que l'accident vasculaire cérébral diminue son autorité au sein de la société new-yorkaise. Avec la complicité du médecin et de la famille, elle conspire ainsi pour effacer à la fois l'accident vasculaire cérébral et les Beaufort de la mémoire collective de New York.

B. Espace public/Espace privé

Texte-clé

« Enfin, il vit que Mme Olenska s'était levée et prenait congé.

Elle se dirigea vers May ; les autres invités s'étaient rangés en cercle. Les deux jeunes femmes se prirent par la main, et May, se penchant, embrassa sa cousine. »

Edith Wharton, *Le Temps de l'innocence*, chapitre XXXIII, p. 301.

a. La maison : un espace de pouvoir individuel et collectif

Edith Wharton était passionnée d'architecture. Dans *Le Temps de l'innocence*, la maison est un espace qui définit non seulement les individus, mais aussi leurs rapports de force au sein de la communauté ; elle représente une des expressions de son influence, à la fois culturelle et idéologique.

Pour asseoir son influence, Catherine Manson Mingott a fait construire « *dans le quartier lointain de Central Park, une grande maison en pierre de taille blanches, alors que la pierre brune n'était pas moins de rigueur que la redingote de l'après-midi* ». Cette maison, « *qui prétendait imiter les hôtels de l'aristocratie parisienne était là, signe visible de son courage* » (chapitre II, p. 30). La maison des Beaufort était l'une des rares demeures de New York possédant une salle de bal. Elle « *constituait une incontestable supériorité et rachetait ce que le passé de Beaufort pouvait avoir de regrettable* » (chapitre III, p. 36). Le puissant couple des Van der Luyden partage son temps entre leurs domaines de Trevana, dans le Maryland, et de Skuytercliff, sur l'Hudson. Leur « *pompeux* » hôtel particulier de New York n'était que rarement habité et « *ne s'ouvrait qu'aux intimes* » (chapitre VI, p. 67). À Skuytercliff, Newland Archer trouve leur villa italienne « *lugubre* » comme un mausolée, contrastant avec la petite maison attenante du « *Patroon* », devenue le refuge d'Ellen Olenska quand elle décide de fuir momentanément New York.

La maison est aussi un espace où se jouent des rapports de force entre les générations. Les Welland choisissent pour les futurs époux une maison de la Trente-Neuvième Rue, dans un quartier « *un peu éloigné, mais la maison toute neuve, était construite en pierres d'un jaune verdâtre que les jeunes architectes commençaient à employer pour réagir contre les pierres brunes dont le ton uniforme faisait de New York une vaste glace au chocolat* ». Devant leur insistance, Newland « *sentait que son sort été fixé* » (chapitre IX, p. 87). Il craint que May ne la décore dans le même style pompeux que la maison de ses parents : les « *capitonnages violets et jaunes* » du salon, les « *tables en imitations de Boule* », les « *vitrines dorées remplis de Saxe moderne* ». Wharton fait un compte rendu détaillé de la décoration des Welland, qui symbolise leur préoccupation pour les apparences. La maison des Welland contraste fortement avec celle d'Ellen, modeste mais arrangée avec goût et pleine de parfums exotiques. Elle reflète sa nature bohème et la promesse d'une vie aventureuse et passionnée pour Newland.

Enfin, la maison peut se refermer sur l'individu, pris au piège d'un bonheur confortable mais trompeur : à Newport, « *le luxe de la maison des Welland, cette atmosphère chargée du poids de tant de détails jugés indispensables agissait sur Archer comme un narcotique* » (chapitre XXI, p. 216). Wharton établit un lien fort entre les maisons et les individus ; elles ne sont pas seulement un lieu d'habitation, mais aussi un état d'esprit. À la fin du roman, la bibliothèque est un sanctuaire pour Newland Archer, qui symbolise sa vie intérieure secrète et qu'il décore avec goût.

b. La vie en société : une mise en scène constante de soi

En utilisant l'Opéra comme cadre pour l'ouverture de son roman, Edith Wharton montre les mécanismes sociaux qui définissent les individus appartenant à cette communauté new-yorkaise où il n'est pas possible d'être soi-même. Les spectateurs ne viennent pas pour regarder une représentation, mais pour se regarder les uns les autres. Cette société valorise les apparences et la conformité, et l'Opéra est un endroit pour voir et être vu, pour juger et être jugé. Plus particulièrement, c'est un endroit où les hommes regardent et jugent les femmes. Cette dimension spéculaire de la société new-yorkaise où chacun s'observe comme dans un miroir, est présente dans tous les espaces fréquentés : le théâtre, le bal, l'église, les cercles, les clubs – jusqu'à la compétition de tir à l'arc chez les Beaufort à Newport.

Comme sur la scène de l'Opéra, tout le monde joue un rôle qui maintient une apparence de comportements conformes aux attentes de la communauté, et ce, quelle que soit la réalité que l'on ne souhaite jamais regarder pour ce qu'elle est. Julius Beaufort est l'exemple parfait du produit de cette société des apparences. Il parvient à donner le change même lorsqu'il est ostracisé par le clan. La tenue et les costumes deviennent les accessoires de sa mise en scène, faisant momentanément croire qu'il est financièrement rétabli : il fait apparaître sa femme à l'Opéra avec un collier d'émeraudes, qui se révélera plus tard avoir été emprunté.

Cette obsession de la mise en scène de soi caractérise également Newland Archer. Une scène émouvante de congé dans une pièce de théâtre entre deux amants qui n'expriment pas leur amour devient ainsi symbolique pour lui de sa relation avec Ellen (chapitre XII). Plus tard, il comparera son mariage à une scène d'opéra, soulignant ainsi l'irréalité de l'événement : Newland épouse une femme mais en aime une autre.

Chacun endosse donc le rôle que la société lui assigne. Archer et May jouent la partition des conjoints aimants, Ellen essaie de jouer le rôle d'une femme respectable de la haute société, Mr. Welland joue l'invalide pour se protéger d'une société patriarcale avec laquelle il a du mal à composer, Lefferts joue le mari loyal pour cacher ses adultères. Pour autant, chaque rôle exprime une part de la vérité de ce qu'ils sont, révélant, sous le masque, ce qu'ils cachent et les non-dits, tout en les faisant échapper au jugement ou à la censure de la communauté.

c. Des individus et une communauté aux aguets

■ La loge d'opéra : voir et se faire voir

La société new-yorkaise juge la famille d'un individu pour les actions de ce dernier. Sous les regards de la communauté, Ellen Olenska est susceptible de déshonorer son clan en s'obstinant à vouloir divorcer. La source de ce déshonneur est son passé et les rumeurs qui l'entourent. Dans une société fondée sur les valeurs victoriennes, le divorce est impensable. Ellen a quitté son mari – pire encore, on dit qu'elle a commis l'adultère après l'avoir quitté. Son apparition à l'Opéra est donc interprétée comme un défi audacieux : une femme discréditée devrait rester hors de la vue de la société, et sa famille est tenue responsable de cette violation d'un principe fondamental de la communauté. Malgré tout, *« Mrs. Welland et sa belle-sœur faisaient face aux critiques de la salle avec l'aplomb que la vieille Catherine avait inculqué à toute sa tribu »* (chapitre II, p. 32). Pour Newland Archer, Ellen Olenska semble ignorer les enjeux de la situation car elle ne se soucie pas de la façon dont elle est jugée. Or, son déshonneur rejaillit également sur lui, puisqu'il est sur le point de se marier avec sa cousine. Pour déjouer le scandale, il décide de rejoindre leur loge *« et avec un peu d'ostentation, dans l'espoir que toute la salle verrait ce qu'il faisait, Archer s'assit auprès de la comtesse Olenska »* (chapitre II, p. 35).

■ La voiture, à la croisée des influences et des pouvoirs

Comme la loge, la voiture – signe ostentatoire de richesse et d'appartenance à la haute société – est un espace à la fois clos et ouvert, où l'individu peut s'exposer aux regards de la communauté ou s'y soustraire. Wharton se plaît à en en décliner toutes les catégories possibles : du coupé « *Brown* » pris d'assaut par les New-Yorkais « *encore plus pressés de quitter leurs divertissements que de s'y rendre* » (chapitre I, p. 22) à la « *grande calèche à huit ressorts dans laquelle Mrs. Van der Luyden prenait l'air en toutes saisons [...] vue à la porte de la vieille Mrs. Mingott* » (chapitre VII, p. 74), en passant par « *le petit coupé jaune canari attelé de deux cobs noirs* » (chapitre X, p. 100) de Julius Beaufort dans lequel Ellen Olenska a été aperçue, déclenchant une nouvelle crise dans le clan Archer-Welland-Mingott.

L'influence d'une famille se mesure à la « *file de voitures* » qui stationnent devant une maison où l'on organise un dîner, même si Mrs. Archer déplore que posséder sa propre voiture ne soit plus un critère pour « *situer quelqu'un* » (chapitre XII, p. 116). Néanmoins, elle reste un espace symbolique de pouvoir. Après sa victoire au tir à l'arc, c'est May qui prend les rênes de « *leur petit phaéton, cadeau de mariage de Mrs. Welland* », Newland assis à côté d'elle, pour rendre visite à Mrs. Manson Mingott et Ellen. Wharton suggère ainsi, ironiquement, que May garde le contrôle de la situation.

■ Les non-dits tacites

Dans le long dialogue tacite de la fin du chapitre XXVI – tel que l'imagine Newland – Wharton suggère que May en sait plus qu'elle ne l'admet sur les sentiments de son mari pour Ellen. Comme il ne serait pas approprié que May aborde directement le sujet, elle fait mine de ne pas être au courant en prononçant quelques mots en apparence anodins, mais lourds de sous-entendu (« *Et surtout, n'oubliez pas d'aller voir Ellen* », p. 254). Pour Newland, il ne fait aucun doute qu'elle sait qu'il a rompu les rangs avec sa famille et a conseillé à Ellen de ne pas retourner chez son mari. Rien n'est explicitement dit, mais tout est compris. Leur mariage s'apparente à une guerre des tranchées, avec May, Archer et Ellen en son centre, et la famille et la société en observateurs-témoins. Leur relation n'est pas fondée sur la confiance et l'amitié, mais sur la méfiance, l'espionnage, les réunions de stratégie secrète et les messages codés jusqu'à l'exécution symbolique de l'ennemi. Dallas décrit avec une grande lucidité la complexité de leur couple : « *chacun de vous en savait plus long sur ce que pensait l'autre que nous ne savons, nous, sur ce que nous pensons nous-mêmes* » (chapitre XXXIV, p. 314).

C. Le désir individuel et les lois de la communauté

Texte-clé

« Mme Olenska avait la place d'honneur ; pouvait-on souligner avec plus de finesse qu'on ne la tenait plus tout à fait pour une parente ? Il y avait des choses qu'il fallait faire sans marchander et, parmi celles-ci, dans le vieux code de New York était le dernier ralliement du clan autour du membre qui allait en être retranché. Maintenant qu'elle partait, les Welland et les Mingott tenaient à proclamer leur inaltérable affection envers la comtesse Olenska. »

Edith Wharton, *Le Temps de l'innocence*, chapitre XXXIII, p. 300.

a. Des devoirs individuels

Même si les Van der Luyden incarnent le contrôle social, Newland Archer les estime, en acceptant leur autorité par sens du devoir. Eux-mêmes semblent souffrir de ce pouvoir que la société de New York leur accorde du fait de leur seule naissance. Cela transparaît dans la gestuelle d'Henry Van der Luyden – *« il retira son gant [...] et lissa son haut-de-forme avec un peu d'embarras »* (chapitre X, p. 104) – chez les Archer qui le sollicitent une nouvelle fois pour trouver une solution aux comportements inappropriés d'Ellen et mettre un terme à ses relations douteuses. De fait, ils doivent, eux aussi, se soumettre aux mêmes impératifs de la vieille société new-yorkaise et se résigner aux rôles qui leur sont assignés. Ainsi, le *« sort les obligeait à rester les arbitres sociaux de leur petit monde, la dernière cour d'appel du protocole mondain, alors qu'ils eussent préféré vivre dans la simplicité et la réclusion, entretenant leurs beaux jardins de Skuytercliff »* (chapitre VII, p. 71). Tous les New-Yorkais respectables, que ce soit en haut ou en bas de la pyramide, sont donc asservis par les mêmes règles, qui exigent la conformité, le devoir et le silence des désirs personnels.

C'est le sens du devoir – et non les désirs, les besoins ou les préférences personnelles – qui guide les actions des individus. Ignorer son devoir, c'est porter le déshonneur non seulement sur soi-même, mais sur toute sa famille. Le désir le plus ardent de Newland Archer est de posséder Ellen Olenska, mais cela suppose de trahir May et leurs familles. Chaque fois qu'il envisage d'agir selon son désir, le devoir le rappelle à l'ordre : la date du mariage avancée, l'arrivée d'un enfant, le malaise cardio-vasculaire de Mrs. Manson Mingott. Après que Newland a conseillé Ellen en sa qualité d'avocat, celle-ci comprend qu'elle a également un devoir envers sa famille et décide de sacrifier sa liberté personnelle pour remplir son devoir envers eux. De même, on s'attend à ce que Regina porte le déshonneur de son mari comme le sien et que le mari et la femme reconnaissent leur honte en s'excluant de la communauté.

Pour Ellen enfin, si l'accomplissement du devoir est synonyme de renoncement, il lui apporte aussi la tranquillité de savoir qu'elle ne blesse pas ceux qui se soucient d'elle en agissant de manière égoïste. De même, à la fin du roman, Newland Archer, revenant sur sa vie, trouve une certaine satisfaction d'avoir rempli son devoir avec intégrité, même s'il sait *« ce qui lui avait manqué : la fleur de la vie »* (chapitre XXXIV, p. 307).

b. Le désir sacrifié

Comme l'accident vasculaire cérébral de la matriarche maquillé en indigestion, le dîner organisé pour sceller le départ d'Ellen en Europe avec sa grand-mère est un exemple glaçant de la manière dont la société new-yorkaise efface la vérité qui dérange.

Tout raffiné qu'il paraisse – avec son sorbet à la romaine, les roses de chez Henderson et les menus dorés sur tranches –, ce dîner final que May organise avec l'aide des Archer, au chapitre XXXIII, s'apparente au rituel tribal du bouc émissaire. L'autorité incarnée par une communauté new-yorkaise de toute évidence défaillante – aveuglée par ses vieilles obsessions – masque cette réalité taboue en permettant au clan de May d'exercer son agressivité sur l'un de ses membres. Cette violence rituelle – *« sans effusion de sang »* (p. 301) – se fait au détriment d'une victime expiatoire qui paie pour les manquements d'une société sclérosée et ne contrôlant finalement rien, sinon par la force coercitive des conventions qu'elle impose à tous. Ignorant du projet de son épouse épaulée par son clan, Newman Archer remarque qu'Ellen, consciente de la situation, est « *excessivement pâle* » (p. 299). Quand on lui donne « *la place d'honneur* », il comprend alors avec sidération ce qui se trame. Impuissant, il assiste, « *avec un étrange sentiment de détachement* » (p. 300), au sacrifice de la femme qu'il aime. Toutes les convives sont complices, mais font semblant de ne rien voir, étant « *entendu que personne ne savait rien, n'avait jamais rien soupçonné* » (p. 300). Cette dénégation du réel trouve son apogée quand un étrange ballet de femmes s'organise autour de May et de sa victime en formant un cercle autour d'elles. En maîtresse de cérémonie, May semble triompher. Pourtant, elle montre ici son vrai visage, d'autant plus effrayant qu'elle était apparue à peine deux ans plus tôt comme la jeune femme pure et innocente, caressant son bouquet de muguets. C'est une May froide et méthodique qui se dévoile : « *N'est-ce pas que tout s'est passé à merveille ?* », demande-t-elle à son mari (p. 302). La cruauté sidérante dont elle fait preuve est proportionnelle à l'incapacité affligeante de Newland Archer d'intervenir. Ses velléités de partir sont brutalement arrêtées par l'annonce de sa grossesse, savamment orchestrée par May en manipulatrice parfaitement accomplie.

L'ellipse narrative de vingt-six ans sur laquelle s'achève le roman réduit les personnages à une forme d'insignifiance dérisoire. La plupart des acteurs de l'histoire ont disparu. Newland Archer était à une réception pour l'inauguration des nouvelles galeries du Metropolitan Museum. Lui revient alors en mémoire le rendez-vous avec Ellen devant la collection Cesnola qui « *moisit dans une solitude inviolée* » (p. 284), le gardien traversant « *la salle avec le pas errant d'un fantôme dans une nécropole* » (p. 285), annonciateur de son histoire d'amour inachevée.

Bibliographie et filmographie succinctes

À lire

- William Golding, *Sa Majesté des mouches*, 1954.

À voir

- Martin Scorsese, *Le Temps de l'innocence*, 1993.

PARTIE 3

Étude transversale du thème dans les œuvres

« *La Nature ne crée pas des nations, mais des individus* », écrit Spinoza dans son *Traité théologico-politique* (chapitre XVII, p. 134), affirmant ainsi que, dans son état de nature, l'humanité est avant tout une somme d'individus et non de nations ou de communautés. Il souligne donc que l'individu est antérieur, chronologiquement et ontologiquement, à la communauté. Cette idée que l'individu est un constituant de la communauté, l'élément d'un tout, interroge évidemment le fait que la communauté puisse créer à son tour des codes et des langages qui façonnent les individus qui la composent, et l'on est en droit de se demander qui, de l'individu ou de la communauté, précède l'autre. L'armée, en somme, crée-t-elle des soldats ou, à l'inverse, est-elle composée de soldats ? La question peut, évidemment, sembler aussi absurde que celle qui consiste à se demander qui de l'œuf ou de la poule vit le jour en premier. Elle est toutefois nécessaire pour comprendre qu'individu et communauté, par un jeu d'aller-retour, influent l'un sur l'autre et se nourrissent l'un de l'autre. À travers les quatre œuvres à étudier, *Les Suppliantes*, *Les Sept contre Thèbes* d'Eschyle, le *Traité théologico-politique* de Baruch Spinoza et *Le Temps de l'innocence* d'Edith Wharton, il s'agira de débusquer les références à l'individu et à la communauté pour tenter de définir les liens qui les unissent ou les désunissent. Comment ces textes jouent-il avec les différents niveaux de communauté pour interroger la place complexe, et parfois précaire, de l'individu dans le monde – plus précisément dans *son* monde ? Dans quelle mesure l'individu peut-il être à la fois le porte-parole de sa communauté et sa voix dissonante ? Comment, en somme, l'individu peut-il trouver sa place dans une communauté, en faire partie, tout en gardant son identité propre, sa singularité ?

Nous définirons d'abord les contours des communautés présentées dans ces textes, à travers les images et les critères d'appartenance qui nous sont révélés ; puis, nous verrons quelle place occupe l'individu dans ces communautés, ces sociétés, qui sont toujours problématiques ; enfin, nous présenterons des personnages ou des groupes qui tentent de s'affranchir des codes du groupe et qui, partant, forment un groupe dissident ou se mettent à exister par opposition à la communauté dominante. Ces individus des marges constituent, en réalité, le véritable intérêt de ces textes, qui présentent tous des personnages qui, par leur position surplombante, ou au contraire, par leur relégation sociale, interrogent le groupe et ses limites.

1. L'État, le clan, la famille : le « *labyrinthe* »[1] des communautés

A. Introduction : les métaphores de la communauté

Une communauté est l'ensemble des individus qui sont unis par un lien social ou qui vivent selon une même règle. Il existe donc, tout naturellement, diverses sortes de communauté, qui dépendent du type de lien social ou de règle que suivent ses membres. L'État, la cité, le groupe politique ou religieux, le groupe social et culturel ou le genre constituent autant de niveaux de communauté. Nos textes présentent des individus qui vivent, se meuvent et existent dans une communauté donnée, mais qui portent sur elle et sur celle des autres un regard qui, souvent, passe par l'usage de métaphores. En effet, afin de définir les contours de leur communauté, les personnages utilisent des métaphores, topiques (qui relèvent du lieu commun) ou au contraire plus originales, qui permettent de transférer les cadres de leur communauté à un autre domaine du savoir.

La métaphore la plus fréquente et la plus topique est celle du « ***vaisseau de l'État*** »[2], qui est héritée des textes platoniciens, et reprise notamment dans les pièces d'Eschyle. Dans *La République*, Platon pose les premiers jalons de cette métaphore dans un texte fameux.

Repère

La métaphore de la cité comme navire

[*Socrate compare le chef d'une cité à un pilote de bateau...*]

« Le pilote, par sa taille et par sa force, est au-dessus de tous les marins qui sont dans le bateau (*naus*), mais il est presque sourd, et voit aussi peu loin qu'il ne comprend les choses en matière de bateaux (*nautika*). Les matelots se querellent (*stasiazô*) les uns contre les autres pour tenir le gouvernail, chacun estimant que c'est à lui de le tenir, alors qu'il n'en connaît pas la méthode (*tekhnè*). En plus de cela, ils disent que ce n'est pas une chose qui s'apprend (*didakton*). [...] Ils ne se doutent pas que le vrai pilote doit étudier les saisons, le ciel, les astres, les vents et tout ce qui se rapporte à cette pratique, s'il veut réellement être capable de diriger un bateau. »

Platon, *La République*, 488a et suivants.

Ce passage de *La République* met aux prises Socrate et Adimante au sujet de l'art de gouverner dans la cité : en comparant la cité à un bateau (*naus*), le chef de la cité à un pilote, et le peuple à des marins, il peut filer la métaphore du commandement comme d'un pilotage. La communauté devient alors un navire sur lequel le chef doit connaître l'art (*tekhnè*) du commandement pour tenir le gouvernail assez fermement pour le

1. Edith Wharton, *Le Temps de l'innocence* (IX, p. 92).
2. Mogens Hansen, *Polis et cité-état : un concept antique et son équivalent moderne*, Les Belles Lettres, Paris, 2001, p. 80.

guider. Le risque, s'il n'en est pas capable, est que les individus qui forment la cité se révoltent pour récupérer le pouvoir – métaphoriquement, le gouvernail. Le verbe utilisé par Platon pour parler de cette querelle est *stasiazô*, verbe issu du nom *stasis*, qui désigne soit la tempête, soit la guerre civile. Évidemment, le philosophe s'amuse de cette polysémie pour filer la métaphore.

Le pilote d'une cité est caractérisé avant tout par sa taille (*mégéthos*) et par sa force (*rhomè*), c'est-à-dire qu'il doit posséder des qualités individuelles qui le distinguent du commun. Pour Platon, le bon pilote doit avoir une *tekhnè*, c'est-à-dire une connaissance à la fois théorique et pratique (savoir-faire) du gouvernement. Cette métaphore de la communauté comme navire se retrouve ailleurs dans la littérature grecque, spécifiquement dans le théâtre, qui est un lieu de réflexion sur la communauté civique et religieuse. En effet, Sophocle, après Eschyle, reprit cette métaphore dans *Antigone*, lorsque Créon explique ce qu'est, à ses yeux, un bon citoyen : le bon citoyen est celui qui *« au milieu des orages reste à son poste »* (v. 670).

Cette métaphore est donc un lieu commun et se retrouve à plusieurs reprises dans nos textes. On la retrouve, en plusieurs occurrences, dans les textes d'Eschyle, notamment au début des *Sept contre Thèbes*, dans l'échange entre Étéocle et le messager. *« Le chef au gouvernail de la cité tient la barre en main, sans laisser dormir ses paupières »* (p. 143), s'écrie Étéocle dans le prologue de la pièce et le messager, reprenant la métaphore, répond : *« Allons, bon pilote, à la barre ! fortifie ta cité, avant que se déchaîne l'ouragan d'Arès : déjà gronde la houle de terre aux flots guerriers ! »* (p. 145). Dans ces passages qui ouvrent la pièce, le chef de la cité (*polis*) est associé au pilote d'un navire dont le but est de tenir le cap face à l'ennemi, de veiller sur sa communauté et de lutter contre *« l'ouragan d'Arès »*, métaphore traditionnelle de la guerre.

On retrouve la métaphore dans *Les Suppliantes* : Danaos se présente, au début de la pièce, comme le *« pilote prudent »* (p. 57, en grec *nauklèros* : on reconnaît le mot *naus*, le bateau) de ses filles, regroupées dans le chœur ; de même, Danaos, à l'arrivée de l'armée des fils d'Égyptos, explique : *« Une armée de mer n'est pas si vite prête. Même un mouillage est long : il faut porter à terre les amarres protectrices ; et, même l'ancre jetée, les guides d'une flotte ne sont pas sur-le-champ libérés de crainte, surtout quand ils arrivent dans un pays sans port »* (p. 78). Dans ces passages, outre la référence à la traversée du pays d'Égyptos à Argos, on devine une réflexion sur la communauté comme un navire : en effet, le père des Danaïdes se décrit comme un *« pilote prudent »* de ses filles et du groupe qu'il mène. Il est donc celui qui conduit sa communauté par-delà les difficultés et les menaces. De la même façon, représenter l'armée d'Égyptos comme une flotte revient à associer la communauté ennemie à un navire qui tente d'amarrer dans une terre *« sans port »*. Cette précision renvoie à l'accueil réservé à cette armée, hostile, évidemment. En effet, l'absence de port signale que ces navires ne sont pas les bienvenus en Argolide.

Pourquoi cette métaphore dans les pièces antiques ? Sans doute parce que l'association d'une communauté à un navire offre de nombreuses possibilités interprétatives : **le navire est, comme la communauté, un monde clos sur lui-même**, régi par des règles propres, et avec une hiérarchie qui n'est pas celle d'une autre communauté. La métaphore du navire permet également de mettre en scène la communauté dans la tourmente (métaphore de la tempête), face à une menace ou à des ennemis : l'image est magistralement reprise dans l'*Antigone* de Jean Anouilh, lorsque Créon explique à Antigone à quel point le rôle de chef est pénible en période de conflit.

Texte-clé

« Il faut pourtant qu'il y en ait qui mènent la barque. Cela prend l'eau de toutes parts, c'est plein de crimes, de bêtises, de misère... et le gouvernail est là qui ballotte. L'équipage ne veut plus rien faire, il ne pense qu'à piller la cale. [...] On prend le bout de bois, on redresse devant la montagne d'eau, on gueule un ordre et on tire dans le tas, sur le premier qui s'avance. Dans le tas ! Cela n'a pas de nom. C'est comme la vague qui vient de s'abattre sur le pont devant nous. »

Jean Anouilh, *Antigone*, 1944.

La métaphore du bateau permet donc de représenter la communauté (l'État, la cité, le groupe) comme un monde en plus petit. Ce même procédé est à l'œuvre dans les autres métaphores qui sont utilisées pour évoquer les communautés mises en scène : dans *Le Temps de l'innocence*, Edith Wharton présente le **monde du théâtre et de l'opéra comme un monde en plus petit**, comme une reproduction et une métaphore de la communauté que représente la bonne société new-yorkaise.

Deux passages sont assez caractéristiques : le premier est à l'ouverture du roman, lorsque le lecteur découvre l'un des rituels sociaux majeurs du roman que constitue la soirée à l'Opéra. Les groupes de personnages y sont présentés à la fois comme des catégories de spectateur et comme des types d'individus : *« Le monde élégant se plaisait encore à se rassembler, chaque hiver, dans les loges rouges et or quelque peu défraîchies de l'accueillante et vieille Académie. Les sentimentaux y restaient attachés à cause des souvenirs du passé, les musiciens à cause de son excellente acoustique, et les traditionalistes y tenaient parce que, petite et incommode, elle éloignait, de ce fait même, les nouveaux riches »* (chapitre I, p. 21). Ce passage met en scène quatre catégories (sentimentaux, musiciens, traditionnalistes et nouveaux riches) qui représentent une même communauté, celle des personnes qui vont à l'Opéra : ce lieu où se retrouvent diverses catégories illustre parfaitement ce que nous étudierons ailleurs, à savoir la disparité constitutive des communautés. Ici, on perçoit bien que ces quatre catégories relèvent en fait d'une bipartition assez simple : la bonne société, celle qui a les codes, et les nouveaux riches, qui constituent *« une menace et un danger »* (chapitre I, p. 21) pour le premier groupe.

L'Opéra fonctionne comme une métaphore de la communauté des riches New-Yorkais car, de même que le navire, l'Académie est un lieu clos avec ses propres règles, ses propres normes, ses protocoles particuliers et même ses sous-catégories : en effet, Newland Archer est présenté dans cette scène comme ouvrant *« la porte de la loge réservée à son cercle »* (chapitre I, p. 22), c'est-à-dire que, filant la métaphore, l'auteur établit un parallèle entre la communauté des riches de New York, regroupés en cercles, et l'architecture même de l'Opéra, qui offre des loges privées aux privilégiés.

La métaphore de l'Opéra se file ailleurs dans le texte, et selon d'autres modalités interprétatives. En effet, lors de son mariage, Archer évoque lui-même le parallèle entre les deux mondes : *« "On dirait une première à l'Opéra", pensa-t-il. Reconnaissant les mêmes figures dans les mêmes loges - non ! c'étaient des bancs - il se demandait... »* (chapitre XIX, p. 188). De nouveau, l'Opéra offre un parallèle non seulement au lecteur mais aux personnages eux-mêmes, avec leur communauté sociale. La métaphore est filée jusque dans les détails d'une salle de spectacle : les bancs de l'église sont comparés aux loges du théâtre, dans une épanorthose[1] qui transcrit le flux de conscience d'Archer et cette illusion, presque cette hallucination. En effet, à l'église comme à l'Opéra, les « *mêmes* » personnages apparaissent (notez la répétition de l'adjectif « *mêmes* ») et constituent la communauté socio-culturelle qui gravitent autour d'Archer.

On l'a compris, la communauté, dans *Le Temps de l'innocence*, est un groupe complexe. Plusieurs métaphores permettent d'évoquer cette complexité. Mme Olenska se demande ironiquement, par exemple : « *New York est-il un tel* ***labyrinthe*** *?* » (chapitre IX, p. 92), interrogeant ainsi le dédale des protocoles sociaux. Le groupe social présent au dîner des Lovell Mingott est décrit comme une sorte de meuble, « *retapé in extremis, fait de pièces et morceaux pris à différents milieux sociaux* » (chapitre IX, p. 89). Cette image renvoie sans doute aux meubles rapportés par Mme Olenska après sa séparation (considérés comme les « *débris du naufrage* », chapitre IX, p. 85) parmi lesquels se trouvent des « *tables légères en marqueterie* » (chapitre IX, p. 85). En effet, la société new-yorkaise, voulue lisse et uniforme, est perturbée par cette étrangère qui compose une sorte de **marqueterie**, c'est-à-dire un dessin apposé sur un meuble, grâce à l'inclusion de pièces de bois tirés d'autres essences d'arbre.

Cette image d'une communauté uniforme, voire monolithique, se retrouve dans la **métaphore scientifique** des « *atomes sociaux [qui] roulaient sur le même plan* » (chapitre XXXIV, p. 311), décrivant ainsi la communauté des riches de New York comme un *cosmos*. Ce terme grec se prête particulièrement à la comparaison avec la société new-yorkaise car il signifie : « *bon ordre/organisation/construction* », « *convenance* », « *ordre de l'univers* », mais aussi « *ornement/parure* ». Le *cosmos* est, pour les Grecs anciens, ce qui forme une unité par son arrangement et qui est régi par des lois propres. La métaphore de la communauté comme un ensemble d'atomes se justifie donc complètement.

Enfin, on trouve une autre métaphore de la communauté dans nos textes : celle de la **communauté religieuse** qui, de la même façon que les autres, repose sur la hiérarchie entre les hommes et Dieu/les dieux. Dans le roman d'Edith Wharton, Lawrence Lefferts est considéré comme la « *divinité du "Bon-Ton"* » (chapitre II, p. 32 et chapitre XIX, p. 189), Mrs. Van der Luyden est une « *divinité protectrice* » (chapitre XIII, p. 132), et May apparaît comme la « *divinité tutélaire de toutes les traditions qu'il avait révérées* » (chapitre XX, p. 201). Bref, dans cette communauté, certains jouent le rôle de dieux protecteurs et d'autres de protégés, et une hiérarchie s'établit entre les divinités majeures (Mrs. Van der Luyden, par exemple), et les dieux mineurs, assignés à la protection de tel domaine (le bon goût, la tradition...).

Dans le *Traité théologico-politique*, Spinoza propose un parallèle, plus qu'une métaphore, entre communauté civique et religieuse : « *Il est pernicieux, tant pour la Religion que pour l'État, d'accorder aux ministres du culte le droit de décréter quoi que ce soit ou de traiter les affaires de l'État* » (chapitre XVIII, p. 153). Dans ce qui constitue la première des quatre conclusions du chapitre XVIII, il établit un parallèle entre la communauté civique (l'État) et la communauté religieuse en soulignant que, dans ces deux communautés, les « *ministres du culte* » doivent se limiter à répondre aux interrogations qui leur sont posées. Cela permet d'atteindre une plus grande « *stabilité* ». Le parallèle le plus

1. Figure de style qui consiste à « revenir sur ce que l'on vient d'affirmer soit pour le nuancer, soit pour le réexposer avec plus d'énergie » (*CNRTL*).

intéressant qui nous est fourni par le *Traité théologico-politique* est évidemment le lien qu'il fait avec l'État des Hébreux, qui lui sert de point de départ pour sa réflexion plus générale sur les communautés politiques. Il en arrive même à la conclusion, au début du chapitre XVIII, que *« personne ne peut plus le prendre pour modèle »* (p. 145). De façon assez audacieuse, il renverse son propre parallèle avec le texte biblique qui lui avait servi de base pour sa réflexion : le chapitre XVII reposait, en effet, sur une analyse de l'État des Hébreux et des causes de sa chute.

Audacieuses ou convenues, topiques ou originales, les métaphores de la communauté sont nombreuses dans nos textes et nous permettent de saisir la complexité de ces groupements politiques, sociaux, culturels ou religieux. On se rend compte que le groupement politique est la communauté la plus représentée dans nos textes car elle semble être l'unité de base de toute société.

B. La *polis*, l'État ou la communauté politique

a. La *polis* grecque

Qu'est-ce qu'une *polis* ? Une cité ? Un État ? Mogens Hansen nous répond en ces termes : *« Le mot* polis *a quatre sens différents : (a.) "forteresse", (b.) "agglomération urbaine", (c.) "pays" et (d.) "communauté politique" »*[1]. La *polis* est donc à la fois un lieu très concret de rassemblement, avec une visée militaire *(a.)* ou civique *(b.)*, mais aussi un groupe plus abstrait, composé de citoyens, du moins de membres qui s'assimilent à ce regroupement *(c. et d.)*. Ainsi définie, la *polis* apparaît comme une entité politique et culturelle regroupée dans un même lieu. C'est précisément dans ce cadre-là que naît le théâtre grec, et spécifiquement la tragédie, dont Jacqueline de Romilly nous dit :

Repère

La *polis* et la tragédie

« La tragédie prend place dans la vie de la cité : tout le peuple y assiste ; la représentation est prévue et organisée par les soins de l'État. S'adressant au peuple réuni, les poètes tragiques s'expriment en citoyens et parlent à des citoyens. »

Jacqueline de Romilly, *Précis de littérature grecque*, PUF, Paris, 2014, p. 66.

La tragédie est donc intimement liée à la cité, à la cité démocratique – au sens antique du terme – et l'on n'est donc pas étonné de voir de nombreuses références à cette échelle de la communauté dans les deux pièces d'Eschyle. **Tout, dans la tragédie, renvoie à la communauté civique** que constitue la *polis*, telle qu'elle est définie par Aristote : *« Nous voyons que chaque cité* (polis) *est une communauté* (koinonia) »[2]. Pour s'en rendre compte, il suffit de lire le début et la fin de nos pièces d'Eschyle qui, l'une et l'autre, mettent en scène la cité ou la communauté politique qui la constitue. Dans *Les Suppliantes*, le coryphée commence ainsi : *« Daigne Zeus Suppliant jeter un regard*

1. *Ibid.*
2. Aristote, *La Politique*, 1252a.

favorable sur cette troupe vagabonde. [...] Loin du sol (khthôn) *de Zeus, qui confine au pays syrien, nous errons en bannies ; non qu'aucune cité* (polis) *ait porté contre nous la sentence d'exil...* » (p. 51). Dans ces premiers mots de la tragédie, le coryphée fait le lien entre l'action tragique elle-même et la cité, en soulignant que c'est justement le rapport à la cité qui est problématique. Cette « *troupe vagabonde* » n'est pas un peuple car elle est déracinée, c'est-à-dire détachée de sa terre, de son sol : la matérialité de l'espace est très importante et est mise en évidence par l'usage du mot « *sol* » (*khthôn*, comme dans « *autochtone* »). Le coryphée oppose ainsi la communauté constituée (*polis*) et la troupe errante : seule une *polis*, une cité, une assemblée civique peut voter un exil.

Donc, ce qui constitue une *polis* comme communauté civique, c'est à la fois l'union de ses citoyens, mais aussi sa terre et ses croyances. En effet, à de nombreuses reprises, les divinités « *poliades* » (liées à la *polis*) sont évoquées : la référence aux « *dieux de la cité* » se trouve dans *Les Suppliantes*, p. 57, 62 et 63 (l'expression « *theoi agônioi* » désigne les dieux dont les statues se dressent sur les places publiques), ou encore dans *Les Sept contre Thèbes*, p. 145, où il est question des dieux (*theoi*) qui habitent et protègent la cité (*polissoukhoi*), les « *dieux de ma patrie* ».

Repère

Les divinités de la cité

[*De nombreuses évolutions religieuses et civiques ont lieu en Grèce et, à l'époque d'Eschyle*...]

« Le système religieux est profondément réorganisé en étroite connexion avec les formes nouvelles de vie sociale que représente la cité, la *polis*. [...] Toute cité a sa ou ses divinités poliades dont la fonction est de cimenter le corps des citoyens pour en faire une authentique communauté. »

Jean-Pierre Vernant, *Mythe et religion en Grèce ancienne*, Le Seuil, Paris, 1990, p. 55-56.

Dans *Les Sept contre Thèbes*, la présence de la *polis* est également centrale car c'est le territoire même de la cité qu'il s'agit de défendre (voir le sens a. donné au début du paragraphe). La cité est, avant tout, une forteresse à défendre, car s'y enferme toute la communauté civique, les hommes et les femmes. D'ailleurs, Étéocle met sur le même plan la « *cité* » et la « *maison* » (*oikos*), dans sa fameuse tirade sur les femmes comme « *intolérables créatures* » (*Les Sept contre Thèbes*, p. 148), et répond à une tirade du chœur qui est saturée de références à la *polis* : « *Divinités amies, enveloppez cette ville* (polis) *de votre secours libérateur ; montrez que vous chérissez vos cités* (philopolis) *! Souvenez-vous des sacrifices que ce peuple vous offrit, et que ce souvenir vous guide à son secours. Ne soyez pas oublieuses des mystères prodigues d'offrandes célébrés dans cette cité* (polis) » (p. 148). Dans ce passage, le chœur associe le territoire de la cité, le peuple et la religion, et sature sa parole de références à la cité, à travers la répétition du mot « *cité* » et d'une variation, « *philopolis* » (« qui aime sa cité »), qui renvoie aux divinités poliades qui protègent et aiment *leur* ville, comme si elles en étaient citoyennes.

On l'aura compris, les références à la cité sont omniprésentes car le théâtre est lié à la parole au sein de la cité, donc à la démocratie, mais le théâtre, et spécifiquement la tragédie, s'inscrit également dans un rituel social et religieux – les pièces étant jouées à l'occasion de fêtes religieuses, les Dionysies. La cité, son territoire, ses dieux et ses citoyens sont donc partout dans les tragédies.

b. L'État et la nation

De la même façon que dans la tragédie eschylienne, dans son *Traité théologico-politique*, Spinoza renvoie systématiquement à la communauté civique que constitue l'État et la nation, puisqu'il y définit, au début du chapitre XVI, l'une des modalités d'exercice du pouvoir, la démocratie : « *La Démocratie se définit ainsi : l'union des hommes en un tout qui a un droit souverain collectif sur tout ce qui est en son pouvoir* » (p. 75). Il précise ainsi que la démocratie, en tant que groupement d'individus, constitue une communauté, qui repose sur une « *union* » en un « *tout* » qui exerce un pouvoir « *collectif* ». Dans le texte de Spinoza, l'interrogation porte donc entière sur le lien entre la communauté politique, sous ses diverses formes, et les individus qui la constituent : en effet, les six conclusions auxquelles il aboutit au chapitre XX convergent toutes vers l'idée que l'État et l'exercice du pouvoir en son sein sont fondamentalement en lien avec la liberté individuelle d'expression et de penser. Aussi conclut-il son traité avec l'idée que la liberté d'expression « *peut être accordée sans que la paix de l'État, la piété et le droit du souverain soient menacés* » (p. 206).

Notons également que Spinoza, dans les derniers mots du traité, revient sur la place de l'État non de façon spéculative – l'État comme objet d'étude –, mais réflexive, c'est-à-dire qu'il met en application ses principes : « *je soumettrai de grand cœur à l'examen et au jugement des Autorités de ma Patrie tout ce que j'ai écrit. Si j'ai dit quoi que ce soit qu'elles jugent contraire aux lois du pays ou nuisible au salut commun, je veux que cela soit comme n'ayant pas été dit. Je sais que je suis un homme et que j'ai pu me tromper* » (chapitre XX, p. 208). Dans ce dernier geste d'humilité – en partie topique, c'est-à-dire qu'il s'agit d'un lieu commun –, le philosophe se replace dans sa position d'individu au sein d'un État. D'ailleurs, par un effet de variation qui montre l'étendue du sens du mot État, il utilise les mots « *Patrie* », « *pays* » et « *salut commun* », qui lient les divers aspects de l'État.

À l'inverse, le roman d'Edith Wharton a une posture beaucoup plus ambiguë concernant l'État et la communauté politique : en effet, l'État américain est à la fois omniprésent et effacé. D'une part, il est omniprésent car tout renvoie aux coutumes américaines ; la référence au territoire américain, et spécifiquement à New York, est centrale, notamment par ses coutumes. La plus évidente est Thanksgiving, fête typiquement nord-américaine, qui est présenté au chapitre XXVI, p. 247, avec une référence à la coutume (« *comme d'habitude au dîner du Thanksgiving Day* »), qui permet à Mrs. Archer de faire « *le bilan de son petit univers* ». Évidemment, la référence à son « *univers* » rappelle que ce jour est l'occasion de retrouver sa communauté. Mais, outre cette référence précise, les occurrences sont rares et la nation américaine ne vit que par opposition avec d'autres pays (notamment européens, nous y reviendrons). D'autre part, l'État est volontairement effacé car il est objet de méfiance : les membres de la bonne société new-yorkaise ne devraient pas « *sali[r] leurs manchettes dans les affaires municipales ou dans la politique d'État* » (chapitre XIV, p. 138). L'ambiguïté est tout à fait perceptible dans ce passage où Archer, tout en **refusant l'implication dans la politique d'État**, s'indigne à l'idée même de quitter son territoire : « *Comme si un "gentleman" pouvait abandonner son pays ! C'était aussi impossible que de se mêler à la politique* » (chapitre XIV, p. 138).

En fait, dans *Le Temps de l'innocence*, il faut faire un pas de côté pour comprendre la place de la communauté : elle se trouve ailleurs que dans la cité, la nation, ou l'État. Elle s'incarne dans le « *cercle* », la « *constellation* », le groupe socio-culturel, qui se reconnaît par des *signes*, dont nous allons donner un aperçu.

C. La langue, l'apparence et les codes : les critères d'appartenance

a. Les mœurs et la morale comme critères d'appartenance

Pour signaler son appartenance à une communauté, l'individu doit manifester des « *signes* », c'est-à-dire des traits extérieurs qui permettent de s'assurer de l'attachement, réel ou affecté, à ladite communauté. Le premier signe d'appartenance à la communauté est le **respect des mœurs** et de la morale du groupe : pour appartenir au groupe, il faut en respecter les usages, les lois et les codes moraux. Tous les membres d'un État, par exemple, doivent obéir aux mêmes lois, comme le rappelle Spinoza : « *Les souverains sont tenus par [l]e droit divin autant que les sujets* » (chapitre XVI, p. 88). En associant le souverain à ses sujets, il signale que l'autorité divine doit assembler ces deux partis, pour n'en faire plus qu'un.

Il faut donc que tous les membres de la communauté obéissent aux mêmes lois, sous peine que l'État ne s'auto-détruise : Spinoza le rappelle plus loin, lorsqu'il écrit que « *la conservation de l'État dépend avant tout de la fidélité des sujets, de leur vertu et de leur constance dans l'exécution des commandements* » (chapitre XVII, p. 101). Il affirme ici que tous les membres de l'État doivent se plier aux mêmes règles avec « *constance* », « *fidélité* » et « *vertu* ». Le dernier de ces trois termes peut, évidemment, nous interroger : en effet, alors que les deux premiers renvoient à la façon d'obéir - avec régularité -, le dernier met en jeu une donnée à la fois plus complexe et plus fédératrice car elle relève de la morale. La vertu apparaît à plusieurs reprises chez Spinoza comme un élément fédérateur car elle s'associe à une loi supérieure, divine en l'occurrence : « *accomplir la loi de Dieu c'est pratiquer la justice et la charité suivant le commandement de Dieu* » (chapitre XIX, p. 167). On retrouve cette association entre la loi divine et la vertu – spécifiquement la justice et la charité, avec ou sans majuscules – à plusieurs reprises : chapitre XV, chapitre XVIII, p. 155 ou XIX, p. 168.

Les valeurs qui font société sont évidemment différentes dans les pièces d'Eschyle où les **codes héroïques archaïques** sont utilisés comme signes de reconnaissance. Le **courage**, par exemple, est central, pour les hommes comme pour les femmes, même si la réalisation et la manifestation de cette vertu sont différentes pour les deux groupes. L'échange entre le coryphée et Étéocle est significatif :

> « *Le coryphée : Je n'ai plus de courage (apsychia) : l'épouvante m'arrache mes mots !*
>
> *Étéocle : Je t'en prie, voudrais-tu m'accorder une légère grâce ? [...] Tais-toi, malheureuse ; cesse d'effrayer les tiens.* » (*Les Sept contre Thèbes*, p. 151).

Étude transversale

Dans ce passage, le coryphée s'écrie qu'il manque de courage en utilisant le terme « *apsychia* », composé du préfixe privatif *a*-, et du radical *psych*- (*psychè*, en grec, désigne l'esprit, l'âme, l'intelligence, bref, ce qui est constitutif de l'humanité) : le choix de ce terme pour évoquer la couardise renvoie, en fait, à l'idée que le courage (*andréia*, en grec) est une valeur constitutive du groupe auquel il appartient. Le courage, pour les hommes, se manifeste sur le champ de bataille par la vigueur au combat - nous étudierons la scène des boucliers dans *Les Sept contre Thèbes* - et pour les femmes par la force mentale (ne pas crier, ne pas pleurer).

L'autre critère de civilisation et d'appartenance à la communauté est **l'hospitalité**, qui est même, dans la civilisation grecque, l'un des marqueurs les plus forts de civilisation : il suffit, pour cela, de penser à *L'Odyssée*. Les rapports entre Ulysse et ses hôtes peuvent se comprendre entièrement en termes de bonne et de mauvaise hospitalité. À cet égard, *Les Suppliantes* est un chef-d'œuvre dramatique sur le droit d'asile et sur l'hospitalité : tous les personnages se positionnent par rapport à ce critère déterminant de la communauté. D'ailleurs, tous les citoyens d'Argos ont, d'une seule voix, accepté d'accueillir les suppliantes : *« Argos s'est prononcée d'une voix unanime »* (*Les Suppliantes*, p. 72), se réjouit Danaos, en personnifiant Argos pour insister sur l'unanimité de la décision et, de ce fait, mettre en scène le fait que la décision a été prise par la communauté entière. On retrouve cela dans la bouche du roi : *« Par un vote unanime, le peuple argien l'a proclamé sans appel : jamais il n'abandonnera à la violence une troupe de femmes »* (*Les Suppliantes*, p. 83).

Courage et hospitalité sont donc les deux éléments définitoires de la communauté (argienne ou thébaine) : appartenir à l'une ou à l'autre cité revient à adhérer à ces valeurs morales.

La morale est beaucoup plus difficile à percevoir dans *Le Temps de l'innocence* : le terme est quasiment absent de l'œuvre car, en réalité, ce qui fonde la morale de ce cercle, ce sont les codes, les signes, c'est-à-dire les comportements extérieurs. À ce titre, une expression au début du roman est tout à fait significative de glissement : *« Archer acceptait leur code en fait de morale »* (chapitre I, p. 25). Cela montre qu'Archer a compris que certains jeunes gens de son cercle sont médiocres intellectuellement, mais que, comme ils sont majoritaires, il doit **accepter ce code comme une norme morale**. On perçoit bien ici le glissement du **code social vers la morale**. Nous reviendrons sur ce dernier point. Le respect d'un code, éthique, social ou verbal, est donc un autre critère de définition de la communauté.

b. L'appartenance par la langue

L'un des critères définitoires d'une nation est, selon Spinoza, sa langue. En effet, les individus *« ne se distinguent en nations que par la diversité de la langue, des lois et des mœurs reçues »* (chapitre XVII, p. 134). Spinoza réaffirme ici, certes, l'unité de la communauté sous des lois identiques, mais aussi la place de la langue comme marqueur, comme signe d'appartenance à la communauté. Mais il ajoute que si la langue est un trait définitoire d'un groupe ou d'une nation, seules les lois et les mœurs fondent l'originalité et la singularité de ces groupes (*« seules les lois et les mœurs peuvent faire que chaque nation ait une complexion singulière, une condition propre »*, chapitre XVII, p. 134). Il en déduit, en prenant l'exemple des Hébreux, que leur insoumission vient de leur mœurs et non de leur langue. Il attribue donc à la langue une valeur particulière car elle définit la communauté, mais sans influer sur elle. Distinguons par ailleurs la langue et le langage.

Repère

Langue et langage

« Mais qu'est-ce que la langue ? Pour nous elle ne se confond pas avec le langage ; elle n'en est qu'une partie déterminée, essentielle, il est vrai. C'est à la fois un produit social de la faculté du langage et un ensemble de conventions nécessaires, adoptées par le corps social pour permettre l'exercice de cette faculté chez les individus. »

Ferdinand de Saussure, *Cours de linguistique générale*, 1916, Payot, Paris, 1996, p. 25.

Le langage désigne la faculté individuelle de communiquer avec les autres, alors que la langue renvoie à l'ensemble des outils qui permettent de communiquer (grammaire, lexique, syntaxe...) : la langue n'est donc pas commune à tous les individus, mais seulement à une communauté donnée. La langue est un ensemble codifié que l'interlocuteur doit décoder, décrypter, pour comprendre : en l'absence de décryptage, la communication entre individus peut être rompue, et la communauté est, de fait, mise en péril.

Ce jeu entre langue et langage est nettement perceptible dans *Le Temps de l'innocence*, où nombre de personnages évoquent leur rapport à la langue ou au langage. Le début du roman est assez significatif : *« Une loi immuable et incontestée du monde musical voulait que le texte allemand d'un opéra français, chanté par des artistes suédois, fût traduit en italien, afin d'être plus facilement compris d'un public de langue anglaise. Ceci semblait aussi naturel à Newland Archer que toutes les conventions sur lesquelles sa vie était fondée »* (chapitre I, p. 22-23). Dans ce passage, la langue (les langues) du *« monde musical »*, c'est-à-dire de la communauté des spectateurs d'opéra, apparaît comme une convention, voire comme une loi. Même si cet extrait traite de façon humoristique cette étonnante pratique, il révèle aussi le rapport à la langue de ce texte : parler une ou plusieurs langues repose sur une convention.

Le contexte est donc déterminant : un opéra qui ne serait pas traduit en italien ne serait pas compris. Il y a un jeu entre la langue de communication quotidienne – l'anglais – et la langue du *« monde musical »* – l'italien.

De la même façon, Mme Olenska affirme à Archer : *« Je ne parle pas votre langue »* (chapitre XV, p. 142, en anglais : *"I don't speak your language"*), et Archer *« sentait que jusqu'à un certain point c'était vrai »* (chapitre XV, p. 145). Cette langue qui, temporairement, n'est pas partagée par les interlocuteurs est, on le comprend bien, une entrave à leur communication. En effet, Mme Olenska signale ainsi qu'elle ne comprend pas les coutumes et les codes de Newland Archer. La langue est donc un réseau si complexe de signes que le sens peut temporairement - ou, dans ce cas, fictivement - échapper à l'interlocuteur. Grâce à cette affirmation, Mme Olenska montre que la langue est le véhicule des idées et des coutumes d'Archer : ne pas *« parler »* sa langue revient, par métaphore, à signaler qu'elle n'a pas ses modes de pensée.

Dans les pièces d'Eschyle, et dans la pensée grecque, **la langue est également un marqueur identitaire et communautaire fort** : le Grec est, par opposition au barbare, celui qui parle la langue grecque. C'est précisément pour cette raison que le chœur des Thébaines s'écrie de ne pas livrer la cité *« à une armée qui parle une autre langue* (hétérophonos) » (*Les Sept contre Thèbes*, p. 147-148). Le critère qui définit la communauté adverse est sa langue. Nous reviendrons sur cette idée, mais notons d'emblée que la langue est une donnée qui circonscrit la communauté : parler grec, c'est permettre la reconnaissance mutuelle et surtout affirmer son appartenance à une communauté civique et politique, dans un monde particulièrement fragmenté où la langue grecque elle-même est protéiforme. En effet, le grec est formé de nombreux dialectes (l'attique, le dorien, le béotien, l'argien, l'éolien…) qui, malgré l'intercompréhension, marquaient une identité culturelle forte.

La langue fonctionne donc comme un marqueur communautaire fort car les personnages de nos textes se reconnaissent par elle et font cercle grâce à elle.

c. L'étiquette : agir pour être reconnu

L'étiquette désigne l'ensemble des traditions et des gestes conventionnels qui permettent à un individu de manifester implicitement son appartenance à un groupe donné, et qui offre aussi au groupe la possibilité d'identifier ses membres. Cette reconnaissance peut avoir lieu grâce à divers indices : modes d'expression, vêtement, gestes protocolaires, postures sociales…

Dans le *Traité théologico-politique*, Spinoza évoque ce dernier point à propos des habitants de la ville d'Amsterdam qui vivent *« dans la plus parfaite concorde »* (chapitre XX, p. 204) grâce à leur union autour d'un comportement social précis, l'honnêteté. En effet, *« ils s'inquiètent uniquement […] de savoir s'il a accoutumé d'agir en homme de bonne foi ou en fourbe »* (*ibid.*). On comprend que **le comportement des individus est vu par la communauté comme un critère d'appartenance**, quelle que soit l'origine. L'étiquette, c'est-à-dire, ici, l'image qui est renvoyée à la communauté par ses pratiques (il n'est nulle part question de sincérité), est donc déterminante pour fixer les contours de la communauté.

Dans *Les Suppliantes*, le roi voyant le chœur des Danaïdes arriver se demande : *« D'où vient cette troupe à l'accoutrement si peu grec, fastueusement parée de robes et de bandeaux barbares, à qui je parle ici ? Ce n'est point là le vêtement des femmes ni à Argos ni dans aucun pays de Grèce »* (*Les Suppliantes*, p. 59). Par le simple regard, le roi associe la communauté des Danaïdes, encore inconnue de lui, à un groupe étranger : pour cela, il se fonde sur les vêtements dont les détails – la richesse des ornementations – prouvent l'étrangeté. Elles sont, nous l'étudierons en détail, associées à des barbares. La deuxième partie de ce passage met en évidence la codification vestimentaire : il est capable de reconnaître n'importe quel peuple grec grâce à son vêtement.

À l'inverse, ne pas être capable d'identifier le vêtement revient à ignorer le statut de son interlocuteur. Analysons la réponse du coryphée à qui s'adresse cette question : *« Tu n'as point fait d'erreur sur notre parure* (cosmos). *Mais moi, en te parlant, à qui parlé-je ici ? Est-ce à un citoyen ? à un héraut, porteur de la baguette sainte ? au chef de la cité ? »* (*Les Suppliantes*, p. 59). Le chœur, représenté ici par le coryphée, commence en validant les propos du roi concernant sa tenue : il l'a compris, elles ne sont pas grecques. Le terme utilisé par le coryphée est tout à fait intéressant car il s'agit de *cosmos*, dont nous avons dit qu'il renvoie à une organisation. Ici, la tenue est appelée *cosmos*, car cela renvoie à l'alignement de la communauté et du vêtement. Le chœur est d'accord pour affirmer que sa tenue reflète son origine. Et, de la même façon que le roi était incapable d'identifier la tenue et de la relier à une communauté, le coryphée ne parvient pas faire le lien entre l'apparence du roi et son statut : les trois questions en sont la preuve.

La tenue vestimentaire, en tant que *signe*, fonctionne également comme un code qui permet – ou non – d'associer un individu à sa communauté.

Le texte qui joue le plus avec la notion d'étiquette est celui d'Edith Wharton car, dans la société dépeinte, tous les rapports sociaux reposent sur une extrême codification entre ce qui se fait et ce qui ne se fait pas. Le personnage de Lawrence Lefferts apparaît d'ailleurs, dès le début du texte, comme « *le premier arbitre de New York en matière de "bon ton"* » (chapitre I, p. 26), au point même d'être qualifié de « *divinité du "Bon-Ton"* » (chapitre II, p. 32 et chapitre XIX, p. 189). Un extrait mérite une analyse détaillée :

> « *C'était la règle : le fiancé devait témoigner de son empressement, en s'exposant ainsi seul aux regards de l'assemblée. Archer se résignait à cette formalité, comme à toutes les autres exigences d'un rite qui semblait venir de la nuit des temps. Il obéissait scrupuleusement aux injonctions agitées de son garçon d'honneur, comme autrefois les mariés, qu'il avait dirigés à travers le même labyrinthe, lui avaient obéi à lui-même.* » (chapitre XIX, p. 187).

Dans ce passage, le début du livre II, Newland Archer est sur le point de se marier et est dépeint comme se conformant aux traditions de sa communauté en ces circonstances. La phrase initiale introduit le rituel et signale d'emblée que **cette pratique est traditionnelle – donc, dans cette communauté, obligatoire**. Il y a une « *règle* », c'est-à-dire une norme, ici non écrite, tacite, qui émerge d'un passé immémorial (« *la nuit des temps* », « *autrefois* »). Le lexique de l'obligation est d'ailleurs omniprésent (« *règle* », « *formalité* », « *exigences* » et « *injonctions* ») et corrélé à celui de l'obéissance (« *se résignait* », « *obéissait scrupuleusement* », « *avaient obéi* »). Ce qui est remarquable, dans cet extrait, c'est aussi que les rituels du mariage – ce type de mariage, entre membres d'une même communauté (on parle d'*endogamie*) – sont représentés comme un « *labyrinthe* », c'est-à-dire qu'il faut être guidé pour s'y conformer scrupuleusement : le garçon d'honneur fait office de guide dans ce rituel initiatique, ce rite de passage.

La **transmission** est également déterminante dans l'étiquette : le jeu sur les temps verbaux (opposition imparfait/plus-que-parfait) souligne que les anciens transmettent aux nouveaux et que, inéluctablement, cette tradition sera perpétuée par les générations. Ce fantasme d'une tradition éternellement prolongée sera, nous y reviendrons, détruit par le fils de Newland Archer, qui le considère comme « *vieux jeux* » (chapitre XXXIV, p. 317).

En somme, nos textes jouent sur la communauté, à ses divers niveaux, selon ses acceptions plurielles et complexes. Qu'il s'agisse d'une cité, d'un État, d'un clan ou d'un groupe, les communautés sont régies par des règles auxquelles les membres doivent obéir. La communauté repose également sur une hiérarchie, où chaque individu doit tenir sa place, ou du moins la chercher.

2. L'individu dans la communauté : faire partie de la « *pyramide* »[1]

La communauté constitue donc l'ensemble des individus liés entre eux par une ressemblance, par un sentiment d'appartenance ou par une volonté de faire corps. Les communautés présentées dans nos ouvrages sont hiérarchisées, et les individus, bien qu'ils appartiennent tous à la communauté, ne jouent pas tous le même rôle, n'ont pas tous la même place ni le même statut : qu'il s'agisse de l'opposition entre les gouvernants et les gouvernés, entre les riches et les pauvres, ou entre les hommes et les femmes, chaque individu possède et conserve ses spécificités. En effet, l'image de cercle qui se dégageait de notre première partie doit, en fait, être remise en cause et l'on devrait plutôt considérer les communautés non comme des cercles concentriques, mais comme des pyramides : l'image de la pyramide se trouve d'ailleurs à deux reprises dans *Le Temps de l'innocence* (chapitre VI, p. 65 et XII, p. 116). Nous y reviendrons en détail, mais notons que cette métaphore de la société permet d'aborder les communautés dans leur unité (la pyramide forme un tout) et dans leur diversité. Les communautés se répartissent donc entre ceux qui gouvernent (A.) – les souverains, les chefs ou les rois – et ceux qui obéissent (B.). Notons également que les femmes (C.) ont un statut particulier, car les sociétés qui nous sont présentées dans l'ensemble des œuvres les relèguent à des places précises.

A. « *La majesté du souverain* »[2] : les attributs du chef

La communauté, en tant qu'unité civique et politique[3], est dirigée par un chef politique, dont le mode de gouvernement influencera le type de régime **politique** : un chef unique et autoritaire impliquera que la communauté politique sera une tyrannie, alors qu'un chef qui consulte ses sujets assimilera plutôt sa communauté à une démocratie. Le chef, donc, est celui qui donne le mouvement à l'ensemble ; il est, pour reprendre la métaphore, au sommet de la pyramide. Pourtant, définir les contours des prérogatives du chef de la communauté est difficile car il reste un individu, c'est-à-dire un simple particulier : c'est pour cette raison, selon Spinoza, que les anciens gouvernants se sont fait passer pour des dieux, car, pensaient-ils, leurs sujets « *souffriraient plus volontiers d'être gouvernés par eux* » (chapitre XVII, p. 104). Cette appropriation de l'autorité divine par le chef aurait permis à ce dernier de légitimer sa puissance, ses prérogatives, voire sa domination. Dans le *Traité théologico-politique*, un écrit militant, Spinoza s'interroge précisément et remet en cause les modalités d'exercice du pouvoir dans les États.

D'ailleurs, l'une des thèses du philosophe consiste à rejeter l'utilisation de certaines formes de loi au profit d'autres types de gouvernement : « *Vouloir tout régler par des lois, c'est irriter les vices plutôt que les corriger* » (chapitre XX, p. 198), écrit-il à la fin de son traité. Puis, prenant l'exemple de la luxure et de l'ivrognerie, il suggère que ce que le souverain « *ne peut prohiber, il faut nécessairement le permettre* » (chapitre XX, p. 198) : il signale donc ici que le souverain, malgré son autorité, ne peut contrôler tous les aspects

1. Edith Wharton, *Le Temps de l'innocence*, chapitre VI, p. 65.
2. Baruch Spinoza, *Traité théologico-politique*, chapitre XX, p. 192.
3. Voir supra, partie 1 de l'étude transversale.

de la communauté, en tant qu'elle est composée d'individus dont les vices et les défauts sont le propre le leur personnalité et de leur unicité.

Dans son *Traité théologico-politique*, le philosophe tente donc de chercher quel est le rôle du chef au sein de la communauté. Sa réponse la plus claire est que le chef décide *« de ce qui est légitime et [de] ce qui ne l'est pas »* (chapitre XVIII, p. 156) : le premier attribut du chef est donc de circonscrire, dans sa communauté, les limites de la loi (*légalité*) et de ce qui conforme au droit naturel (*légitimité*). Ainsi, **le souverain a surtout le pouvoir de définition** : il précise, il encadre, il délimite les actions des membres de la communauté (dont il fait partie), en fonction de leur légalité et de leur légitimité. Le (bon) gouvernant ne cherche donc pas à avoir un pouvoir universel, car il sait notamment qu'un *« gouvernement est modéré quand cette liberté [d'expression] est accordée à l'individu »* (chapitre XX, p. 192).

Le gouvernant doit avoir conscience de ce qui relève de son autorité, mais ne pas outrepasser le droit naturel le plus fondamental, qui est la liberté d'opinion et de parole : les conséquences ne peuvent en être que funestes. *« L'exercice du pouvoir ne va pas sans la pire violence dans un État où l'on tient pour crimes les opinions qui sont du droit de l'individu »* (chapitre XVIII, p. 154). Il souligne ici que les opinions, c'est-à-dire le droit de penser et de dire ce que l'on pense, sont inaliénables ; on ne peut pas les enlever. La réflexion de Spinoza porte donc sur les limites de la souveraineté et sur les prérogatives du chef vis-à-vis de la communauté : il rejette d'abord l'autorité souveraine de droit divin (*« La ruine de l'État sera beaucoup plus rapide si des particuliers revendiquent séditieusement le droit de Dieu »*, chapitre XIX, p. 181) et estime ensuite que le bon gouvernant ne doit pas empêcher la libre pensée de ses sujets.

Les attributs du roi dans les pièces d'Eschyle sont assez différents. Son pouvoir politique occupe trois domaines : le religieux, le diplomatique et le militaire. Il s'exerce sur un territoire donné, qui définit même géographiquement, spatialement, l'étendue de sa souveraineté : c'est pour cette raison que Pélasgos, dans sa deuxième réplique, délimite son territoire lorsqu'il dit au coryphée : *« Je suis maître de tout le pays que traverse le Strymon sacré, à partir de sa rive occidentale. J'englobe les terres de Perrhèbes [...] et les montagnes de Dodone... »* (*Les Suppliantes*, p. 59). En énumérant tous ses terres, il montre métaphoriquement l'étendue de son pouvoir et de sa puissance.

Le premier domaine dans lequel s'exerce son autorité est le monde **religieux** : lui, qui est appelé *« le maître de l'autel »* par le chœur (*Les Suppliantes*, p. 64), est en lien avec le monde des *« dieux de [sa] cité »* (*Les Suppliantes*, p. 63). De même, Étéocle apparaît comme le chef de la religion car il répartit les rôles religieux : les hommes doivent faire les sacrifices (*« C'est aux hommes à offrir aux dieux des hécatombes »*, *Les Sept contre Thèbes*, p. 150) et les femmes doivent prier (*« le droit honorer les dieux »*, *ibid.*). Cette répartition des rôles et des gestes religieux est typique de l'autorité religieuse du roi grec.

Le deuxième attribut du roi eschylien est le pouvoir **diplomatique**. Il est chargé de discuter et de négocier avec le héraut dans *Les Suppliantes* et, devant l'obstination de ce dernier, il est contraint de le menacer : *« Y toucher t'en cuirait »* (p. 83), conclut-il. Il se fonde sur le respect de l'ensemble de la communauté pour tenir sa position. En effet, le bon roi qu'il est n'agit pas seul dans ce cadre diplomatique, mais se fonde sur l'avis de son peuple : *« par un vote unanime, le peuple argien l'a proclamé sans appel »* (p. 83). On remarque d'ailleurs les scrupules politiques du roi Pélasgos, qui refuse de prendre une décision sans avoir consulté son peuple : *« je ne saurais te faire de promesse, avant d'avoir communiqué les faits à tous les Argiens »* (p. 64), dit-il au chœur qui souhaite être accueilli et protégé le plus rapidement possible. Ce dernier, d'ailleurs, ne comprend pas son zèle, ce qui témoigne de la grande différence culturelle entre les Égyptiens, représentés par le chœur des Danaïdes venu d'Égypte, et les Grecs : *« C'est toi, la cité ; c'est toi, le Conseil »* (p. 64), s'écrie le chœur. Il trahit sa méconnaissance du système politique grec, qui repose sur la consultation populaire (le vote) grâce aux principes démocratiques.

La dernière prérogative du roi grec est **militaire**. À la fin des *Suppliantes*, le héraut menace le roi : *« Tu soulèves là une guerre incertaine »* (p. 83). Il refuse de fléchir et, devant la crainte des Danaïdes, leur indique que sa cité est protégée par *« des remparts élevés »* (p. 84). On retrouve ces attributions dans *Les Sept contre Thèbes* : le roi Étéocle est un chef civil lorsqu'il impose aux femmes le silence (p. 151). Il ouvre d'ailleurs la pièce en rappelant que la cité le tiendra responsable des malheurs qui pourraient la frapper. Mais il s'impose avant tout comme le chef militaire, qui dirige les soldats : *« Aux créneaux ! aux portes de remparts ! Tous debout ! courez armés de pied en cap ! Garnissez les parapets, occupez les terrasses... »* (p. 144). Le ton est martial : impératifs, phrases averbales et exhortation au combat sont la preuve qu'Étéocle est aussi un chef de guerre. Sa légitimité de chef militaire est acquise par son statut de citoyen-soldat : il commande aux hommes parce qu'il a la légitimité d'être lui-même un soldat. Au terme de l'énumération des six chefs adverses, il affirme qu'il affrontera en personne le septième, Polynice : *« c'est moi-même qui irai me mesurer avec lui. [...] Roi contre roi »* (p. 163). Il précise ici son double statut de roi et de combattant : il se met ensuite dans l'accoutrement du soldat lorsqu'il demande que l'on *« apporte aussitôt [s]es cnémides »* (p. 163), c'est-à-dire ses jambières.

En somme, le roi possède, sur sa communauté, des prérogatives politiques, militaires, religieuses et diplomatiques, qui le placent au sommet de la *« pyramide »*. D'autres formes de souveraineté sont représentées dans nos textes, et nous montrent d'autres rapports entre l'individu et sa communauté.

D'autres chefs que gouvernants politiques sont présentés dans nos œuvres et ils occupent tous des places singulières, en fonction de leur **positionnement dans la pyramide sociale**. Les chefs militaires sont évidemment importants dans les pièces d'Eschyle : le poète dramatique met en scène des généraux, en particulier dans *Les Sept contre Thèbes*, qui appartiennent soit au clan argien, sous les ordres de Polynice, soit au clan thébain, sous les ordres d'Étéocle. Le tableau ci-dessous permet de visualiser les différents chefs de guerre mentionnés dans chaque camp :

Chef argien	Références	Chef thébain	Références	Qualités des thébains
Tydée	p. 154-155	Mélanippe	p. 155	Noblesse
Capanée	p. 156	Polyphonte	p. 156	Puissance/volonté
Étéoclos	p. 157	Mégareus	p. 157	Courage
Hippomédon	p. 158	Hyperbios	p. 158-159	Noblesse
Parthénopée	p. 159	Actor	p. 160	Modestie
Amphiaraos	p. 160-161	Lasthène	p. 161-162	Puissance/sagesse/force
Polynice	p. 162	Étéocle	p. 163	Roi

Les qualités des chefs sont multiples, mais toujours liées à la morale : la noblesse, la modestie, le courage, etc. Lasthène, le sixième chef thébain, est caractérisé par la complémentarité de ses qualités de souverain : *« Si son esprit est d'un vieillard, ses muscles sont jeunes, son œil agile et son bras prompt à frapper »* (*Les Sept contre Thèbes*, p. 162). Ses qualités sont aussi diverses que la sagesse et la vigueur, l'acuité et la puissance ; il rassemble donc les qualités du vieillard et du jeune homme, ce qui est un lieu commun de l'éloge. En effet, dans les éloges des souverains, ces derniers sont souvent marqués par la complémentarité de leurs qualités. Le chef militaire est ici celui qui a toutes ces vertus. Et, par un effet de gradation qui cherche à dramatiser la scène, Étéocle arrive à la fin et condense implicitement toutes les qualités dans la mesure où il est seulement caractérisé par sa fonction royale. Nul besoin finalement, de préciser ses qualités : mentionner son statut suffit à suggérer sa valeur.

Ces généraux grecs appartiennent donc à l'élite de la cité et de la communauté : ils sont des chefs, certes gouvernés par le souverain qui possède tous les pouvoirs[1], mais ils sont en haut de la « pyramide » sociale.

Plus originale est assurément la position des Van der Luyden dans la communauté décrite dans *Le Temps de l'innocence* : dans le roman d'Edith Wharton, Mr. et Mrs. Van der Luyden apparaissent au sommet de la pyramide sociale car ils descendent de familles aristocratiques, au même titre que les Dagonet et les Lanning. Il s'agit même des trois seules familles d'ascendance aristocratique (ils sont *« apparentés depuis plusieurs générations aux aristocraties française et anglaise »*, chapitre VI, p. 66), ce qui leur confère naturellement une **autorité morale et généalogique** sur tous les autres membres de la communauté. Leur rapport est d'ailleurs décrit en ces termes :

> *« La pyramide s'élevait en diminuant vers le sommet, composée d'un bloc compact et brillant représenté par le groupe des Newland, Mingott, Chivers et Manson. Beaucoup de gens croyaient que ces familles atteignaient le sommet de la pyramide, mais elles-mêmes, au moins les personnes de la génération de Mrs. Archer, savaient qu'aux yeux d'un généalogiste sévère, un petit nombre de privilégiés pouvaient seuls prétendre à cette éminence »* (chapitre VI, p. 65).

On comprend bien, par la métaphore de la pyramide que l'on retrouve, que la communauté des gens de bien de New York est rigoureusement stratifiée. Ceux qui semblent être les dominants – la famille Archer, par exemple – sont en réalité en-dessous des trois familles aristocratiques, considérées comme les seuls *« privilégiés »*. Notons, en outre, la métaphore du *« bloc compact »*, qui donne l'illusion que cette couche de la communauté est homogène. Cette unité est évidemment factice. Les Van der Luyden ont un ascendant sur les autres familles du roman et sont d'ailleurs décrits comme des avatars du chef politique car ils sont désignés comme des *« souverains »* (*« souverain régnant »*, chapitre VII, p. 70 et *« mansuétude souveraine »*, chapitre VII, p. 74). Dans la scène qui les associe à des rois, ils reprennent les codes du monde politique ; ils deviennent les avatars du chef politique dans un monde où ce domaine est banni, refusé car considéré comme vulgaire. Les Van der Luyden, mari et femme, sont présentés dans une posture royale : elle est comparée à Esther, reine biblique pieuse et courageuse, et il effectue un geste qui le dispense de parole (*« son mari leva la main avec un sourire »*, chapitre VII, p. 74). Ce geste, puissant et bienveillant, est particulièrement performatif et efficace.

1. Voir supra.

D'ailleurs, Mr. Van der Luyden porte un titre particulier, souvent repris pour le caractériser, celui de « *Patroon* » : la première occurrence, qui apparaît au chapitre VI, p. 67, est l'occasion d'un développement explicatif sur ce titre qui, de toute évidence, n'était pas connu de tous les lecteurs… « *Mr. Van der Luyden portait encore le titre de "Patroon", titre comprenant des droits seigneuriaux et qui avait été conféré par la compagnie de colonisation néerlandaise, vers le milieu du* XVIII*e siècle, aux premiers propriétaires sur l'Hudson.* » Cette description du statut de Patroon permet, en fait, de légitimer la puissance souveraine de cette famille : la mention de la date inscrit la famille dans un lignage ancien, accroissant ainsi son autorité dynastique. L'origine du titre, les Pays-Bas, justifie et explique aussi le nom de la famille : du point de vue onomastique (l'étude des noms propres), le choix du nom Van der Luyden est intéressant car il permet de signaler qu'il s'agit, à l'origine, d'étrangers, mais aussi que le statut de l'étranger est différent lorsqu'il s'agit d'une famille aristocratique, implantée aux États-Unis de longue date. Enfin, lorsque le narrateur précise que le titre de « *Patroon* » s'accompagne de « *droits seigneuriaux* », il ne fait que mettre en évidence la puissance des Van der Luyden.

En fait, le statut de « *Patroon* » de Mr. Van der Luyden fait rejaillir sur ses biens une autorité morale : sa main est « *alourdie par la grande bague du Patroon* » (chapitre X, p. 105), ce qui, métaphoriquement, montre que ce titre est une charge, une responsabilité. Par ailleurs, toutes les autres fois qu'apparaît ce titre, il sert à désigner la « *maison du Patroon* », construite non loin de la maison de Skuytercliff (chapitre XV, p. 143-145), prêtée par la famille à May et Archer, lorsque la maison de Rhinebeck, dans laquelle ils devaient se rendre, devient inhabitable à cause d'une fuite. May se réjouit de pouvoir aller dans cette maison : « *La même chose que Rhinebeck… la maison du Patroon ? Mais ce sera mille fois mieux, n'est-ce pas, Newland ? Quelle charmante pensée ont eue les Van der Luyden !* » (chapitre XIX, p. 196). L'enthousiasme de May montre qu'il s'agit d'un privilège, d'un honneur d'être admis dans une demeure qu'ils « *montrent si peu* » (chapitre XIX, p. 196). La maison du Patroon devient un prolongement de cette noble famille et habiter la demeure revient à fréquenter ces gens brillants. On retrouve un **fonctionnement de cour** (royale ou aristocratique), où la simple présence dans un lieu (le château) suffit à asseoir sa position sociale : la maison du Patroon est un avatar du château aristocratique.

La communauté décrite dans *Le Temps de l'innocence* est donc rigoureusement hiérarchisée et, dans cette communauté des gens de bien, chacun doit tenir son rang. De la même façon, dans le *Traité théologico-politique*, Spinoza dépeint une société où chaque individu, parce qu'il est un simple particulier, doit rester à sa place. Il critique, par exemple, l'appropriation par les Pontifes, c'est-à-dire les chefs du pouvoir religieux, de la souveraineté politique : il explique que l'État des Hébreux s'est déréglé lorsque « *les Pontifes eurent l'autorité de rendre des décrets et de traiter les affaires de l'État* » en « *usurp[ant] le droit du prince* » et en souhaitant « *qu'on leur donnât le nom de rois* » (chapitre XVIII, p. 147). Cette **collusion entre les mondes politique et religieux** est, selon Spinoza, ce qui dérègle, perturbe et ruine les États. En effet, cette confusion entre les chefs induit les individus en erreur et trouble le fonctionnement politique et religieux. Chaque chef doit s'en tenir à son champ d'activité, contrairement, par exemple, au roi eschylien, qui est tout-puissant dans sa cité. Le rôle des chefs est donc déterminant dans la communauté car il fixe une ligne de conduite aux autres individus qui forment la communauté.

B. Obéir, prier, se battre... : les composantes de la communauté

a. Obéir

Si la communauté est composée de chefs, de gouvernants, c'est que le reste des individus acceptent, bon gré mal gré, d'obéir. Mais à qui les individus formant une communauté acceptent-il d'obéir ? Cette question constitue le pendant de la partie précédente sur les formes d'autorité dans les communautés : en effet, nous montrerons que l'obéissance – de même que la souveraineté – offre des formes diverses. La première est le sujet, c'est-à-dire celui qui accepte d'obéir aux ordres du chef politique : cette forme d'obéissance est théorisée par Spinoza, qui avertit que *« celui qui obéit en tout au souverain ne doit pas être dit un esclave inutile à lui-même, mais un sujet »* (chapitre XVI, p. 78). Il souligne ici la **différence fondamentale entre obéissance et servilité**. L'individu qui obéit au chef politique est encore indépendant et n'est pas un esclave, c'est-à-dire qu'il n'est pas aliéné par son maître. Aussi Spinoza opère-t-il en ces termes une distinction fondamentale pour notre sujet :

> *« Nous reconnaissons donc une grande différence entre un esclave, un fils et un sujet, qui se définissent ainsi : est esclave qui est tenu d'obéir à des commandements n'ayant égard qu'à l'utilité du maître commandant ; fils, qui fait ce qui lui est utile par le commandement de ses parents ; sujet enfin, qui fait par le commandement du souverain ce qui est utile au bien commun et par conséquent aussi à lui-même. »* (chapitre XVI, p. 79)

Sont ici opposées trois catégories d'individu obéissant à un chef : l'esclave, le fils et le sujet. La différence entre ces trois types d'individu réside dans le critère de l'utilité de l'action, que l'on pourrait résumer ainsi :

Qui gouverne ?	Qui obéit ?	À qui est-ce utile ?
Maître	Esclave	Maître → Individu
Parents	Fils	Fils → Individu
Souverain	Sujet	Sujet → Individu + communauté

On comprend bien que la différence fondamentale entre les individus obéissants est l'utilité de l'action : en effet, alors que pour l'esclave et le fils, l'utilité *in fine* est l'individu, le sujet mène une action pour la communauté, *« et par conséquent »*, ajoute Spinoza, pour lui-même. Être utile à la communauté revient donc à servir également l'intérêt des individus. La conclusion d'une telle idée est que l'action la plus noble est celle qui est accomplie au nom du souverain, donc de la communauté.

Le philosophe ne fait pas que prôner une obéissance absolue, donc aveugle, au chef, qui permettrait une cohésion sociale et politique et qui garantirait donc la permanence de l'État ; il estime aussi qu'un homme qui obéit au souverain tout en faisant valoir sa raison est *« le meilleur des citoyens »* (chapitre XX, p. 194). L'idée générale de Spinoza est qu'il faut obéir à tous les décrets proposés par le souverain, mais qu'il est impossible de lui être totalement soumis car *« chacun est maître de ses propres pensées par un droit*

Étude transversale

supérieur de nature » (chapitre XX, p. 192), dès lors que ces pensées ne s'expriment pas dans la violence ou la colère.

La question de l'obéissance de l'individu est donc déterminante dans le *Traité théologico-politique* de Spinoza, car elle met en évidence la place et la complexité du lien entre individu et communauté civile et politique : en somme, **l'individu doit obéir au chef pour le bien de la communauté, donc pour son propre bien**, mais il doit le faire en prenant en compte ses propres opinions. L'équilibre pour devenir le « *meilleur des citoyens* » est donc particulièrement complexe dans la pensée de Spinoza. La position d'Eschyle est assez différente : l'individu – homme, femme, groupe, soldat – doit obéir au roi car il a entre les mains le destin de la communauté : Étéocle, par exemple, ordonne au chœur d'accomplir certains rituels propitiatoires[1] et attend de lui qu'il obéisse aux ordres. Le chœur répond toutefois : « *Je voudrais t'obéir ; mais l'effroi tient mon cœur en éveil* » (*Les Sept contre Thèbes*, p. 152). La désobéissance temporaire du chœur signale, par contraste, que c'est l'obéissance qui est la norme dans cette communauté et que les sujets doivent obéir au roi.

Dans *Le Temps de l'innocence*, l'obéissance de l'individu est nécessairement complexe car, nous l'avons vu, les chefs de la communauté sont ambigus. Il n'est nulle part question de désobéir aux lois ou aux ordres, mais il faut attendre la fin du roman pour qu'Archer soit appelé « *"un bon citoyen"* » (chapitre XXXIV, p. 307), avec une expression entre guillemets qui souligne à quel point elle semble incongrue et inadaptée au statut de ce personnage. En effet, le « *bon citoyen* » est celui qui participe avec justice à la vie politique, or le monde d'Archer se méfie du politique. La position de l'individu est donc difficile à tenir ; il doit à la fois être fidèle à son pays et rester éloigné de la politique : « *Comme si un "gentleman" pouvait abandonner son pays ! C'était aussi impossible que de se mêler à la politique* » (chapitre XIV, p. 138)... Paradoxe de l'individu qui tient à sa communauté tout en se tenant éloigné de sa gestion.

Archer, s'il n'est pas explicitement soumis au pouvoir politique, obéit *religieusement* à d'autres formes d'autorité : la tradition et les codes sociaux de sa communauté. L'adverbe « *religieusement* » renvoie au terme qui est utilisé par Archer pour réfléchir à sa position face à la tradition : « *L'innocence de New York n'était-elle donc qu'une simple attitude ? Sommes-nous des pharisiens*[2] *? se demanda Archer. Pour la première fois, il fut amené à réfléchir sur les principes qui l'avaient jusque-là dirigé* » (chapitre XI, p. 111). On retrouve cette métaphore peu après, à propos de la « *voix pharisaïque de la société* » (chapitre XI, p. 113).

Archer et les membres de la communauté à laquelle il appartient obéissent donc à la tradition, c'est-à-dire à une loi non-écrite, transmise tacitement. Ils obéissent aussi à des rites, qui maintiennent la cohésion de la communauté et soudent les individus entre eux. La métaphore religieuse est évidemment volontaire, car les membres de la communauté d'Archer semblent percevoir la tradition comme un avatar de la loi divine. Pour maintenir la cohésion de la communauté, ses membres doivent donc l'obéissance au chef, mais aussi à des forces qui transcendent l'individu, la tradition ou la religion.

1. Qui cherchent à se rendre une divinité propice, favorable.
2. Le terme désigne, à l'origine, une branche du judaïsme qui se conforme scrupuleusement à la Loi de Moïse, et se dit métaphoriquement d'une « *personne qui, observant strictement les préceptes moraux, s'attache plus à leur formalisme qu'à leur contenu, et se donne une bonne conscience* » (*CNRTL*).

b. Prier

« *Faut-il obéir au commandement divin ou à l'humain ?* » se demande Spinoza (chapitre XVI, p. 90). Il répond tout de suite : « *Il faut obéir à Dieu avant tout* ». L'individu doit donc obéir à des forces humaines (les ordres du chef et de la tradition), mais aussi suprahumaines : Dieu, c'est-à-dire la raison et la nature. Pour Spinoza, **obéir à Dieu**, ce n'est pas obéir à la religion (surtout, nous dit-il, qu'il existe de nombreuses divergences d'interprétations et de pratiques), mais au souverain, détenteur du droit, parce qu'il a scellé un pacte avec les hommes. Il n'y a donc pas de primauté de la religion sur l'État dans la pensée de Spinoza, mais plutôt un pas de côté : « *Nul ne peut pratiquer droitement la piété ni obéir à Dieu s'il n'obéit à tous les décrets du souverain* », explique Spinoza (chapitre XIX, p. 175), et il précise même que « *la piété pour la patrie est la plus haute sorte de piété qu'un homme puisse montrer* » (chapitre XIX, p. 173). Le croyant est donc celui qui obéit à une force suprahumaine, par l'intermédiaire d'un humain qui a scellé un pacte social avec Dieu.

Très différente est, en revanche, l'obéissance aux dieux dans la religion grecque traditionnelle telle qu'elle est présentée dans les pièces d'Eschyle : le polythéisme grec ne connaît pas de dogme et pas de livre sacré. La religion est entièrement tournée vers le geste, la pratique : il n'y a donc **pas d'orthodoxie** (croire correctement), mais seulement une **orthopraxie** (pratiquer le rite correctement). La religion grecque et l'obéissance aux dieux sont omniprésentes dans les pièces d'Eschyle : *Les Suppliantes* a même pour thème une pratique religieuse centrale du polythéisme grec. En effet, la supplication est un geste religieux dont le mot grec souligne l'importance de l'action : en grec *hikéteia*, qui donne son nom aux suppliants, *hikéteis*, et à la pièce (*Hikétidés*), vient d'une racine (**seik-*) signifiant « *saisir la main* ». Le suppliant est donc celui qui s'adonne au **geste** de la supplication, le plus souvent en groupe : en effet, l'idée même de piété dans les croyances grecques est problématique, puisque ce qui compte est moins la croyance que la **pratique** qui lui est associée. Il n'est donc pas question de sentiment religieux : la religiosité se perçoit dans l'expression commune de la dévotion.

Les divinités mentionnées sont explicitement convoquées par le groupe, ou au nom du groupe, pour la communauté : le chœur des *Suppliantes* se qualifie de « *suppliants de Zeus* » (p. 73) et implore ce dernier de les délivrer (« *exaucez-nous* », p. 53). Les paroles et les gestes rituels accompagnent la demande et l'espoir d'un retour, selon le principe du « *do ut des* »[1]. L'offrande suprême est d'ailleurs évoquée dans *Les Suppliantes*, car le coryphée présente le suicide collectif des Danaïdes comme une « *offrande insolite* » (p. 67) aux dieux d'Argos. Danaos, dans son obéissance aux dieux, affirme d'ailleurs que « *Zeus est l'auteur de la décision dernière* » (p. 73) : il faut donc accepter les décrets des dieux.

Dans *Les Sept contre Thèbes*, le chœur invoque et se soumet aux « *divinités de Thèbes* » (p. 146), dont il dresse une liste (p. 146-147) : Zeus, Pallas (Athéna), Poséidon, Arès, Cypris (Aphrodite), Héra et Apollon sont implorés par le geste traditionnel de la supplication (« *exaucez pleinement les prières des bras tendus vers vous* », p. 148). Obéir aux dieux consiste donc à leur formuler une prière, à leur promettre une offrande, dans le but d'obtenir satisfaction pour la cité et pour les membres de la communauté. Les statues des dieux se trouvent dans des lieux publics et les prières se font d'ailleurs généralement en public, et collectivement.

1. Locution latine qui signifie : « *je te donne pour que tu me donnes* ».

Les dieux à qui les individus et le groupe obéissent dépendent évidemment de l'origine de la communauté (la religion est donc un nouveau marqueur ethnique) : le héraut égyptien des *Suppliantes* affirme donc : *« les dieux du Nil sont les dieux que j'adore »* (p. 82), explicitant ainsi que sa communauté honore des dieux différents des dieux grecs.

Enfin, dans le texte d'Edith Wharton, on trouve également la question de l'obéissance à une autorité divine. Au premier sens du terme, certaines règles de conduite sont dictées par la religion : *« Je suis protestante ; notre église ne défend pas le divorce dans un cas comme le mien… »* (chapitre XII, p. 123), dit Mme Olenska à Archer, signalant qu'elle connaît et obéit aux lois religieuses et aux interdits qui y sont associés. Mais au sens figuré, il y a d'autres formes d'obéissance à la loi divine : en effet, la tradition (*« divinité tutélaire de toutes les traditions »*, chapitre XX, p. 201) ou encore le bon goût (*« l'implacable divinité du "Bon-Ton" »*, chapitre XIX, p. 189) apparaissent souvent comme des **avatars de la norme religieuse**, à laquelle les individus doivent se soumettre pour appartenir au groupe.

Les dieux occupent donc une place singulière dans les communautés représentées dans nos textes, et interrogent la place de l'individu à la fois face au chef, mais aussi face au reste de la communauté : polythéisme grec et monothéisme chrétien ont une position évidemment différente, mais les deux posent la question de la place du croyant ou de l'orant (celui qui prie) dans la société. En effet, le croyant/orant/suppliant, en tant qu'individu, doit positionner sa foi et sa prière par rapport au reste du groupe. Dans le cas de Spinoza, nous avons compris la complexité du processus, alors que pour le polythéisme grec, la position est assez simple : on prie pour le groupe, de même que l'on se bat pour lui.

c. Se battre

Si l'on reprend schématiquement le principe de la tripartition fonctionnelle de Georges Dumézil[1], on peut distinguer, dans toute société, trois groupes, correspondant chacun à une « fonction » :

- une fonction souveraine, liée au sacré (pouvoir politique et religieux : le roi et le ministre du culte) ;
- une fonction guerrière (le soldat) ;
- et une fonction productrice, liée à la fécondité (le paysan).

Nous avons déjà vu que les sociétés dépeintes dans nos textes incluaient des individus correspondant à la première fonction (politique/religieux) ; ils mettent également en scène des individus qui incarnent la fonction guerrière, c'est-à-dire qui défendent la communauté. L'individu, dans ce cas précis, menace sa vie pour la sauvegarde et la préservation de la communauté.

En premier lieu et selon une acception très concrète, protéger sa communauté signifie se battre physiquement pour elle : c'est le cas de nombre des personnages des pièces d'Eschyle. Dans *Les Suppliantes*, le roi sait qu'accorder le droit d'asile aux Danaïdes déclencherait une *« guerre incertaine »* (p. 63), mais la communauté a voté et est prête à se battre : lorsqu'il est question de ce vote, aucun individu n'est mentionné, et le roi

1. Georges Dumézil, *L'Idéologie tripartite des Indo-Européens*, Latomus, Bruxelles, 1958.

même s'efface derrière ce choix, comme pour signaler que **la guerre est une décision collective**. Dans *Les Sept contre Thèbes*, Étéocle est un roi-guerrier, qui défend sa communauté et sa cité non dans son seul intérêt, mais dans celui du plus grand nombre. Pièce guerrière par excellence, *Les Sept contre Thèbes* présente une scène particulièrement frappante, celle de la revue des chefs : sept chefs thébains sont opposés à sept chefs argiens, ; la lutte qui s'annonce sera donc un duel, voire un corps à corps, et les boucliers deviennent la métaphore du combat annoncé.

Les individus présentés sont des chefs, mais ils n'en sont pas moins des individus, qui donnent leur vie pour la communauté : lorsque meurent Étéocle et Polynice dans la pièce, le messager et le chœur insistent précisément sur le fait qu'ils étaient frères, et pas seulement chefs (« *mains fraternelles* », p. 168 ; « *flanc fraternel* », p. 170 ; « *frères jusque dans l'anéantissement* », p. 171). Ils sont morts comme des individus, comme des hommes, pour leur communauté et pour la justice qu'ils défendaient : la lutte fratricide est évidemment la figure suprême du soldat-guerrier, prêt à tuer son frère pour sauver sa communauté. Spinoza, d'ailleurs, explique que, pour les hommes droits, « *il est honorable, à ses yeux, non infamant, de mourir pour la bonne cause, glorieux de donner sa vie pour la liberté* » (chapitre XX, p. 202). Le guerrier spinozien est celui qui donne sa vie non seulement pour sa patrie (il n'en est pas directement question), mais surtout pour obéir à son chef : « *qu'un soldat ne reste pas à son poste, son plan d'attaque a beau avoir été bon, il a beau avoir mis l'ennemi en fuite, il n'en est pas moins justement condamné à mort pour avoir violé son serment et le droit du chef* » (chapitre XVI, p. 84). On comprend donc que le soldat est avant tout celui qui obéit aux ordres, fussent-ils illogiques.

Nous ne sommes pas étonnés de la présence de la guerre dans les pièces d'Eschyle, tant la civilisation grecque est fondée sur le combat, la rivalité : il s'agit d'une société profondément **agonistique** (guerrière) car l'affrontement y est omniprésent (guerre, sport, art, politique…). Le texte de Wharton, qui met en scène une société qui cherche à « *faire bloc* », présente également à sa façon des combats, donc des combattants. Qui combat ? Contre qui ? Pour quoi ? Les membres de la bonne société se battent pour le maintien de leurs traditions et de leurs privilèges, dans un monde menacé par les nouveaux riches et les étrangers : en effet, ils luttent contre les pratiques des nouveaux riches, entièrement tournés vers le plaisir facile (les traditionnalistes veulent garder leur vieil Opéra car il est inconfortable et qu'il « *éloignait de ce fait même les nouveaux riches dont New York commençait à sentir le danger* », chapitre I, p. 21), et Archer déplore l'intrusion de nouvelles mœurs venues de l'étranger (il parle des « *société européennes, riches oisives, faciles* »). La bonne société non seulement se méfie mais s'oppose, voire entre en guerre, contre les nouveaux riches et les étrangers. Nous étudierons en détail ces figures de l'altérité. D'autres combats, toutefois, émergent : celui des jeunes face aux anciens ou des traditionalistes face aux modernes. Mais de façon générale, les combats sont souterrains.

Combat armé ou combat de mots, pour sauver sa cité ou pour préserver ses privilèges, nos textes mettent en scène des soldats qui luttent pour ce qu'ils estiment être juste.

C. Du cri au silence : la voix des femmes dans la communauté

La tripartition de Georges Dumézil distinguait trois fonctions – politique, guerrière et productrice – théoriquement occupées par les individus dans les sociétés. Mais en mettant nos textes à l'étude, on constate que les femmes sont souvent en décalage par rapport à ce schéma, séduisant mais réducteur. En effet, dans nos textes, les femmes ont une position complexe par rapport à la communauté, car elles y occupent un espace à la fois central par leur présence et marginal par le regard porté sur elles. Ce paradoxe se perçoit notamment dans les jeux de voix et dans les prises de parole des femmes.

Notons tout d'abord l'absence des femmes dans le *Traité théologico-politique* de Spinoza. Deux raisons peuvent être avancées : la première est qu'elles appartiennent de plein droit à la communauté et ne doivent donc pas en être distinguées. Lorsqu'il est question de la société, le philosophe inclut naturellement les femmes. Un passage pourrait aller en ce sens : « *Tous, hommes, femmes, enfants, peuvent bien obéir par commandement, mais non posséder la sagesse* » (chapitre XIII). Dans ce passage, hors des textes au programme, le philosophe explicite ce qu'il entend par « *tous* » et inclut les femmes : on retrouve cette idée dans l'évocation des « *familles* », considérées comme les premières formes – peut-être des formes primitives – de communauté. En effet, avant la communauté politique, il y avait des « *tribu[s]* » qui étaient « *divisée[s] en familles* » (chapitre XVII, p. 120) : les femmes étant des membres centraux des communautés familiales, elles apparaissent donc, en creux, comme les premières composantes dans la constitution des communautés. La seconde hypothèse serait qu'elles n'ont pas droit de cité en politique et en religion et qu'elles sont réduites au silence par le philosophe.

Les femmes dans l'œuvre de Wharton occupent une grande place : elles sont à la fois les **personnages principaux, mais aussi les plus problématiques**. Dans le roman, deux types de femme s'opposent : on pourrait dire qu'il y a les femmes-May et les femmes-Olenska. Bien au-delà de la confrontation amoureuse, elles incarnent deux rapports à la société et au monde. Leur régime de parole, leur type de voix est à leur image : pure et naïve pour May ; brute et violente pour Olenska. Il suffit de lire deux scènes de dialogue pour se rendre compte des différences dans l'usage des voix : pour May, nous analyserons la scène où elle fait part de ses doutes à Newland (chapitre XVI, p. 158-159), et pour Mme Olenska, la scène des fleurs (chapitre XVIII, p. 172).

D'une part, May apparaît comme une jeune femme franche, calme et discrète, dont la voix et le regard, dirigés vers le sol, sont empreints de modestie : elle parle « *à voix basse* », « *franchement* », avec un rythme calme (« *elle s'arrêta, puis ajouta* »). Sa gestuelle aussi est caractéristique de sa posture : elle « *baissa la tête* », « *abaissa son regard* », et laisse sa voix « *s'éteindre dans un murmure* ». Cette discrétion met en scène sa « *lucidité* » et sa « *noblesse* » : sa voix montre, en même temps qu'elle dit, quel type de femme elle est.

D'autre part, la voix de Mme Olenska signale à quelle « *catégorie* » de femme elle appartient : dans la scène des fleurs, elle ne parle pas, mais elle crie (le verbe « *s'écrier* » est répété). Ses phrases sont majoritairement exclamatives (« *Je ne vais pas au bal !* »), parfois averbales (« *Et surtout ce soir !* »), et même onomatopéiques (« *Ah !* »), ou réduites à un seul mot (« *Nastasia !* »). La parole est incontrôlée, furieuse – toute son attitude laisse deviner sa colère : « *un éclair de colère sembla jailli d'elle* » – et l'on peine même à la comprendre ; elle parle en italien, comme pour montrer qu'elle ne relève temporairement plus de la même communauté que les autres, et même Archer ne reconnaît pas sa voix (donc, par métonymie, cette femme). La **voix de May est maîtrisée et la parole de Mme Olenska est incontrôlée et brute** : la voix de ces femmes trahit donc leur rapport au reste de la communauté, entre **docilité** (Mme Olenska dit de May qu'elle est « *esclave des conventions* », chapitre XVIII, p. 176) et aspiration à la **liberté**.

Dans les pièces d'Eschyle, la voix des femmes est également complexe et protéiforme, mais elle est déterminante sur scène. En effet, tour à tour chant de deuil, prière, incantation, lamentation, colère, menace ou hurlement, la voix des femmes grecques est omniprésente et puissante. Dans *Les Sept contre Thèbes*, les voix féminines émergent du chœur : cette parole chorale, conjugaison de voix individuelles, fait écho au bruit tonitruant et effrayant de la guerre, et répond à la voix masculine d'Étéocle, qui tente de les faire taire. Elles crient donc pour prolonger les bruits de la guerre : « *Ah ! ah ! J'entends le bruit des chars tout autour de la ville. Ô puissante Héra ! Les essieux ont crié sous le poids des guerriers. Artémis aimée !...* » (p. 147). Dans ce passage, on comprend que les cris, voix inarticulées de la peur (« *Ah !* »), fonctionnent comme un écho aux chars qui approchent de la cité de Thèbes : la personnification des chars dont les essieux « *crient* » insiste sur la porosité entre le monde masculin de la guerre et l'univers féminin du cri. Ces hurlements sont liés à des pratiques incantatoires, car le chœur appelle des divinités – féminines, d'ailleurs.

La peur fait donc crier ce chœur de femmes qui, pourtant, affirment qu'elles sont incapables de parler (« *l'épouvante m'arrache mes mots !* », p. 151) : en fait, la peur empêche de produire une parole maîtrisée et dominée par la raison ; c'est le règne de la confusion. C'est pour cette raison qu'Étéocle demande aux femmes de se taire : « *silence !* », « *ne peux-tu te résigner à te taire ?* », « *tais-toi* » (p. 150-151). Il veut rétablir la raison face à la désorganisation. Mais derrière cette première impression que les femmes sont sous le joug des hommes, il faut aussi remarquer qu'elles sont les dernières sur scène, les dernières encore vivantes : Antigone et le chœur sont les deux derniers personnages à sortir de scène. La pièce commence par l'omniprésence masculine, par la domination d'Étéocle, mais s'achève par la mort des hommes et par une forme du triomphe féminin. Elles assurent la permanence de la cité et des rites car, à la mort, elles opposent le chant de deuil – forcément lié à la vie de celui qui reste – et les pratiques funéraires.

Dans *Les Sept contre Thèbes*, elles sont la vie face à la mort. Elles sont la parole face au silence, qu'Étéocle parvient temporairement à leur imposer. Elles sont aussi la permanence des rites face à l'extinction des hommes. Dans *Les Suppliantes*, la place des femmes est un peu différente : elles ouvrent et ferment la pièce et sont partout dans la tragédie. Tout d'abord, elles encadrent la pièce pour des raisons dramaturgiques : en effet, la *parodos* et l'*exodos* correspondent à l'entrée et à la sortie du chœur, ici composé de femmes. Donc, naturellement, les femmes sont les premières sur scène, dans le chœur, mais aussi les dernières à partir. Elles sont aussi omniprésentes pour des raisons tragiques : en effet, **les femmes sont le nœud de la tragédie**, la raison même de la pièce. Le titre de la pièce indique que les femmes seront centrales, titre que l'on retrouve dans la *parodos* : « *Puisse Zeus sauveur agréer cette troupe de femmes comme suppliantes* » (p. 52). Dès l'entrée du chœur, le spectateur voit et entend qu'il s'agit de femmes et qu'elles viennent pour adresser une requête.

Rappelons toutefois que, dans le théâtre grec, seuls des hommes adultes jouaient et que, par conséquent, c'est avant tout sous la forme de masques et de déguisements qu'apparaissaient les femmes…

Repère

Les femmes dans le théâtre grec

« Le théâtre grec classique, composé par des hommes et joué par des hommes, est clairement destiné aux hommes. En même temps, le théâtre tragique met en scène des histoires dans lesquelles les femmes sont largement impliquées, comme elles sont largement représentées dans l'*orchestra* et sur le *proskenion*, sous le masque porté par des acteurs masculins. »

Louise Bruit Zaidman, « Le discours masculin/féminin sur le *genos gunaikôn* dans la tragédie grecque », *Problèmes du genre en Grèce ancienne*, La Sorbonne, Paris, 2007, p. 147.

C'est un regard d'hommes, joué par des hommes, sur un monde guerrier d'hommes, au milieu duquel parlent des femmes, que représentent nos tragédies. Il ne faut donc pas se tromper sur cette présence féminine. Notons toutefois que les femmes font pleinement partie de la communauté, parce qu'elles l'interrogent et la remettent en cause à des niveaux divers. Qu'il s'agisse de Mme Olenska, d'Antigone, du chœur des Danaïdes ou des Thébaines, elles fonctionnent comme une **voix dissonante** à laquelle dieux et hommes tentent de répondre ou de s'opposer. C'est aussi par les femmes que, bien souvent, le conflit apparaît car elles constituent une interrogation (individuelle ou collective) sur l'ensemble de la communauté. Elles sont donc insérées dans cette communauté tout en interrogeant son cadre et ses pratiques.

3. L'individu contre une communauté

Si certains personnages de nos textes cherchent à appartenir à une communauté en adoptant ses codes, ses usages et son langage, cette recherche n'est pas permanente, uniforme ni universelle. En effet, d'autres personnages tentent, à l'inverse, de prendre leurs distances avec la communauté, soit en cherchant à s'affranchir de ses codes, soit, plus radicalement, en s'y confrontant. L'individu devient alors un membre dissident de la communauté, qui peut en être exclu, volontairement ou non, et cela pour diverses raisons. Il s'agira de comprendre les mécanismes d'exclusion à l'œuvre dans nos textes.

A. S'affranchir d'une communauté

a. Les femmes qui s'affranchissent de la communauté

Si certaines femmes de nos textes interrogent les limites de la communauté tout en y étant parfaitement insérées, d'autres – et parfois les mêmes, selon les passages et selon les variations de posture – en sont affranchies, ou tentent de s'en affranchir. Elles sont classées en trois grands types : la fugitive, la hors-la-loi et l'exclue.

■ La fugitive

La fugitive est celle qui s'enfuit de sa communauté pour en former ou en rejoindre une nouvelle : le chœur des Danaïdes appartient à cette catégorie car ces dernières se définissent elles-mêmes de cette façon. Quatre fois, les Danaïdes sont qualifiées de fugitives dans *Les Suppliantes* d'Eschyle (p. 63, 66, 79 et 86), et à chaque fois dans un contexte de peur ou de poursuite – le chœur est *« semblable à la génisse pourchassée du loup »* (p. 63) – par les fils d'Égyptos, *« mâles en chasse »* qui pressent *« la fugitive de leurs lubriques clameurs »* (p. 79). Le lexique et la métaphore de la chasse renvoient à ce statut de la fugitive, qui est contrainte de fuir pour assurer sa survie. Les Danaïdes sont donc exclues – plus précisément chassées – de leur communauté et de leur territoire, mais sont accueillies par une autre.

■ La hors-la-loi

Le statut de la hors-la-loi est bien différent : elle est **exclue de la communauté** parce qu'elle en refuse les normes, les codes ou les lois. En effet, en vertu du contrat que signent les individus avec la communauté et donc avec le souverain, ils sont *« tenus d'exécuter absolument tout ce qu'enjoint le souverain, alors même que ses commandements seraient les plus absurdes du monde »* : cette règle énoncée par Spinoza dans son *Traité théologico-politique* (chapitre XVI, p. 76) suppose que celui qui enfreindrait cette règle serait, de fait, hors-la-loi. C'est précisément le cas d'Antigone dans *Les Sept contre Thèbes*. La scène avec Antigone est un ajout plus tardif à la pièce, par un autre poète tragique qu'Eschyle, mais témoigne bien des questionnements sur l'obéissance aux chefs et sur la place de l'individu dans la communauté, thématiques très en vogue dans le théâtre grec classique.

Dans cette scène ajoutée (on pourrait dit apocryphe[1]), les deux frères sont morts, et Antigone entre en scène : elle veut s'opposer au décret qui interdit l'ensevelissement de Polynice. Elle est d'emblée considérée comme une *« rebelle »* (p. 175 : *anarkhia*, en grec), qui refuse d'obéir à des *« sommations »* car le héraut, en sa qualité de porte-parole, défend à Antigone d'enterrer son frère (*« moi, je te l'interdis »*, p. 176 : le mot grec, *apénépô*, est un mot lié à la tragédie car on n'en trouve des occurrences presque uniquement chez les Tragiques). Antigone est donc une hors-la-loi parce qu'elle refuse les normes imposées par la communauté : elle est prête à accepter l'exclusion de la cité et du groupe pour ce qu'elle considère comme une injustice.

Texte-clé

L'Antigone de Sophocle contre la loi des hommes

« Ce n'était pas Zeus qui avait décrété cela, ni la Justice, compagne des Dieux d'en-bas : ils n'avaient pas dicté aux hommes de telles lois. Je ne pensais pas que tes ordres soient assez puissants pour que les lois non écrites et impérissables provenant des dieux doivent fléchir sous un mortel. Elles n'existent pas depuis aujourd'hui, ni depuis hier : elles sont éternelles et personne ne sait quand elles ont vu le jour. »

Sophocle, *Antigone*, v. 447-454.

1. Se dit d'un texte ou d'un passage dont l'authenticité est douteuse : comme les textes grecs étaient recopiés à la main, il pouvait y avoir des fautes ou des ajouts.

■ L'exclue

La dernière catégorie, celles des exclues, se distingue des deux premières par le fait qu'elles sont mises au ban du groupe par le groupe lui-même. Les fugitives sont actives lorsqu'elles fuient, de même que les hors-la-loi. **L'exclue est passive et victime.**

Dans *Le Temps de l'innocence* de Wharton, Mme Olenska appartient à la catégorie des exclues car elle est rejetée par la communauté des gens de bien à cause de sa réputation sulfureuse : l'épisode le plus caractéristique de ce rejet collectif est celui du dîner chez les Lovell Mingott. On y apprend que *« pour présenter la comtesse Olenska »*, la famille Lovell Mingott donne un grand dîner de cérémonie auquel sont conviés les plus éminents membres de la communauté. Mais la sentence ne se fait pas attendre : *« Quarante-huit heures après que les invitations furent lancées, on sut que tout le monde avait refusé »* (VI, p. 64). La précision du temps écoulé - alors même que la romancière joue souvent avec les ellipses implicites - insiste sur la rapidité de la réaction : la communauté s'est mise d'accord, après concertation ou non, pour ne pas accueillir la comtesse Olenska. Elle est donc bannie de la communauté car elle n'en possède pas les codes. De même, en utilisant le singulier collectif *« tout le monde »*, la romancière signale que la communauté est soudée autour de valeurs et a répondu d'une seule voix à cette invitation. C'est précisément à l'issue de cette scène que la métaphore de la pyramide est évoquée pour la première fois. Ici, la métaphore est détournée car, sur cette pyramide sociale *« solide et glissante »*, une première *« fissure apparente s'était produite »* (VI, p. 65). Assurément il s'agit ici de la première *« fissure »* dans la pyramide, du premier élément qui vient déranger l'ordre social. La sanction est toutefois instantanée et radicale : l'exclusion.

Les exclues sont aussi, temporairement, les femmes du chœur dans *Les Sept contre Thèbes*, à qui Étéocle veut imposer le silence : les faire taire, au théâtre, revient à les faire disparaître de la tragédie, donc de l'espace occupé par la communauté. La raison invoquée est ici qu'elles mettent en péril le groupe par leurs hurlements. Jean Alaux, dans la préface de l'édition des *Sept contre Thèbes*[1], écrit d'ailleurs que *« la femme est l'exact symétrique des ennemis campés aux portes de Thèbes : une étrangère menaçant à sa façon l'ordre civique, d'autant plus redoutable qu'elle investit l'espace public »*.

« Ô Zeus, qu'as-tu créé en nous créant la femme ? » (p. 151), s'écrie Étéocle, déplorant de façon topique le mauvais comportement des femmes dans la communauté (voir par exemple Sophocle, *Antigone*, v. 648 et suivants). Posture provocatrice, évidemment, paroles d'un homme en colère, assurément. Les femmes occupent donc un espace singulier dans nos textes car, désobéissant volontairement ou non aux lois de la communauté, elles commettent des transgressions qui les excluent temporairement ou définitivement du groupe. Elles sont reléguées dans un espace marginal, hors de la communauté, où elles doivent, comme d'autres personnages, trouver une nouvelle place.

b. Rompre avec les traditions

On trouve, chez Spinoza, un individu qui condense ces trois figures de l'exclu, du fugitif et du hors-la-loi. En effet, il distingue trois types d'individu hors norme : le chef politique, le prophète et l'homme *« de caractère indépendant »* (chapitre XX, p. 197). Ce dernier type d'individu nous intéresse particulièrement car il est rejeté, et même pourchassé par

1. Paul Mazon, Les Belles Lettres, Paris, 1997.

d'autres membres de la communauté (les « *fanatiques* » et les « *ambitieux* »), en raison de sa liberté d'opinion, considérée comme fautive, selon les lois établies par le souverain : « *Les lois concernant les opinions menacent non les criminels, mais les hommes de caractère indépendant* » (chapitre XX, p. 199). Ils sont donc à mi-chemin entre le fugitif, contraint de fuir la communauté, le hors-la-loi et l'exclu, car ils sont non seulement les acteurs de leur propre exclusion, mais aussi les victimes d'un bannissement arbitraire.

S'affranchir de sa communauté revient souvent à rompre avec les traditions qui la constituent. À cet égard, Mrs. Archer, dans *Le Temps de l'innocence*, regarde avec recul son milieu et nous livre une singulière métaphore pour illustrer l'intrusion d'individus cherchant à rompre avec les traditions pour se faire leur place au monde. Elle regarde ce genre de personne comme une « *plante intruse qui cherchait à pousser entre les carrés réguliers des gros légumes mondains* » (chapitre XXVI, p. 246). La métaphore potagère associe la communauté à un carré de jardin où les individus influents et bien implantés apparaissent comme des légumes imposants, mais formant un tout régulier, et les individus en quête de liberté par l'affranchissement, à des mauvaises herbes. Cette métaphore est intéressante car elle entremêle la régularité du jardin à la française à l'irrégularité baroque du jardin à l'anglaise : la position de Mrs. Archer n'est pas très claire. Elle qui « *vit retirée du monde* » (chapitre XXVI, p. 246) critique-t-elle ou admire-t-elle ces mauvaises herbes en quête d'une liberté qui ne semble pouvoir s'acquérir que par l'affranchissement ? Spinoza admire et fait l'éloge de la liberté d'opinion à la fin du chapitre XX de son *Traité théologico-politique*.

La position de Newland Archer est, en revanche, plus ambiguë : par deux fois, il s'insurge que les « *femmes devraient être libres, aussi libres que nous le sommes* » (chapitre V, p. 59). Mais l'on comprend que c'est la « *cas de la comtesse Olenska [qui] avait troublé en lui de vieilles convictions traditionnelles* » (chapitre VI, p. 61). Cette position iconoclaste, qu'il gardera une grande partie du roman, est-elle si désintéressée ? N'y a-t-il pas une forme d'opportunisme dans cette affirmation ? Voir la comtesse affranchie des conventions lui permettrait de la voir intégrée à la société et leur union deviendrait légitime et licite. Celle qui a « *changé en lui toute l'échelle des valeurs* » (chapitre XII, p. 118) est la figure même de l'individu en quête de liberté ; le mot revient souvent à son propos (chapitre XII, p. 125 : « *ma liberté : n'est-ce rien ?* »). Pour ce faire, elle remet en cause les traditions et tente de s'en affranchir ; en réalité, ce personnage donne plutôt l'impression qu'elle est imperméable aux traditions. Archer dit d'ailleurs à Winsett : « *elle passe devant nos petites catégories sociales sans même s'en apercevoir* » (chapitre XIV, p. 136). Mépris affiché des traditions de la communauté ou impossibilité de les comprendre ? La réponse se situe peut-être entre les deux, car elle fait valoir sa liberté individuelle comme un totem quasiment intouchable, qui passe par-delà la catégorisation sociale, qu'elle juge médiocre et étriquée, mais cet espoir d'affranchissement est aussi lié à une méconnaissance des coutumes de sa communauté.

En fait, Mme Olenska n'évoque jamais un affranchissement à proprement parler, mais plutôt un oubli : « *Je veux tout oublier, répéta-t-elle* » (chapitre XII, p. 122). Elle veut que son « *passé soit effacé* » (*ibid.*) car, pour trouver sa place dans le monde – dans ou hors de la communauté –, elle doit s'affranchir de son douloureux passé, constamment rappelé par les autres membres de la communauté. Oublier son passé revient donc à faire fi des conventions et du regard des autres sur elle.

Mme Olenska apparaît ainsi comme la championne de la liberté individuelle face au groupe, et Archer comme l'idéaliste qui ne parvient jamais à satisfaire ce désir d'affranchissement. Son cri du cœur sur la liberté – celle des femmes et la sienne – restera lettre morte durant tout le roman, et son fils, Dallas, ne se prive pas de lui signaler, non sans humour, à la fin : « *Vous êtes vieux jeu* » (chapitre XXXIV, p. 317). Le fils réalise et obtient la liberté que souhaitait son père en épousant une femme qui est le double de Mme Olenska : « *N'a-t-elle pas été, autrefois,* votre Fanny *?* » demande Dallas à son père à propos de Mme Olenska (chapitre XXXIV, p. 313). Dallas est d'ailleurs le seul à vraiment parvenir à s'affranchir des traditions. Newland Archer, idéaliste, incarne en réalité une forme de pessimisme face à la tradition : lui qui voulait s'affranchir des traditions n'y parvient jamais et, même à la fin du roman, quand plus rien ne le retient d'aller voir Mme Olenska (on apprend que May est morte au chapitre XXXIV, p. 307), il n'y va pas car il est « *vieux jeu* », c'est-à-dire encore conforme à des conventions qui l'asservissent.

L'incapacité de Newland à s'affranchir des codes de sa communauté n'est pas un refus, mais une impossibilité éthique de rompre avec son éducation et avec son milieu : pessimisme ou reflet d'une société corsetée par des principes extrêmement contraignants et crispée sur des privilèges qu'elle est sur le point de perdre ? Peut-être le premier est-il la conséquence du second : Newland incarne ce pessimiste, cette inéluctabilité du destin et de la condition. L'individu semble alors comme broyé par la communauté, malgré ses tentatives de s'en affranchir. On retrouve ici l'idéal fin-de-siècle : le roman se déroule dans les années 1870, comme on le découvre à la première page du roman : « *janvier 187.* » (chapitre I, p. 21), avec une sorte d'astéronymie[1] qui permet d'effacer la date précise et d'universaliser le propos.

c. Le sacrifice pour la communauté

Chercher à s'affranchir des codes d'une communauté revient-il toutefois à vouloir la renverser ? Un individu peut-il lutter pour la justice – ou pour *sa* justice – sans mettre en péril l'ensemble du groupe ? Spinoza nous répond en ces termes : il explique que celui qui veut simplement renverser les lois dans son propre intérêt est « *un perturbateur et un rebelle* » (chapitre XX, p. 194). La volonté de remettre en cause la communauté doit s'effectuer dans l'intérêt même de la communauté, donc du plus grand nombre. On touche là à un paradoxe… Un individu peut-il décider de ce qui est juste et de ce qui ne l'est pas ? Pour Spinoza, c'est impossible, même – surtout ? – pour un individu qui aurait une autorité ou un pouvoir religieux : seul le chef ou le souverain peut décider de ce qui est juste ou non, donc de ce qui relève de la norme de la communauté. Le Prophète ou le ministre du culte ne le peut pas, et les rois sont même en droit de les punir car ils s'arrogeraient un droit qui ne leur revient pas (« *les rois, même pieux, jugèrent souvent intolérables les Prophètes, à cause de l'autorité qu'ils avaient* », chapitre XVIII, p. 150).

Le roi serait le seul à pouvoir décider de la norme, à pouvoir approuver ou désapprouver le comportement des individus… et donc à pouvoir le punir et le corriger : Spinoza le réaffirme lorsqu'il écrit que « *les Prophètes eux-mêmes, bien que doués d'une vertu divine, ne purent, parce qu'ils étaient de simples particuliers, corriger les hommes* » (chapitre XIX, p. 180). Les simples particuliers n'ont ainsi aucun droit de déterminer ce qui est juste

1. Pratique qui consiste à remplacer par des astérisques les noms propres ou les dates, afin de les rendre anonymes ou pour créer un effet de généralisation.

dans leur communauté : seuls les chefs le peuvent. Les individus sont donc « *sacrifiés* » à la communauté et à ses représentants car ils ont « *transféré à un autre* » (chapitre XVI, p. 80), qui doit en disposer avec Justice, leurs droits. Spinoza, dans le chapitre XVI, p. 82, oppose le chef juste, qui « *attribue à chacun ce qui d'après le droit civil lui revient* », et le chef injuste, qui « *sous une apparence de droit* » retire aux individus ce qui devrait leur revenir.

De la même façon, Étéocle se sacrifie pour sa communauté au nom de la malédiction familiale ; il s'écrie, à la fin de la scène des boucliers, au moment d'aller se battre contre Polynice : « *Ah ! race d'Œdipe – ma race ! – digne de toutes les larmes ! Hélas, voici accomplies les malédictions d'un père !* » (*Les Sept contre Thèbes*, p. 163), mettant directement en lien sa mort à venir avec un sacrifice nécessaire (car lié à une malédiction) pour la communauté. Pour la survie de Thèbes, il doit se sacrifier, il doit mourir pour les autres membres. L'individu – « *frère contre frère* » (p. 163) – est donc sacrifié sur l'autel de la communauté et du plus grand nombre : il ne meurt pas que pour lui mais pour sa *polis*.

Cette idée de sacrifice à la société est également illustrée dans le roman de Wharton par Mme Olenska qui, précisément, s'interroge sur cette soumission, et qui, elle, tente de la refuser. Cette rébellion de l'individu face à la (prétendue) justice de sa communauté est parfaitement visible dans la conversation qu'elle tient avec Newland Archer au sujet de sa liberté :

> « *– Franchement, que gagneriez-vous qui pût compenser la possibilité, la certitude d'être mal vue par tout le monde ?*
>
> *– Mais... ma liberté : n'est-ce rien ? [...]*
>
> *– Est-ce que cela vaut la peine de risquer des choses infiniment désagréables et douloureuses ?... Pensez aux journaux, à leurs vilenies... C'est stupide, c'est injuste ; mais comment changer la société ?*
>
> *– En effet, acquiesça-t-elle.*
>
> *– L'individu, dans ces cas-là, est toujours sacrifié à l'intérêt collectif ; on s'accroche à toute convention qui maintient l'intégrité de la famille.* » (chapitre XII, p. 125-126)

Cet échange est particulièrement important car chacun défend une position sociale de l'individu dans la communauté : Newland, porte-parole du groupe, appelle à la soumission, à l'obéissance à la justice du groupe, fût-elle « *stupide* » et « *injuste* ». Son argument repose sur les risques et la menace qu'une telle infraction représenterait. Face à lui, Mme Olenska cherche à obtenir sa liberté, c'est-à-dire *sa* justice, son autonomie morale et sociale. Elle est pourtant réduite au silence par Newland ; sa parole est écrasée par l'autorité morale de cet homme. Newland, en effet, lui rétorque que, dans sa communauté, **il ne peut y avoir qu'une justice collective**, jamais individuelle, et que c'est précisément cette justice collective qui permet la cohésion (« *l'intégrité* ») de la communauté. Encore une fois, les espoirs d'un affranchissement, au nom même de la justice, sont écrasés, anéantis, sacrifiés. L'individu qui fait partie du groupe doit s'en tenir aux règles énoncées par celui-ci : tout autre est, en revanche, le positionnement des étrangers face à une communauté qui n'est pas la leur.

B. L'autre et l'étranger

« L'Ennemi est celui qui vit hors de la cité et ne reconnaît, ni en qualité de confédéré, ni en qualité de sujet, le gouvernement qu'elle a institué », écrit Spinoza (chapitre XVI, p. 83), signalant ainsi une différence entre le citoyen et l'ennemi, entre l'individu du dedans et celui du dehors. Deux critères, selon le philosophe, permettent de définir l'ennemi de la communauté : c'est à la fois celui qui, spatialement, n'appartient pas à la communauté – il en est éloigné, détaché, parfois arraché – et celui qui, politiquement, refuse d'adhérer au projet commun. L'ennemi est celui qui vient d'ailleurs et qui remet en cause l'unité de la communauté : il est donc nécessairement un étranger, et peut-être, pour reprendre une terminologie grecque, un *« barbare »*.

La distinction est importante car elle dépend du regard de la communauté elle-même sur les intentions de cet autre : ainsi, ambassadeurs, visiteurs, suppliants, exilés ou hérauts sont des étrangers et ne souffrent pourtant pas de ce regard négatif porté sur eux. Ils peuvent manifester une altérité radicale, être le contraire même de ce que sont les membres de la communauté ; ils sont simplement *« autres »*. À l'inverse, le *« barbare »* est celui dont les codes sont différents (langue, vêtement, cultes…), mais dont les intentions sont inconnues ou belliqueuses.

Dans les pièces d'Eschyle, les deux catégories sont représentées car le rapport à l'étranger est central dans la culture grecque, au point d'avoir créé un statut spécifique pour le *« proxène »*, évoqué dans *Les Suppliantes* (p. 59, 66, 68 et 82). Il s'agit d'un individu chargé de défendre les intérêts de ses concitoyens dans un pays étranger. Cette charge n'est pas identique à celle du héraut, qui transmet et fait valoir les décisions politiques d'un pays dans un autre, car le proxène occupe, en fait, une fonction consulaire.

Étant donné que la communauté grecque est fermée sur elle-même, tout ce qui est extérieur est étranger : le chœur des Danaïdes est composé d'étrangères, elles sont menées par leur père, un autre étranger, Danaos, et le héraut à la fin des *Suppliantes* est égyptien, de même que les fils d'Égyptos. Sur scène, seul Pélasgos, en fait, est grec : intéressant renversement que de représenter des étrangers pour parler de la cité grecque. L'altérité se présente dès le début de la pièce car, lors de la *parodos*, les Danaïdes se décrivent comme des exilées : le lexique de l'errance est omniprésent (*« troupe vagabonde »*, *« nous errons »*, *« bannies »*, *« exil »*, *« fuite »*, p. 51). Tout renvoie à leur altérité, à un déracinement forcé, *« loin du sol de Zeus »*. À l'inverse, dans *Les Sept contre Thèbes*, il n'y a pas d'étranger sur scène : seul le messager, qui est thébain, transmet les paroles et les actes des étrangers, qui sont relégués dans un espace hors de la cité, à cause de leur hostilité.

En effet, dans *Les Sept contre Thèbes*, *« l'autre »* est l'armée de Polynice, dont le chœur dit qu'elle *« parle une autre langue »* (p. 148) : on retrouve ici la donnée linguistique comme marqueur ethnique et comme signe de reconnaissance. Dans cette pièce, les étrangers sont des *« barbares »* car ils attaquent le modèle grec (spécifiquement thébain) ; ils attaquent la cité et, par extension, les valeurs du monde grec. Cette tragédie marque un refus de la barbarie face à un modèle de civilisation : c'est pour cette raison que les étrangers n'ont pas droit de cité (pas plus dans Thèbes que dans la pièce). Ils sont une altérité qui menace la communauté thébaine. Il est intéressant de constater que la barbarie devient contagieuse car tout, chez les adversaires, est menaçant : les hommes, certes, mais aussi les choses (les lances, les chars) et les animaux. Les cavales ont des muselières qui « *sifflent un refrain barbare* » (p. 157).

Dans *Les Suppliantes*, la perception de la barbarie est un peu différente car les Danaïdes, en se décrivant comme des exilées dès le début de la pièce, ont bien conscience qu'elles correspondent aux critères du barbare : « *M'entends-tu bien, ô terre, malgré mon accent barbare ?* » (p. 55). Elles portent sur elles-mêmes le regard que les Grecs s'apprêtent à leur porter. Cette prise de conscience de leur statut et cette mise à distance de leur propre condition les placent d'emblée dans une posture de modestie qui rappelle celle d'Ulysse arrivant chez les Phéaciens au début du chant VI de *L'Odyssée* d'Homère, lorsqu'il se demande à leur propos : « *Sont-ils amis des étrangers* (philoxenoi) *?* ». Ulysse comme les Danaïdes ont conscience de leur altérité et se demandent si la communauté dans laquelle ils arrivent manifestera sa *philoxenia* (« *hospitalité* », littéralement : « *amitié pour les étrangers* »).

Les Danaïdes ont la chance d'être accueillies par un roi *philoxenos* (ami des étrangers) car, malgré son regard de Grec porté sur ces femmes perçues comme des barbares par leur langue et leurs vêtements (« *accoutrement si peu grec* », « *bandeaux barbares* », « *ce n'est point là le vêtement des femmes ni à Argos ni dans aucun pays de Grèce* », p. 59), il les autorise à parler et à s'expliquer car elles portent des rameaux, signe universel qu'elles sont en position de suppliantes. Le roi fait donc évoluer leur condition de barbares à exilées. Ce n'est pas le cas du héraut qui vient chercher les Danaïdes et s'adresse au roi avec agressivité. Ce dernier répond : « *Pour un barbare aussi tu montres avec les Grecs un peu trop d'insolence* » (p. 82). Dans cette réplique, le roi procède en deux temps : d'une part, il place le héraut à la même hauteur que les Danaïdes, des « *barbares* » (il utilise l'adjectif *karbanos* qui signifie « *qui ne parle pas la même langue* »), mais d'autre part, il oppose leur conduite : la supplication et la modestie dans un cas, l'insolence et l'agressivité dans l'autre.

Ces exemples montrent qu'entre le barbare et l'étranger accueilli, il n'y a qu'une différence de posture. Les deux catégories ne sont pas imperméables l'une à l'autre : un personnage peut commencer « *barbare* » et finir « *exilé* », c'est-à-dire un étranger ayant le droit de cité (par le droit d'asile, par exemple). À l'inverse, un personnage peut être « *citoyen* » et devenir « *barbare* » : le cas le plus frappant est celui de Polynice, qui passe de « frère » à « *barbare* ». Lorsque les personnages insistent sur le fait qu'Étéocle et Polynice sont frères, ils ne font que mettre en évidence le fait que le statut de l'individu au sein de la communauté n'est pas définitif. **La violence contre la communauté est un motif d'exclusion** : l'individu passe alors de la civilisation de la communauté à la brutalité du barbare. Le retour dans la communauté devient impossible car elle ne peut accueillir des étrangers qu'à condition qu'ils acceptent les règles générales : une communauté cosmopolite est donc possible.

Une société cosmopolite semble donc possible car certains étrangers sont admis dans la communauté : le terme « *cosmopolite* » renvoie à la capacité d'une communauté (*polis*) ou d'un groupe constitué (*politès*, le citoyen) à intégrer des individus venant de l'extérieur, du reste du monde (*cosmos*). Les deux pièces d'Eschyle proposent deux positionnements opposés : dans *Les Sept contre Thèbes*, le cosmopolitisme est inenvisageable parce que l'étranger est une menace pour la cité. Il ne peut donc évidemment pas y être admis. À l'inverse, dans *Les Suppliantes*, l'étranger, ici les Égyptiens, sont acceptés selon les règles traditionnelles de l'hospitalité, et même du droit d'asile. Les Danaïdes sont donc incorporées à la cité et à la communauté : elles jouissent du même droit de protection que n'importe quel autre citoyen.

Le droit des étrangers dans le monde antique est strictement réglementé et le cosmopolitisme est encadré : mais, par principe, les Grecs ne sont pas opposés à l'inclusion des étrangers dans leur cité. Une fois qu'ils en font partie, ils obtiennent un statut ambigu car ils n'ont que certains droits.

Dans le roman d'Edith Wharton, les étrangers sont également traités de diverses façons. Plusieurs catégories existent et cela explique le regard différent porté sur eux : l'étranger de passage, l'étranger de longue date et l'étranger qui cherche à s'implanter ne sont pas soumis au même regard. Le rapport aux étrangers dans la société américaine est éminemment problématique car les États-Unis sont une nation d'immigrants, et notre texte met bien en scène ces ambiguïtés profondes.

Repère

Les États-Unis, une nation d'immigrants

« "Une nation d'immigrants", certes, mais pas n'importe lesquels... Contrairement aux idées reçues, les États-Unis ne se sont pas toujours définis en ces termes, et l'intégration de vagues successives de nouveaux arrivants ne s'est pas faite sans heurts. Dès qu'ils ont été en mesure de prendre en main leurs propres affaires, les Américains ont entrepris de contrôler la sélection de ceux qui seraient autorisés à les rejoindre. »

Aristide R. Zolberg, « Une nation sur mesure : la politique d'immigration dans la formation des États-Unis », *Critique internationale*, 2006/3 (n°32), p. 55-77.

Les premiers étrangers présentés sont les Van der Luyden, « *descendants directs du premier gouverneur hollandais de New York, apparentés depuis plusieurs générations aux aristocraties française et anglaise* » (chapitre VI, p. 66). Leurs origines européennes sont toutes mentionnées, pour mettre en évidence qu'ils sont des étrangers, mais aussi que leur intégration dans la communauté américaine s'explique par deux facteurs : ils sont installés aux États-Unis de longue date (« *premier gouverneur* ») et ils appartiennent à l'aristocratie européenne, qui a donné son modèle aux premiers membres de la bonne société américaine (« *elle se nourrit des restes de la tradition européenne* », chapitre XIV, p. 138). Ces « *étrangers* » regroupent eux-mêmes plusieurs origines – hollandaise, française et anglaise – et portent en eux les valeurs du cosmopolitisme. Ils seront, d'ailleurs, parmi les premiers à défendre Mme Olenska.

Cette dernière, en effet, a la double caractéristique d'être « *noble* » (son titre de comtesse s'efface progressivement) et « *étrangère* », par le temps qu'elle a passé en Europe. Dans un premier temps, son prénom est interrogé par Janey qui s'étonne qu'elle ait gardé ce « *vilain nom* » ; elle l'aurait « *changé pour Elaine* » car « *c'est plus polonais, plus frappant* » (chapitre V, p. 57). Son identité même est associée à un **cliché culturel** : l'effacement de son prénom pour en adopter un plus typique, donc plus frappant, renvoie Ellen à son étrangeté (étrange et étrangère). En effet, Ellen Olenska est régulièrement, dans le roman, associée à ses mœurs étrangères et à ses coutumes européennes, plus romanesques, moins cadrées, selon l'éthique américaine. Toutefois, elle est privée du privilège d'être accueillie « *selon la coutume américaine, qui traite les étrangers comme des princes* » (chapitre VI, p. 64) : en effet, alors que toute la bonne société est invitée à un dîner pour l'accueillir, celle-ci décline l'invitation. Pourquoi un tel rejet ? Parce qu'elle veut entrer dans la communauté sans y correspondre.

Contrairement aux Van der Luyden, elle refuse de se plier aux coutumes américaines : or la condition *sine qua non* pour intégrer la communauté est la conformité à ses mœurs. Le duc de Saint-Austrey est dans une position très différente. Malgré ses excentricités (« *le duc va où il s'amuse* », chapitre X, p. 105) et ses fréquentations (Mrs. Struthers, notamment), il n'est pas condamné par la communauté : « *le duc est un étranger [...]. Les étrangers ne connaissent pas nos habitudes* » (chapitre X, p. 103). Mme Olenska, en acceptant de sortir en compagnie du duc, commet donc un nouvel impair car seuls les étrangers de passage peuvent se permettre ces excentricités. Remarquons que c'est Mr. Van der Luyden (étranger accepté) qui prévient Mme Olenska (étrangère rejetée) de ne pas fréquenter le duc (étranger toléré car de passage).

Une nouvelle communauté semble presque, ici, se dessiner. Dans nos textes, l'altérité interroge les limites de la communauté et en définit même les contours. En effet, la communauté commence là où l'altérité s'arrête et la présence d'étrangers, au sens large, contraint la communauté à s'interroger sur ce qu'elle est, sur les valeurs qu'elle défend et sur les codes qui la caractérisent. Inséré ou rejeté par la communauté, l'individu étranger joue ce rôle de curseur de ce qui est acceptable et accepté par le groupe : Van der Luyden est accepté, le duc est toléré, Olenska est rejetée ; de même, le suppliant est accepté, le messager toléré, l'ennemi rejeté. Derrière cette triple possibilité, se pose en réalité la question du code et de la norme, acceptée ou non par l'étranger. Nos textes grecs en sont les reflets les plus clairs : l'individu hostile est fondamentalement incompatible avec la communauté grecque. Ce rapport à l'étranger n'est valable que s'il s'agit d'individus : qu'en est-il lorsqu'une communauté étrangère entre en contact avec la communauté de nos personnages ?

C. Communauté contre communauté

a. Codes contre codes

Les groupes dominants peuvent être opposés à d'autres groupes, à d'autres communautés, dont la présence interroge, voire menace l'existence des premiers. Plus une communauté est fermée, plus, semble-t-il, elle est menacée par d'autres groupes : le cas le plus évident est dans *Le Temps de l'innocence*, où la bonne société new-yorkaise se voit menacée par les nouveaux riches, par les artistes ou par les Européens.

Les nouveaux riches sont les premiers qu'ils abhorrent, mais le sentiment qui les motive est plus qu'une simple haine qui reposerait sur le snobisme, mot qui apparaît à la fin du XIXe siècle pour désigner une attitude méprisante vis-à-vis de personnes n'ayant pas les mêmes qualités morales ou sociales que soi. Leur haine pour les nouveaux riches est motivée par l'émergence et l'arrivée massive de cette nouvelle communauté, qui est initialement décrite comme à la recherche d'un luxe ostentatoire, du confort et du plaisir. La scène initiale de l'Opéra va dans ce sens : l'Opéra, en tant que lieu, constitue une métaphore de la bonne société new-yorkaise, et les nouveaux riches veulent y occuper les places les plus confortables, quitte à construire une nouvelle salle. S'opposent dans ce passage (chapitre I, p. 21) les *« nouveaux riches »* et le *« monde élégant »*, qui préfère les places inconfortables mais *« traditionnelles »* à un lieu trop accueillant.

Pourquoi redouter autant les **nouveaux riches** ? Parce qu'ils menacent la suprématie du monde élégant, en s'étant accaparé le monde politique, comme on le comprend au chapitre XIV, p. 138 : *« le pays appartenait aux nouveaux riches [...] : les gens comme il faut devaient s'en tenir au sport et à la culture »*. En opposant le monde politique, celui de la gestion concrète (vulgaire ?) du pays, au monde de la culture et du sport, c'est-à-dire des activités gratuites et désintéressées régies par des codes précis, on comprend que les nouveaux riches n'ont pas les mêmes préoccupations que les *« élégants »*, contraints de se recroqueviller sur d'autres activités.

La deuxième communauté qui menace les *« élégants »* est constituée des **artistes**. Les artistes sont considérés comme des marginaux, tenus bon gré mal gré loin du regard des élégants, et confinés dans des quartiers aux limites du New York civilisé : le quartier des artistes, où vit Ellen Olenska, est considéré comme un *« quartier si peu élégant »* (chapitre XII, p. 118). Archer est sans doute l'un des plus durs avec les artistes, sans doute par jalousie : il estime qu'ils ne *« forment pas un milieu »* (chapitre XII, p. 122), et leur refuse même parfois une qualité d'artiste en les appelant *« les "gens qui écrivent" »* (chapitre XII, p. 116). Ce mépris affiché pour les artistes s'explique par leur marginalité (*« on les tient plutôt en marge »*, chapitre XII, p. 122) géographique et éthique.

En effet, leur mode de vie est qualifié de *« bohème »* et, par une sorte de contamination, tout ce qui les concerne est ainsi qualifié : le quartier est *« bohème »* (chapitre X, p. 105 et XII, p. 118) ; Winsett, qui a une *« horreur farouche pour les usages du "monde" »* a la *« pose des "bohèmes" »* (chapitre XIV, p. 137), et même Ellen ressemble parfois à *« une petite bohémienne »* (chapitre VIII, p. 76). De fait, ils sont inclassables car leurs codes échappent à celui des élégants : le chapitre XII, p. 115-116, offre une description remarquable de ce regard porté sur les artistes. Ils sont considérés comme des *« échantillons épars de l'humanité »*, *« difficiles à classer »* : ils n'appartiennent à aucune catégorie précise, ce qui les rend méprisables, car insaisissables.

Quiconque, d'ailleurs, s'approche de ce monde met en péril sa réputation : Catherine Mingott est décrite comme particulièrement audacieuse car elle invite des artistes chez elle et elle croit qu'elle *« aurait pu relier les deux milieux »* (chapitre XII, p. 116-117). Ces invitations constituent des transgressions sociales, qu'une élégante peut faire passer pour une excentricité. Les artistes sont donc un milieu à qui l'on refuse ce statut, des marginaux à qui l'on refuse l'accès à la communauté des élégants – à moins que ces derniers n'y consentent pleinement.

L'autre communauté problématique est constituée des **Européens**. Les Américains de notre roman sont conscients qu'ils sont redevables, d'une certaine façon, à l'Europe – tributaires, même de ce lourd héritage : *« La vie intellectuelle ici meurt d'inanition. Elle ne se nourrit que des restes de la tradition européenne qu'ont apportée vos arrière-grands-pères »* (chapitre XIV, p. 138). L'impossible affranchissement de la vieille Europe s'incarne et se perçoit dans la culture, mais aussi dans les rapports hiérarchiques : les Van der Luyden ont une position souveraine parce qu'ils sont les descendants de l'aristocratie européenne... De nouveau, la scène initiale de l'Opéra fonctionne comme une métaphore de la société : le nouvel Opéra voulu par les nouveaux riches serait *« rival en richesses de ceux des grandes capitales européennes »* (chapitre I, p. 21). Le cordon avec l'Europe n'est pas coupé et les Américains manifestent avec vigueur leur compétition avec les Européens.

Un personnage incarne l'aura des Européens et leur différence fondamentale avec les Américains : M. Rivière. Ce précepteur, fils de diplomate et « *intellectuel* », tient à Archer ce discours : « *Garder intactes sa liberté intellectuelle, ses facultés critiques, c'est cela, monsieur, qui prime tout. C'est pour cette indépendance que j'ai abandonné le journalisme et que j'ai accepté de devenir précepteur. Le métier est quelquefois bien aride ; mais on a la liberté de son esprit. On peut écouter et réfléchir, on peut causer. Ah ! la conversation ! Il n'y a rien de tel, n'est-ce pas ? L'air qui circule autour des idées est le seul air respirable. Je n'ai jamais regretté d'avoir abandonné la diplomatie et le journalisme, ces deux formes différentes d'abdication* » (chapitre XX, p. 203). Par ce discours, il fait valoir sa double position « *d'artiste* » et de Français : il est, à tous égards, inintelligible pour les élégants, et spécifiquement pour May. La **liberté de penser** apparaît comme une valeur fondamentale dans la pensée européenne, comme en témoigne la pensée de Spinoza, qui considère qu'il est impossible d'empêcher que « *les hommes jugent de toutes choses suivant leur complexion propre* » (chapitre XX, p. 191).

M. Rivière fait donc valoir son autonomie et sa liberté de penser, au mépris des considérations matérielles. Il rappelle l'importance de la conversation comme mode de penser et de réflexion, par opposition à la société des élégants, qui n'usent que d'un langage protocolaire. Il est donc l'antithèse des Américains et l'attrait qu'il exerce sur Mme Olenska est symptomatique. Il est une forme d'artiste qui, comme elle, fait valoir sa « *liberté* ».

Face à la communauté des élégants se dressent d'autres groupes, nouveaux riches, artistes ou Européens, qui, par leurs codes, l'interrogent et la menacent. Dans la rivalité d'une communauté contre une autre, les individus sont comme dissous et réduits à leur simple appartenance au groupe.

C'est également ce que l'on remarque dans les pièces d'Eschyle : le chœur des Danaïdes constitue une communauté dans laquelle les individus n'ont pas d'existence propre (les Danaïdes forment un ensemble, un tout) et s'opposent aux fils d'Égyptos, qui ne sont caractérisés que par leur unité (ils sont toujours appelés les « *fils* » ou les « *enfants d'Égyptos* », *Les Suppliantes*, p. 51 ou p. 82). Les deux communautés s'opposent autour du thème du mariage forcé : les premières le refusent ; les seconds le revendiquent. Il y a donc une opposition éthique entre les deux communautés. Par la suite, lorsque les Danaïdes ont rejoint les Argiens, elles transfèrent leur querelle et la communauté composée des Argiens et des Danaïdes s'oppose à celle des Égyptiens, sur le même thème : Pelasgos refuse même de donner son nom (p. 83), signalant ainsi qu'il appartient tant à la communauté que son identité se perd en elle. Dans *Les Sept contre Thèbes*, la perspective est différente car, bien que les Thébains s'opposent aux Argiens, les individus ont un statut plus important ; la scène des boucliers annonce des combats singuliers.

Dans le *Traité théologico-politique*, l'exemple de la communauté des Hébreux est intéressant car Spinoza le retient pour l'opposer à d'autres communautés politiques : en dépeignant le modèle politico-religieux hébraïque, il s'interroge implicitement sur le modèle de pouvoir dans lequel il vit. Donc, lorsqu'il critique la constitution hébraïque parce qu'elle autonomise le pouvoir religieux face au pouvoir politique et lui donne une autorité propre (« *les Pontifes usurpèrent le droit du chef* », chapitre XVII, p. 141), **il renvoie à son propre monde**, à sa propre communauté.

On l'a compris avec ce dernier exemple, la question de l'opposition des communautés met également en jeu, chez Spinoza notamment, le lien entre le monde de la fiction et celui du lecteur.

b. Et la « *vraie vie* » ? Monde factice et monde réel

Nos textes mettent en *scène* des individus et des communautés, c'est-à-dire qu'il s'agit de **constructions littéraires**, qui assument plus ou moins ce statut. Le cas du traité de Spinoza est différent car son texte cherche à analyser des éléments que le philosophe n'associe pas à de la fiction : même s'il utilise le texte biblique – et spécifiquement la communauté hébraïque – comme point de comparaison avec sa propre société, rien ne relève directement de la fiction et les personnages invoqués (par exemple, Moïse ou Jérémie) le sont parce qu'ils permettent justement **d'établir une connexion avec la réalité**.

À l'inverse, dans les pièces d'Eschyle, les personnages sont **fictifs** et **tragiques**, et dans le roman d'Edith Wharton, ils sont fictifs et, à de nombreux égards, **romanesques**. Dans les pièces grecques, le statut de la fiction dramatique est complexe car le spectateur est omniprésent : le chœur s'adresse à lui et renvoie à son monde, car il est composé de citoyens. La démocratie athénienne se reflète, par exemple, dans la monarchie thébaine ou argienne : se met en place, à partir de là, un réseau d'échos entre le monde des personnages et celui du spectateur. En effet, spectateurs et personnages forment une communauté de pensée car ils partagent des valeurs morales et éthiques : le spectateur athénien s'indigne de l'impudence du héraut égyptien des *Suppliantes*, de même qu'il éprouve colère et pitié devant la confrontation qui oppose les deux frères des *Sept contre Thèbes*. La *catharsis* est, en fait, le lien entre la fiction théâtrale et le monde du spectateur : le héros tragique sait qu'il est un héros tragique car il accomplit son destin (c'est spécifiquement le cas d'Étéocle qui sait qu'il accomplit la malédiction d'Œdipe) et le spectateur sait qu'il assiste à une tragédie grâce à ces personnages. Le héros tragique est donc conscient, sans forcément l'expliciter directement, qu'il est dans une tragédie.

Certains d'entre eux, *a contrario*, semblent s'interroger sur leur statut, dans des réflexions manifestement métalittéraires : chez Edith Wharton, c'est Archer qui porte le plus souvent ces réflexions. La première occurrence est lorsqu'il affirme qu'« *ils vivaient tous dans un monde fictif, où personne n'osait envisager la réalité, ni même y penser* » (chapitre VI, p. 62). Archer semble donc avoir conscience qu'il est coupé de la réalité, éloigné du « *monde réel* ». Ce monde réel est, au premier degré, celui du peuple, celui du commun, mais si l'on effectue une lecture au second degré, il est clair qu'il s'agit du monde du lecteur. Sa qualité de personnage romanesque le coupe du monde du lecteur et signale à celui-ci qu'il n'est qu'un être de papier.

On retrouve cette idée dans une conversation avec Mme Olenska, lorsque cette dernière demande à Archer à propos de son idylle avec May : « *alors c'est réellement et sincèrement un roman ?* », et que la réponse de Newland est « *le plus romanesque des romans* » (chapitre VIII, p. 80). On repère une opposition entre réalité (« *réellement* ») et fiction (« *roman* ») et Newland, ici, feint de se complaire dans son statut d'être fictif et romanesque. D'autres personnages sont romanesques, dans ce roman : Ellen, Medora et May sont romanesques. May, d'abord, a perdu « *ce qu'il y avait en elle de poétique et de romanesque* » (chapitre XXX, p. 275) dès la fin des fiançailles : elle devient donc tragiquement normale et, paradoxalement, factice. En effet, le romanesque des individus leur confère un caractère de vérité et d'universalité ; Medora, notamment, est décrite en ces termes : « *Medora est incorrigiblement romanesque. [...] Archer hésita puis il risqua : - Est-ce que le romanesque de votre tante comporte toujours l'exactitude ? - Vous voudriez savoir si elle dit toujours la vérité ? Eh bien ! voilà. Dans presque tout ce qu'elle dit, il y a quelque chose de vrai et quelque chose qui n'est pas vrai...* » (chapitre XVIII, p. 174). Ce passage est particulièrement important car il montre à quel point le personnage romanesque est un individu complexe et paradoxal : il est « *faux* », dans le sens où il est fictif, sans existence réelle au monde, mais il est également « *vrai* » par les réflexions qu'il apporte sur le monde. Sans lui, le lecteur ne pourrait déchiffrer la réalité. **Paradoxe, donc, du faux pour atteindre le vrai.**

De même, Mme Olenska est décrite comme un personnage fictif, romanesque, mais surtout dramatique (« *Chez Mme Olenska la nature allait au dramatique* », chapitre XIII, p. 129). Elle est, à la fin du roman, considérée comme un être fictif par Archer : « *Lorsqu'il se souvenait de Mme Olenska, c'était d'une façon irréelle, avec sérénité, comme on penserait à une bien-aimée imaginaire découverte dans un livre ou un tableau* » (XXXIV, p. 307). Imagée comme un personnage de roman ou de tableau, elle apparaît également comme un être de papier, porteur d'une irréalité nécessaire à son appréhension.

Enfin, le dernier personnage à apparaître comme un personnage romanesque est Mrs. Mingott qui, dans son entretien avec Newland, est décrite comme exécutant la « *pantomime de l'espièglerie* » (chapitre XXX, p. 279) : ici, elle est renvoyée à une actrice de spectacle, mais d'un spectacle bien spécifique, la pantomime. Cet art consiste à utiliser tout son corps pour « *mimer* », jouer, et représenter des scènes, souvent comiques. Mrs. Mingott se sert donc du langage corporel (voir supra, ce que nous avons dit à propos de l'opposition entre langue et langage) pour faire comprendre la situation à Archer. Elle devient un personnage de spectacle, une actrice de la comédie du monde.

Et l'on retrouve alors notre métaphore du théâtre et de l'opéra, mais d'un point de vue différent : **les individus sont à la fois spectateurs et acteurs**, dans les gradins et sur la scène. Mrs. Mingott, Newland, Ellen, mais aussi Étéocle, Danaos et Pélasgos font tous partie du spectacle : à la fois spectateurs et comédiens du spectacle du monde. L'ambiguïté est donc aussi présente dans les pièces d'Eschyle où les personnages, à la fois réels parce qu'ils sont incarnés sur scène, fictifs et mythiques, interrogent la place de l'homme dans la communauté et dans le monde. Le théâtre grec offre une **dialectique intéressante entre fiction et réalité** car la distance importante entre l'univers fictif qui se déroule sur scène (les rois et les temps mythiques) et celui du spectateur permet, en fait, de signaler la porosité entre ces deux univers, de même que **chez Spinoza, l'éloignement du monde hébraïque permet de faire un écho à l'univers de référence du philosophe**.

Monde factice et monde fictif sont-ils éloignés du monde réel, ou n'en sont-ils que des relectures et des interrogations ? C'est précisément sur ces questions que se positionnent nos textes. En cherchant les liens entre individu et communauté, en tentant d'en définir les contours et les limites, nos quatre œuvres réfléchissent et interrogent la place de l'homme dans son groupe. Quelle que soit l'échelle à laquelle il se place (le clan, la famille, le pays), l'individu semble chercher une place dans le groupe, et peut-être même une place dans le monde, et interroge son destin individuel à la lumière de celui de la communauté à laquelle il appartient. La communauté est donc la fois nécessaire à l'individu et profondément problématique pour son indépendance.

PARTIE 4

Méthode et conseils

→

Le résumé

1. Qu'est-ce qu'un résumé ?

A. Qu'est-ce que résumer/contracter un texte ?

Le résumé, également appelé « contraction » de texte, est un exercice qui a pour but de **réduire le nombre de mots d'un texte, sans modifier son sens littéral**, ni sa structure initiale. Contracter un texte, c'est exprimer *en version réduite* ce qu'il dit de manière exhaustive.

Les textes à résumer – qui portent sur le thème inscrit au programme – sont toujours **argumentatifs** : ils proviennent souvent des essais philosophiques, scientifiques, historiques, sociologiques. Ils contiennent donc des **idées (arguments) dont il s'agit de rendre compte**, de manière plus brève que dans le texte source.

B. Quels sont les types de résumés proposés aux différentes banques de concours ?

Toutes les banques de concours ne proposent pas un résumé, et quand il est demandé, la longueur diffère.

- **Banque Centrale-Supelec** : résumé en 200 mots d'un texte d'environ 100 lignes. Le résumé compte pour la moitié de la note finale et doit donc faire l'objet de la plus grande attention.
- **Banque CCINP** : résumé en 100 mots d'un texte d'environ 50 lignes. Le résumé compte pour un tiers de la note finale (10 points sur 30).
- **Banque PT épreuve B** : résumé en 150 à 200 mots d'un texte de 1 800 mots environ. Le résumé compte pour 8 points sur 20.
- **Banque ATS** : résumé en 120 mots d'un texte de 20 à 50 lignes.

C. Quelles sont les compétences évaluées lors d'un résumé ?

Cet exercice a pour but de vérifier les compétences suivantes :

- votre **compréhension** fine et complète d'un texte argumentatif ;

- votre **capacité de synthèse**, c'est-à-dire votre compétence de **tri et de sélection** des informations ;
- votre **culture générale**, certains éléments culturels du texte (expression, allusions à des personnages mythologiques, historiques, etc.) n'étant pas toujours expliqués en note ;
- votre capacité à **exprimer clairement une idée**.

Ces compétences sont finalement celles attendues d'un futur ingénieur : comprendre un texte rapidement, rédiger des rapports concis et précis, dans une langue maîtrisée.

D. Quelle importance accorder au résumé, lors des épreuves aux concours ?

Dans toutes les épreuves de français-philosophie où il est présent, le résumé est couplé à la dissertation. Comme le temps est très limité pour réaliser les deux exercices (4 heures), il est indispensable de réaliser le résumé en **1 heure au maximum** (éventuellement 1 heure 15 pour la banque Centrale-Supelec).

Toutefois, si cette partie de l'épreuve doit être réalisée rapidement, il ne faut pas négliger l'exercice, et encore moins ne pas le faire. D'une part, certains concours pénalisent fortement, sous forme de malus dans la note finale, la non-réalisation du résumé ou sa piètre qualité de réalisation, d'autre part, le temps passé sur le résumé est un atout indispensable pour réussir la seconde partie d'épreuve.

Le sujet de dissertation, pour les épreuves couplées au résumé, est en effet tiré du texte à résumer. L'analyse du sujet et celle des enjeux de la citation sont donc facilitées par une bonne compréhension générale du texte de l'exercice.

> Sur une feuille de brouillon, à part, notez pendant l'exercice du résumé les idées qui pourraient vous venir pour nourrir la dissertation, s'il y a lieu.

2. Comment résumer efficacement un texte ?

A. Prendre ses repères sur le texte

La première étape du travail consiste à lire le texte, **crayon en main**. Cette première lecture doit **être active**, afin d'optimiser le temps. Au cours de cette découverte, n'hésitez pas à **souligner les phrases importantes**, les grandes idées qui structurent la pensée. **Entourez** aussi, afin de gagner du temps, tous les **connecteurs logiques** présents dans l'argumentation.

> Cette étape doit prendre **5 à 10 minutes**.

À la fin de cette première lecture, répondez aux questions suivantes :

◆ **Quel est le thème du texte ?** Il est forcément en lien avec la notion au programme, mais soyez précis dans sa formulation.

Exemples :

- Sur le thème du travail : « Le travail et la soumission du travailleur » ou « Les souffrances du travailleur au quotidien ».
- Sur le thème de l'enfance : « L'enfance malheureuse » ou « Les caractéristiques de l'attitude enfantine ».

◆ **Quelle est la thèse du texte ?** La thèse est toujours l'idée globale défendue par un auteur, au cours d'une argumentation.

> - La thèse du texte est toujours l'idée principale de ce dernier. Pour vous aider à la formuler clairement, posez-vous la question suivante : **« Que veut nous dire l'auteur sur le thème ? »**
> - Si vous ne parvenez pas à formuler la thèse du texte, vous aurez du mal à comprendre ce qui doit être synthétisé et reformulé quand vous rédigerez le résumé.

◆ **Quel est le système d'énonciation du texte ?** L'énonciation d'un texte concerne l'identification du locuteur et du destinataire d'un énoncé, produit par l'auteur, ainsi que la compréhension des intentions de l'argumentation. Au cours de cette recherche d'énonciation, vous devez vous interroger sur les éléments suivants :

- *Quels **pronoms personnels** désignent l'auteur ?* S'exprime-t-il à la première personne du singulier (« je ») ? du pluriel (« nous ») ? de manière impersonnelle (« on », « il ») ?
- *S'adresse-t-il à un **destinataire** nommé, ou non ?*
- *Quels sont les **temps verbaux** utilisés ?*
- *Le texte est-il composé dans une **tonalité** particulière ?* Est-il informatif ? polémique ? satirique ou ironique ?

> - L'énonciation concerne toujours la question du « qui parle » ? Pour saisir la situation d'énonciation, comprendre **qui parle ? à qui ? où ? quand ? dans quel but ?**
> - L'identification des procédés d'énonciation est précieuse : elle vous permettra de comprendre le style que vous devrez **obligatoirement** adopter, ensuite, dans la rédaction de votre résumé.

B. Analyser le texte

Après avoir balisé le texte, vous devez l'analyser et mettre en évidence sa structure argumentative, afin de faire apparaître clairement ses idées importantes.

> Cette étape doit prendre **15 minutes** environ.

a. Mise en évidence de la structure

En vous appuyant sur votre première lecture, vous devez mettre en relief les **différents mouvements argumentatifs** du texte. Il s'agit d'identifier les grandes étapes de la pensée de l'auteur, de comprendre sa progression.

Pour cela, repartez des **connecteurs logiques** repérés lors de la première lecture, et identifiez lesquels correspondent à des ruptures, lesquels constituent une nouvelle étape dans l'argumentation et l'élaboration du sens.

- Prenez pour point de départ les connecteurs logiques permet **d'identifier les grands « marqueurs » de l'argumentation**.
- Pour distinguer les mouvements, repartez de la thèse générale du texte, en vous demandant **comment l'auteur parvient à nous la faire comprendre**.
- Identifiez **entre deux et quatre mouvements** au maximum dans le texte. En règle générale (surtout pour les résumés de la banque Centrale-Supelec !), les textes sont construits autour de trois grandes idées : mettre en évidence une structure en trois temps peut donc être applicable à presque tous les textes de concours. Mais faites preuve de bon sens avant tout, et soyez sensibles au texte lui-même pour opérer ces choix.
- Ne cherchez pas à avoir trois mouvements de longueur identique : cela dépend des textes. Il n'est pas impossible qu'un mouvement soit bien plus court qu'un autre, si l'auteur y accorde une importance différente, dans l'extrait à résumer.

Vous devez impérativement **établir les liens logiques** entre les différents mouvements repérés.

Exemples :

- Mouvement 1 – Idée première : l'auteur expose une idée préconçue sur le sujet (*doxa*).
  Mouvement 2 – « MAIS » : il s'oppose à cette *doxa* pour avancer son idée.
  Mouvement 3 – « DE PLUS » : il rajoute un nouvel argument à sa démonstration.
- Mouvement 1 – « CERTES » : l'auteur concède une idée sur le thème.
  Mouvement 2 – « MAIS » : il s'oppose à cette idée pour avancer sa thèse personnelle.
  Mouvement 3 – « POURTANT » : il nuance, amène une nouvelle concession et des limites à sa thèse.

b. Élaboration du « squelette argumentatif »

Une fois les différentes étapes de la pensée de l'auteur mise en évidence, il s'agit d'**identifier les arguments** (idées) importants dans chacun de ces moments argumentatifs.

- Soulignez dans une couleur les arguments et dans une autre couleur les exemples, quand il y en a.
- Dans un premier temps, il s'agit de se concentrer sur les arguments.

- Identifier les exemples vous permettra de vous poser la question de l'utilité de les garder dans la version finale.
- **Les exemples indispensables sont ceux qui ont une valeur argumentative**, c'est-à-dire que si on les supprime, on perd une idée essentielle du texte. Ceux qui n'ont qu'une valeur illustrative peuvent être supprimés d'un résumé sans grande modification du sens. Ils ne doivent pas pour autant l'être obligatoirement : tout dépend de l'équilibre des éléments à restituer.

Cette étape du travail doit vous permettre d'obtenir un « squelette argumentatif » du texte, au sein duquel vous avez mis en évidence la construction, le lien entre les différentes étapes de l'argumentation, et les idées fortes.

C. Rédiger le résumé au brouillon

Il est temps de rédiger le résumé.

Au brouillon, faites un premier jet sans tenir compte encore du nombre précis de mots mais en ayant quand même à l'esprit qu'il faut réduire, **en sautant des lignes, de façon à faciliter les modifications ensuite**. Au cours de cette rédaction, reprenez les différents mouvements mis en évidence lors de l'analyse.

Vous devez **rendre compte du cheminement argumentatif** de l'auteur et mettre en valeur les grandes étapes du texte initial, en rédigeant un paragraphe par mouvement repéré.

- Un paragraphe commence toujours par un **alinéa de deux carreaux**.
- Le nombre de vos paragraphes du résumé ne correspondra pas forcément au nombre de paragraphes du texte support, puisqu'il s'agit avant tout de rétablir la logique argumentative, et non pas la mise en page du texte initial.
- Les liens de conséquence, d'opposition, de cause, etc. devront être **mis en valeur par des connecteurs logiques au début de chaque paragraphe** de votre résumé, **pour rendre compte de la logique d'ensemble**.
- *« L'organisation du texte en paragraphes met en évidence les étapes de la pensée de l'auteur, de sa démonstration ; le résumé doit rendre compte de ce mouvement, là encore synthétiquement : c'est-à-dire qu'il ne doit jamais être ni monobloc ni éclaté en cinq, six paragraphes ou plus. »* (Extrait du rapport de Centrale-Supelec 2021.)

Le résumé doit **restituer fidèlement** les idées du texte, en les **reformulant**. Il est **interdit de citer ou de reprendre des expressions du texte** (sauf les éventuels concepts) : il s'agit de redire avec vos propres mots ce que dit l'auteur, sans déformer sa pensée. Vous devez exprimer avec le plus de clarté possible des idées parfois complexes.

- Reformuler une idée **ne veut pas dire la déformer**. Travaillez sous forme de système de synonymes, mais en vous demandant toujours si un mot a *exactement* le même sens qu'un autre.

Le résumé

- Veillez à ne pas faire de phrases trop longues et à éradiquer les formulations trop lourdes, voire fautives.
- À l'inverse, en cherchant à synthétiser vos idées, soyez attentif à ne pas enlever les verbes centraux de vos phrases, des articles ou déterminants…
- **Chaque mot doit être pesé et choisi judicieusement** car le sens de la nuance et de la subtilité est une des compétences attendues et évaluées dans cet exercice.

Rédigez le **résumé en vous mettant à la place de l'auteur**, c'est-à-dire en reprenant les modalités d'énonciation repérées en amont.

- Si l'auteur parle à la première personne, utilisez « je » dans le résumé ; s'il n'utilise que des formules impersonnelles, faites-en autant. **Vous devez « mimer » le style du texte, en donnant l'impression qu'il s'agit de sa version miniature.**
- N'utilisez jamais des formules comme « l'auteur dit que… », mais parlez comme si vous étiez lui.
- De même, reproduisez le système des temps, de la ponctuation. Si l'auteur utilise des questions rhétoriques ou des exclamations, montrez que vous avez repéré le procédé en faisant de même.

D. Compter les mots

Comment compter les mots ?

- La définition du mot, dans un résumé, repose sur une définition visuelle. Un mot est une unité typographique isolée par deux blancs.

Exemples : Jean de La Fontaine = 4 mots ; Charles de Gaulle = 3 mots.

- Tous les « petits mots » (articles, conjonctions, pronoms) comptent pour un mot.

Cas particuliers :

- Les dates comptent pour un mot (1789 = 1 mot).
- Le symbole du pourcentage compte pour un mot (50 % = 2 mots).
- Les sigles comptent pour un mot (SNCF = 1 mot).
- Le « t » euphonique ne compte pas pour un mot.

Exemple : « existe-t-il ? » = 2 mots.

- Les mots composés : on considère que le tiret sépare deux mots au même titre qu'un espace.

Exemples : c'est-à-dire = 4 mots ; après-midi = 2 mots, chou-fleur = 2 mots.

- Certains mots forment une entité insécable : « aujourd'hui » = 1 mot (car « hui », seul, ne signifie plus rien) ; « socio-économique » = 1 mot, puisque les deux unités typographiques sont insécables (« socio », seul, ne signifie rien).

À la fin du premier jet de rédaction, il est nécessaire de compter les mots pour ajuster et équilibrer lors de la réécriture (deuxième jet). Le nombre de mots admis dans le résumé est toujours spécifié dans la consigne formulée par la banque de concours : soyez-y attentif !

Quel que soit le concours, ce nombre de mots est toujours limité, et admet également toujours une marge de 10 % en plus ou en moins. **Tout dépassement de longueur, au-delà des marges autorisées, est sévèrement sanctionné.**

- Veillez à respecter scrupuleusement le nombre de mots précisé dans le sujet.
- *« Le résumé évalue les capacités de compréhension, d'appropriation, de restitution sous une forme objective, synthétique et claire d'un propos complexe. La qualité de synthèse s'apprécie d'abord dans le respect du nombre de mots imposé ; certains candidats semblent encore ignorer que le nombre de mots du résumé est systématiquement vérifié et que les décomptes frauduleux sont lourdement sanctionnés. La présence des barres de comptage est indispensable. »* (Extrait du rapport de Centrale-Supelec 2021)

Il est très rare d'obtenir le bon nombre de mots attendus à la fin de la rédaction du premier jet. Tout l'enjeu de l'exercice repose précisément sur cette reprise de la version première.

- Il peut être judicieux d'inscrire sur votre brouillon le nombre de mots de chaque mouvement du texte, à la fin de ceux-ci. Cela facilite le travail de réécriture, quand il s'agit d'ajuster le nombre de mots.
- Le nombre de mots dans chaque mouvement doit être environ **proportionnel** au volume que ce mouvement représente dans le texte : si votre premier mouvement correspond au premier paraphage du texte source et que le deuxième correspond aux trois suivants, il est naturel que le premier mouvement de votre résumé soit bien plus court que le deuxième.

Deux cas de figure se présentent souvent :

Il n'y a pas assez de mots (c'est le plus rare...)	**Il y a trop de mots (c'est souvent ce qui arrive...)**
Vérifiez que vous n'ayez pas oublié certaines idées importantes du texte, certains chaînons du cheminement argumentatif.	Supprimez les exemples inutiles.
Rajoutez des connecteurs logiques.	Retravaillez l'expression, de façon à gagner en concision, tout en disant la même chose.

Il n'y a pas assez de mots (c'est le plus rare...)	Il y a trop de mots (c'est souvent ce qui arrive...)
Rajoutez les exemples les plus efficaces.	Supprimez les formulations inutiles. Par exemple, au lieu d'écrire « il apparaît que le travail est épuisant pour le travailleur » (10 mots), écrivez simplement « le travail est épuisant pour le travailleur » (7 mots), ou même « le travail épuise le travailleur » (5 mots).

Les étapes de la rédaction et du comptage des mots doivent prendre **20-25 minutes** environ.

E. Relire et recopier au propre le résumé sur sa copie

Après une vérification du nombre de mots, vous n'avez plus qu'à recopier votre résumé sur votre copie.

Deux cas de figure peuvent se présenter :

◆ Certaines banques de concours **fournissent une grille pour recopier le résumé** : il s'agit alors d'inscrire votre résumé dans ce document annexe, en faisant figurer un mot par case. Le décompte des mots (et son dépassement éventuel) est alors immédiatement perceptible par les correcteurs.

Vous devez **faire figurer par une double barre les changements de paragraphes (mouvements)**.

◆ D'autres banques de concours vous demandent de **recopier votre résumé** sur la copie. Vous devez alors écrire proprement votre production sur la feuille qui sera rendue au correcteur. Soyez attentifs aux éléments suivants :

- Faire clairement apparaître les **paragraphes** correspondant aux différents mouvements du texte.
- Faire figurer clairement une **barre bien nette** tous les *x* mots selon la consigne. Cette étape est impérative et lourdement sanctionnée en cas d'oubli.
- Indiquer le **nombre de mots exact en fin de texte**. Attention : les correcteurs savent compter... Tricher dans le décompte de mots est également sanctionné.

Cette étape doit prendre **5 à 10 minutes**.

3. Comment améliorer l'expression de son résumé ?

A Utiliser des connecteurs logiques adéquats et variés

Lien que je cherche à établir...	Connecteurs possibles que je peux utiliser...
Addition	Et ; de plus ; en outre ; non seulement... mais encore...
Alternative	Ou ; tantôt... tantôt... ; d'un côté... de l'autre...
But	Afin de ; de façon que... ; en vue de...
Cause	Car ; en effet ; attendu que... ; eu égard à... ; en raison de... ; du fait que... ; comme... ; grâce à...
Conclusion	Pour conclure ; ainsi ; en définitive ; en somme ; finalement ; enfin...
Conséquence	Donc ; aussi ; partant ; alors ; ainsi ; par conséquent ; de sorte que ; si bien que...
Opposition	Mais ; cependant ; pourtant ; par contre ; or ; en revanche ; néanmoins ; au contraire ; en dépit de...
Restriction	Toutefois ; néanmoins ; pourtant ; sauf...
Temps	Quand ; lorsque ; comme ; avant que ; après que ; dès lors que ; pendant que ; au moment où...

B. Corriger ses fautes

Le résumé étant bref, les **fautes de langue sont lourdement sanctionnées**. Vous devez être irréprochable dans la maîtrise dans la langue, notamment dans cette partie de l'épreuve.

« *Enfin, il est évident qu'une syntaxe incorrecte, une ponctuation mal maîtrisée sont forcément prises en compte. Une écriture fluide, claire, précise, usant d'un lexique choisi est extrêmement valorisée.* » (Rapport du jury, banque PT, épreuve B, 2021.)

Il est compliqué d'établir une liste de toutes les fautes de langue possibles. Le meilleur conseil est encore, en la matière, de **faire des relectures ciblées en fonction de ses propres erreurs récurrentes** : si vous avez tendance à faire des erreurs aux accords, par exemple, ne relisez votre résumé en concentrant sur ce point.

Réaliser une fiche de suivi orthographique

- Lorsque votre professeur vous rend un devoir, listez les fautes récurrentes que vous avez tendance à faire.
- Sur une fiche de suivi orthographique, écrivez d'abord la phrase fautive, puis au-dessous la correction de cette phrase, et encore au-dessous, la règle ou le moyen mnémotechnique à utiliser pour ne pas refaire cette erreur.

Exemple :

Erreur : « Il à fait une erreur »

Correction : « Il a fait une erreur »

Règle : je confonds « a/à ». Le « a » est le verbe avoir conjugué au présent, le « à » une préposition. Je peux remplacer par « avait » quand il s'agit du verbe avoir > « Il ***avait*** fait une erreur ».

- Si vous faites beaucoup de fautes, ne gardez que les cinq types d'erreurs les plus importantes (vous aurez du mal à être efficace, sinon). Vous ajusterez les choses plus tard, quand vous ne commettrez plus ces fautes-là.
- Relisez cette fiche avant chaque devoir, et opérez vos relectures ciblées en lien avec cette fiche.
- Pour les fautes d'orthographe lexicale, la meilleure solution est de recopier plusieurs fois le mot mal orthographié, avec la bonne orthographe...

C. Travailler la reformulation des idées

Le résumé est un véritable **exercice d'expression**. Il s'agit à la fois d'exprimer des idées avec justesse et de trouver les formulations les plus adéquates pour le faire dans un nombre de mots limité.

Certaines techniques existent pour réduire le nombre de mots et alléger également le style du texte produit.

Vous pouvez, notamment, reformulez certaines phrases en opérant des transformations grammaticales.

- Les verbes transitifs indirects peuvent être remplacés par des verbes transitifs directs : « obéir à » (2 mots) > « respecter » (1 mot).
- Les propositions subordonnées relatives peuvent se voir substituer des participes présents : « qui roule » (2 mots) > « roulant » (1 mot).
- Certains connecteurs logiques ou syntagmes figés comme « il y a », « c'est que », « c'est-à-dire » comportent trop de mots. On peut les remplacer par « donc » ou par deux points.
- Certaines propositions peuvent être remplacées par un verbe à l'infinitif : « La nourriture qu'on peut donner à certains animaux » (9 mots) > « Nourrir certains animaux » (3 mots).
- Remplacer des tournures passives par des tournures actives : « La souris a été mangée par le chat » (8 mots) > « Le chat mange la souris » (5 mots).

4. Comment obtenir une bonne note au résumé ?

A. Qu'est-ce qui est évalué dans cet exercice ?

D'après les rapports de jury, les trois critères d'évaluation du résumé sont les suivants :

- la capacité à restituer la démarche argumentative globale de l'auteur et à en expliciter les enchaînements logiques ;
- l'exactitude de la reformulation des propos de l'auteur ;
- la clarté et la concision de la rédaction, l'aptitude à respecter la tonalité du texte.

B. Qu'est-ce qui est attendu, valorisé ou pénalisé au concours ?

On attend	On pénalise	On valorise
La bonne restitution de la thèse du texte et du sens global de ce dernier.	Un texte confus, qui ne rende pas compte des idées du texte.	Des idées intelligemment et finement reformulées.
La bonne compréhension de la structure/logique argumentative du texte.	Un résumé qui juxtapose les idées du texte initial, sans logique d'ensemble.	Une structure clairement mise en évidence par des connecteurs logiques pertinents.
Une mise en page qui mette bien en valeur les mouvements de l'argumentation.	Un monobloc sans alinéas, ou un trop grand nombre de mini-paragraphes qui ne restituent pas le sens d'ensemble.	Un texte bien écrit, bien mis en page, une présentation soignée.
Le respect de l'énonciation.	Le non-respect de l'énonciation, des formules comme « l'auteur dit que… ».	Une énonciation maîtrisée jusque dans la tonalité, le respect de traits stylistiques du texte initial (ponctuation expressive, traits d'ironie ou implicites…).
Une expression correcte et soignée.	Une expression fautive, une syntaxe défaillante. Des passages du texte calqués, non reformulés, voire une juxtaposition de plusieurs morceaux du texte de départ sans reformulation.	Une expression fine, un vocabulaire précis et varié. Une recherche de formules pertinentes, qui montrent que le candidat maîtrise son expression.

On attend	On pénalise	On valorise
Un nombre de mots respecté et affiché à la fin du résumé. Des barres de séparation qui facilitent de recomptage.	Un nombre de mots non respecté (résumé trop long ou trop court). Une omission du nombre de mots total ou des barres de recomptage.	

C. Comment s'autoévaluer ?

À la fin de ma première lecture et des premiers repérages, je m'autoévalue pour ne pas partir sur de mauvaises pistes :

- Ai-je bien identifié le thème général ? ☐ Oui. ☐ Non.
- Ai-je bien identifié la thèse du texte ? ☐ Oui. ☐ Non.
- Ai-je bien identifié la structure d'ensemble ? ☐ Oui. ☐ Non.
- Ai-je bien identifié les principaux principes énonciatifs (pronoms personnels, temps verbaux, tonalité) ? ☐ Oui. ☐ Non.

À la fin de la rédaction du premier jet, au brouillon, je me pose les questions suivantes :

- Ai-je bien restitué les différents mouvements, en les faisant commencer par un connecteur logique ? ☐ Oui. ☐ Non.
- Les idées importantes du texte sont-elles présentes dans le résumé ? ☐ Oui. ☐ Non.
- L'idée générale du texte est-elle perceptible ? ☐ Oui. ☐ Non.
- Ai-je recopié des morceaux du texte ou calqué certaines phrases dans mon résumé ? ☐ Oui. ☐ Non.
- Ai-je reformulé avec clarté et sans émettre de contresens les idées importantes du texte initial ? ☐ Oui. ☐ Non.
- Ai-je bien restitué l'énonciation du texte ? ☐ Oui. ☐ Non.
- Ai-je rédigé le résumé en me mettant à la place de l'auteur ? ☐ Oui. ☐ Non.
- Ai-je été attentif à mon expression ? ☐ Oui. ☐ Non.
- Ma copie est-elle lisible ? ☐ Oui. ☐ Non.
- Ai-je bien respecté le nombre de mots attendu ? ☐ Oui. ☐ Non.

La mise en page de ma copie met-elle suffisamment en évidence les éléments suivants ?

- Les différents mouvements du texte sont-ils clairement identifiables (paragraphes avec des alinéas) ? ☐ Oui. ☐ Non.
- Ai-je bien mis les barres de séparation tous les x mots ? ☐ Oui. ☐ Non.
- Ai-je bien inscrit le nombre total de mots à la fin du résumé ? ☐ Oui. ☐ Non.

La dissertation

1. Qu'est-ce qu'une dissertation ?

A. Qu'est-ce que disserter ?

Du latin *dissertare*, qui signifie « discuter », lui-même dérivé du verbe *disserere*, « enchaîner à la file des idées, des raisonnements » le verbe « disserter » signifie étymologiquement **tisser des liens, discuter les liens entre des idées**.

La dissertation est ainsi d'abord et avant tout une **réflexion critique** sur un sujet. Il s'agit d'une **démonstration qui pèse le pour et le contre** d'une assertion, qui en envisage les différents points de vue, qui *discute* et *tisse des liens* avec elle.

B. Qu'est-ce que n'est pas disserter ?

La dissertation n'est surtout pas, au contraire, une juxtaposition d'avis opposés, d'idées générales et toutes faites sur le thème ou sur les œuvres. *Tisser des liens*, ce n'est pas opposer des idées sans logique.

L'exercice **ne consiste donc pas à réciter son cours** ni à dire ce que l'on sait. Il en appelle au contraire à une réflexion **à partir du sujet donné**, qui doit être discuté à chaque moment du devoir. On a parfois tendance à voir cet exercice comme une opposition préétablie entre deux avis contraires sur un même sujet, quand il s'agit en fait d'élaborer dans votre devoir **une pensée en mouvement**, une discussion progressive des enjeux du sujet, d'un propos relatif au thème au programme.

C. Quelles sont les spécificités de la dissertation aux concours scientifiques ?

Les différentes épreuves aux banques des concours scientifiques demandent aux candidats de disserter à partir d'un thème annuel, assorti de trois œuvres – l'une dite « philosophique » et deux autres dites « littéraires » – liées à ce thème. La place accordée aux œuvres du programme dans la dissertation est donc primordiale.

Il est attendu de vous que **vous maîtrisiez parfaitement ces trois œuvres**. Par conséquent, il faut **apprendre de nombreuses citations** et **relire plusieurs fois les textes** durant l'année, de manière à connaître des exemples précis (la reformulation d'un passage peut valoir citation). Il faut également retravailler vos cours de façon à comprendre les enjeux du thème au programme et savoir les restituer rapidement, en les étayant par des exemples précis puisés dans votre recueil d'exemples personnels. Chacune des sous-parties doit permettre une **confrontation des trois œuvres**, ce qui signifie que, idéalement, vous devez maîtriser vingt-sept passages différents au cours de la copie !

Comment réaliser un recueil d'exemples personnels ?

- Reprenez, dans les cours de l'année, les **grandes problématiques** d'étude. Ces problématiques peuvent aussi être inspirées de la partie « Étude transversale du thème dans les œuvres » (partie 3).
- **Pour chaque grand thème**/problématique, identifier **dans chacune des œuvres un exemple** qui vous semble important. Les citations proposées dans la partie 6 peuvent aussi vous aider à maîtriser certains enjeux.
- Les exemples retenus peuvent prendre la forme d'une **courte citation**, ou d'une **reformulation** avec vos propres mots d'un passage du texte.
- Il est possible d'utiliser certains **exemples identiques** dans plusieurs des thèmes : cela facilitera leur mémorisation.
- Sélectionnez dans vos cours surtout les exemples qui vous sont les plus familiers : on ne parle bien que de ce qu'on comprend vraiment...
- Une **connaissance précise et intime** des œuvres est un réel atout au concours : le choix des citations et passages doit rendre compte d'une lecture et appropriation toute personnelle des œuvres. Plus les exemples sont singuliers dans une copie, plus ils sont valorisés par le correcteur : **évitez donc d'inscrire dans votre fiche des exemples donnés par tout le monde**. Si certains d'entre eux sont des passages obligés, montrer le plus possible qu'on a lu et travaillé personnellement les œuvres est élément de valorisation.

D. Quelles sont les épreuves de dissertation aux différentes banques de concours ?

Les quatre banques de concours proposent une dissertation, mais dont les modalités de rédaction diffèrent.

◆ **Banque X-ENS** : dissertation de 4 heures dont le sujet est une citation. Le devoir doit prendre en compte tous les enjeux du sujet, et être le plus complet possible, en reposant précisément sur les trois œuvres au programme de manière équilibrée. On pourra convoquer à bon escient d'autres références culturelles sur le thème, sans que ces références prennent le pas sur les œuvres du corpus, qui demeurent prioritaires.

◆ **Banque Mines-Ponts/Mines-Télécom** : dissertation de 3 heures dont le sujet est une citation. Le devoir, comme pour la dissertation X-ENS, doit prendre en compte tous les enjeux du sujet et être le plus complet possible, en reposant sur les trois œuvres au programme de manière précise et équilibrée. Les autres références culturelles sur le thème ne sont pas une attente, mais peuvent être valorisées. Une connaissance riche et approfondie des œuvres au programme est en revanche impérative.

◆ **Banque Centrale-Supelec :** dissertation dont le sujet est extrait du texte à résumer. La dissertation peut prendre appui sur ledit texte. Elle ne doit pas excéder 1 800 mots. Vous devez y consacrer entre 2 heures 45 et 3 heures.

◆ **Banque CCINP** : dissertation dont le sujet est extrait du texte à résumer. La dissertation peut prendre appui sur ledit texte : elle est d'une longueur libre. Vous devez y consacrer environ 3 heures.

◆ **Banque Agro et écoles vétérinaires (section BCPST) :** Dissertation de 3 heures dont le sujet est une citation. Le devoir doit prendre en compte tous les enjeux du sujet, et être le plus complet possible, en reposant précisément sur les trois œuvres au programme de manière équilibrée. On pourra convoquer à bon escient d'autres références culturelles sur le thème, sans que ces références prennent le pas sur les œuvres du corpus, qui demeurent prioritaires et fondamentales.

◆ **Banque G2E (section BCPST)** : Dissertation de 3 heures 30 dont le sujet est une citation. Le devoir doit être le plus exhaustif et précis possible.

◆ **Banque PT Épreuve A** : Dissertation de 4 heures dont le sujet est une citation. Le devoir doit être exhaustif et de la plus grande précision conceptuelle et culturelle possible.

◆ **Banque PT Épreuve B** : Dissertation dont le sujet est une question portant sur un extrait du texte à résumer. La dissertation peut prendre appui sur ledit texte. Elle est d'une longueur libre. Vous devez y consacrer environ 3 heures.

2. Comment construire le plan de la dissertation ?

A. Analyser le sujet

Une seule règle d'or prévaut au début de l'épreuve : correctement analyser le sujet. Ce travail consiste à **cerner les enjeux de la citation**, à **définir sa thèse** et/ou son présupposé, et à comprendre alors quels sont **les principes mis en jeu**. Concrètement, vous pouvez procéder par étapes :

◆ Recopier le sujet.

◆ **Expliquer/définir**, chacun de ses mots, interroger leur(s) signification(s), ce qu'ils disent du thème au programme, à quelles grandes idées cela renvoie (dans vos connaissances, dans les œuvres…).

◆ Penser le sujet en termes de **tensions** : un propos n'est jamais acceptable que **dans une certaine mesure**. Quand vous expliquez les idées du sujet, demandez-vous alors à quoi l'idée exposée par un terme du sujet peut s'opposer à une autre ou rentrer en discussion avec elle, de manière à cerner les problèmes au cœur du propos donné à étudier.

◆ Au terme de ce travail définitoire et analytique, vous devez être en mesure de répondre à la question suivante : **quelle est la thèse défendue par l'auteur de la citation ?** Cette thèse constitue le point de départ de votre réflexion : c'est à partir d'elle que vous pouvez formuler la problématique.

> - En temps limité, cette étape doit vous prendre **5 à 10 minutes**.
> - Pour les épreuves où la citation est extraite du texte à résumer, aidez-vous de votre compréhension globale dudit texte pour analyser le propos de l'auteur. Cette pensée doit alors être remise dans son contexte. Parfois, certains textes comportent des arguments qui peuvent vous servir pour la nuance ou le dépassement du sujet : ne vous privez pas de les utiliser !
> - Si vous ne comprenez pas certains termes, essayez de penser à des mots de la même famille et tentez, quoi qu'il arrive, d'en donner une définition propre. Tous les termes sont toujours importants, oublier d'en définir certains peut alors être dangereux.

B. Problématiser le sujet

Un problème philosophique ou de théorie littéraire comporte toujours un débat, c'est-à-dire un questionnement auquel on a à la fois de bonnes raisons de répondre « oui » et de bonnes raisons de répondre « non ». Pour mener une dissertation, il est donc indispensable de **comprendre les enjeux de la discussion**. Le but de l'analyse du sujet est ainsi de **soulever le problème central dans le propos de l'auteur, afin de poser la thèse** (base du problème et de la discussion) **à nuancer et à dépasser**.

Au concours, vous aurez à composer sur des sujets non problématisés : on vous propose une citation, avec laquelle vous devez engager un dialogue. C'est à vous de déterminer quels aspects majeurs du propos suscitent le débat.

> - Cette étape ne doit pas excéder **5 minutes**.
> - Au stade où vous en êtes, il est bon d'avoir un **projet de problématique**, pour orienter votre recherche d'idées et votre conception du plan. Vous peaufinerez la problématique après cette étape.
> - Il est nécessaire de ne pas rester bloqué sur la problématique en début de devoir. Vous pouvez, à partir de votre questionnement du sujet, élaborer déjà des pistes pour votre plan qui vous aideront dans un deuxième temps à formuler votre problématique.

C. Rechercher les arguments et concevoir le plan

> Cette étape, dans sa globalité, ne doit pas excéder **30 minutes**.

a. Qu'est-ce qu'un bon plan de dissertation ?

Le plan doit réfléchir de façon globale au sujet, en **dialoguant avec lui**. Il est le squelette de votre pensée, et cette pensée n'est reliée qu'à une chose : la citation ! **C'est à partir de la citation que vous devez réfléchir au thème au programme.** Dans un premier temps, ne cherchez pas à convoquer les œuvres, qui ne serviront qu'à illustrer votre réflexion.

- De manière générale, ce ne sont pas les œuvres ni les éléments du cours qui créent le plan, mais au contraire le plan qui sollicite les éléments du cours et les œuvres.
- Toutefois, il est possible qu'un élément du cours, que certains passages des œuvres, qu'une référence (philosophique, littéraire...) extérieure aux œuvres du programme vous donnent des idées à ce stade de la réflexion. Servez-vous alors de ces exemples, mais transformez-les en arguments au service du sujet, corrélés aux enjeux de la citation.

b. Comment répondre logiquement à la problématique ?

C'est le plan qui donne les éléments de réponses à la problématique. Comme une dissertation renvoie toujours à un débat, le but du plan est d'exposer les thèses opposées et le dépassement envisageable. Ainsi, le meilleur plan est celui qui apporte une **réponse nuancée** à la problématique, c'est-à-dire dire qui montrera que **dans une certaine mesure, sous certaines conditions** telle réponse est valable et, **au contraire, dans telles autres conditions**, telle autre réponse/solution est valable.

La logique en jeu est alors celle de la **dialectique** :

◆ Une première partie expose les enjeux de la thèse, explique **dans quelle mesure le propos de la citation peut se vérifier**, plus particulièrement à la lumière des œuvres au programme.

◆ La deuxième partie montre **les nuances et les limites de cette thèse** : affirmer une chose, c'est toujours en négliger d'autres. C'est ce qu'il convient de montrer dans cette partie.

◆ La dernière partie tente de **dépasser l'opposition** entre les deux premières. Il faut alors aller plus loin, en abordant un aspect de la problématique non encore développé, **mais qui est essentiel au sujet**, ou poursuivre la discussion du sujet, en allant au-delà de la limite posée en deuxième partie. Il est parfois aussi possible de revenir à un terme de la citation, en lui donnant une nouvelle définition, qui donne un rebond à votre réflexion. Cette partie est évidemment la plus complexe, mais elle est le point d'aboutissement de votre démonstration.

- Il est possible – même si cela est moins souhaitable et plus difficile à tenir – de commencer par l'inverse de la thèse et de revenir à la thèse dans la deuxième partie seulement, si votre plan vous paraît plus logique ainsi.
- Le cas échéant, exposez clairement en introduction la thèse du sujet, et expliquez votre démarche au moment de l'annonce du plan, de manière que le jury comprenne que votre démarche est réfléchie et assumée et qu'elle ne constitue pas un contresens sur le sujet.

c. Comment construire le plan ?

À ce stade du travail, il convient de créer un plan. La façon la plus simple est encore de repartir du sujet. Vous avez dû, au cours de l'analyse de la citation, exposer la thèse, et commencer à la mettre en tension. Repartez de cette tension, justement : elle fonde *a minima* l'objet de vos deux premières parties.

> I – Reformulez la thèse du sujet : « **Certes**, l'auteur a raison de penser que... »
>
> II – Formulez les manques de la thèse, l'idée à laquelle cette thèse s'oppose ou les éléments que l'on pourrait objecter à la thèse : « **Mais**, si la thèse peut se vérifier, il n'en demeure pas moins que... et on peut aussi considérer, contre l'auteur, que... »
>
> III – Dépassez l'opposition des deux premières parties : « **Cependant**, au-delà de cette opposition, il est également possible de considérer que... » ou encore « Cependant, ne faut-il pas plus encore, au-delà de l'opposition précédemment énoncée, concevoir que... »

À l'intérieur de vos trois grandes parties délimitées, vous pouvez dorénavant **chercher des arguments**. Essayez d'en formuler idéalement trois. Vous pouvez n'en formuler que deux – à défaut – si vous n'en trouvez pas plus, si vous ne parvenez pas à terminer votre devoir, pour les dissertations en 3 heures, ou à l'épreuve de Centrale-Supelec, dont le nombre de mots est limité.

◆ Pour la première partie : le plus évident est de **repartir des éléments de la citation** : les arguments sont en fait dans le sujet lui-même.

◆ Pour la deuxième partie : le plus simple est encore de chercher **une nuance, une limite, à chacun des éléments de la citation**. Vous pouvez chercher à nuancer chacun des arguments de la première partie, assez logiquement. Vous pouvez aussi, si cela vous semble plus logique par rapport au sujet, chercher trois arguments qui justifient la discussion, mais en cherchant à toujours dialoguer avec le sujet.

◆ Pour la troisième partie : il est difficile ici de repartir d'arguments déjà posés et de les nuancer. Cependant, cherchez à dialoguer avec le sujet en formalisant deux ou trois arguments qui prouvent la thèse de votre dépassement.

> - Les titres de vos parties (thèses) et de vos sous-parties (arguments) doivent **impérativement reprendre les mots du sujet ou dialoguer avec eux**. Afin d'éviter le hors-sujet ou le traitement partiel de ce dernier, dites-vous que, si vous ne reprenez pas ces termes, vous ne répondrez pas au sujet !
> - Toute la dissertation est un **dialogue constant** avec la citation : c'est votre plan qui constitue la « colonne vertébrale » de votre devoir.
> - La logique du plan est toujours identique : illustration/explication de la thèse (I) / discussion de celle-ci (II) / dépassement ou prolongation de la discussion (III).

d. Comment compléter le plan ?

C'est uniquement à cette étape que vous allez puiser dans les œuvres au programme vos exemples. Pour chaque sous-partie, il s'agit d'aller chercher dans votre recueil d'exemples un **passage précis** qui illustre l'idée abordée.

Chaque sous-partie doit proposer une **confrontation de trois exemples**, pris dans chacune des œuvres. Il s'agit de trouver des exemples suffisamment courts et précis à la fois.

- Utilisez des **passages précis des œuvres, courts** de préférence : les longues citations ne sont guère utiles.
- Une **reformulation de passage**, qui cite un ou deux termes importants du texte au programme en lien avec l'argumentation, est tout aussi efficace qu'une citation non commentée, qui seule, ne prouve rien.
- Développez les exemples **en argumentant grâce aux œuvres** : il s'agit de rendre compte de l'argument de la sous-partie, en montrant en quoi l'exemple utilisé valide l'idée.
- Vous pouvez, pour gagner du temps, **regrouper les auteurs** qui pensent la même chose sur une idée, et l'opposer par exemple au troisième auteur. Exemple : « *Cette idée se vérifie notamment dans les œuvres de [auteur 1] et [auteur 2], qui développent l'idée selon laquelle... Au contraire, chez [auteur 3], les choses sont quelque peu différentes puisque...* ».

D. Bien formuler sa problématique

À ce stade, vous pouvez reprendre la problématique partielle que vous aviez déterminée après l'analyse du sujet, et formuler la tension que vous ferez figurer dans l'introduction.

La problématique doit à la fois être simple et riche. **Elle doit, en partant de la thèse, montrer une tension, la nommer, et annoncer le chemin de votre pensée.** Il conviendra alors, dans la rédaction de votre introduction, après avoir expliqué le sujet, de dire clairement quelle est la thèse de l'auteur et de la mettre ensuite en tension, pour **faire apparaître le problème**.

- Il est bon de poser la problématique à la forme interrogative, en commençant par **« dans quelle mesure »**, ou à défaut par **« comment »**.
- Bannissez les questions commençant par « en quoi », qui n'exposent pas un problème en tension, mais qui invitent plutôt à développer une thèse.
- Au moment de la rédaction, dans l'introduction, soyez attentif à la confusion récurrente entre **l'interrogation directe** et **l'interrogation indirecte**. Exemple : « *Nous répondrons alors à la question suivante : dans quelle mesure l'homme est-il un être de désir ?* » ou « *Au cours de notre développement, nous chercherons alors à nous demander dans quelle mesure l'homme est un être de désir.* »

BILAN : quelles sont les différentes étapes de votre brouillon ?

1. Lire et analyser le sujet.
2. Dresser un projet de problématique.
3. Déterminer les grands axes du plan.
4. Chercher les sous-parties.
5. Compléter sous forme de tirets les exemples pris dans les œuvres, pour étayer les sous-parties.
6. Reformuler précisément la problématique.
7. Rédiger l'introduction, les transitions et la conclusion.

3. Comment rédiger le devoir ?

La rédaction de votre devoir s'effectue directement sur la copie à l'exception de l'introduction, de la conclusion et des transitions, à préparer au brouillon.

- Exprimez-vous à la **troisième personne du singulier** ou à la **première personne du pluriel**, afin de donner un caractère général à votre propos.
- N'utilisez jamais la première personne du singulier.
- Ne mêlez pas dans la même phrase l'emploi du pronom indéfini « on » à celui du pronom « nous ».

A. L'introduction

L'introduction ouvre le devoir et comporte toujours six étapes.

◆ **Amener le sujet** : on commence par une phrase d'accroche, généralement une référence culturelle prise hors programme. On montre qu'on peut situer le problème dans une problématique plus vaste, empruntée à une théorie littéraire, à une autre œuvre... Servez-vous des cours, des références étudiées à l'occasion d'autres dissertations, résumés, dans l'année.

Cette amorce peut aller dans le sens du sujet, ou en prendre exactement le contre-pied. Elle doit toujours, cependant, avoir un lien explicite avec la citation, que ce soit un lien de similitude ou d'opposition. Un simple connecteur suffit parfois à montrer ce lien.

Terminez cette amorce avec une formule du type « On retrouve une idée semblable chez [*l'auteur de la citation*] lorsqu'il écrit que... » ou au contraire « Pourtant [*l'auteur de la citation*] s'oppose totalement à ce point de vue en affirmant que... », ou encore « [*l'auteur de la citation*] nous pose la même question en se demandant... ».

◆ **Citer le sujet** en recopiant intégralement la citation.

◆ **Analyser le sujet** : vous reprenez ici les éléments du brouillon, en reformulant avec vos propres mots les idées exprimées dans la citation. Il s'agit alors de faire apparaître clairement la thèse et ses limites. Cette étape est primordiale, car de cette analyse découle la problématique.

◆ **Formuler clairement la problématique.**

◆ **Annoncer le plan**, en formulant successivement les aspects que l'on va aborder mais sans trop en dire encore. Il ne s'agit pas d'annoncer les sous-parties ici, mais seulement les grands axes (idées directrices) qui vont guider votre réflexion.

◆ **Présenter le corpus au programme dans l'ordre chronologique de publication, en soulignant les titres des œuvres et en orthographiant correctement les noms des auteurs.**

- L'introduction contient un **paragraphe unique, commençant par un alinéa**.
- Il est **inutile de revenir à la ligne** ou de faire des alinéas à chaque nouvelle étape de l'introduction.
- Utilisez des **connecteurs logiques** à chaque nouvelle étape, pour relier habilement les éléments entre eux.

B. La mise en page

Chaque partie doit faire l'objet d'une mise en évidence rigoureuse. Cette étape formelle marque la réussite de l'exercice et clarifie votre argumentation.

◆ **Sautez une ligne** entre l'introduction et la première partie. Il en va de même entre deux parties et entre la dernière sous-partie et la conclusion.

◆ **Rédigez un court paragraphe introductif** à chacune des parties, qui annonce l'axe directeur.

◆ **Faites un alinéa** à chaque nouvelle sous-partie.

Visuellement, votre correcteur doit suivre votre pensée.

Voici un schéma qui peut illustrer une copie-type :

<table>
<tr>
<td>Annonce de l'axe 1
……………………………………
Sous-partie 1
……………………………………
……………………………………
Sous-partie 2
……………………………………
……………………………………
Sous-partie 3
……………………………………
……………………………………
……………………………………</td>
<td>Transition
……………………………………
……………………………………
Annonce de l'axe 2
……………………………………
Sous-partie 1
……………………………………
……………………………………
Sous-partie 2
……………………………………
……………………………………</td>
</tr>
</table>

C. La composition d'une sous-partie

Chaque sous-partie constitue **un paragraphe**, qui est un des arguments de votre devoir. Vous devez toujours commencer votre paragraphe en annonçant votre argument. Puis, vous devez **l'expliquer** théoriquement (quitte à faire appel à une théorie philosophique, historique, littéraire...), et **l'illustrer** ensuite par des exemples, pris dans les œuvres au programme.

D. Les transitions

À la fin de chaque grande partie, il est bon de faire figurer une transition, ou **conclusion partielle**, qui conclut l'axe et amorce un changement de cap. Ce moment rhétorique permet alors de créer des liens entre les deux parties, de tisser la discussion et de maintenir les liens argumentatifs avec le sujet.

E. La conclusion

Rédigée en amont, pour clarifier votre pensée dès le début de la composition et pour éviter de la bâcler en fin d'épreuve, la conclusion comprend traditionnellement deux étapes :

- **un bilan**, récapitulant l'essentiel de ce à quoi on a abouti dans l'argumentation, une réponse claire à la problématique posée en introduction. Il s'agit revenir clairement au sujet, en citant les termes de ce dernier.
- **un élargissement** de la réflexion, **si possible**. Si vous ne savez pas comment ouvrir, finissez par une jolie phrase finale, qui donne une impression d'achèvement à votre devoir.

> - Comme pour l'introduction, la conclusion ne contient qu'un seul paragraphe.
> - Dans les épreuves en trois heures, gardez **deux heures environ** pour la rédaction.
> - Ménagez des **temps de relecture** à la fin de chaque partie, si possible, de manière à éradiquer le maximum d'erreurs.

4. Comment obtenir une bonne note à la dissertation ?

A. Qu'est-ce qui est évalué dans cet exercice ?

Les éléments évalués sont les suivants :

- votre capacité à dégager la thèse d'un sujet, à la problématiser et à la discuter ;
- votre capacité à faire preuve d'esprit critique face au sujet donné ;
- votre capacité à structurer votre argumentation de manière claire, logique et progressive ;

◆ votre capacité à justifier vos propos en vous appuyant sur votre connaissance des textes au programme ;

◆ votre capacité à rédiger votre devoir dans une langue maîtrisée.

B. Qu'est-ce qui est attendu, valorisé ou pénalisé au concours ?

On attend	On pénalise	On valorise
Une bonne compréhension de la thèse de la citation, et sa discussion.	Un sujet non analysé, une thèse non prise en compte ni nuancée.	Une thèse bien posée, puis nuancée, un dépassement pertinent des tensions dans la troisième partie.
Une problématique qui mette en tension la thèse du sujet.	Un sujet non problématisé, ou dont la problématique n'est qu'une mise en interrogation de la citation.	Une problématique fine et en tension, rappelée lors des transitions, et qui réinterroge le sujet à chaque instant.
Une organisation du propos en deux parties au moins.	L'absence de plan, ou un plan qui traite chaque œuvre dans une partie.	Un plan en trois parties, qui joue intelligemment avec les termes du sujet, et dont la dernière partie est riche, non répétitive.
La structuration du propos à l'intérieur des parties en arguments qui dialoguent avec le sujet.	L'absence de sous-parties, ou des sous-parties centrées sur un seul auteur, sans confrontation des œuvres.	Trois sous-parties riches et démonstratives, qui précisent la pensée de manière progressive.
La confrontation des trois œuvres au programme dans chaque sous-partie.	Un devoir qui néglige une ou plusieurs des œuvres, qui ne cite pas suffisamment les œuvres, ou qui dise des bêtises à leur propos.	Une parfaite maîtrise des œuvres, citées et argumentées en lien avec le sujet.
Une mise en page correcte du travail.	L'absence de mise en page, une présentation brouillonne.	Une présentation soignée.
Une expression correcte.	Une expression fautive, une syntaxe défaillante.	Une expression fine, un vocabulaire précis et varié.

C. Comment s'autoévaluer ?

À la fin de l'élaboration de mon plan, je m'autoévalue pour ne pas partir sur de mauvaises pistes…

- Ai-je bien identifié la thèse de la citation ? ☐ Oui. ☐ Non.
- Ai-je bien mis en tension cette thèse dans mon plan ? ☐ Oui. ☐ Non.
- Mon plan dialogue-t-il avec les termes du sujet ? ☐ Oui. ☐ Non.

- Ai-je bien utilisé les trois œuvres dans (presque) toutes les sous-parties de mon devoir ? ☐ Oui. ☐ Non.

À la fin de sa rédaction, au brouillon, je me pose les questions suivantes : mon introduction...

- ... contient-elle une amorce ? ☐ Oui. ☐ Non.
- ... cite-t-elle le sujet ? ☐ Oui. ☐ Non.
- ... analyse-t-elle le sujet ? ☐ Oui. ☐ Non.
- ... aboutit-elle à une problématique bien formulée, qui met la thèse en tension ? ☐ Oui. ☐ Non.
- ... annonce-t-elle le plan du devoir ? ☐ Oui. ☐ Non.
- ... précise-t-elle les œuvres au programme ? ☐ Oui. ☐ Non.

À la fin de sa rédaction, au brouillon, je me pose les questions suivantes : ma conclusion...

- ... répond-elle à la problématique dégagée en introduction ? ☐ Oui. ☐ Non.
- ... dialogue-t-elle avec le sujet ? ☐ Oui. ☐ Non.
- ... élargit-elle les perspectives, ou à défaut, soigne-t-elle l'expression de la fin du devoir ? ☐ Oui. ☐ Non.

La mise en page de ma copie met-elle suffisamment en évidence les éléments suivants ?

- Les parties sont-elles clairement annoncées ? ☐ Oui. ☐ Non.
- Des paragraphes délimitent-ils chacune de mes sous-parties ? ☐ Oui. ☐ Non.
- Ai-je bien pensé à ménager des transitions d'une partie à l'autre du devoir ? ☐ Oui. ☐ Non.

En rédigeant ma copie, ai-je bien respecté les éléments suivants ?

- Ai-je bien fait commencer chaque paragraphe par un argument ? ☐ Oui. ☐ Non.
- Ai-je confronté les trois œuvres dans (presque) chaque sous-partie ? ☐ Oui. ☐ Non.
- Ai-je argumenté mes exemples pour illustrer l'idée de chacune des sous-parties ? ☐ Oui. ☐ Non.
- Ai-je été attentif à mon expression ? ☐ Oui. ☐ Non.
- Ma copie est-elle lisible ? ☐ Oui. ☐ Non.

La synthèse de textes

Concours Pré-Master de l'EDHEC

1. Nature de l'exercice

A. Quel est l'esprit de la synthèse de documents ?

Certains concours, d'entrée en écoles de commerce, pour la plupart, comportent une épreuve de synthèse d'un dossier composé majoritairement de textes. Si variés soient les documents, il s'agit de dégager une problématique précise qui rend compte de leurs enjeux communs. Le devoir doit être structuré dans un plan qui hiérarchise et approfondit les réponses à la problématique.

Le seul exercice de synthèse spécifiquement ouvert aux étudiants de CPGE scientifiques compte pour le concours Pré-Master de l'EDHEC (ancien AST1, mais dont les modalités ont changé depuis plusieurs années !). Elle porte sur un dossier de presse de six textes au maximum, à composer en trois heures. L'ensemble du dossier fait environ quinze pages.

Il existe bien une « Analyse et Synthèse de documents techniques et scientifiques » dans le concours APPRENTISSAGE (écoles d'ingénieurs agronomes et vétérinaires). Mais celle-là, qui requiert avant tout des connaissances techniques précises, relève d'une méthode trop spécifique pour être traitée ici.

Les conseils ci-dessous concernent essentiellement l'épreuve du concours Pré-Master.

B. Qu'est-ce que la synthèse ?

a. Quelles sont les consignes ?

La synthèse de textes du concours Pré-Master de l'EDHEC, doit comporter 500 mots (avec une tolérance de plus ou moins 10 %, donc de 450 à 550 mots) et respecter les consignes suivantes :

- mettre une barre tous les 50 mots pour le décompte des mots ;
- indiquer dans la marge le décompte progressif tous les 50 mots (« 50 », « 100 », « 150 », etc.) ;
- indiquer, à la fin de la synthèse, le nombre total de mots.

Aucune appréciation personnelle n'est tolérée. Les adjectifs à caractère énonciatif, qui peuvent valoriser ou dévaloriser les textes, sont donc à éviter. La maîtrise et la qualité de l'expression écrite, la qualité orthographique seront appréciées et prises en compte dans l'évaluation.

b. Pourquoi une synthèse ?

Une synthèse mobilise votre capacité à comprendre rapidement un texte, à en dégager la thèse et les arguments essentiels pour les mettre en relation avec d'autres textes ou documents iconographiques et à les articuler autour d'une problématique.

Chercher une telle problématique à partir de supports parfois disparates constitue le cœur de nombreux métiers, lors de comptes rendus brefs, efficaces et précis auprès de collègues, clients, supérieurs... Et tout n'est qu'une question de méthode pour exceller en la matière.

c. Comment la synthèse est-elle évaluée ?

Les critères spécifiques d'évaluation de la synthèse du concours Pré-Master de l'EDHEC plus spécifiques sont les suivants : « Une synthèse n'est pas une succession de résumés de plusieurs textes : elle implique l'élaboration d'un texte dont la formulation est personnelle et propre au candidat, en restituant des idées, positions ou affirmations qui ne sont pas les siennes. Il faut donner en raccourci la pensée d'un auteur, sans le trahir, sans le dénaturer. »

Outre ces exigences particulières, il s'agit de :

- montrer que l'on a compris les textes et leurs thèses spécifiques ;
- rapprocher les argumentaires entre les textes différents ;
- mettre en évidence les oppositions ;
- trouver la problématique la plus pertinente ;
- proposer une structure homogène et progressive ;
- construire un tout cohérent ;
- reformuler les textes, ne citer que rarement ;
- respecter scrupuleusement l'orthographe et la syntaxe de la langue française ;
- rédiger avec clarté, précision et logique.

Les 5 écueils à éviter

1er écueil : ne pas faire de plan

Des paragraphes clairs et délimités par la typographie doivent apparaître dans votre rédaction.

2e écueil : recopier ou citer les documents

Votre maître-mot : la reformulation !

3e écueil : oublier un document

Il faut faire un sort à chaque document, même ceux qui semblent se distinguer du reste du dossier.

4e écueil : intégrer des données extérieures au dossier

Le dossier constitue le seul et unique support de votre synthèse. Tout au plus pouvez-vous vous aider de votre bon sens et de certaines connaissances pour créer des liens entre les documents.

5e écueil : ne pas suivre l'ordre des textes

Les textes ont été agencés d'une certaine façon à dessein. Ne le perdez pas de vue, au moment d'organiser vos idées. Il s'agit d'une exigence spécifique au concours EDHEC. En général, les synthèses invitent plutôt à brasser les documents.

2. Le travail préparatoire

A. Quelles étapes suivre ?

- Survolez activement les textes et paratextes.
- Lisez chaque texte en en notant précisément les thèses, les arguments, la tonalité et le plan.
- Formulez la question d'ensemble dont tous les textes sont porteurs.
- Trouvez un plan en deux ou trois parties qui répartisse de façon logique les textes, sans en changer pour autant l'ordre.
- Trouvez un titre d'ensemble concis mais qui englobe tous les enjeux majeurs.
- Rédigez le devoir entier au brouillon.
- Recopiez-le au propre.

B. Dans quel ordre les suivre ?

Gardez en tête que les parties du plan sont des réponses possibles à la problématique. Cette dernière se doit d'être plus englobante que les parties, et en aucun cas se contenter de reprendre les titres des parties (et réciproquement). Il peut donc s'avérer plus simple de trouver la problématique après avoir élaboré un plan.

Il est aussi possible de trouver son plan très tôt, lors de la prise de connaissance des textes. Un premier survol donne déjà une idée d'un thème commun. Et dès la lecture du deuxième texte, il se peut que des intuitions surgissent, que l'on insère dans son plan sans hésiter. Le tout est d'ajuster son plan par la suite en le raturant.

C. Trouver un titre thématique

Ni trop large, ni trop précis, le titre doit englober tous les textes, et en particulier leurs thèses respectives. Évitez les phrases ou les groupes verbaux. Vous pouvez opter pour des énumérations et les deux points.

Le rapport de jury du sujet 2019 du concours Pré-Master de l'EDHEC comporte un exemple de copie ayant obtenu la note de 18/20. Le titre de la synthèse était le suivant : « Croire, voir, savoir : relations et causalités. »

D. Trouver une problématique

La problématique s'appuie directement sur le titre thématique. Elle met en exergue les enjeux sous la forme d'une question, qui n'appelle pas une réponse univoque et simple, mais des pistes d'investigation. Le plan explore ces pistes que la problématique ouvre.

Ainsi, dans la copie du rapport de jury de 2019, la problématique choisie était : « Quels liens existe-t-il entre croyance et observation ? »

E. Dresser le plan

Les idées directrices de vos parties doivent être limpides. Aucune approximation ne saurait constituer un axe de réflexion ferme.

La synthèse de textes du concours Pré-Master, sans sous-parties, se contente de regrouper les enjeux des textes tels qu'ils s'enchaînent. N'y passez donc pas trop de temps !

Le bon sens s'avère donc précieux pour faire basculer un texte dans une partie ou l'autre. Il est tout à fait possible de revenir par la suite sur l'un des premiers textes, ou anticiper un texte ultérieur, par comparaison avec les autres. Il s'agit surtout d'épouser la logique du dossier de textes.

La copie du rapport de jury de 2019 suit le plan suivant, en deux parties : 1) Les croyances influencées par d'autres facteurs que l'observation. 2) Croire, une condition nécessaire pour observer.

Ainsi, si la répartition des documents vous semble dialectique, n'hésitez pas à dresser votre plan en conséquence.

3. Rédiger l'introduction

L'introduction de la synthèse du concours Pré-Master de l'EDHEC suit trois étapes :

- accroche/amorce, soit sous la forme d'un exemple pris du corpus, soit sur le thème général abordé dans ce dernier ;
- précisions et définitions d'éléments du thème et de l'amorce, qui conduisent naturellement à la problématique ;
- formulation de la problématique ;

Ces étapes doivent être systématiquement reliées par une certaine cohérence syntaxique, ou des connecteurs logiques.

Pour une synthèse de 500 mots, faites une introduction de 50 à 60 mots.

Certaines étapes de la méthode de l'introduction varient fortement selon le type de synthèse. Dans la plupart d'entre elles, contrairement au concours de l'EDHEC, il faut annoncer le plan.

4. Rédiger le développement

La reformulation des documents est fondamentale. Il ne faut reprendre d'expressions telles quelles qu'exceptionnellement. Des astuces existent pour reformuler, soit grâce à des synonymes, soit par des périphrases, ou encore à l'aide de dérivations du verbe au nom commun, par exemple.

Rédigez au présent de l'indicatif, avec des tournures possibles au passé composé et au conditionnel.

Comptez rigoureusement vos mots pour proposer des paragraphes homogènes. Restez le plus proche possible du nombre exact de mots prescrits. Ne dépassez jamais la marge autorisée, faute de quoi les pénalités vous coûteront cher.

N'anticipez pas sur les idées prévues dans la suite de votre plan : le risque est de se retrouver bloqué ou d'avoir l'impression de se répéter.

Pour la synthèse du concours EDHEC, il est recommandé de tout rédiger au brouillon avant de recopier au propre.

Dans tous les cas, il est vivement conseillé de veiller à ne pas faire d'erreurs d'orthographe au brouillon, en se disant qu'on aura bien le temps de se relire...

5. Rédiger la conclusion

Plus brève encore que l'introduction, la conclusion récapitule le raisonnement suivi dans le développement, avant de proposer une ouverture. Les ouvertures peuvent prendre des tournures variées, mais doivent répondre à deux contraintes : se situer dans la continuité logique du devoir et prolonger la réflexion sans redondance. Ne soyez pas tentés de formuler une considération plus personnelle ou biaisée. Restez neutre, comme partout ailleurs.

6. Quelques conseils de rédaction

A. Entre précision et élégance

La qualité de rédaction comporte deux dimensions majeures : la **précision** et l'**élégance**. Il faut être capable d'écrire exactement ce que l'on souhaite exprimer, dans ses nuances les plus infimes. Pour ce faire, il convient d'employer le vocabulaire et les formulations les plus riches et agréables à lire. Élégance et précision progressent à mesure que l'on acquiert un vocabulaire abondant et varié. Ce travail régulier fait feu de tout bois : on s'efforce de retenir les nouveaux termes que l'on lit, et l'on lit le plus possible en diversifiant les supports.

B. Interrogations directes et indirectes

Que vous formuliez une problématique ou tout autre type de question, il est de très mauvais goût de vous tromper dans la syntaxe de l'interrogation…

Quand vous commencez par un pronom interrogatif, vous inversez le sujet et le verbe et vous mettez un point d'interrogation : « Dans quelle mesure la crise sanitaire **a-t-elle** transformé le monde **?** » / « Pourquoi l'indépendance des journalistes **est-elle** essentielle **?** » / « En quoi l'identité des individus **est-elle** plurielle **?** »

Quand vous commencez par un verbe interrogatif, vous n'inversez pas le sujet et le verbe et ne mettez pas de point d'interrogation : « Nous nous demanderons dans quelle mesure la crise sanitaire a transformé le monde. » etc.

Mais dans ce deuxième cas de figure, afin que la fluidité de la rédaction soit assurée, sans « on » ou « nous », il vaut peut-être mieux abandonner toute tournure interrogative : « Seront évoquées les raisons pour lesquelles l'indépendance des journalistes est essentielle. »

Ce qu'il faut éviter

Tout effort consenti pour éviter d'employer les termes ou tournures suivants constitue un pas vers l'élégance et la précision du propos, et même sa concision :

- Ça (et même « cela » …).
- Chose.
- Dire (l'auteur dit…).
- Faire.
- Montrer que.
- Parler de.
- Les verbes « être » et « avoir » quand ils ne sont pas auxiliaires : des verbes consacrés existent la plupart du temps.
- Texte (mentionner le genre du texte plutôt).
- Aspect.
- Il y a (s'efface facilement)
- Nous voyons / apercevons /. percevons (idem).
- Nous pouvons voir / apercevoir / percevoir (idem).
- Nous remarquons / constatons… (idem).
- Même remarque pour les « on ».
- Ne pas abuser de « permettre ».

C. Le spectre des répétitions

Les répétitions, si elles sont subtiles, permettent de structurer un texte logiquement. En trop grand nombre, elles courent le risque de l'alourdir. Les reprises sont alors d'un grand secours. **Veillez à ce que le mot que vous reprenez soit clairement identifiable, faute de quoi vous courez le risque d'être confus.**

a. Les reprises pronominales

- **Pronom personnel**. Exemple : « Les églises sont des édifices religieux. **Elles** accueillent les croyants qui viennent prier. »
- **Pronom relatif**. Exemple : « Le chanteur, **qui** possède un talent hors normes, se fait acclamer par la foule. »
- **Pronom démonstratif**. Exemple : « Les élèves vont à l'école tous les jours. **Ceux-là** sont parfois évalués par des contrôles. »
- **Pronom possessif**. Exemple : « Ce n'est pas son téléphone portable. Il a oublié **le sien** chez lui. »
- **Pronom adverbial**. Exemple : « Elle a dormi chez sa meilleure amie hier soir. Elle **y** retournera demain. »

b. Autres formes de reprises

- La **synonymie** : on remplace un terme par un autre, qui n'est toutefois que rarement un strict synonyme… Exemple : « Il a pris le **virage** à cent à l'heure. Le **tournant** lui a été fatal. »
- La **dérivation** : des mots de même famille sont utilisés, mais dans des classes grammaticales différentes. Exemple : « Il **reprend** le travail demain. J'espère que sa **reprise** se fera en douceur. »
- L'**hyperonymie** : terme général, qui représente une catégorie plus large. Exemple : « Le peintre Claude Monet a vécu dans l'Oise. **Cet artiste** s'est illustré par ses *Nymphéas*. »
- La **périphrase** : une expression plus longue remplace le terme initial. Exemple : « Il a du mal avec l'orthographe en français. Parfois, on peut même constater qu'il malmène **la langue de Molière**. »

L'oral

1. Qu'est-ce qu'un oral de français-philosophie ?

A. Des épreuves décisives

Il va sans dire que les épreuves orales des concours des différentes écoles constituent un **enjeu décisif**. Elles départagent les simples admissibles des admis. L'épreuve de français-philosophie échappe d'autant moins à la règle que l'on a coutume de dire qu'elle sert de juge de paix entre les cadors en matières scientifiques.

Il s'agit donc très tôt de prendre conscience que l'oral doit se préparer dès l'instant où l'on commence à préparer l'écrit. Faites d'une pierre deux coups en gardant toujours en tête l'oral, ce qui n'est pas si difficile puisqu'en deux années, au moins, de classe préparatoire, vous êtes régulièrement amené à vous exprimer en colle…

> L'oral de français-philosophie diffère considérablement d'école en école. Renseignez-vous donc en priorité sur le **site de l'école** dont vous passez l'oral. Surtout, l'épreuve orale comportant souvent un entretien de personnalité, récoltez un **maximum d'information** sur la vie de l'école, la ville où elle se situe, les associations d'étudiants, l'offre de formation.

B. Des épreuves de communication

Si les connaissances et les capacités de réflexion importent au plus haut point, une épreuve orale est d'abord une situation où des interlocuteurs humains se font face. Vous serez donc jugé pour une certaine aisance **dans l'expression et la communication**.

Naturellement, il convient de se vêtir d'une **tenue appropriée**. Sans aller jusqu'à la cravate, évitez les tennis et les pantalons décontractés. En revanche, soyez à l'aise dans vos vêtements, notamment en cas de températures élevées, ce qui se produit souvent la saison des concours.

Ayez l'air confiant, regardez le jury dans les yeux, avec un visage animé. Variez vos intonations afin d'accentuer les idées les plus importantes. **Donnez de l'âme à votre prestation.**

Pour ce faire, reposez-vous sur une **belle élocution**. Votre phrasé doit être clair et intelligible. Votre voix doit s'imposer, sans crier toutefois. Enfin, tâchez de suivre un **rythme dynamique**, mais pas non plus effréné. De **courtes pauses** aident parfois à reprendre votre souffle et à insister sur certaines articulations de votre exposé.

Tout candidat a le droit d'être nerveux. Il faut réussir à **maîtriser les manifestations de votre stress**. Prenez garde notamment à votre posture, à vos gestes et à certains tics. C'est à cela que servent les entraînements avec des proches. Attention cependant à ne pas avoir l'air trop détendu, le jury n'apprécie pas les familiarités ni la désinvolture.

Pour ce qui est de l'expression en elle-même, adoptez évidemment un **niveau de langue soutenu**. Du moins, évitez tous les termes familiers et certaines exclamations peu élégantes. Soyez **le plus précis possible dans votre vocabulaire**. Le sens de la nuance doit émaner de chacune de vos phrases. Les synonymes sont d'un bon secours.

2. Les épreuves orales X, Mines-Ponts, ESM, Mines-Telecom

A. L'épreuve orale de français à l'École polytechnique, ESPCI

a. Nature de l'épreuve

- **Coefficient :**
  - pour les filières MP et PC : 8 ;
  - pour les filières PSI : 6.
- **Durée de l'épreuve :**
  - 45 minutes de préparation ;
  - 30 minutes de passage, décomposé en deux temps (voir ci-dessous).

Le but de l'épreuve : cette épreuve a pour but d'évaluer l'aptitude des candidats à dégager objectivement les idées essentielles d'un texte et leur enchaînement, à montrer leur portée, à mettre en œuvre leurs connaissances comme leur pratique de l'argumentation, et à à conclusion.

> En introduction, l'enjeu choisi et ses notions doivent être mis en perspective, analysés et définis clairement pour aboutir à une problématique et à un plan. L'annonce du plan permet, dès l'introduction, de révéler l'articulation logique des différentes parties. Dans le développement, ayez recours à des références culturelles diverses. Ne bâclez pas la conclusion : elle permet de mettre en exergue tout votre cheminement.

Un **entretien**, qui a pour vocation d'approfondir certaines idées, de s'assurer de la bonne compréhension de certains mots, et de revenir sur d'éventuelles imprécisions. Cette dernière étape dure **10 à 12 minutes**.

b. Conseils spécifiques à cette épreuve

L'excellence exigée par l'admission à la prestigieuse École polytechnique s'applique à la fois à **la culture (littéraire, philosophique et même historique) du candidat et à la qualité de sa réflexion et de son expression**.

Le rapport de jury 2022 des filières MP et PC conseille aux candidats de « *relire leurs cours d'histoire, de lettres et de philosophie pour nourrir leur réflexion à terme, et leur fournir des exemples qu'ils pourront développer* ». Il souligne la nécessité que « *ces exemples soient pertinents, variés et maîtrisés* ».

Cependant, on n'attend pas de vous une érudition sans faille. Les questions de l'entretien qui vous paraissent insurmontables ou semblent exiger une connaissance pointue de tel ou tel champ constituent souvent simplement des occasions pour vous d'approfondir votre réflexion ou d'apporter de nouvelles références à un développement parfois déjà assez riche !

Le rapport de jury 2022 de la filière PSI insiste sur cette bienveillance du jury qui « *ne cherche pas à piéger les candidats mais plutôt à leur permettre d'exprimer tout leur talent et de manifester leur à-propos* ». Et le rapport de poursuivre : « *Ainsi, même un candidat qui serait déçu de l'exposé qu'il a livré devrait se saisir avec courage et énergie de cette chance qui lui est donnée de faire valoir ses qualités.* »

B. L'épreuve orale à Mines-Ponts

a. Nature de l'épreuve

- **Coefficient** : 6 pour les filières MP, PSI et PC.
- **Durée de l'épreuve** :
  - 30 minutes de préparation ;
  - 30 minutes (20 minutes au maximum d'exposé) de passage, décomposé en trois temps.

Le but de l'épreuve : apprécier chez le candidat les capacités d'expression, la correction de la langue orale, la compréhension et restitution de la pensée d'autrui, l'aptitude à développer sa pensée de façon argumentée, ordonnée et convaincante, ainsi que son sens du dialogue.

Le support : l'oral prend appui sur un texte de réflexion contemporain postérieur à 1950, en dehors des programmes des concours écrits de l'année en cours et de l'année précédente, d'une longueur de 700 mots environ (une page) et dont les lignes sont numérotées. Il peut s'agir d'un texte traduit d'une langue étrangère. Seul le nom de l'auteur apparaît, sans mention de date, afin de se focaliser sur le texte et sur ses enjeux.

Le candidat doit procéder à une **analyse du texte (5 à 7 minutes)**, puis à un **développement personnel (12 à 15 minutes)**. L'examinateur conduit ensuite un **entretien d'environ 10 minutes** avec le candidat.

b. Conseils pour les différentes parties de l'épreuve

1. **L'analyse du texte** : Ni résumé ni commentaire à vide des procédés rhétoriques du texte, l'analyse en révèle l'argumentation ou les traits saillants. Plutôt qu'une paraphrase du texte, il s'agit au contraire montrer sa **spécificité, dans le contenu comme dans le style**.

Après avoir **présenté le texte brièvement**, on annonce **le thème et la thèse** le plus clairement possible, en une courte phrase. **Le registre du texte** (polémique, ironique, satirique), **le niveau de langue** (surtout s'il est inattendu, comme un niveau de langue familier) peuvent être relevés juste après, si vous l'estimez utile.

Il faut ensuite annoncer la **structure globale** du texte, en dégageant les idées majeures et en soulignant leur articulation. Selon le rapport de jury 2022 *« un plan évasif et dépourvu de consistance souligne la faiblesse de la compréhension du texte. Trop souvent, le candidat entre trop dans le détail dès l'introduction de son analyse »*.

> Utilisez bien les numéros de lignes du texte.

Pour ce qui est du **développement**, on revient sur les **arguments principaux** du texte *« dans la mesure où ils appellent un éclaircissement et présentent un élément saillant »*.

Vous dépeignez la **cohérence** et la **logique interne** du raisonnement présenté, sans faire un montage de citations qui consisterait à relire des phrases entières. Reformulez le texte en mettant en valeur l'enchaînement logique des idées.

En somme, vous analysez la **stratégie argumentative** de l'auteur.

> – **Restez neutre** : vous vous contentez de rendre compte de la pensée d'autrui sans la juger. Pour ce faire, être capable d'identifier les **types d'arguments ou de raisonnements** constitue un indéniable atout.
> – Le jury 2022 conseille particulièrement aux candidats d'**annoter leur texte**, preuve qu'ils ont tâché de le travailler au plus près. Un texte vierge apparaît comme une absence de repérage des articulations logiques ou moments de l'extrait.
> – Également conseillé, l'emploi du **dictionnaire** peut s'avérer salvateur en cas d'incertitude. Il indiquera aussi la polysémie d'un terme que vous pensiez maîtriser pleinement.

2. **Le développement personnel** : Comme pour l'épreuve de Polytechnique, le **développement personnel (12 à 15 minutes)** prend la forme d'une petite dissertation orale dont le candidat choisit le sujet. Il se concentre sur la thèse ou l'une des hypothèses saillantes du texte, en choisissant par exemple une phrase qui l'illustre. Il s'agit donc d'opter pour un aspect qui éveille l'intérêt et suscite le débat ou des approfondissements.

À partir de ce sujet, on propose une introduction, un développement en deux ou trois parties, et une conclusion. Dans l'introduction, **annoncez le sujet choisi avant de préciser votre problématique**. Le rapport de jury 2022 prône une formulation simple, mais précise de cette dernière : *« Il arrive assez régulièrement que la formulation de celle-ci soit* *négligée, confuse, voire éludée.* » D'autant qu'« *il est regrettable que les problématiques fassent rarement l'objet d'un travail de justification et de définition* ». Explicitez donc le rapport entre le texte et la question qu'il suscite, à travers une analyse véritable des termes.

> Il est de nouveau particulièrement conseillé d'avoir recours au dictionnaire : « *Certains candidats, qui avaient eu l'idée de vérifier la définition des termes de leur problématique dans le dictionnaire, ont ainsi livré d'excellentes prestations.* »

3. L'entretien : Comme pour l'École polytechnique, l'entretien revient sur la prestation du candidat, dans une optique de clarification de la compréhension tout comme d'approfondissement de certaines idées. Le jury 2022 tient à mettre à l'aise les futurs candidats, en les invitant à « *l'aborder d'une manière ouverte, [à]* ***ne pas être sur la défensive****, mais dans le dialogue, [à] percevoir les questions comme des occasions d'aller plus loin, de préciser sa pensée, de montrer ses connaissances et de faire preuve de qualités d'échange* ».

C. L'épreuve de l'entretien avec support technique de Mines-Telecom

a. Nature de l'épreuve

- **Coefficient** : 7 pour les filières MP, PSI et PC.
- **Durée de l'épreuve :**
  - pas de temps de préparation ;
  - 25 minutes de passage.

Les buts de l'épreuve : évaluer votre curiosité, votre ouverture d'esprit, votre capacité à réagir rapidement, à rebondir, à convaincre, votre créativité, votre autonomie et votre capacité à dialoguer.

Le support : deux cartes avec une image ou un pictogramme vous seront attribuées aléatoirement, l'une indiquant une technologie, l'autre une problématique actuelle. Vous aurez la possibilité de choisir entre deux technologies proposées.

L'épreuve se divise en **deux parties**. Le jury en face du candidat est composé de deux personnes, l'une issue de l'école et l'autre du monde de l'entreprise.

Dans un premier temps, il s'agit de développer et d'évaluer les possibilités qu'une **technologie spécifique** peut offrir afin de **répondre à une problématique actuelle**, à un **grand enjeu du monde contemporain**. Pour cela, après avoir choisi l'une des deux technologies, vous aurez 3 minutes au maximum de réflexion, puis 3 minutes au maximum pour exposer votre idée (par exemple : un produit ou un service qui utilise cette technologie et réponde à cette problématique).

Dans un deuxième temps, un **entretien avec le jury** a lieu, afin de :
- vous inviter à préciser ou à développer vos propositions ;
- vous questionner sur votre parcours, vos centres d'intérêt, votre projet professionnel.

b. Conseils spécifiques à cette épreuve

Comme il ne s'agit pas d'un test de connaissances, il n'y a pas de bonne ou de mauvaise réponse aux questions qui vous seront posées. Appuyez-vous sur votre bagage technique acquis lors de votre formation en CPGE et sur vos goûts et centres d'intérêt dans le domaine des technologies.

> Mettez en évidence **vos passions, vos souhaits de formation, vos projets professionnels**, etc. Exprimez-vous avec conviction, prenez le temps de développer clairement vos idées. Écoutez attentivement le jury et répondez précisément à ses questions.

3. L'épreuve de l'entretien seul

A. Nature de l'épreuve

Chaque école pour laquelle existe une épreuve d'entretien dans la phase d'admission impose ses propres modalités. Reste que toutes les compétences évoquées dans les entretiens des épreuves précédentes sont applicables. À celles-là s'ajoute en général **une dimension nettement plus personnelle**.

Vous devez donc, en amont, **prendre du recul sur vous-même et sur le monde**. Comme y sont habitués les étudiants américains, soyez capable de **vous présenter en quelques traits**, même schématiques. Nul besoin d'être parfaitement au clair ou à l'aise avec vous-même (quoique cela aide !), il s'agit surtout de ne pas être déstabilisé au moment de parler de vous. Si la sincérité est de mise, n'allez cependant pas trop loin : faites en sorte que ressorte avant tout une **image positive et naturelle** d'un étudiant qui ne manquera pas de contribuer à l'énergie d'une bonne école !

> En outre, renseignez-vous sur **l'actualité**, les enjeux de société, l'écologie, les conflits dans le monde, les polémiques, et certains faits divers. Consultez, pour ce faire, les sites des grands quotidiens, ou encore des ouvrages qui reviennent sur les faits marquants de l'actualité de l'année écoulée. Abonnez-vous aux newsletters du *Monde*, de France Culture : en lisant seulement les titres et les premières lignes, vous aurez une idée des informations importantes au jour le jour.

Vous pouvez vous entraîner à répondre de façon convaincante aux trente questions présentées aux pages suivantes.

B. Trente exemples de questions classiques en entretien

a. Première catégorie : sur votre personnalité

1. Quelles sont vos plus grandes qualités ?

2. Quels sont vos plus grands défauts ?

3. Quel genre de musique écoutez-vous ?

4. Êtes-vous plutôt solitaire ou sociable ?

5. Aimez-vous prendre des initiatives ?

6. Avez-vous de bonnes capacités d'adaptation ?

7. Aimez-vous travailler en équipe ?

8. Si vous étiez président de la République, quelle serait votre première mesure ?

9. Dans quels domaines allez-vous chercher à vous améliorer ces prochaines années ?

10. Comment vos amis définiraient-ils votre personnalité ?

11. Quel est le sujet ou le domaine que vous maîtrisez le mieux ?

12. En qui vous reconnaissez-vous le plus entre Elon Musk, Stephen Hawking et Thomas Pesquet ?

b. Deuxième catégorie : sur votre expérience

13. Avez-vous voyagé et le souhaitez-vous à l'avenir ?

14. La prépa vous a-t-elle apporté autre chose que des connaissances ?

15. Vous êtes-vous déjà engagé(e) bénévolement ?

16. Vous a-t-on déjà confié des responsabilités ?

17. Quel épisode de votre vie vous a le plus marqué(e) ?

18. Avez-vous une expérience professionnelle ?

19. De quelle réalisation personnelle êtes-vous fier/fière ?

c. Troisième catégorie : sur le monde

20. Qui a obtenu le prix Nobel de physique/de chimie cette année ?

21. Comment fonctionne un barrage hydraulique ?

22. Sur quel principe moral êtes-vous le plus intransigeant(e) ?

23. Êtes-vous inquiet/inquiète pour la France ? Et pour l'humanité ?

24. Quels sont les défis prioritaires qui se présentent à l'être humain pour les siècles à venir, selon vous ?

d. Quatrième catégorie : sur l'école

25. Selon vous, quel est le rôle d'un ingénieur ?

26. Quelle association de notre école a suscité votre curiosité ? Pourquoi ?

27. En quoi notre école bénéficierait-elle de votre présence ?

28. Où vous projetez-vous dans dix ans, idéalement ?
29. Avez-vous une question à nous poser ?
30. Qu'est-ce qui vous plaît le plus dans notre offre de formation ?

4. Les écueils à éviter à l'oral

A. Le stress

Tout le monde éprouve du trac au moment d'une performance orale. Chanteurs, hommes politiques, professeurs le ressentent forcément avant leur prise de parole, et parfois même pendant, surtout si elle comporte un certain enjeu, ce qui est votre cas, vous qui avez travaillé si dur pour être admissible.

Faites-en une force. On parle couramment de **stress positif**, qui génère de l'adrénaline et nous rend efficaces et déterminés. Sachez donc cultiver le stress qui vous mobilise et maîtriser, voire étouffer, celui qui vous tétanise. Les exercices de **visualisation méliorative** ainsi que des entraînements fréquents vous aideront à surmonter votre appréhension.

B. L'excès de confiance

À l'inverse, l'**arrogance** peut jouer en votre défaveur. Ayez l'air sûr de vous, mais avec cette modestie qui commence par une écoute sincère des interventions ou questions de votre jury. Un équilibre subtil doit donc être atteint dans vos prises de parole.

> Il est notamment tout à fait légitime d'ignorer la réponse à une question de connaissance. **Admettre son ignorance ponctuelle** est une preuve d'honnêteté et vaut toujours mieux que de bluffer.

C. La passivité gestuelle

Adoptez une **attitude expressive**, tant pour ce qui est du regard, du visage que des gestes. Effectuez de préférence des gestes à connotation positive. Ayez recours aux **mains actives**, les doigts écartés, ou au doigt pointé en l'air, et aux pouce et index joints, tous trois à valeur explicative. De temps en temps, vous pouvez vous frotter les mains, signe de plaisir. Quand vous écoutez votre jury intervenir ou vous poser une question, **joignez vos mains**, les coudes sur la table. Vous pouvez même appuyer votre menton sur vos mains. Attention cependant à ne pas effectuer tous ces gestes en même temps !

D. Tics et gesticulations intempestives

Les **gestes de compensation** sont vos ennemis, à l'image des mains dans les cheveux, sur le visage, qui remontent vos lunettes sur votre nez (sans qu'elles soient pour autant tombées !) ou qui grattent sans démangeaison. De façon générale, se toucher le corps et mettre sa main devant la bouche traduisent un manque de confiance en soi. Ne croisez pas non plus les bras ou les doigts, signes de stress de l'orateur. Quant à la tête, si vous la tenez, vous avouez les difficultés que vous rencontrez.

E. Une mauvaise gestion du temps

Vous êtes encore dans votre développement quand le jury vous demande de conclure. N'insistez pas : venez-en tout de suite à votre conclusion. Un jury qui prend du retard est forcément un jury agacé. Les quelques minutes que vous aurez grappillées joueront immanquablement contre vous. Concentrez-vous sur l'entretien : ce sera le moment pour développer ce que vous n'avez pas eu le temps d'évoquer.

5. Des conseils de langue

A. Une syntaxe orale claire, précise et variée

La simplicité et la clarté sont les reines d'une expression efficace à l'oral, plus encore que le raffinement et l'élégance. Faire comprendre son raisonnement et ses idées, telle est la priorité de tout orateur. Pour ce faire, privilégiez les **phrases courtes**. Vous pouvez allonger certaines phrases, mais entrecoupez-les toujours de **propositions plus concises et percutantes**.

La structure classique de vos phrases affirmatives suit **l'ordre « sujet-verbe-complément »**. En général, une phrase sur deux doit être construite ainsi. La règle suivante a d'ailleurs fait ses preuves : **une phrase par idée**.

Au reste, un discours captivant **varie les types de phrases**. En plus de phrases affirmatives classiques, agrémentez donc vos prises de parole de **questions** (simples ou rhétoriques), de **phrases nominales**, et, si le sujet s'y prête, **d'exclamations** et **d'injonctions**. Tout est évidemment une question de mesure : ne vous emportez pas lorsque le contexte ne s'y prête pas.

À l'oral, l'unité de la phrase s'entend par les **pauses** que vous prenez : **courtes** (virgules) ou **longues** (points ou points-virgules). N'hésitez pas à bien les marquer.

B. Un vocabulaire riche

L'ampleur du lexique est d'autant plus grande qu'il est composé d'une multitude de **mots qu'on emploie spontanément**. Ensuite, plus on connaît de mots même **sans avoir l'idée de les employer**, mieux on est armé pour s'exprimer à l'oral. L'enrichissement de son lexique comporte trois phases :

- **l'appropriation** de termes que l'on ne connaissait pas auparavant ;
- **l'emploi courant et fréquent** de termes soutenus ;
- la connaissance précise du **sens** de termes déjà entendus.

Soyez toujours **le plus précis** possible. « Guilleret » n'est pas l'exact équivalent de « joyeux ». N'est pas tout à fait « exaspéré » quelqu'un qui éprouve de « l'amertume ». Un homme « maigre » est certes « mince », mais à un degré très élevé.

C. Des répétitions à modérer

Si elles ne sont pas à fuir coûte que coûte, les **répétitions** font cependant souvent mauvais effet. Les **pronoms personnels de troisième personne** permettent de les contourner : « Les atomes sont les plus petites parties d'un corps simple. **Ils** peuvent se combiner chimiquement entre **eux**. » De même, grâce aux synonymes, les redondances disparaissent du texte : « Le conducteur a pris le **virage** à **toute vitesse** avant de finir dans le mur. Le **tournant** était trop serré pour pouvoir le négocier correctement à **cette allure**. »

Par souci d'élégance, et surtout de précision, certains verbes peuvent être substitués aux plus courants. En voici quelques exemples :

Verbe à remplacer	Suggestions d'autres verbes
Être	Constituer, sembler, paraître, exister, devenir, avoir l'air, figurer, représenter, apparaître, demeurer, rester.
Avoir	Comporter, contenir, compter, entraîner, éprouver, obtenir, posséder.
Faire	Effectuer, causer, commettre, composer, créer, engendrer, construire, fabriquer, produire, réaliser
Dire	Évoquer, suggérer, affirmer, rétorquer, annoncer, répliquer, contester, expliquer, exposer, dévoiler, confier, prétendre, prononcer, objecter, raconter, narrer, soutenir, prétendre, indiquer, révéler.

D. Les connecteurs logiques

Les **connecteurs logiques** appartiennent au bagage lexical de tout orateur chevronné ou en puissance. Les conjonctions de coordination (« donc », « mais », « et », « ou »...) sont vos alliées, de même que les adverbes (« cependant », « par conséquent », « en outre »...) et les conjonctions de subordination (« parce que », « tandis que », « de même que »...)

Attention à ne pas en abuser non plus, surtout à l'oral. Dans la pratique, **un connecteur logique toutes les quatre phrases suffit**.

Le reste du temps, la logique transparaît de l'enchaînement des idées, de synonymes et de l'emploi de **déterminant démonstratifs** : « ce », « cette », « ces », auxquels peuvent s'ajouter les particules « -ci » et « -là ». Par exemple : « La neurofibromatose est une maladie génétique rare. Cette maladie-là engendre une formation de kystes sur tout le corps. »

Les **pronoms démonstratifs** fonctionnent aussi souvent : « celui-ci », « celui-là », « ces derniers », et toutes leurs déclinaisons.

6. Qu'est-ce qui est attendu, valorisé et pénalisé à l'oral ?

On attend	On pénalise	On valorise
Un niveau de langue correct.	Une expression relâchée.	Une expression orale riche et élégante.
Une analyse sérieuse des textes et des sujets.	Une analyse superficielle des textes et sujets.	Un travail lumineux d'analyse de texte et de sujet.
Une bonne culture littéraire et générale.	Le manque de références.	Une connaissance intime et variée de la littérature, des arts, de la philosophie.
Une structuration logique de son propos.	L'absence de structure.	La structuration subtile et approfondie d'un vrai raisonnement.
Une attitude communicative.	Le repli sur soi et ses notes.	Une réelle aisance à l'oral.
La volonté d'échanger avec le jury.	Le refus de développer ses réponses et rebondir.	La mise en place d'un véritable dialogue agréable et fructueux.
Une certaine détermination.	Une attitude arrogante.	Une confiance en soi maîtrisée.
Une posture droite et une gestuelle coordonnée.	Une posture avachie et une gestuelle répétitive ou aléatoire.	Une gestuelle expressive, sans excès.
Une voix audible et un propos intelligible.	Une voix inaudible et un propos inintelligible.	Une modulation efficace de la voix selon la nature du propos et l'étape de l'épreuve.
Une connaissance minimale de l'école à laquelle vous souhaitez accéder.	L'ignorance des spécificités de l'école.	Une connaissance précise des associations étudiantes, de la ville, des formations proposées par l'école.

PARTIE 5

Sujets et corrigés

→

Sujets de résumé

Sujet 1 : résumé CCNIP en 100 mots (± 10 %)

La sociologie est partie [...] de l'idée que la Raison s'incarnait dans la société moderne et que les conduites individuelles ou collectives devaient être évaluées selon leur utilité pour la société – critère qui revient à celui de la rationalité, puisque la société est un organisme ou un système qui ne peut fonctionner que si ses organes sont liés les uns aux autres par des relations intelligibles de complémentarité et de fonctionnalité. Mais son histoire, à l'opposé de celle de la philosophie, a consisté à dégager peu à peu le sujet de cette rationalité systémique ou simplement fonctionnaliste. Durkheim et Weber s'inquiètent d'une modernité que Nietzsche et Freud avaient plus radicalement mise en cause. Au XXe siècle, la sociologie rejette le plus souvent l'idée de système social, au nom aussi bien de l'*homo œconomicus* ou des analyses stratégiques que de l'étude des mouvements sociaux ou des imaginaires. L'acteur se dégage du système et celui-ci apparaît davantage comme un compromis négocié que comme un ordre rationnel.

L'idée de sujet marque le point extrême de cette transformation de la sociologie, qui se traduit par un véritable renversement de nos conceptions de la démocratie. Elle était définie comme la participation à un ordre politique qui agissait sur la vie sociale, comme le levier d'Archimède, à partir du point d'appui fourni par la raison ; elle est, à l'inverse, aujourd'hui, par la reconnaissance des sujets personnels et la diversité de leurs efforts pour combiner la raison instrumentale avec l'intégration d'une communauté, ce qui suppose la plus grande liberté possible pour chacun.

Le sujet tel que nous le concevons aujourd'hui ne se réduit pas à la raison. Il ne se définit et ne se saisit lui-même que dans sa lutte contre la logique du marché ou des appareils techniques ; il est liberté et libération encore plus profondément que connaissance. En même temps, il est appartenance à des identités collectives autant que dégagement et libération. *Le sujet est à la fois raison, liberté et mémoire*. Ces *trois dimensions* correspondent à celles de la démocratie, car l'appel à une identité collective doit se traduire dans l'organisation politique par la représentation des intérêts et des valeurs des différents groupes sociaux, tandis que la confiance en la raison renvoie au thème de la citoyenneté, comme l'avait voulu la Révolution française, et que l'appel au droit naturel est directement associé à l'idée de liberté et à une vision individualiste de la société qui conduit à limiter le pouvoir d'État pour préserver les droits fondamentaux de l'individu. Ceux qui opposent un sujet réduit à la raison aux troubles de la société ne font que revenir à l'illusion des anciens libéraux et des défenseurs de l'élitisme républicain qui identifiaient la démocratie au règne des citoyens instruits, aisés et considérés. Le sujet ne se confond pas plus avec la raison individuelle qu'avec l'individu singulier, puisqu'il est avant le travail par lequel raison, liberté et appartenances sont associées dans la vie de l'individu comme dans celle de la collectivité.

La démocratie est indispensable pour que la liberté puisse gérer les rapports entre la rationalisation et les identités. Si la démocratie est menacée et si elle a été si souvent et si brutalement détruite, c'est parce que, dans le monde contemporain, l'univers de la rationalisation et celui des identités, l'univers des marchés et celui des communautés se séparent de plus en plus, et que la démocratie ne peut vivre dans aucun des deux quand ils sont dissociés l'un de l'autre. Le monde des techniques et des marchés peut avoir besoin d'un marché politique ouvert, mais il est choquant de réduire la démocratie à cette fonction ; quant au monde dominé par les communautés, il ne cherche que l'intégration, l'homogénéité et le consensus, et rejette le débat démocratique. Ces deux fragments de la modernité éclatée se dégradent quand ils sont séparés l'un de l'autre, comme l'individu perd sa capacité d'être un acteur social s'il est réduit à n'être qu'une pièce dans une machine ou, inversement, s'il doit se définir entièrement par l'appartenance à une communauté. Le sujet est un effort de l'individu ou de la communauté pour unir les deux faces de son action : *la démocratie est le système institutionnel qui assure leur combinaison au niveau politique*, qui permet à une société d'être à la fois une et diverse. C'est pourquoi la démocratie est une culture et pas seulement un ensemble de garanties institutionnelles. Ce qui fait la liberté d'un individu et le caractère démocratique d'un système politique s'exprime dans les mêmes termes. Aux deux niveaux, il s'agit de combiner des éléments qui sont complémentaires et en même temps opposés, et qu'aucun principe supérieur ne peut réduire à l'unité. L'idée démocratique impose de reconnaître le pluralisme culturel encore plus que le pluralisme social. La démocratie doit aider les individus à être des sujets.

Alain Touraine, *Qu'est-ce que la démocratie ?,* © Librairie Arthème Fayard, 1994.

Sujet 2 : résumé CCINP en 100 mots (± 10 %)

D'où vient alors le goût du clash dans le monde pourtant pacifié de la démocratie publique ? Il me semble qu'il vient combler quatre manques profonds de nos sociétés contemporaines : on s'y sent perdu, on s'y sent seul, on s'y sent impuissant, on s'y retrouve sans but… Quel remède apporte la polémique à ces quatre maux ?

Si on se sent perdu, c'est que l'accroissement des connaissances et des informations rend le monde illisible. D'où le recours à deux formes de dopage intellectuel en guise de clés : le complot ou la guerre. Le scénario du complot nous permet de tout expliquer sans avoir besoin de rien démontrer. Le monde redevient alors simple et lisible : c'était déjà le cas avec la lutte des classes et la lutte des races ; et cela continue avec la guerre des sexes, le conflit des générations ou le clash des civilisations. Grâce au clivage, le monde redevient enfin clair.

Si on se sent seul, c'est que l'individualisme détruit beaucoup de sociabilités traditionnelles et peine à en reconstruire de nouvelles, qui, même réédifiées, demeurent fragiles.

À l'âge démocratique, la personne est certes sacralisée, mais sans personne autour d'elle. Et là, miracle ! Par la grâce d'une belle polémique chacun va pouvoir retrouver des frères d'armes ou des âmes sœurs ; chacun pourra intégrer une communauté d'indignation, qui mettra un terme à son isolement ! Le désert affectif pourra se compenser (un peu) par l'activisme combattif. Les réseaux sociaux favorisent cette reconstruction d'une bulle spéculative homogène, d'autant plus rassurante que la majorité de nos « amis » est, par définition, d'accord avec nous ! D'où cette conviction que, quoique nous pensions, nous sommes majoritaires, donc dans le vrai.

Si on se sent impuissant, c'est que la démocratie nous a tant promis ! Elle nous a promis que le peuple serait maître de son destin, que les individus seraient égaux en dignité. Nous sommes déçus, car nous constatons tous les jours exactement le contraire : dépossession et mépris. Or, l'indignation nous redonne le sentiment de la maîtrise : « je *tweete*, je *like*, je partage ; donc je suis et je fais ».

Si on se retrouve sans but, sans perspective, sans horizon, c'est que, après le désenchantement du monde et la fin des idéologies, l'avenir est devenu à la fois muet et opaque. D'où la séduction paradoxale du scénario de la fin du monde. On devrait être surpris de son étonnant retour en grâce à l'âge laïque ; mais, de fait, il faut tout sauver : l'école, la recherche, la retraite, l'hôpital, et *last not least* la planète. Tout cela exprime pourtant une et même seule cause : il faut sauver le salut !

Car cette voracité conflictuelle n'est pas une fatalité. Et l'on peut répondre aux quatre défis de notre temps, sans sombrer dans la guerre totale. Il nous « suffit » de retrouver le goût du désaccord, la saveur de la complexité et le plaisir des petits pas. Plus facile à dire qu'à faire ?

Dans la Sorbonne médiévale, pour les examens, on pratiquait la *disputatio,* une joute oratoire, où chaque candidat devait défendre une thèse imposée. Cet exercice forçait à trouver de bonnes raisons de plaider à rebours de ses idées. Cela n'obligeait pas d'en changer, mais permettait de « penser à la place d'autrui », et de pouvoir ensuite mieux le convaincre (puisqu'on l'avait compris).

C'est tout le paradoxe de notre époque : réputée pluraliste et ouverte, elle semble haïr le désaccord. La moindre contradiction est perçue, non comme une contrariété, mais comme une offense, voire un préjudice grave, qui exige réparation : censure, procès, coups ou campagne de délation sur les réseaux sociaux.

Réhabilitons donc la *disputatio*. Et, par la même occasion, la culture générale contre l'expertise. Car c'est elle qui nous révèle les saveurs de la complexité. Grâce à elle, on met les savoirs en culture, on établit des ponts entre les faits, on trace des routes entre les signes. La théorie du complot fait pareil, dira-t-on. Certes, mais, elle, ne doute jamais ; pas même de son doute ! À l'inverse, la culture générale s'atteste dès qu'on mesure l'ampleur de sa propre ignorance. C'est ce que disait Joseph Joubert, secrétaire de Diderot, quand il regrettait en 1809 la disparition des anciens collèges : « On sortait des anciennes écoles avec une ignorance qui se connaissait et un savoir qui s'ignorait. On les quittait avide de s'instruire encore, et plein d'amour et de respect pour les hommes qu'on croyait instruits ».

Cette gratitude modeste permet d'éviter le délire tout-puissant de tout changer et de convertir le monde entier. Elle nous fait préférer la réforme à la révolution, les petits pas aux grands soirs, l'acte efficace aux postures.

Tout cela résumé s'appelle le sens commun. Kant le définissait par ces trois maximes : « penser par soi-même » (ou pensée éclairée) ; « penser en se mettant à la place d'autrui » (ou pensée élargie) ; « penser en accord avec soi-même » (ou pensée conséquente). Si on les oublie, il n'y a plus ni sens ni commun. Si on les cultive, le débat est sauvé.

Pierre-Henri Tavoillot, « Sauvons le débat ! »,
revue *Le Un*, n°314, 16 septembre 2020.

Sujet 3 : résumé Centrale en 200 mots (± 10 %)

Si j'insiste avec autant de force sur l'importance du génie et sur la nécessité de le laisser se développer librement, tant en pensée que dans la vie, c'est que, bien que je sache que nul ne refuse cette position en théorie, je sais aussi que le monde y est en réalité totalement indifférent. Les gens pensent que le génie est une belle chose si elle permet à un homme d'écrire un poème émouvant ou de peindre un tableau. Mais bien que le génie, dans son sens vrai d'originalité de pensée et d'action, soit pour les hommes un objet d'admiration, ils n'en pensent pas moins dans leur for intérieur qu'on peut très bien s'en passer. Malheureusement, cette attitude est trop naturelle pour qu'on puisse s'en étonner. S'il y a une chose dont les esprits peu originaux ne ressentent aucun besoin, c'est bien de l'originalité. Ils sont incapables de voir à quoi elle pourrait leur servir ; et d'ailleurs, comment le pourraient-ils ? S'ils le pouvaient, ils ne manqueraient pas d'originalité. Le premier service que l'originalité doive leur rendre, c'est de leur ouvrir les yeux ; après quoi, seulement, ils auraient quelque chance de devenir eux-mêmes originaux. Mais en attendant, qu'ils se souviennent que rien n'a jamais été fait sans que quelqu'un le fasse en premier, et que toutes les bonnes choses qui existent sont le fruit de l'originalité ; et qu'ils soient alors assez modestes pour croire que l'originalité a encore bien des choses à accomplir et pour se persuader que moins ils en ressentent le besoin, plus elle leur est nécessaire.

En vérité, quels que soient les hommages qu'on veuille bien rendre à la supériorité d'esprit, réelle ou supposée, la tendance générale dans le monde est d'accorder la place dominante à la médiocrité. Dans l'histoire ancienne, au Moyen Âge – et à un degré moindre durant la longue transition entre la féodalité et l'époque actuelle –, l'individu représentait une puissance en soi ; et s'il avait de grands talents ou une position sociale élevée, cette puissance était considérable. À présent, les individus sont perdus dans la foule. En politique, c'est presque un lieu commun de dire que c'est l'opinion qui, aujourd'hui, dirige le monde. Le seul pouvoir digne de ce nom est celui des masses et celui des gouvernements en tant qu'ils se font les organes des tendances et des instincts des masses. Et cela vaut aussi bien pour les relations morales et sociales de la vie privée que pour les affaires publiques. Ceux dont les opinions passent pour l'opinion publique diffèrent selon les pays : en Amérique, c'est toute la population blanche ; en Angleterre, c'est principalement la classe moyenne. Mais toujours ils forment une masse : une médiocrité collective. Et, nouveauté plus grande encore, les gens de la masse n'empruntent plus leurs opinions aux dignitaires de l'Église ou de l'État, mais à quelques chefs notoires et à des livres. Leurs avis sont formés par des hommes très semblables à eux qui, par l'intermédiaire des journaux, s'adressent à eux ou parlent en leur nom dans l'inspiration du moment. Je ne me plains pas de cet état de choses. Je n'affirme pas que rien de mieux soit compatible en règle générale avec la médiocrité actuelle de l'esprit humain. Mais cela n'empêche pas le gouvernement de la médiocrité d'être un gouvernement médiocre. Jamais gouvernement d'une démocratie ou d'une aristocratie nombreuse ne s'est élevé et n'aurait pu s'élever au-dessus de la médiocrité, que ce soit dans ses actes politiques, les opinions, les talents, la mentalité qu'il produit, si la multitude souveraine ne s'était pas laissée guider (comme elle l'a toujours fait à ses meilleurs moments) par les conseils et l'influence d'un homme ou d'une minorité plus doué et plus instruit. L'initiation aux choses sages et nobles vient et doit venir des individus, et d'abord généralement d'un individu isolé. L'honneur et la gloire de l'homme du commun est de pouvoir suivre cette initiative, d'avoir le sens de ce qui est sage et noble et de s'y laisser conduire les yeux ouverts. Je n'encourage pas ici cette sorte de « culte du héros » qui applaudit l'homme fort et génial quand il s'empare du gouvernement du monde et le réduit à ses ordres contre son gré. Tout ce à quoi un tel homme peut prétendre, c'est la liberté de montrer la voie. Le pouvoir de forcer les autres à l'emprunter est non seulement contraire à la liberté et aux développements du reste de la population, mais corrupteur pour l'homme de génie lui-même. Il semble bien cependant que partout où les masses composées d'hommes ordinaires deviennent le pouvoir dominant, le contre-poids et le correctif de cette tendance se traduise par l'individualité toujours plus marquée des penseurs les plus éminents. C'est surtout dans de telles circonstances qu'au lieu de réprimer les individus exceptionnels, il faudrait les encourager à agir différemment de la masse. Autrefois, il n'y avait aucun avantage à ce qu'ils agissent différemment, si ce n'était pas pour agir mieux. Aujourd'hui, le simple exemple de la non-conformité, le simple refus de plier le genou devant la coutume est en soi un véritable service. Justement parce que la tyrannie de l'opinion est telle qu'elle fait de l'excentricité une honte, il est souhaitable, pour ouvrir une brèche dans cette tyrannie, que les gens soient excentriques. L'excentricité et la force de caractère vont toujours de pair, et le niveau d'excentricité d'une société se mesure généralement à son niveau de génie, de vigueur intellectuelle et de courage moral. Que si peu de gens osent maintenant être excentriques, voilà qui révèle le principal danger de notre époque.

J'ai dit qu'il était important de laisser le plus de champ possible aux choses contraires à l'usage, afin qu'on puisse voir en temps voulu lesquelles méritent de passer dans l'usage. Mais l'indépendance d'action et le dédain de l'usage ne méritent pas seulement d'être encouragés pour la chance qu'ils donnent de découvrir de meilleures façons d'agir et des coutumes plus dignes d'être adoptées par tous. Il n'y a pas que les gens dotés d'un esprit supérieur qui puissent prétendre à mener la vie qui leur plaît. Il n'y a pas de raison pour que toute existence humaine doive se construire sur un modèle unique ou sur un petit nombre de modèles.

John Stuart Mill, *De la liberté* (1859), © Éditions Gallimard, « Folio-Essais », 1990.

Corrigés des résumés

Sujet 1

1. Première approche du texte à résumer

Quel est le thème ?

Le complotisme dans la société.

Quelle est la thèse ?

La démocratie, par son évolution dans le temps, a permis à l'individu de ne plus être seulement un être de raison, mais un sujet libre trouvant sa place dans une culture communautaire : celle de sa société.

Quelles sont les marques d'énonciation ?

Le texte est écrit à la troisième personne du singulier, de manière impersonnelle et objective. Alain Touraine ne s'engage pas personnellement dans sa réflexion, et produit un essai à la tonalité réflexive, parfois complexe dans les tournures.

Comment est structurée l'argumentation ?

Le texte est construit en quatre paragraphes qui constituent les quatre étapes du raisonnement de l'auteur. Le texte est difficile à structurer parce qu'Alain Touraine utilise peu de connecteurs logiques : c'est donc la mise en page et le sens, ici, qui nous permettent de comprendre la construction de son propos. Assez peu d'exemples sont mobilisés, et les idées, reprises de manière spiralaire, se répondent d'un paragraphe à l'autre. On pourra s'appuyer sur ces répétitions pour construire le résumé et aider à réduction du nombre de mots.

- Paragraphe 1 :
  - *Idée 1 :* La sociologie est originellement une science rationnelle considérant l'interaction entre les comportements individuels ou collectifs au sein d'une société. Le système social fonctionne sur le lien plus ou moins utile entre ses individus. L'histoire de la sociologie a permis de dégager le sujet de ce fonctionnement systémique.
  - *Exemple 1 :* inquiétudes de Durkeim et Weber.
  - *Idée 2 :* À partir du XXe siècle, la sociologie a changé de paradigme et a considéré l'individu soit comme « *homo œconomicus* », soit comme membre intégré à une communauté.

- Paragraphe 2 :
  - *Idée 3 :* C'est précisément cette idée de sujet qui marque le point de bascule et qui induit un renouvellement de la conception de la démocratie. Alors que ce régime était fondé sur la rationalité, il est de nos jours reconnaissance du sujet individuel dans la communauté et recherche d'une liberté pour chacun.
- Paragraphe 3 :
  - *Idée 4 :* Il y a un renouveau dans la conception du sujet en démocratie : il n'est plus seulement un être de raison, il est un être de liberté. Trois concepts le définissent : raison, liberté et mémoire.
  - *Idée 5 :* Ces trois valeurs sont aussi celles de la démocratie. Pour fonder une communauté politique, il faut reconnaître les aspirations de tous les groupes qui la composent. La raison et la liberté individuelle fondent la notion de citoyenneté depuis la Révolution de 1789 et l'individu n'est plus seulement lié à sa seule capacité à être un citoyen éclairé.
- Paragraphe 4 :
  - *Idée 6 :* La démocratie fait vivre ensemble liberté, raison et individualité alors même que dans le monde contemporain, de nombreux facteurs divisent l'entité démocratique.
  - *Idée 7 :* La démocratie assure la combinaison entre individu et communauté, et c'est pourquoi elle est une culture plus qu'un régime institutionnel.
  - *Idée 8 :* La démocratie a pour mission de permettre aux individus de s'accomplir comme sujets, comme citoyens.

2. Proposition de résumé

(Les chiffres entre parenthèses correspondent aux numéros des idées précédemment employés.)

En sociologie, l'individu n'est plus considéré comme un sujet cohabitant avec d'autres individus (1). Il est désormais « *homo œconomicus* » ou membre d'une communauté (2).

En découle une nouvelle conception de la démocratie, système reconnaissant dorénavant l'individu libre dans une communauté plutôt que comme un être rationnel (3).

Raison, liberté et mémoire (4) font que l'individu s'accorde parfaitement avec la démocratie moderne, régime reconnaissant les aspirations de tous les groupes en son sein, et non plus seulement les citoyens éclairés (5).

Sans ces trois aspects, la démocratie est menacée (6) : elle cultive désormais l'inclusion de l'individu dans une communauté (7), lui permettant de s'accomplir comme sujet (8).

108 mots (hors parenthèses).

Sujet 2

1. Première approche du texte à résumer

Quel est le thème ?

Le mal-être de l'individu dans la communauté, le remplacement du débat par « le clash ».

Quelle est la thèse ?

Pour faire face à leur mal-être dans la société contemporaine, les individus renoncent au débat démocratique au profit de polémiques stériles.

Quelles sont les marques d'énonciation ?

Le texte est écrit à la troisième personne du singulier, mais l'article s'ouvre sur une prise de position personnelle : « Il me semble ». Pierre-Henri Tavoillot écrit dans un style vif, plutôt oral, qui laisse parfois poindre l'ironie : « Et là, miracle ! Par la grâce d'une belle polémique chacun va pouvoir retrouver des frères d'armes ou des âmes sœurs ; chacun pourra intégrer une communauté d'indignation, qui mettra un terme à son isolement ! ».

Comment est structurée l'argumentation ?

Le texte est découpé en onze paragraphes. La progression est claire car le paragraphe initial annonce les idées majeures sous forme synthétique avant de les développer (§ 2-5). Après avoir défini le problème et ses possibles causes, l'auteur propose des solutions.

- Paragraphe 1 :
  - *Idée 1 :* Si, de nos jours, le débat a cédé la place à la polémique agressive et stérile, c'est que la démocratie contemporaine génère quatre maux chez l'individu : la perte de repères, la solitude, l'impuissance politique et l'absence de projets d'avenir.
  - *Idée 2 :* L'individu se sent perdu face à la complexité du monde et à une pléthore de données. Par le « clash » et les théories du complot, il ramène le monde à un manichéisme réducteur, mais rassurant.
  - *Idée 3 :* La montée de l'individualisme a fragilisé les liens traditionnels et isolé les êtres. L'individu esseulé voit alors dans la polémique l'occasion de recréer un clan soudé. Les réseaux sociaux favorisent les communautés d'opinions où l'effet de groupe laisse penser que l'on détient la vérité.
  - *Idée 4 :* Humiliés, frustrés et impuissants, les individus ont l'impression de reprendre le contrôle de leur vie en s'indignant sur les réseaux.
  - *Idée 5 :* Confrontés à un avenir incertain, privés d'horizons stimulants, les individus imaginent le pire afin de se donner un but : sauver quelque chose.
- Paragraphe 2
  - *Idée 6 :* Or, la polémique vaine n'est pas la meilleure solution. La réhabilitation du débat constructif et l'acceptation de la complexité du monde peuvent être des défis stimulants.
  - *Idée 7 :* En cela, la « *disputatio* » médiévale constitue un exercice de pensée fécond puisqu'il oblige à penser contre soi, à adopter un point de vue décentré.
  - *Idée 8 :* Paradoxalement, alors que notre société se prétend ouverte, on ne supporte pas la contradiction. Toute opposition est jugée offensante.

- *Idée 9 :* Ce goût du débat doit s'accompagner d'une réhabilitation de la culture générale, susceptible d'offrir une vue surplombante et de favoriser une mise en lien des phénomènes. Elle seule peut raviver l'aptitude au doute, source de modestie et de curiosité.
- *Idée 10 :* Elle seule peut mettre à l'abri d'un désir tyrannique d'imposer des idées et une vue unique.

◆ Paragraphe 3
- *Idée 11 :* Ces propositions rejoignent les considérations de Kant, qui soulignait les vertus de l'autonomie, du décentrement et de la cohérence avec soi-même pour entretenir le sens commun. C'est à ce prix que le débat démocratique peut être ravivé.

2. Proposition de résumé

(Les chiffres entre parenthèses correspondent aux numéros des idées précédemment employés.)

Par les polémiques, les individus comblent quatre manques liés au monde contemporain : perte de repères, solitude, impuissance, manque d'horizons (1). En créant une dichotomie, on croit comprendre le monde (2), trouver des alliés (3), être actif (4) et rendre le salut possible (5).

Toutefois, la solution serait plutôt dans la réhabilitation d'un débat respectueux de la parole d'autrui et de la complexité du monde (6 +7). Alors que notre société refuse les divergences (8), il faudrait revaloriser la « *disputatio* » médiévale et la culture générale. Invitant à être subtil, modeste et curieux (9), elle réfrène le désir d'imposer ses idées (10).

Pour sauver le débat démocratique, cultivons donc le sens commun kantien : autonomie, décentrement, accord avec soi (11).

110 mots (hors parenthèses).

Sujet 3

1. Première approche du texte à résumer

Quel est le thème ?

L'utilité du génie dans la société et la nécessité de sa reconnaissance.

Quelle est la thèse ?

À une époque où la massification sociale incite au conformisme et considère le génie comme de l'excentricité, il est très important d'encourager l'originalité comme levier contre la dictature de l'opinion, non seulement en vue du progrès de l'humanité, mais aussi pour permettre l'épanouissement individuel.

Quelles sont les marques d'énonciation ?

Dans cet extrait, Mill emploie majoritairement la première personne du singulier, notamment lors des étapes importantes de sa pensée : « J'insiste », « je ne me plains pas »,

« je n'encourage pas », etc. Il s'exprime donc en son propre nom. Pourtant, il procède à une analyse philosophique rigoureuse ; son texte n'est pas la simple expression d'une opinion, mais comporte une dimension argumentative et conceptuelle. On peut faire l'hypothèse qu'il met en œuvre ce dont il est question dans le texte : l'exigence d'une pensée authentiquement individuelle. Il y a donc un effet performatif dans le texte : en s'exprimant comme un individu original et singulier, Mill opère la sortie de la tyrannie de l'opinion qu'il est en train d'analyser philosophiquement.

Comment est structurée l'argumentation ?

◆ Paragraphe 1 : l'indifférence générale à l'égard du génie ne doit pas masquer son utilité

- *Idée 1 :* Mill explique pourquoi il insiste (on suppose qu'il en a déjà parlé en amont de ce texte) à la fois sur l'importance du génie, et sur la nécessité de le laisser se développer librement. Le génie est méconnu, non seulement du point de vue de son utilité, mais quant à sa nature même. On l'admire, mais on pense qu'il se limite au domaine de l'art (poème, tableau), alors qu'il s'agit de la capacité d'être original, à la fois dans le domaine de la pensée et dans celui de l'action.
- *Idée 2 :* Il commente alors cette attitude d'indifférence à l'égard du génie (« malheureusement ») : elle n'est pas étonnante. La majorité – qui n'est pas originale, par définition – ne peut pas comprendre la nature ni la nécessité de l'originalité, parce que ceux qui la composent ne sont pas, eux-mêmes, originaux. On présuppose alors que seule l'originalité peut reconnaître l'originalité, à la fois dans ce qu'elle est et dans son utilité.
- *Idée 3 :* C'est donc (paradoxalement) à ces gens-là que l'originalité peut être utile : d'abord, elle pourrait leur ouvrir les yeux (et leur donner alors une chance de devenir originaux). Mais ensuite et surtout, ces gens doivent se souvenir que tout le progrès de l'humanité (« les bonnes choses ») est venu de personnes originales, d'individus qui ont fait quelque chose « en premier ». Mill en appelle alors à la modestie du commun des mortels, qui doit reconnaître l'importance de l'originalité, même si lui pense ne pas en avoir besoin.

◆ Paragraphe 2 : explication du mépris de l'originalité (idées 4 à 7), et première raison pour laquelle il faut, au contraire, l'encourager (idées 8 à 11)

- *Idée 4 :* Mill approfondit son analyse de la raison pour laquelle l'originalité est méprisée. Cela tient à un contexte socio-politique où prédomine la médiocrité.
- *Idée 5 :* Autrefois, l'individu représentait « une puissance en soi », quelle que soit sa place dans la société et ses talents individuels. Cette puissance pouvait être encore plus grande si cet individu était talentueux ou s'il avait une position sociale élevée.
- *Idée 6 :* Au contraire, actuellement, les individus sont perdus dans la foule. Le pouvoir appartient aux masses. Même les gouvernements n'ont de pouvoir que parce qu'ils se font les porte-parole des tendances de masse. Cela vaut non seulement en politique, mais aussi dans la vie privée. Dans toutes les sociétés, certains groupes d'individus sont pris comme étant l'opinion publique, même si ces groupes d'individus changent en fonction des sociétés (les blancs en Amérique, la classe moyenne en Angleterre). Quoi qu'il en soit, ceux que la masse prend pour modèles ne sont plus des élites (comme dans le passé), mais des gens qui leur sont semblables et dont ils entendent parler dans les journaux.

- *Idée 7 :* « Je ne me plains pas de cet état de choses » : après avoir décrit un état de choses, Mill propose une analyse et un jugement. Il écarte deux types de jugement : la plainte, qui serait une réaction purement affective ; et l'idée que la médiocrité actuelle serait indépassable. En revanche, il affirme que ce mode de gouvernement est médiocre.
- *Idée 8 :* A partir d'ici, Mill expose la première raison pour laquelle il faut encourager l'originalité (ce qui justifie la coupure à ce niveau dans le résumé ci-dessous) : la condition à laquelle un gouvernement démocratique (ou une aristocratie nombreuse, donc en tout cas où l'on a affaire à des masses) peut s'élever au-dessus de la médiocrité est que la multitude souveraine (expression quelque peu ironique) se laisse guider par un homme (ou une minorité) plus doué et plus instruit. L'idée est que c'est l'excellence qui peut faire progresser l'humanité.
- *Idée 9 :* « Je n'encourage pas ici » : il répond à une objection que l'on pourrait lui faire. En faisant l'éloge d'un individu supérieur et isolé et en disant que la grandeur de l'homme du commun est de le suivre, on pourrait croire qu'il encourage le « culte du héros », de l'homme fort et tyrannique. Or, il ne s'agit pas de cela. Ce serait contraire à la liberté, au développement du reste de la population, et à l'homme de génie lui-même. L'homme génial dont il est question ne fait que montrer la voie.
- *Idée 10 :* Mill formule à partir de là une sorte de loi sociale générale, selon laquelle les masses d'hommes ordinaires engendreraient quasi mécaniquement (« contrepoids » et « correctif ») des penseurs éminents à l'individualité de plus en plus marquée.
- *Idée 11 :* À cette loi quasi naturelle, Mill joint cependant une prescription : puisque dans le monde où règne l'opinion, l'originalité est condamnée et réduite au rang d'excentricité (terme péjoratif), il faut précisément encourager cette excentricité pour « ouvrir une brèche dans cette tyrannie ». Il y a une corrélation entre le niveau d'excentricité d'une société et son niveau de génie.

◆ Paragraphe 3 : deuxième raison pour laquelle il faut encourager l'originalité
- *Idée 12 :* S'il faut encourager le développement de l'originalité dans la société, ce n'est pas seulement en vue du progrès de l'humanité en général, mais aussi pour le bien-être de tous. Aucun être humain ne mérite d'être tenu à l'uniformité et au conformisme, mais au contraire, tous ont le droit de vouloir vivre selon leur propre complexion personnelle, sans être modelé par la société.

2. Proposition de résumé

(Les chiffres entre parenthèses correspondent aux numéros des idées précédemment employés.)

J'estime important de souligner la nécessité de laisser s'épanouir le génie individuel, car tout en l'admirant, les gens n'en comprennent pas la véritable portée (1). Ils croient que le génie se limite au domaine de l'art, alors qu'il s'agit d'être original dans la pensée et l'action en général. Cette méconnaissance, bien que compréhensible (2), doit être combattue : les gens doivent avoir conscience que le progrès de l'humanité repose sur le génie (3).

Le mépris du génie tient à la médiocrité caractéristique de notre époque (4). L'individu n'est plus reconnu (5), il n'est que l'élément d'une masse, et ce sont les masses qui détiennent le pouvoir (6). Je ne juge pas cette situation, mais c'est un fait (7).

Un gouvernement démocratique ne peut échapper à la médiocrité qu'en suivant une individualité supérieurement douée (8), qui ne tyrannise pas le peuple, mais l'inspire et le guide (9). Ce type de personnalité émerge d'autant plus là où règnent les masses (10), mais il faut cependant encourager ce phénomène, pour battre en brèche le pouvoir de l'uniformité (11).

Toutefois, l'originalité n'est pas seulement un instrument au service du progrès de l'humanité, mais aussi un droit pour tous (12).

205 mots (hors parenthèses).

Sujets de dissertation

Sujets avec corrigé entièrement rédigé

Sujet 1 (type Mines)

« La première opposition de classe qui se manifeste dans l'histoire coïncide avec le développement de l'antagonisme entre l'homme et la femme dans l'union conjugale, et la première oppression de classe avec l'oppression du sexe féminin par le sexe masculin. » (Friedrich Engels, *L'Origine de la famille, de la propriété privée et de l'État*, 1952.)

Vous direz dans quelle mesure cette citation éclaire ou renouvelle votre lecture des œuvres inscrites cette année à votre programme.

Sujet 2 (type CCINP)

« Par la grâce d'une belle polémique chacun va pouvoir retrouver des frères d'armes ou des âmes sœurs ; chacun pourra intégrer une communauté d'indignation, qui mettra un terme à son isolement ! » (Pierre-Henri Tavoillot, « Sauvons le débat ! », revue *Le Un*, n°314, 16 septembre 2020.)

Vous examinerez la pertinence de ce propos en le confrontant aux trois œuvres au programme.

Sujet 3 (type Centrale)

La dissertation devra obligatoirement confronter les trois œuvres et y renvoyer avec précision. Elle pourra comprendre deux ou trois parties et sera courte (au maximum 1 800 mots). Cet effort de concision faisant partie des attentes du jury, tout dépassement manifeste sera sanctionné.

« [...] au lieu de réprimer les individus exceptionnels, il faudrait les encourager à agir différemment de la masse. » (John Stuart Mill, *De la liberté*, 1859.)

Vous examinerez la pertinence de ce propos en le confrontant aux œuvres du programme.

Sujets avec plan détaillé

Sujet 4 (type CCINP)

« Toute communauté – un jour, quelque part, d'une manière ou d'une autre – rend "commun". » (Nietzsche, *Le Gai savoir*, 1882.)

Vous examinerez la pertinence de ce propos en le confrontant aux œuvres du programme.

Sujet 5 (type Mines)

Dans son discours sur l'état de l'Union de 1945, le Président américain Franklin D. Roosevelt déclare : *« Dans un monde démocratique, comme dans une nation démocratique, le pouvoir doit être lié à la responsabilité, et obligé de se défendre et de se justifier dans le cadre de l'intérêt général. »*

Vous discuterez cette citation en vous appuyant sur les œuvres au programme

Sujet 6 (type X-ENS)

« Familles, je vous hais ! Foyers clos, portes refermées, possessions jalouses du bonheur. » (André Gide, *Les Nourritures terrestres*, 1897.)

En quoi cette affirmation vous permet-elle d'approfondir votre réflexion sur l'individu et la communauté et votre lecture des œuvres au programme ?

Sujets avec plans simples

Sujet 7 (type BCPST)

« L'homme solitaire pense seul et crée des nouvelles valeurs pour la communauté. » (Albert Einstein, *Comment je vois le monde*, 1934, traduit de l'allemand par Régis Hanrion, 1979.)

Vous discuterez cette citation en vous appuyant sur les œuvres au programme.

Sujet 8 (type CCINP)

« Quant au monde dominé par les communautés, il ne cherche que l'intégration, l'homogénéité et le consensus, et rejette le débat démocratique. » (Alain Touraine, *Qu'est-ce que la démocratie ?*, 1997.)

En quoi cette affirmation vous permet-elle d'approfondir votre réflexion sur l'individu et la communauté et votre lecture des œuvres au programme ?

Corrigés des dissertations

Dissertations rédigées

Sujet 1 (type Mines)

Introduction

En 1986, dans son ouvrage *L'un est l'autre : des relations entre hommes et femmes*, Élisabeth Badinter mettait au jour un renversement du rapport de force entre hommes et femmes : « *Dans les sociétés occidentales, plus exigeantes que d'autres sur le chapitre de la démocratie, les femmes ont profité de l'idéologie dominante pour mettre fin à la relation inégalitaire qui les unissait aux hommes* ». Plus encore, elle voyait dans la procréation et la contraception les marques d'une supériorité de la femme, seule à même de donner la vie et de décider si elle souhaite ou non le faire. Un tel optimisme peut surprendre à l'heure où les inégalités salariales perdurent et où le mouvement #MeToo dévoile les injustices et les violences faites aux femmes. En 1884, dans *L'Origine de la famille, de la propriété privée et de l'État*, Friedrich Engels insistait sur cet assujettissement : « *La première opposition de classe qui se manifeste dans l'histoire coïncide avec le développement de l'antagonisme entre l'homme et la femme dans l'union conjugale, et la première oppression de classe avec l'oppression du sexe féminin par le sexe masculin* ». La citation met en évidence le conflit entre deux communautés, les hommes et les femmes, scission dont on peut interroger l'origine dès lors que l'homme et la femme pourraient s'inscrire dans la communauté humaine. Le propos d'Engels est sous-tendu par une idéologie marxiste qui postule une division de la société en classes concurrentes qui luttent entre elles : esclaves et maîtres dans les sociétés esclavagistes, prolétariat et bourgeoisie dans la société capitaliste, hommes et femmes dans les sociétés patriarcales. Dans le cadre domestique, on comprend que l'union par le mariage a, paradoxalement, généré une tension. Plus encore, cette lutte des classes a été remportée par les hommes qui ont imposé au sexe féminin un asservissement dont il conviendrait de définir les manifestations physiques et symboliques. Si cette tension fut « *le premier rapport de force* » dans l'histoire, est-il définitivement établi ou est-il encore susceptible d'évoluer ? De fait, le marxisme soutient que la classe opprimée s'émancipera en renversant la classe qui opprime pour atteindre l'égalité dans une société sans classe. Quel état de cette lutte s'illustre dans nos œuvres ? Parce que le sujet des femmes n'est pas évoqué chez Spinoza, on pourra élargir le propos en s'interrogeant sur les rapports que la communauté qui instaure l'oppression entretient avec les communautés opprimées. D'où la problématique : Peut-on estimer que toute communauté porte en son sein des tensions qui favorisent l'oppression d'un groupe par un autre ? Notre propos s'appuiera sur le roman *Le Temps de l'innocence* d'Edith Wharton, sur les chapitres XVI à XX du *Traité théologico-politique* de Spinoza et sur deux pièces d'Eschyle, *Les Suppliantes* et *Les Sept contre Thèbes*. Certes, au sein de la communauté, les femmes et les minorités sont prises dans une guerre qui les conduit à l'assujettissement. Toutefois, cette hiérarchie peut être repensée tant les minorités peuvent être des acteurs majeurs dans la communauté. Finalement, ces figures que l'on pense secondaires pourraient bien être nécessaires à la communauté : parce qu'elles ébranlent les hiérarchies et menacent de renverser les classes dominantes, elles obligent l'individu et le groupe à se définir.

(I) Au sein de la communauté, les femmes et les minorités sont prises dans une lutte des classes qui les conduit à l'assujettissement.

(A) Exclues de la communauté civique, les femmes et les minorités ont moins de droits. Dans *Les Sept contre Thèbes* d'Eschyle, les femmes ont des domaines réservés qui les privent des hautes fonctions dans la cité : « *Ce qui se fait hors de la maison est l'affaire des hommes – que la femme n'y donne point sa voix !* » (p. 148). Chez Wharton, certains domaines – notamment politique ou financier – semblent réservés aux hommes quand les femmes, épouses, mères et maîtresses de maison, sont associées à la tenue du foyer. Archer déplore l'infériorité imposée aux femmes qui bénéficient de moins de droits : « *les femmes devraient être libres, aussi libres que nous le sommes* » (chapitre V, p. 59), un vœu qui ne saurait se réaliser dans une société new-yorkaise si conservatrice. Ainsi, le divorce de la comtesse Olenska est empêché par la communauté alors qu'elle est victime d'un mari volage, comme le rappelle le jeune homme : « *Pourquoi se dissimulerait-elle comme une femme déshonorée ? Elle est "la pauvre Ellen" parce qu'elle a eu la mauvaise chance de faire un détestable mariage ; mais je ne vois pas que ce soit une raison pour se couvrir la tête de cendres, comme si c'était elle qui fût coupable* » (chapitre V, p. 58). En revanche, les femmes sont quasiment absentes du *Traité théologico-politique* de Spinoza : est-ce parce que leur intégration à la communauté va de soi pour Spinoza ou parce qu'elles n'ont pas droit de cité en politique et en religion ? En revanche, Spinoza évoque des communautés religieuses ou des individus opprimés.

(B) Perçues comme faibles et inférieures, les femmes et les minorités font l'objet de menaces et de préjugés, et semblent devoir attendre leur salut de la communauté dominante. Les deux pièces d'Eschyle soulignent que les femmes sont les premières menacées par la guerre. Les femmes du chœur, dans *Les Sept contre Thèbes*, déplorent le sort qui les attend dans un lamento cathartique : « *Je clame ici mes peurs et mes douleurs immenses* » (p. 145). Dans *Les Suppliantes*, les Danaïdes doivent être mariées de force aux fils d'Égyptos. Aussi implorent-elles Danaos : « *Ne me laisse pas seule, je t'en supplie, ô père : seule, qu'est-ce qu'une femme ? Arès n'habite pas en elle* » (p. 77). Une fois mises à l'abri, elles envisagent une nouvelle menace, craignant d'être unies contre leur volonté aux Argiens. Malgré ses déclarations égalitaires, Archer n'est pas dénué d'un certain paternalisme à l'égard de May : « *Loin de vouloir que la future Mrs. Newland Archer fît* *preuve de naïveté et d'ignorance, il désirait qu'elle acquît à la lumière de sa propre influence un tact mondain et une vivacité d'esprit la mettant à même de rivaliser avec les plus admirées des jeunes femmes de son entourage* » (chapitre I, p. 25). L'expression « *à la lumière de sa propre influence* » esquisse l'image d'un Pygmalion modelant sa statue afin qu'elle suscite l'admiration : en somme, une femme-trophée. May alimente elle-même l'idée qu'elle attende son salut d'Archer puisqu'après lui avoir parlé avec franchise et audace, « *au premier mot rassurant de son fiancé, elle reculait comme un enfant trop aventureux qui se jette dans les bras de sa mère* » (chapitre XVI, p. 161). Victime de préjugés, le féminin donne lieu à des usages métaphoriques chargés d'une connotation négative. Ainsi, Spinoza évoque les superstitieux comme des êtres implorants, renonçant à faire usage de la raison et préférant recourir aux supplications et aux « *larmes de femmes* » : « *En de telles conditions nous voyons que les plus adonnés à tout genre de superstition ne peuvent manquer d'être ceux qui désirent sans mesure des biens incertains; tous, alors, surtout qu'ils courent des dangers et ne savent trouver aucun secours en eux-mêmes, implorent le secours divin par des VŒUX et des larmes de femmes, déclarent la Raison aveugle* » (préface, p. 43). Dans *Les Suppliantes*, Pélagos interpelle le héraut dont les propos sont particulièrement méprisants : « *Crois-tu donc débarquer dans un État de femmes ? Pour un barbare aussi tu montres avec les Grecs un peu trop d'insolence !* » (p. 82). La métaphore suggère ici qu'un État de femmes autoriserait un tel dédain, mais que la terre d'Argos, terre d'hommes, mérite le respect.

(C) Plus largement, elles symbolisent le sort des minorités au sein des communautés dominantes. Contraintes de se soumettre aux codes et aux normes, on attend de ces classes jugées inférieures qu'elles restent dociles et discrètes. Pudeur, humilité, discrétion sont attendues des femmes dans la société new-yorkaise. May semble se conformer à ce modèle, au point que Mme Olenska la qualifie « *d'esclave des conventions* » (chapitre XVIII, p. 176). Une même attitude est requise face à la communauté d'Argos, comme le rappelle Danaos à ses filles : « *Qu'aucune assurance ne soutienne votre voix ; qu'aucune effronterie, sur vos visages au front modeste, ne se lise en votre regard posé* » (p. 57). Dans *Les Sept contre Thèbes*, les choreutes ne doivent pas s'exprimer avec ardeur et *hybris* : « *Invoque les dieux, sans pour cela te sottement conduire !* » (p. 149). Par la suite, Étéocle va plus loin dans la mise à l'écart des femmes : « *c'est aux hommes à offrir aux dieux des hécatombes, à questionner le sort en tâtant l'ennemi. Ton rôle à toi est de te taire et de rester dans ta maison* » (p. 150). Spinoza constate une volonté de faire taire les avis minoritaires, de faire en sorte que les individus se plient aux opinions dominantes : « *les hommes s'efforcent de ravir cette liberté à leurs adversaires, où les opinions des dissidents, non les âmes, seules capables de péché, sont appelées devant les tribunaux* » (chapitre XX, p. 206).

(T) Cette première analyse confirme donc la présence de hiérarchies solidement ancrées et entretenues au sein des communautés. Néanmoins, parce que certains individus osent défier les oppresseurs et ébranler les catégories, la réalité n'est-elle pas plus nuancée ?

(II) Mais cette hiérarchie peut être repensée, tant les minorités peuvent être des acteurs majeurs dans la communauté. Dans la perspective marxiste qui est celle d'Engels, on peut envisager que, par un retournement des forces, l'oppressé renverse l'oppresseur.

(A) Certaines figures issues des minorités se montrent capables de rivaliser ou de dialoguer à égalité avec les individus dominants. Spinoza évoque de petites communautés qui nuisent à l'unité de la communauté politique. C'est le cas des communautés religieuses, unies par des opinions communes et le désir du pouvoir, qui luttent pour s'attacher le peuple contre le pouvoir politique : « *Quoi de plus insupportable en effet pour les rois que de régner à titre précaire et d'avoir à souffrir un État dans l'État ?* » (chapitre XVII, p. 138-139). Spinoza évoque les individus « *hors norme* », en particulier ceux qui ont le courage de leurs opinions, et notamment les frères De Witt, sauvagement assassinés le 20 août 1672. Ils étaient emprisonnés pour avoir prétendument voulu faire assassiner Guillaume III d'Orange-Nassau. Bien qu'ils n'apparaissent pas dans les chapitres au programme, Spinoza pense forcément à cet épisode historique en écrivant le chapitre XX. Si la gent féminine new-yorkaise semble soumise, certains personnages sont audacieux et ne redoutent pas de transgresser les codes, notamment Mrs. Mingott qui fait fi des normes du « *bon goût* » : « *avec son esprit d'indépendance, elle avait mis ses appartements de réception à l'étage supérieur et s'était établie – violant toutes les habitudes de New York – au rez-de-chaussée de sa maison* » (chapitre IV, p. 45). Une même audace anime les Danaïdes qui, soucieuses de défendre leur « *fleur* » (p. 85), refusent toute union forcée avec les Argiens. Or, comme le rappellent les suivantes, cette virginité est impie : le rôle d'une femme ne serait pas de refuser le mariage... Dans *Les Sept contre Thèbes,* les femmes du chœur veulent sauver la pureté de la langue, clamant ne pas vouloir livrer la cité « *à une armée qui parle une autre langue* » (p. 147). Plus encore, les choreutes sont perçues comme des dangers, des possibles destructrices de la communauté par Étéocle. Positionné « *sur le tertre où se dressent les statues des dieux* », à l'endroit où se trouvait Étéocle, le chœur refuse de se taire malgré son ordre (p. 155). À la fin, Antigone s'affirme face au héraut, déclarant qu'elle enterrera son frère Polynice.

(B) Les figures féminines sont divinisées au sein de la communauté, ce qui permet leur action. Les divinités féminines jalonnent l'œuvre d'Eschyle : la ville de Thèbes est définie par Étéocle comme la « *Terre maternelle* » (p. 143), métaphore du féminin qui indique qu'elle donne la vie et que, par conséquent, elle doit être protégée. Mais les divinités féminines sont surtout présentées comme toutes-puissantes, à l'instar de la déesse de la Justice – « *l'Érinys appelée par les vœux d'un père* » (p. 165) – et d'Héra qui envoie le taon persécuter Io. Héritières d'Io, les Danaïdes sont donc à la fois vouées au malheur et protégées par Zeus : « *nous nous honorons d'être de race argienne et de descendre d'une génisse féconde* » (p. 60). Chez Spinoza, dans le chapitre II (hors-programme), on trouve cette mention : « *au contraire, des hommes incultes, étrangers à toute discipline, voire de simples femmes comme Agar, la servante d'Abraham, eurent le don prophétique* ». Si l'adjectif « *simple* » est dépréciatif, la phrase gratifie Agar d'un don et d'un destin singuliers. Dans *Le Temps de l'innocence* une même aura entoure la figure de Mrs. Van der Luyden, perçue comme une « *divinité protectrice* » (chapitre XIII, p. 134) et comparée à Esther, reine biblique pieuse et courageuse (chapitre VII, p. 73). May apparaît, quant à elle, comme la « *divinité tutélaire de toutes les traditions qu'il avait révérées* » (chapitre XX, p. 201).

(C) En réalité, les femmes et les minorités structurent la communauté et assurent sa pérennité. Dans *Le Temps de l'innocence*, ce sont les femmes qui organisent les dîners, rassemblant donc la communauté : « *Il savait que Mrs. Reggie avait toujours de la place pour un invité de dernière heure* » (chapitre XIV, p. 138) ; « *Ce sujet fut abordé comme* *d'habitude au dîner du Thanksgiving Day* » (chapitre XXVI, p. 247). Chez Eschyle, les femmes sont les dernières sur scène, les dernières encore vivantes. La pièce commence par la domination d'Étéocle, mais s'achève par la mort des hommes et par une forme du triomphe féminin avec Antigone. Elles assurent la permanence de la cité et des rites car, à la mort, elles opposent le chant de deuil et les pratiques funéraires. En clamant leur faiblesse avec insistance et *hybris*, les femmes de Thèbes anticipent les ravages de la guerre et tentent de l'éviter. Dans l'*agôn* final avec Étéocle, elles sont clairement la voix de la raison et de la sagesse, et se présentent comme telles : « *Va, écoute des femmes, si dur qu'il te soit de le faire* » (p. 165). Les Danaïdes veulent, elles aussi, assurer le salut de la communauté, inquiètes à l'idée que des enfants naîtront d'une « *hybridation* », fruits du viol des agresseurs. En revanche, Spinoza ne défendrait pas l'idée que les minorités structurent la communauté, si l'on entend par « *minorités* » des groupes dissidents ou même des groupes particuliers tels que les femmes, ou d'autres groupes de ce type. Pour lui, ce qui structure la communauté, c'est le pouvoir politique et l'obéissance aux lois.

(T) Si les femmes sont insérées dans la communauté, elles la rendent aussi problématique car elles en interrogent le cadre et les pratiques. C'est bien souvent par les femmes que le conflit apparaît car elles constituent une interrogation (individuelle ou collective) pour l'ensemble de la communauté.

(III) Les femmes et les minorités problématisent la communauté, obligeant l'individu et le groupe à se définir. Elles poussent à la tension dialectique du renversement du haut par le bas, et obligent à la reconsidération du groupe et de l'individu dans une société de classes.

(A) Les minorités occupant à la fois le centre et les marges, elles obligent la communauté dominante à consolider ses frontières et ses valeurs. L'enjeu des *Suppliantes* d'Eschyle est de savoir si les femmes peuvent ou non entrer dans la ville d'Argos. L'arrivée des étrangères met à l'épreuve l'hospitalité des Argiens : « *Par un vote unanime, le peuple argien l'a proclamé sans appel : jamais il n'abandonnera à la violence une troupe de femmes* » (p. 83). Confirmant leur sens de l'hospitalité et leur respect de Zeus, le roi Pélagos et son peuple scellent leur unité par la protection accordée. Cette définition des frontières sous l'effet de femmes étrangères se joue également au moment où Ellen Olenska revient à New York dans le roman de Wharton. Il s'agit alors de définir si elle peut ou non être invitée au dîner de Mrs. Lovell Mingott. D'après le *Traité théologico-politique* de Spinoza, les sectes religieuses forcent l'État à se montrer central et à encadrer la religion (chapitre XVIII, p. 147-149). Lors du premier empire de l'État hébreu, il n'y eut pas de sectes. Puis, les choses ont dégénéré lors du deuxième empire parce que le pouvoir religieux s'est immiscé dans le pouvoir politique. Cela a engendré des sectes, et donc des querelles, qui ont fini par détruire l'État.

(B) Par leur regard décentré et singulier, les minorités obligent la communauté et l'individu à se remettre en question, voire à évoluer. Il en va ainsi de Spinoza lui-même, exclu de la communauté juive mais maîtrisant ses codes et la langue hébreu des textes sacrés. Alors que les textes sacrés sont, en général, utilisés pour défendre la prédominance du pouvoir religieux sur le pouvoir politique, le philosophe remet en question l'autonomie du pouvoir religieux. Par ses propos incisifs et son regard neuf, Ellen Olenska révèle le côté poussiéreux et délétère de la communauté new-yorkaise. Parlant du duc, elle ose dire : « *C'est, je crois bien, l'homme le plus ennuyeux que j'aie jamais rencontré* » (*Le Temps de l'innocence*, VIII, p. 80). Elle révèle aussi la fragilité du mariage d'Archer. En effet, dans le Livre I, il devient obsédé par Beaufort et mène un combat dans l'ombre en cherchant les traces laissées par son ennemi, en évaluant sa séduction sur la comtesse. La conquête amoureuse se double d'enjeux sociaux puisque M. Beaufort incarne le parvenu. Dans le Livre II, bien que marié à May, il se montre fébrile en entendant le prénom d'Ellen : « *Il regardait May avec des yeux d'aveugle, et se demandait si, chaque fois qu'il entendrait ces deux syllabes, il ne sentirait pas s'écrouler le fragile château de cartes de sa vie* » (chapitre XIX, p. 195). Chez Eschyle, les femmes révèlent la brutalité des Grecs et les ravages de la guerre, pourtant glorifiée dans l'Antiquité car susceptible de favoriser la belle mort et de consacrer des héros. Les suivantes – une minorité au sein de la communauté des femmes – opposent aux Danaïdes une vision plus pessimiste de l'issue (p. 83). Elles appellent à la mesure, rappelant que l'on n'échappe ni à son destin, ni à Zeus.

(C) Les minorités sont finalement des miroirs pour les « *dominants* » : elles rappellent que tout individu peut éprouver un sentiment de solitude et d'incompréhension au sein d'une communauté, mais aussi que l'on peut aspirer à une vie singulière, hors norme, en marge. Chez Eschyle, la vulnérabilité n'est pas l'apanage des femmes, mais bien de tout être humain. À la question posée par Étéocle à Zeus « *qu'as-tu créé en nous en créant la femme ?* », le coryphée répond que la faiblesse est commune aux hommes et aux femmes : « *Un être misérable, aussi bien que l'homme, quand leur ville est prise* » (p. 151). Étéocle reconnaît d'ailleurs que les lamentations des femmes pourraient avoir suffisamment d'influence pour « *semer la lâcheté au cœur des citoyens* » (p. 150). Chez Wharton, la solitude que peut ressentir Ellen au sein de la communauté new-yorkaise n'est pas étrangère à ce que peut éprouver Archer, dès lors qu'il prend du recul sur les traditions : « *Isolément, ceux-ci trahissaient leur médiocrité intellectuelle ; mais en bloc, ils représentaient "New York", et, par une habitude de solidarité masculine, Newland Archer acceptait leur code en fait de morale* » (chapitre I, p. 25). Par ailleurs, si les femmes sont qualifiées de « *romanesques* », Archer n'échappe pas à ce désir d'exaltation. À la douce May qui rappelle les principes de bienséance (« *Nous ne pouvons pourtant pas agir comme des amoureux de roman, dit-elle en riant* »), il répond : « *– Pourquoi pas ? Pourquoi pas ?* » (chapitre X, p. 99). Mr. Jackson est, lui aussi, en quête de romanesque : adepte des ragots, féru « *des scandales et mystères qui avaient couvé sous la surface paisible de New York depuis un demi-siècle* » (chapitre I, p. 27), il est un conteur hors-pair. Spinoza est aussi conscient que chacun, tout en aspirant à la sécurité de la communauté, cultive un égoïsme, un désir d'indépendance qui pourraient nuire au groupe : « *Chacun pense être seul à tout savoir et veut tout régler selon sa complexion ; une chose lui paraît équitable ou inique, légitime ou illégitime suivant qu'il juge qu'elle tournera à son profit ou à son détriment ; par gloire il méprise ses semblables et ne souffre pas d'être dirigé par eux ; par envie de l'honneur qu'il n'a pas ou d'une fortune meilleure que la sienne, il désire le mal d'autrui et y prend plaisir* » (chapitre XVII, p. 102).

Conclusion

Il apparaît donc que la présence de femmes et de minorités au sein de la communauté génère des tensions et des rapports hiérarchiques forts. Néanmoins, en occupant une place à la fois marginale et centrale, ces minorités peuvent fédérer la communauté. *In fine,* dans ce jeu du même et de l'autre, elles obligent le groupe à s'interroger sur ses caractéristiques et rappellent aux individus dominants qu'ils n'échappent ni à la solitude, ni au désir d'évasion du marginal.

Sujet 2 (type CCINP)

Introduction

Dans *La Peste*, Albert Camus faisait dire au personnage cynique de Cottard : « *La seule façon de mettre les gens ensemble, c'est encore de leur envoyer la peste* ». Ce faisant, il signalait qu'une crise ne manquait jamais de rassembler les individus, soudain effrayés ou ligués contre un ennemi commun. Analysant le phénomène du « *clash* » et des « *haters* » sur les réseaux sociaux, le philosophe Pierre-Henri Tavoillot décrypte un phénomène similaire dans son article « Sauvons le débat ! » : « *Par la grâce d'une belle polémique chacun va pouvoir retrouver des frères d'armes ou des âmes sœurs ; chacun pourra intégrer une communauté d'indignation, qui mettra un terme à son isolement !* ». Non sans ironie, il explique que les violentes polémiques qui se développent, notamment sur Twitter (nouvellement X), annulent la possibilité d'un débat constructif au profit d'un pur déchaînement de violence contre quelques cibles. Bien qu'elles mettent en crise le langage et la raison, ces polémiques sont recherchées par des individus en quête de communauté. À la faveur de cette « *polémique* » – dont l'étymologie, *polemos*, renvoie à la guerre –, des communautés de « *frères d'armes ou d'âmes sœurs* » peuvent se créer autour d'ennemis communs, de causes soi-disant nobles ou d'une colère jugée légitime. Mais Tavoillot n'est pas dupe, comme le suggère le point d'exclamation. Si elle génère effectivement une « *communauté d'indignation* », la « *belle polémique* » spectaculaire et excessive peut-elle faire naître une communauté durable ? Les individus mus par leur rage sortent-ils vraiment de leur isolement ? Qu'advient-il de la communauté lorsque la polémique, aussi intense qu'éphémère, s'épuise ? D'où la problématique : les crises et les conflits peuvent-ils favoriser la création de communautés soudées et offrir à des individus esseulés des relations solides ? Notre propos s'appuiera sur le roman *Le Temps de l'innocence* d'Edith Wharton, sur les chapitres XVI à XX du *Traité théologico-politique* de Spinoza et sur deux pièces d'Eschyle, *Les Suppliantes* et *Les Sept contre Thèbes*. Certes, la polémique et la guerre peuvent renforcer une communauté qui était jusqu'alors composée d'individus isolés. Toutefois, le propos de Tavoillot laisse percevoir son ironie tant il appert que toute polémique disloque la communauté et isole les individus. Finalement, on pourra s'interroger sur les fondements qui assureraient une communauté stable et susceptible de sortir les individus de leur isolement.

(I) La polémique et la guerre peuvent rapprocher une communauté qui était jusqu'alors composée d'individus isolés.

(A) La polémique ressoude une communauté contre un ennemi commun. Les œuvres au programme mettent en scène des tensions. Chez Wharton et Eschyle, la menace est « *hors-scène* », mais n'en est pas moins oppressante et obsédante. Dans *Le Temps de l'innocence*, la communauté new-yorkaise se définit par contraste avec l'Europe, notamment les mœurs françaises, jugées plus légères : « *En Europe, on ne connaît pas nos longues fiançailles américaines. Sans doute les Européens sont moins calmes que nous* » (XVIII, p. 175). Dans *Les Suppliantes*, le chœur des femmes se consolide autour d'une origine qu'elles veulent communes avec les Argiens. Elles se désolidarisent donc des fils d'Égyptos et atténuent leurs origines « *barbares* » au profit d'un héritage partagé avec les Grecs : la légende d'Io. Chez Spinoza, un même principe sous-tend la constitution des Hébreux en communauté : avec l'exode, ils se retrouvent délivrés du joug égyptien.

Corrigés des dissertations

Mais la constitution de la communauté va se cristalliser autour de l'idée d'un peuple élu de Dieu. D'où la résurgence de conflits : « *En conséquence les ennemis de cet État étaient les ennemis de Dieu, les citoyens voulant usurper le pouvoir, coupables du crime de lèse-Majesté divine, enfin les règles de droit en vigueur, lois et commandements de Dieu* » (chapitre XVII, p. 108).

(B) La polémique oblige à (re-)définir les valeurs d'une communauté. Selon Spinoza, la polémique n'est pas sans vertu et elle ne doit pas être l'objet de lois : « *Combien de schismes enfin sont nés dans l'Église surtout de ce que les magistrats ont voulu mettre fin par des lois aux controverses des docteurs* ! » (chapitre XX, p. 200). On peut également supposer que la possibilité d'une polémique oblige le souverain à viser le bien-être général de la communauté. En effet, si le pacte conclu n'est pas réellement utile, il n'a plus de raison d'être ; et si le souverain n'est plus concrètement en mesure de défendre son droit, alors il le perd. Dans *Le Temps de l'innocence*, la polémique autour de la Comtesse Olenska oblige la communauté à se positionner sur le divorce d'une femme. Bien que la « *législation favorise le divorce* » (chapitre XII, p. 124), Mrs. Welland s'offusque de la liberté de mœurs que l'on attribue à tort aux Américains : « *Encore un exemple des usages extraordinaires que nous attribuent les étrangers... Ils pensent que nous dînons à deux heures, et que nous favorisons le divorce ...* » (chapitre XVI, p. 155). Pour un Grec, le droit ne saurait être séparé d'une dimension divine et du respect des dieux qui fait partie des *« devoirs d'un étranger »* tandis que, lorsque le Héraut invoque le principe du droit contre l'accusation de violation du sanctuaire, il semble insinuer que ces deux principes sont des notions distinctes pour lui :

« Le Héraut : *Au plus grand des proxènes, Hermès, dieu de tous ceux qui cherchent.*

Le roi : *Tu t'adresses à des dieux et tu ne montres aucun respect des dieux !*

Le Héraut : *Les dieux du Nil sont les dieux que j'adore.*

Le roi : *Et ceux d'ici alors ne sont rien pour toi ? Je l'entends de ta bouche.*

Le Héraut : *J'emmènerai ces femmes – à moins qu'on ne me les arrache.*

Le roi : *Y toucher t'en cuirait, ce ne serait pas long !*

Le Héraut : *J'entends là des mots peu hospitaliers.*

Le roi : *Je ne vois pas des hôtes en ceux qui dépouillent des dieux.* » (*Les Suppliantes*, p. 82-83.)

Le dialogue semble donc être impossible puisque les repères qu'ils invoquent ne se recouvrent pas. Mais la polémique permet au lecteur de cerner les valeurs de chaque communauté.

(C) Les individus ont l'impression de trouver dans la polémique une source de vigueur ou l'occasion de s'affirmer. Spinoza soutient le droit de laisser libre cours aux différentes opinions afin que chacun puisse s'exprimer et exister dans la communauté : « *Les vrais perturbateurs sont ceux qui, dans un État libre, veulent détruire la liberté du jugement qu'il est impossible de comprimer* » (chapitre XX, p. 205). La volonté d'empêcher la polémique et d'étouffer la liberté de jugement compromet la communauté. Cependant, les œuvres littéraires suggèrent que la polémique nourrit les pulsions belliqueuses des personnages et leur goût (malsain ?) pour la discorde et le scandale. Dans *Les Sept contre Thèbes*, Polynice « *vraiment si bien nommé* » (p. 163), puisqu'il est étymologiquement « *l'homme aux mille querelles* », semble galvanisé par cette querelle et se dit prêt à tout détruire. Antigone s'affirme, elle aussi, dans la discorde, alors qu'elle vivait jusqu'à présent dans le silence que lui imposait un monde d'hommes : « *Antigone : Et je déclare, moi, aux chefs des Cadméens : si personne ne veut aider à l'ensevelir, c'est moi qui l'ensevelirai. Je saurai affronter un péril pour enterrer un frère. [...] Et que personne n'aille décréter le contraire : mon audace saura trouver les moyens d'agir* » (p. 175). Chez Wharton, la seule fois où le mot « *réjouir* » apparaît dans le roman correspond à la mention d'un scandale. La communauté ne saurait se délecter d'une hypocrisie dans les affaires, mais l'on comprend qu'elle jubilerait de voir un scandale éclabousser Mr. Beaufort dans sa vie intime : « *Personne n'aimait véritablement Beaufort, et on n'eût pas été fâché d'apprendre les pires choses sur sa vie privée. Cependant, qu'il pût entacher d'un déshonneur financier la famille de sa femme, c'était là un scandale dont ses ennemis eux-mêmes ne pouvaient se réjouir* » (chapitre XXVI, p. 248). La polémique revigore la communauté, surtout s'il s'agit de s'acharner sur un parvenu, un « *nouveau riche* » en quête d'intégration.

(T) Si les polémiques donnent l'impression de rapprocher les individus au sein de clans, Pierre-Henri Tavoillot invite à se méfier de l'engouement suscité par ces conflits. À plus ou moins long terme, ils génèrent la désagrégation du groupe et l'étiolement des individus.

(II) Le propos de l'auteur laisse percevoir l'ironie : toute polémique disloque la communauté et isole les individus.

(A) La communauté se fragilise ou se délite dans ces polémiques. Une communauté d'indignation ne peut être qu'illusoire et éphémère. En tant que pur déchaînement de violence (contrairement au débat, qui construit une pensée), elle ne grandit ni la communauté qui y cède, ni les individus aveuglés par leur hostilité envers « *l'autre* ». Qu'advient-il en cas d'apaisement ou d'épuisement de la polémique ? Une nouvelle dislocation des liens ? La nécessité de trouver un nouvel ennemi, un nouveau combat ? Spinoza souligne à maintes reprises que toute contestation des commandements de l'État menacerait la communauté : « *la conservation de l'État dépend avant tout de la fidélité des sujets, de leur vertu et de leur constance dans l'exécution des commandements* » (chapitre XVII, p. 101). Ainsi, une fois que le citoyen a accepté le contrat social, il doit obéir à l'État. Polynice sacrifie la ville pour son ambition, étant désormais prêt à « *détruire le pays de ses pères, les dieux de sa race, en lançant contre eux une armée étrangère* » (*Les Sept contre Thèbes*, p. 161). Dans le roman de Wharton, cette menace qui plane sur la communauté lorsqu'éclatent des polémiques est également rappelée par le premier arbitre de New York en matière de « *bon ton* » : « *Rien n'était de plus mauvais ton (Lefferts le faisait comprendre par ce geste) que de se quereller dans un lieu public* » (chapitre XXVIII, p. 262).

(B) Les individus, pris dans la violence et dans des dilemmes, se perdent voire se détachent de la communauté. Enlisée dans une polémique sur sa fuite, sa séparation et son désir de divorcer, Ellen Olenska arrive dans une communauté qui tantôt l'accueille pour afficher une certaine grandeur d'âme, tantôt l'exclut au nom des conventions, dans *Le Temps de l'innocence*. Le chapitre XIII se conclut ainsi : « *Ellen Olenska souffrait de sa solitude* » (p. 134). Cet individu, enferré dans des tensions, est également l'homme superstitieux dépeint par Spinoza. Les superstitions, en engendrant « *comme un concours de fictions vaines* » (chapitre XVI, p. 90), produisent des rivalités stériles, des anathèmes et des excommunications violentes. Chacun élabore sa propre croyance en fonction de sa complexion propre, de telle sorte qu'on a affaire à de pures inventions (fictions) de l'imagination, inventions vaines, c'est-à-dire sans objet véritable, vides. Et ces fictions

Corrigés des dissertations

vaines se concurrencent (*« concours »*) les unes les autres, prétendant à la vérité. Ces conflits sans fin sous-tendent également les pièces d'Eschyle. Les deux tragédies suggèrent qu'aucun repos n'est possible pour l'humanité, car à chaque crise résolue répond une nouvelle crise. Ainsi, alors que tout semble réglé, un nouveau problème point : dans *Les Suppliantes*, si les Danaïdes sont sauves, elles craignent toutefois pour leur sort de jeunes vierges dans la nouvelle cité. Les suivantes du chœur décrivent alors le mariage comme inéluctable : « *Ce qu'a fixé le Destin risque fort de s'accomplir – on ne passe pas outre à la pensée de Zeus, auguste et insondable – et, après des milliers de femmes avant toi, l'hymen pourrait bien être ton lot final* » (p. 86). Il en va de même dans *Les Sept contre Thèbes*, une fois la cité apaisée des prédications d'Œdipe. Eschyle semblait vouloir soutenir l'idée d'une ville pacifiée, mais ses continuateurs ont transformé sa pièce en poursuivant la malédiction des Labdacides.

(C) Heureusement, certains individus cherchent à relier les communautés. C'est le cas de Catherine Mingott dans le roman de Wharton, décrite comme particulièrement audacieuse car elle invite des artistes chez elle et qu'elle « *aurait pu relier les deux milieux* » (chapitre XII, p. 117). Chez Eschyle, c'est le rôle du proxène, officier chargé des relations avec les étrangers. D'ailleurs, le *« didaskalos »* lui-même, par l'intermédiaire du chœur, semble blâmer le déchirement des liens. Quand deux frères se déchirent et s'entretuent, c'est l'humanité elle-même qui se meurt : « *mais le meurtre de deux frères, tombés sous des coups mutuels, c'est là une souillure qui ne vieillit pas* » (p. 164). Mais la pièce – dans sa version initiale, sans l'ajout apocryphe ultérieur – s'achevait sur une réunification dans la mort : « *Leur misère ira donc reposer près d'un père* » (p. 174). Spinoza souligne le désagrément que causent indéniablement les conflits : *« personne en effet ne vit sans angoisse parmi les inimitiés, les haines, la colère et les ruses, il n'est personne qui ne tâche en conséquence d'y échapper autant qu'il est en lui »* (chapitre XVI, p. 70) ; *« s'ils ne s'entraident pas, les hommes vivent très misérablement »* (p. 70).

(T) Puisque toute communauté fondée sur des colères communes ou des rivalités éphémères finit par péricliter, comment le groupe peut-il offrir stabilité, bien-être et échanges constructifs aux individus qui le composent ?

(III) Quels fondements permettraient d'assurer une communauté stable et susceptible de sortir les individus de leur isolement ?

(A) L'un des fondements semble le souci de dialoguer (et non de polémiquer), idéalement à partir d'une langue commune. Pour Spinoza, l'un des critères définitoires d'une nation est sa langue. En effet, les individus « *ne se distinguent en nations que par la diversité de la langue, des lois et des mœurs reçues* » (chapitre XVII, p. 134). Toutefois, le désir de dialoguer avec d'autres communautés peut être le fondement d'une communauté stable. Cela se vérifie tout particulièrement pour Spinoza lui-même, qui parlait couramment le flamand, le portugais et l'espagnol et qui pouvait lire l'italien, l'allemand et le français ainsi que quatre langues anciennes : l'hébreu biblique, l'araméen, le grec et le latin. Chez Eschyle, les personnages sont sensibles à la langue, distinguant le grec de la langue *« barbare »*. Des échanges sont possibles entre Grecs même s'il existe des dialectes (l'attique, le dorien, le béotien, l'argien, l'éolien…) qui, malgré l'intercompréhension, marquaient une identité culturelle forte. Ne voulant pas être livré *« à une armée qui parler une autre langue »* (*Les Suppliantes*, p. 148), le coryphée convainc Pélagos de leurs racines communes et trouve les mots qui touchent le roi, qui s'exclame : *« Que ta langue ait lancé des traits inopportuns qui remuent cruellement un cœur, des mots peuvent* *calmer une souffrance qu'ont causée des mots* » (p. 66). Un même processus est à l'œuvre chez Wharton. Initialement, la comtesse Olenska affirme à Archer : « *Je ne parle pas votre langue* » (chapitre XV, p. 145). Archer constate à regret que son rival est plus à même de dialoguer avec Ellen : « *Pourtant, cette langue d'Ellen Olenska, Beaufort en connaissait toutes les nuances ; il pouvait lui donner la réplique* » (p. 146). Néanmoins, cette différence de langue n'empêche pas un désir de communiquer et de se lier à l'autre : « *La réponse le blessa ; il s'arrêta dans le sentier.*

– Pourquoi suis-je venu, si vous ne parlez pas ma langue ?

– Oh ! mon ami ! » (p. 145).

(B) En outre, il convient que la communauté soit animée par un souci de protéger l'autre (qu'il appartienne ou non à la communauté) plus que de le détruire. Dans *Le Temps de l'innocence*, Archer s'émeut de la solidarité dont la communauté est capable : « *Archer approuvait entièrement la solidarité de famille, et admirait, chez les Mingott, le courage qu'ils montraient à défendre les quelques brebis galeuses que leur souche irréprochable avait produites* » (chapitre II, p. 29). Pour Spinoza, « *accomplir la loi de Dieu c'est pratiquer la justice et la charité suivant le commandement de Dieu* » (chapitre XIX, p. 167). La pratique de la charité exclut la pauvreté, qui est une cause de révolte et de de dissensions. Il mentionne également les confédérés qu'il définit ainsi : « *hommes de deux cités qui s'engagent par contrat à ne pas se faire de mal les uns aux autres, mais au contraire à s'assister en cas de besoin* ». L'hospitalité devient la qualité majeure des Argiens dans *Les Suppliantes* d'Eschyle : « *Des logis sont là tout prêts pour vous, si vous voulez habiter avec d'autres. Vous êtes libres aussi, s'il vous agrée davantage, d'occuper des demeures disposées pour vous seules. Choisissez – vous êtes libres – ce qui vous paraîtra le plus avantageux et le plus agréable* » (p. 84). Avec l'acceptation finale des femmes dans la cité, la tragédie s'achève sur la concorde entre deux communautés, au nom d'une fraternité retrouvée. Les « *antiques liens* » (p. 62) entre les deux pays sont ainsi retissés au nom de valeurs humaines.

(C) Enfin, il convient que la communauté instaure des cadres dans lesquels peuvent s'inscrire des débats féconds sans menacer le vivre ensemble. Dans *Le Temps de l'innocence*, certains débats entre des individus très différents sont présentés comme féconds. Il en va ainsi des discussions d'Archer avec Ned Winsett, « *le seul, parmi ceux que Janey appelait ses "amis intellectuels", avec lequel il aimât, parfois, vraiment s'entretenir* » (chapitre XIV, p. 135). M. Rivière, le précepteur français, célèbre les plaisirs d'un dialogue constructif et d'une parole audacieuse : « *Garder intactes sa liberté intellectuelle, ses facultés critiques, c'est cela, monsieur, qui prime tout. C'est pour cette indépendance que j'ai abandonné le journalisme et que j'ai accepté de devenir précepteur. Le métier est quelquefois bien aride ; mais on a la liberté de son esprit. On peut écouter et réfléchir, on peut causer. Ah ! la conversation ! Il n'y a rien de tel, n'est-ce pas ? L'air qui circule autour des idées est le seul air respirable* » (chapitre XX, p. 203). Spinoza ne peut qu'approuver cette vision des choses tant il faut autoriser les débats, le partage des opinions religieuses, reconnaître la liberté aux citoyens de croire et de penser dès lors que cela ne mène pas à des séditions. Autrement dit, cette liberté d'expression ne doit pas nuire à la paix sociale : « *s'il est impossible d'enlever complètement cette liberté aux sujets, il sera très pernicieux de la leur accorder entièrement* » (chapitre XX, p. 192). Il faut éviter toute forme « *de ruse, de colère, de haine* » qui nuirait à la concorde (p. 194). Pour contrebalancer cette résistance et assurer, autant que possible, l'unité et la paix de l'État, il faut concevoir des institutions qui limitent les effets délétères des passions humaines, en faisant que tous mettent le droit commun au-dessus de leurs avantages privés. C'est précisément ce que propose le théâtre grec envisagé dans la cité athénienne au ve siècle comme une liturgie qui permet de créer une communauté de spectateurs. Le débat a lieu sur la scène, pour permettre aux débats démocratiques d'exister et de souder la communauté des spectateurs par les pleurs. Le propre de la *catharsis*, c'est précisément de faire frémir tout le monde, et de rassembler par l'effroi. Là réside la transformation de la peine en plaisir.

Conclusion

Tavoillot explique le goût du « *clash* » par le mal-être d'individus en quête d'un clan. De fait, la polémique et le conflit semblent à même d'unir solidement les membres d'une communauté. Toutefois, le philosophe fait preuve d'une ironie qui discrédite ces communautés nées de l'indignation. Les conflits auraient plutôt pour effet de menacer la communauté et de renforcer l'isolement des individus. Il semble donc préférable de construire la communauté sur des socles plus solides et sur un autre usage de la parole : le désir de communiquer, le souci de protéger l'autre, la possibilité de débattre dans des cadres adéquats.

Sujet 3 (type Centrale)

Introduction

Dans son *Discours de la servitude volontaire* (1577), Étienne de la Boétie compare le peuple à un « *gros populas* », une masse sans instinct de révolte qui se soumet docilement au joug d'un tyran dont il fait son guide. Cette idée s'oppose ainsi à celle que développe John Stuart Mill dans *De la liberté* en 1859, quand il écrit qu'« *[...] au lieu de réprimer les individus exceptionnels, il faudrait les encourager à agir différemment de la masse* ». Ne blâmant pas la présence de tels individus dans une société, il émet un jugement critique contre les pratiques consistant à canaliser ces êtres singuliers. Si la société a besoin de ces individus porteurs d'élans, de projets, d'énergie, Mill pose un idéal, au conditionnel : « *il faudrait les encourager à agir différemment de la masse* ». Il promeut dès lors cet individu qui « *agi[t]* » sans suivre aveuglement la « *masse* », mais en cherchant à en être un guide, un meneur, peut-être même un sauveur. Nous nous demanderons donc, en prenant appui sur les deux tragédies d'Eschyle, *Les Suppliantes* et *Les Sept contre Thèbes*, sur les chapitres XVI à XX du *Traité théologico-politique* de Spinoza et sur le roman d'Edith Wharton, *Le Temps de l'innocence*, si les « *individus exceptionnels* » sont une source de déstabilisation ou un facteur de progrès pour la communauté. Nous défendrons alors d'abord, avec Stuart Mill, qu'il est nécessaire d'« *encourager* » l'élan des « *individus exceptionnels* » qui cherchent à « *agir différemment de la masse* » afin de guider leur communauté, avant de montrer, cependant, que ces mêmes individus peuvent toutefois constituer des dangers, et qu'à ce titre, on peut les « *réprimer* ». Nous terminerons enfin en montrant que l'énergie de ces êtres, si elle trouve une juste mesure, pourrait « *encourager* » la « *masse* » elle-même à quitter son inertie.

(I) Il est nécessaire, selon John Stuart Mill, de promouvoir l'élan des « *individus exceptionnels* » qui cherchent à « *agir différemment de la masse* » pour la servir, en être un meneur ou un guide.

(A) Tout d'abord, il est indéniable qu'une société présente toujours des *« individus exceptionnels »* : ces derniers en sont des meneurs ou des guides au service du renforcement de la communauté. Spinoza le souligne quand il reconnaît l'existence de telles personnes ayant une *« fierté de caractère »* (p. 200) au sein d'une société : l'homme engagé au service de sa cité est décrit comme capable *« de mourir pour la bonne cause, glorieux de donner sa vie pour la liberté »* (p. 200). La communauté porte ainsi en son sein des résistants, des révoltés qui prennent le risque d'une mort biologique ou sociale pour une cause qui leur semble noble. Cette image est présente, chez Eschyle, dans le type du bon roi capable de se sacrifier pour son peuple. Ainsi, dans *Les Sept contre Thèbes*, le courage d'Étéocle n'a aucune limite, et au moment de prendre les armes contre son frère, il prouve que son action n'est pas celle d'un lâche : *« mais il ne convient ni de pleurer, ni de se plaindre »* (p. 163). Son envie et son besoin de protéger la cité se font alors plus forts que tout, et il sauve sa cité par son sacrifice. D'une manière quelque peu différente, le roman d'Edith Wharton dresse l'image d'êtres qui gouvernent et mènent la société new-yorkaise par leur aura et leur prestige. Au début du roman, la narratrice décrit la construction pyramidale de la ville, dont les *« privilégiés »* (p. 65) sont notamment *« les Van der Luyden, descendants directs du premier gouverneur hollandais de New York »* (p. 66). Ces personnes de caractère esquissent des tendances, imprègnent la communauté de leurs passions et de leurs compétences. Ils sont respectés comme tels grâce à leur puissance.

(B) Dès lors, ces *« individus exceptionnels »*, parce qu'ils agissent *« différemment de la masse »*, font avancer la société et la communauté par leur audace et leur singularité. Il en va ainsi, pour Spinoza, des *« hommes de caractère indépendant »* (p. 197) dont l'*« autorité l'emporte dans la foule sur celle du souverain »* (p. 197). Ils agissent en marginaux, en s'extirpant de la masse, mais en donnant leur liberté et leur supériorité d'esprit pour la conduire. Ainsi apparaît d'ailleurs, dans une certaine mesure, le personnage d'Antigone chez Eschyle, quand elle refuse l'ordre collectif au nom de la justice, dénonçant les choix de la cité : *« Et je déclare, moi, aux chefs des Cadméens : si personne ne veut aider à l'ensevelir, c'est moi qui l'ensevelirai »* (*Les Sept contre Thèbes*, p. 175). Celle dont l'*« audace saura trouver les moyens d'agir »* (p. 175) apparaît également comme un être d'exception, qui agit contre la *doxa*, contre la loi, au service d'une justice singulière. Il en va de même dans *Le Temps de l'innocence* avec l'intellectuel Ned Winsett qui fait preuve d'audace et énonce des vérités qui dérangent la communauté new-yorkaise, notamment en prétendant que *« la vie intellectuelle ici meurt d'inanition »* (p. 138).

(T) Dès lors, nous voyons que l'élan des *« individus exceptionnels »* cherchant à *« agir différemment de la masse »* loue socialement ces êtres.

(II) Cependant, ces individus risquent aussi de faire de l'ombre à leur société, de servir leurs intérêts avant celui de la *« masse »*, et l'on comprend pourquoi la pensée dominante cherche souvent à les *« réprimer »*.

(A) En effet, l'attitude de ces *« individus exceptionnels »* peut être hostile à la communauté. Conscients de leur statut supérieur sur la *« masse »*, ces êtres peuvent être tentés d'agir non pour le bien du peuple, mais de manière individualiste ou intéressée. Dans le roman de Wharton, la position de supériorité des Van der Luyden sur le monde aristocratique new-yorkais apparaît comme maladive, d'après les allusions d'Ellen Olenska face à Archer, au chapitre IX. Celle-ci cherche en effet à ouvrir les yeux de son hôte en insinuant que l'état de santé de l'épouse n'est qu'un prétexte : *« d'un seul coup, elle avait frappé les Van der Luyden, et ils s'écroulaient ! »* (p. 90). Spinoza évoque, quant à lui, les dérives dans l'État des Hébreux, au chapitre XVIII, en montrant le dérèglement opéré lorsque *« les Pontifes eurent l'autorité de rendre des décrets et de traiter les affaires de l'État »* en *« usurp[ant] le droit du prince »* et en souhaitant *« qu'on leur donnât le nom de rois »* (p. 147). La supériorité du statut développe le zèle de certains dirigeants, qui n'agissent ainsi plus au nom d'une cause commune – celle de Dieu – mais au service de leur gloire personnelle. Il en va de même dans *Les Suppliantes* avec Égyptos, absent scéniquement, mais dont le pouvoir est immense puisqu'il somme ses hommes de traverser les mers pour récupérer son bien. Le personnage est assimilé à la violence du héraut sur les Danaïdes, et si Égyptos agit sur la masse, son audace apparaît à *« réprimer »*.

(B) Ces *« individus exceptionnels »* deviennent ainsi des figures marginales et rebelles. Dans *Les Sept contre Thèbes*, Étéocle accuse les Thébaines d'être de mauvaises guides du peuple par leurs lamentations car elles *« [sèment] la lâcheté au cœur des citoyens »* (p. 150). Le roi réprime alors ces femmes éplorées pour ne pas que *« débord[e] [leur] terreur »* (p. 150), ni qu'elle se propage. Dans le roman d'Edith Wharton, c'est la communauté elle-même qui cherche à étouffer le scandale qu'aurait représenté le divorce d'Olenska. Ellen apparaît dans New York comme une marginale, en décalage par rapport au regard social, et la communauté remercie Archer pour avoir *« obtenu d'Ellen qu'elle renonce à son projet »* (p. 156). La *« masse »* réprimande alors ceux qui font preuve d'une trop grande audace. C'est même à une condamnation bien plus violente que fait allusion Spinoza. Au sein de la théocratie des Hébreux, il analyse l'exemple de l'individu se pensant exceptionnel en se proclamant *« nouveau Prophète »* (p. 125). Mais pour *« réprimer »* ceux qui apparaissent comme des êtres profanes, *« une condamnation à mort pouvait être justement prononcée par le Chef »* (p. 126). Dès lors, nos œuvres montrent combien la communauté canalise par divers moyens les individus qui exhibent leur marginalité par rapport à la *« masse »*.

(T) Ainsi, si les propos de John Stuart Mill trouvent une forme de véracité, on comprend que la réprimande qu'il réfute apparaisse malgré tout comme compréhensible, tant les dérives de ces *« individus exceptionnels »* existent.

(III) Dès lors, on ne peut ôter à ces *« individus »* leur énergie qui, si elle est modérée et juste, peut permettre d'*« encourager »* la *« masse »* elle-même à quitter son inertie.

(A) Si la *« masse »* n'agit pas et se résigne à être dans une situation de mollesse, l'élan généré par les êtres de génie peut emporter avec lui la communauté dans son ensemble, et permettre à chacun de devenir *« exceptionnel »* dans la communauté. Spinoza rappelle à ce titre que le souverain doit faire en sorte que chacun puisse développer sa personnalité dans une société : comme guide mesuré de cette dernière, il insuffle à son peuple un élan positif, celui d'une *« liberté du jugement »* (p. 202), de sa faculté à choisir ses représentants, et d'agir dans *« la concorde »* (p. 202) avec les autres. Il en va de même avec l'éducation des jeunes filles dans *Le Temps de l'innocence*. Ces dernières, sous leurs airs candides auxquelles on les réduit souvent, peuvent avoir du caractère et cacher des *« individus exceptionnels »*, comme le souligne May : *« Ne croyez pas que les jeunes filles soient aussi ignorantes que l'imaginent leurs parents… On écoute, on observe ; on a ses sentiments et ses idées… »* (p. 159). Dès lors, l'énergie des forces géniales de leur société donne aux filles un élan pour devenir elles-mêmes des êtres au service de l'accomplissement de leur destin. Il en va de même des Danaïdes dans *Les Suppliantes*, qui réfutent les lois du mariage et osent *« agir différemment de la masse »*. Ainsi, lors de l'*exodos*, elles rappellent que même en ayant « *la résidence en ce pays* » (p. 72), elles resteront vierges : elles agissent et façonnent donc leur destin à leur convenance.

(B) Et si nos trois auteurs, par leur hauteur de vue, étaient les « exceptionnels » de ces « *individus* » et cherchaient à influer une nouvelle énergie dans la communauté humaine ? Agissant grâce aux pouvoirs de la littérature et de la philosophie, ils pourraient encourager « *la masse* » de leurs lecteurs à « *agir différemment* » dans leur monde. Il est indiscutable que Spinoza, en bon philosophe, cherche nécessairement à propager l'idée qu'« *il soit accordé à chacun de penser ce qu'il veut et de dire ce qu'il pense* » (p. 207). Modeste guide pour les siens, il dit n'avoir rien écrit « *qui ne s'accorde entièrement avec les lois du pays, la liberté et les bonnes mœurs* » (p. 208). Il en va de même dans nos deux œuvres fictionnelles, qui amènent à déconstruire la fiction, et à penser le créateur comme un guide. Ainsi, Edith Wharton joue-t-elle des codes du romanesque pour déconstruire « *le plus romanesque des romans* » (p. 80) qu'est le mariage arrangé entre May et Newland. Il s'agit alors de faire résonner l'ironie sous-tendue dans l'adjectif « *romanesque* » par la voix critique de la marginale Olenska qui voit cette union, comme le fait la romancière, comme arrangée et sans amour véritable. Wharton, en « *individu exceptionnel* », veut alors faire alors « *agir* » ou plutôt *ré-agir* la « *masse* » de son lectorat face à cette prédestination du cœur, en déconstruisant, dans son roman, les drames que la convention sociale impose. Il en va de même pour Eschyle qui, par l'épuration des passions qu'il excite chez son spectateur, les fait communier aux horreurs qui se jouent. L'hypotypose de la bataille fraternelle dans *Les Sept contre Thèbes* provoque une *catharsis* par laquelle les spectateurs frémissent, souffrent des peines racontées comme dans une liturgie – et le théâtre en est une – permettant de fédérer autour de valeurs fondamentales : celle du vivre ensemble que l'on cherche à retrouver dans une mythologie commune. Ainsi, nos œuvres, écrites par des individus exceptionnels, ouvrent des espaces de débat et de réflexion par l'écriture, tout en invitant l'individu lecteur-spectateur à explorer ses désirs, et à agir dans son monde au service du vivre ensemble.

Conclusion

Au terme de cette étude, il apparaît donc que si John Stuart Mill promeut l'action de l'être génial dans la société, nous gagnons à relativiser le fait que cet individu puisse agir « *différemment de la masse* ». En effet, pour que cet être agisse véritablement de manière « *exceptionnel[le]* », il faut que ses actions soient au service de cette foule, voire qu'il ouvre la voie à la réaction de cette dernière. Ainsi, l'« *individu exceptionnel* » est moins celui qui marque la communauté par son excès d'égo que celui qui fait preuve d'un altruisme à toute épreuve, pour changer son monde, agir sur lui. Il en va ainsi du statut de nos auteurs eux-mêmes, écrivant au service d'un collectif, pour leurs sociétés, en espérant que les hommes l'améliorent après eux.

Plans détaillés

Sujet 4 (type CCINP)

Pistes pour l'analyse et la problématisation

– La formule se veut généralisante : quelle que soit la nature de la communauté (nation, groupe social, famille), elle rend l'individu « *commun* ».

– Sous la plume de Nietzsche, philosophe soucieux de démasquer les impostures et les formes d'asservissement que nous imposent les idéologies, le terme « *commun* » ne peut être que péjoratif. On l'entendra au sens de « *banal, qui se fond dans la masse* ».

– Autrement dit, le collectif étouffe l'individu, lui fait perdre ses singularités, sa force, son énergie vitale.

– L'expression « *un jour, quelque part, d'une manière ou d'une autre* » suggère que cet effacement s'opère systématiquement, bien qu'à des degrés divers. Que l'individu se le tienne pour dit : à un moment ou à un autre, il deviendra vulgaire, médiocre, quelconque.

– Comment cet affadissement s'opère-t-il ? L'individu peut-il y échapper ? Ne peut-il reconquérir ce qui le distingue ?

– Finalement, l'individu peut-il et doit-il chercher à affirmer sa singularité à tout prix ? On peut, en effet, se demander s'il n'est pas bénéfique pour l'individu d'être « *commun* », d'être englobé dans un tout, de partager un « *monde commun* » avec d'autres.

(Problématique) Le « *commun* » dans lequel la communauté plonge l'individu est-il nécessairement néfaste ?

(I) Il est vrai que toute communauté rend l'individu banal et uniformise les êtres.

(A) Les individus inscrits dans une communauté perdent leur singularité car ils sont envisagés comme membres de ce groupe, englobés dans un pluriel, anonymisés au sein d'une masse indistincte.

◆ Eschyle : le chœur des *Suppliantes* est composé de cent jeunes filles, tout au plus différenciées par leur statut social : les Danaïdes et les suivantes.

◆ Wharton : cumul de pluriels dans l'expression « *Les Mingott, les Welland, les Van der Luyden, tous vos amis et vos parents* » (chapitre XII, p. 126). L'effet de miroir entre les générations atténue la singularité des êtres : « *Maintenant, May mûrissait tranquillement, exacte reproduction de sa mère ; mystérieusement, et par suite du même développement, elle tendait à faire de lui un second Mr. Welland* » (chapitre XXX, p. 275).

◆ Spinoza : évocation des collectifs la « *tribu de Lévi* » (chapitre XVII, p. 114) et « *les Hébreux* » (chapitre XVIII, p. 146).

(B) Parce que les individus adoptent les mêmes normes, les mêmes rites, le même langage, la pression du groupe uniformise les goûts et les pratiques.

◆ Wharton : l'effet de mimétisme réduit les êtres à des silhouettes : « *À la vue des grandes fenêtres derrière lesquelles les mêmes figures connues, coiffées des mêmes chapeaux haut de forme, se montraient toujours à la même heure, le courage lui manquait. Il devinait non seulement ce dont on parlait, mais comment chacun parlait* » (X, p. 99).

◆ Eschyle : afin de s'intégrer à la communauté qui les accueille, les Danaïdes devront faire preuve de modestie en tant qu'étrangères, afficher une certaine faiblesse en tant que victimes et devenir des femmes communes en copiant les Argiennes : « *Enfin, ni ne prenez trop vite la parole ni ne la gardez trop longtemps : les gens d'ici sont irritables* » (*Les Suppliantes*, p. 57.)

◆ Spinoza : le premier signe d'appartenance est le respect des mœurs et de la morale du groupe : pour appartenir à une communauté, il faut en respecter les usages, les lois et les codes moraux.

(C) Dès lors, le marginal – seul être original et authentique – risque d'être rejeté, dénigré.

◆ Wharton : « *mais sa mère ne comprendrait pas qu'on puisse désirer ne pas faire comme tout le monde* » (chapitre X, p. 98).

◆ Eschyle : Polynice, soucieux de se distinguer en détruisant sa Terre maternelle, devient, après sa mort, porteur d'une « *souillure* » indélébile (*Les Sept contre Thèbes*, p. 174).

◆ Spinoza évoque le danger de l'égoïsme qui anime celui qui veut se distinguer : « *Chacun pense être seul à tout savoir et veut tout régler selon sa complexion ; une chose lui paraît équitable ou inique, légitime ou illégitime suivant qu'il juge qu'elle tournera à son profit ou à son détriment* » (chapitre XVII, p. 102).

(II) Toutefois, l'individu inscrit dans une communauté n'est pas condamné à devenir commun : il peut prendre position contre la communauté, s'en détacher.

(A) La communauté n'abolit jamais les disparités qu'elle porte en son sein : elle reste composée de catégories et d'individualités.

◆ Wharton : « *Mrs. Archer était née Newland, et la mère et la fille, qui se ressemblaient comme deux sœurs, étaient, disait-on, de vraies Newland, toutes deux pâles, légèrement voûtées, avec un long nez, d'aimables sourires, et la distinction, la langueur de certains portraits de Reynolds. [...] Newland se rendait bien compte, pourtant, qu'au point de vue de leur mentalité, la ressemblance était moins complète que ne le faisaient croire leurs manières si exactement semblables* » (chapitre V, p. 52).

◆ Spinoza : celui qui vit en étant soumis à l'appétit a un droit souverain de le faire, de même que celui qui vit conformément à la droite raison. D'ailleurs, un individu est déjà une communauté d'individus.

◆ Eschyle : dans *Les Sept contre Thèbes*, la communauté des hommes reste divisée en catégories : les vieillards, les jeunes garçons et les hommes en âge de combattre.

(B) On peut éviter de devenir commun en fréquentant d'autres communautés, en découvrant d'autres codes.

◆ Wharton : le goût de la comtesse Olenska s'est développé en Europe. Pour expliquer le choix qu'elle a fait de vivre dans un quartier populaire, Ned Winsett formule l'hypothèse suivante : « *Elle a sans doute fréquenté une société moins fermée* » (XIV, p. 136).

◆ Eschyle : les Danaïdes, venues d'Égypte, découvrent que chez les Argiens, le peuple n'est pas seulement une masse indistincte, mais plutôt des individus consultés par leur chef. En affirmant « *C'est toi, la cité ; c'est toi, le Conseil* » (p. 64), le chœur trahit sa méconnaissance du système politique grec, qui repose sur la consultation populaire.

◆ Spinoza : Spinoza se donne les moyens de proposer à ses contemporains une organisation politique plus juste à partir de l'analyse critique de la constitution hébraïque, dont il se sert comme d'un exemple, et non comme d'un modèle.

(C) L'individu peut participer au mode de vie de la communauté et conserver une vie intérieure, un quant-à-soi, des pensées singulières.

◆ Spinoza : loin d'être vraies et objectives, les opinions religieuses sont surtout l'expression d'une manière d'être individuelle. Chacun peut adopter librement des croyances dès lors qu'il obéit aux lois de l'État et que les formes de la piété se règlent sur la paix et l'utilité de l'État.

◆ Wharton : Archer feint d'être « *commun* », mais il reste critique et se sait supérieur aux individus médiocres de sa communauté : « *Isolément, ceux-ci trahissaient leur médiocrité intellectuelle ; mais en bloc, ils représentaient "New York" et, par une habitude de solidarité masculine, Newland Archer acceptait leur code en fait de morale* » (chapitre I, p. 26).

◆ Eschyle : on devine que sous des dehors aimables et serviles, les Danaïdes entendent bien rester vigilantes et ne pas céder au désir futur de leurs hôtes.

(III) Finalement, est-ce vraiment un mal d'être « *commun* » ?

(A) Être « *commun* » relève d'une appréciation subjective : celui qui paraît « commun » dans son groupe peut paraître singulier aux yeux d'une autre communauté ou d'une autre génération. Au sein d'une même communauté, le « *commun* » peut évoluer avec le temps.

◆ Wharton : paradoxalement, alors que May incarne le type même de la « *fille bien* », correspondant pleinement aux standards de sa caste, elle dénigre M. Rivière, jeune Français ayant côtoyé Flaubert et Mérimée, le qualifiant de « *commun* » (chapitre XX, p. 203).

◆ Spinoza : Spinoza divise l'histoire des Hébreux en périodes, qui n'ont ni la même structure, ni la même valeur, ce qui relativise considérablement le statut de modèle puisque parler des institutions hébraïques en général n'a plus de sens.

◆ Eschyle : dans *Les Suppliantes,* le dialogue entre le coryphée et Pélagos montre bien qu'à partir d'une même origine (Io), deux communautés différentes ont émergé. Le « *commun* » des « *liens antiques* » a ici évolué, jusqu'à rendre les communautés étrangères l'une à l'autre – dans un premier temps du moins.

(B) Être « *commun* », c'est avoir « *en commun* » avec d'autres. Cela permet à l'individu d'avoir des repères.

◆ Wharton : l'image d'une communauté uniforme, voire monolithique, se retrouve dans la métaphore scientifique des « *atomes sociaux [qui] roulaient sur le même plan* » (chapitre XXXIV, p. 311). La communauté des riches de New York est ainsi décrite comme un « *cosmos* », monde clos sur lui-même et harmonieux.

◆ Eschyle : la joie de ne faire qu'un se ressent dans l'usage métonymique des noms de villes : « *Argos s'est prononcée d'une voie unanime* » (*Les Suppliantes*, p. 72). Cette union est également illustrée dans le principe des hoplites organisés en « phalange » (*Les Sept contre Thèbes*, p. 145) où chacun offre une protection à ses partenaires.

◆ Spinoza : « *Faire naître, dans les âmes des citoyens, un amour rendant presque impossible que l'idée leur vînt de trahir la patrie ou de faire défection* » (chapitre XVII, p. 127).

(C) Être « *commun* » offre une certaine tranquillité. La recherche permanente de la singularité marginalise et épuise. L'individu peut éprouver le besoin d'être compris, au double sens de « *faire l'objet d'une compréhension* » par autrui et d'un « *besoin d'être enserré, de faire partie quelque chose de plus grand que soi* ».

◆ Wharton : la comtesse Olenska aspire à se fondre dans le commun : « *Peut-être ai-je vécu avec trop d'indépendance. En tout cas, je veux faire ce que vous faites tous : je veux sentir de l'affection et de la sécurité autour de moi* » (chapitre IX, p. 89) ; « *Je veux rompre tout à fait avec ma vie passée ; devenir comme tout le monde ici* » (chapitre XII, p. 122).

◆ Spinoza : « *Pour vivre dans la sécurité et le mieux possible, les hommes ont dû nécessairement aspirer à s'unir en un corps et ont fait par là que le droit que chacun avait de Nature sur toutes choses appartînt à la collectivité et fût déterminé non plus par la force et l'appétit de l'individu, mais par la puissance et la volonté de tous ensemble* » (chapitre XVI, p. 70).

◆ Eschyle : aspiration des Danaïdes à l'empathie et à une protection de la part des étrangers : « *Des gerbes de sanglots disent ma terreur : trouverai-je ici des frères prêts à veiller sur mon exil, loin de la Terre Brumeuse ?* » (*Les Suppliantes*, p. 53).

Sujet 5 (type Mines)

Pistes pour l'analyse et la problématisation

– Roosevelt, Président des États-Unis de 1933 à 1945, insiste ici sur la démocratie, système dans lequel les citoyens élisent des individus qui deviendront leurs représentants.

– Élus, nommés, les dirigeants ont un devoir envers les citoyens dont ils sont les porte-parole.

– Dès lors, ils doivent orienter leurs actions vers le bien-être général et rendre des comptes devant le collectif.

– Ce sont cette responsabilité, cet engagement moral et cette exemplarité que rappelle Roosevelt tant il est vrai que le pouvoir suscite des tentations : abus, tyrannie, détournement au profit d'intérêts personnels.

– Notons que cette phrase aura fait l'objet de nombreuses reformulations, la plus célèbre étant peut-être cette maxime que les fans de Spiderman reconnaîtront : « *Un grand pouvoir implique de grandes responsabilités* ».

(Problématique) Est-il si évident que le chef d'une communauté se sente responsable devant des individus qui l'ont nommé pour les représenter ?

(I) L'individu placé à la tête du groupe doit se sentir responsable de la communauté et agir pour le bien général.

(A) Le groupe reconnaît pour figure tutélaire un individu à qui il confère du pouvoir, à travers des procédures, des manifestations, des symboles.

◆ Spinoza : après avoir fait un pacte avec Dieu, le peuple hébreu se donne pour chef Moïse : « *Par ce langage ils ont clairement aboli le premier pacte et transféré sans réserve à Moïse leur droit de consulter Dieu et d'interpréter ses édits* » (p. 109).

◆ Wharton : « *Mr. Van der Luyden portait encore le titre de "Patroon", titre comprenant des droits seigneuriaux et qui avait été conféré par la compagnie de colonisation néerlandaise, vers le milieu du xviiie siècle, aux premiers propriétaires sur l'Hudson* » (VI, p. 67).

Corrigés des dissertations

Cette description du statut de « *Patroon* » permet de légitimer la puissance souveraine de cette famille : la mention de la date inscrit la famille dans un lignage ancien, accroissant ainsi son autorité dynastique.

◆ Eschyle : dans *Les Suppliantes*, Pélagos incarne la cité argienne. Le chœur ne s'y trompe pas, quand il lui dit dans le premier épisode : « *C'est toi, la cité ; c'est toi, le Conseil [...] toi seul décides de tout* » (p. 64). L'identification du personnage à la *polis* fait de lui l'incarnation même de cette autorité.

(B) Mais le chef doit se sentir responsable pour la communauté : il est celui qui, face aux autres communautés, se fait le porte-parole des prières et des *desiderata*. Parallèlement, il doit rendre des comptes à sa communauté.

◆ Eschyle : n'osant d'abord pas promettre ce qu'il ne pourra réaliser sans l'assentiment de son peuple, le roi veut « *avoir communiqué les faits à tous les Argiens* » (*Les Suppliantes*, p. 64) avant de donner l'asile aux suppliantes. Dans *Les Sept contre Thèbes*, le rôle du chef est ainsi défini : « *Il doit dire ce que l'heure exige, le chef qui, tout à sa besogne, au gouvernail de la cité, tient la barre en main, sans laisser dormir ses paupières* » (p. 143).

◆ Spinoza : la tribu de Lévi est chargée d'interpréter les lois. Elle ne possède aucun bien mais doit mériter du peuple la considération et la « *fortune* » en interprétant les lois. Le pouvoir religieux est donc compensé par une forme de fragilité pour ce qui touche aux biens matériels.

Le chef est également responsable devant les « *dieux* » de la Cité.

◆ Eschyle : on ne cesse de les évoquer, de les prier, de les appeler à intervenir dans le sort des actants. Ils deviennent ainsi, eux aussi, des entités dirigeantes, qui gouvernent tous les hommes, jusqu'à leurs représentants.

◆ Spinoza : obéir au roi, c'est obéir à Dieu, car il contrôle la vie religieuse.

◆ Wharton : « *la tête bien lisse de Lawrence Lefferts semblait monter la garde pour préserver de toute offense l'implacable divinité du "Bon-Ton"* » (chapitre XIX, p. 189).

(C) Le rôle de chef est donc contraignant. Les œuvres expriment une certaine conscience de ce poids chez ceux qui en sont chargés.

◆ Wharton : « *C'était le lendemain de la visite d'Archer au musée ; on dînait dans la salle à manger lambrissée de noyer des Van der Luyden. Ceux-ci, incapables de supporter les émotions d'un scandale, s'étaient réfugiés à Skuytercliff après la faillite de Beaufort. Mais on leur avait fait observer que leur présence à New York était indispensable : n'étaient-ils pas les piliers de cette société ébranlée par la faillite ?* » (chapitre XXXII, p. 289).

◆ Eschyle : dilemme tragique du roi Pélagos : « *Mais vous secourir, je ne le puis sans dommage. Et pourtant il m'est pénible aussi de dédaigner vos prières. Je ne sais que faire ; l'angoisse prend mon cœur : dois-je agir ou ne pas agir ? Dois-je tenter le Destin ?* » (*Les Suppliantes*, p. 64).

◆ Spinoza : détenteur par le pacte des droits de tous les individus, le dirigeant peut théoriquement faire tout ce qu'il veut, suivre tous ses caprices et faire régner la terreur. Mais s'il est intelligent, il cherchera plutôt un commandement raisonnable, il suivra ce que la raison lui commande pour que son pouvoir soit moins contesté et donc moins susceptible d'être renversé. « *Il est extrêmement rare que les souverains commandent des choses très absurdes ; il leur importe au plus haut point, en effet, par prévoyance et pour garder le pouvoir, de veiller au bien commun et de tout diriger selon l'injonction de la Raison* » (p. 77).

(II) Mais le chef respecte-t-il toujours ce précepte ?

(A) Un grand pouvoir peut être source de grands abus.

◆ Wharton : « *Lawrence Lefferts se présentait à son esprit comme étant le mari qui avait le mieux réussi à tirer de ce genre d'association tous les bénéfices qu'il comportait. Devenu le grand prêtre du bon ton, il avait si bien façonné sa femme à sa convenance que, malgré ses liaisons affichées, elle se plaignait en souriant du "puritanisme de Lawrence", et baissait pudiquement les yeux quand on faisait allusion devant elle aux deux ménages de Julius Beaufort* » (chapitre VI, p. 62).

◆ Spinoza : dans le chapitre XVI, p. 269, il oppose le chef juste qui « *attribue à chacun ce qui d'après le droit civil lui revient* » et le chef injuste qui, « *sous une apparence de droit* », retire aux individus ce qui devrait leur revenir.

◆ Eschyle : Polynice se désolidarise de son frère et de son peuple pour « *détruire le pays de ses pères, les dieux de sa race, en lançant contre eux une armée étrangère* » (*Les Sept contre Thèbes*, p. 161).

(B) Loin d'être le porte-parole, il malmène les individus et étouffe leur parole.

◆ Spinoza : « *Dans un État et sous un commandement pour lesquels la loi suprême est le salut de tout le peuple, non de celui qui commande, celui qui obéit en tout au souverain ne doit pas être dit un esclave inutile à lui-même, mais un sujet* » (chapitre XVI, p. 78). À l'inverse, dans le régime monarchique, les individus peuvent être incités à « *répandre leur sang et leur vie pour satisfaire la vanité d'un seul homme* » (Préface, p. 47).

◆ Eschyle : Étéocle veut faire taire les femmes et s'adresse à elles avec virulence.

◆ Wharton : les arbitres du « *bon ton* » risquent toujours de jouer le rôle de censeurs, de dissuader les initiatives, donc de nuire à l'expression et à l'épanouissement des membres de la communauté.

(C) Un mauvais chef peut compromettre la communauté.

◆ Spinoza : « *Les schismes ne naissent pas d'un grand zèle pour la vérité (ce zèle est, au contraire, source de bienveillance et de mansuétude), mais d'un grand appétit de régner* » (chapitre XX, p. 205).

◆ Eschyle : le roi Laïos a commis, par *hybris* et volonté de puissance individuelle, un vœu contraire à celui des dieux. On comprend dès lors que le chant du chœur exprime la peur de la communauté : « *[...] et j'ai peur que Thèbes ne succombe avec ses rois/ Car voici que s'achève le douloureux règlement des imprécations d'autrefois* » (*Les Sept contre Thèbes*, p. 167). Les actions et erreurs individuelles ont des conséquences néfastes pour une communauté entière, et la faute individuelle condamne potentiellement tous les enfants de Thèbes à périr à cause de la démesure d'un homme seul.

◆ Wharton : Archer, en tant qu'homme de la famille, a un devoir envers sa communauté. S'il réussit à dissuader Ellen de divorcer (assurant en cela sa mission), il refuse de la renvoyer chez son mari. Dès lors qu'il est soupçonné d'avoir une relation avec la comtesse, il menace la communauté et se trouve écarté des discussions et des décisions.

(III) Finalement, malgré leur intégration dans une communauté, les individus ne doivent-ils pas être responsables d'eux-mêmes ? Il leur revient de prendre le pouvoir, de refuser d'être totalement absorbés par la communauté et ses figures tutélaires.

(A) Le chef n'est-il pas un citoyen comme les autres, parmi les autres ?

◆ Wharton : les chefs n'échappent pas au vice, aux ridicules, ni aux critiques *: « Ma famille méprise mon petit refuge. En tout cas, c'est moins triste que chez les Van der Luyden ! Archer fut ébloui de tant d'audace : on aurait trouvé peu d'esprits assez subversifs pour traiter de triste l'imposante demeure des Van der Luyden* » (chapitre IX, p. 88).

◆ Eschyle : de prime abord, le roi apparaît comme un citoyen parmi d'autres : « *Mais moi, en te parlant, à qui parlé-je ici ? Est-ce à un citoyen ? à un héraut, porteur de la baguette sainte ? au chef de la cité ?* » (*Les Suppliantes*, p. 59). Étéocle commande aux hommes parce qu'il a la légitimité d'être lui-même un soldat. Au terme de l'énumération des six chefs adverses, il affirme qu'il affrontera en personne le septième, Polynice : « *c'est moi-même qui irai me mesurer avec lui. [...] Roi contre roi.* » (*Les Sept contre Thèbes*, p. 163). Il précise ici son double statut de roi et de combattant : il se met ensuite dans l'accoutrement du soldat lorsqu'il demande qu'on « *apporte aussitôt [s]es cnémides* » (p. 163), c'est-à-dire ses jambières.

◆ Spinoza : définir les contours des prérogatives du chef de la communauté est difficile car il reste un individu, un simple particulier : c'est pour cette raison, selon Spinoza, que les anciens gouvernants se sont fait passer pour des dieux, car, pensaient-ils, leurs sujets « *souffriraient plus volontiers d'être gouvernés par eux* » (chapitre XVII, p. 104).

(B) La nécessaire répartition du pouvoir.

◆ Spinoza : le point essentiel dans les institutions hébraïques est que Moïse sépare le pouvoir politique en deux : il revient au prêtre d'interpréter les lois de Dieu et de les communiquer, et au roi d'administrer l'État suivant les lois déjà expliquées par le prêtre. Moïse ne donne à personne l'autorité pleine et entière ; il divise les pouvoirs et les empêche de fonctionner indépendamment l'un de l'autre : « *Moïse n'élut personne pour occuper après lui le pouvoir souverain, mais partagea de telle sorte ses fonctions que ses successeurs parussent des vicaires administrant un État en l'absence de son roi toujours vivant* » (p. 178).

◆ Eschyle : le chef ne peut rien sans la consultation du peuple.

◆ Wharton : le pouvoir social est réparti entre différentes familles. Dès lors, une décision se prend par la consultation de plusieurs instances. Comme l'explique Mr. Letterblain en confiant à Archer l'affaire du divorce de la comtesse : « *J'ai vu Lovell Mingott, et aussi Mr. Welland ; ils vous ont tous désigné* » (chapitre XI, p. 108).

(C) Il est risqué de se soumettre à la parole d'un chef, aussi légitime soit-il. L'individu doit garder le contrôle de sa vie, rester lucide dans ses choix et désobéir si cela est légitime. En tant qu'être libre, l'individu doit être capable d'exister pour soi. La communauté lui apporte tout au plus des repères, un fondement sur lequel il doit se construire de façon indépendante.

◆ Wharton : Mme Olenska a connu les codes de la haute société new-yorkaise, puis s'en est détachée au point de devenir étrangère à cette communauté. Bien que ce parcours la marginalise, il lui permet d'être vraiment elle-même et de faire preuve d'une audace et d'une liberté qui fascinent Archer.

◆ Eschyle : dans *Les Suppliantes*, certes, les Danaïdes sont des fuyardes, des bannies et des rebelles qui ont trahi le roi Égyptos et leur communauté, mais elles ont sauvé leur honneur.

◆ Spinoza : s'il autorise une liberté de penser et de parler, le philosophe prône une pleine obéissance au souverain. Cela n'empêche pas l'individu d'exercer son jugement. *In fine*, Spinoza estime qu'un homme qui obéit au souverain tout en faisant valoir sa raison est « *le meilleur des citoyens* » (chapitre XX, p. 194).

Sujet 6 (type X-ENS)

Pistes pour l'analyse et la problématisation

– Dans *Les Nourritures terrestres*, sorte de poème en prose, Gide évoque un éveil des sens. Encourageant son lecteur à se rendre disponible à la vie et ouvert à la beauté du monde, il l'incite à se défaire de ce qui l'aliène, à commencer par la famille.

– On prendra ici le terme « *famille* » au sens large : famille nucléaire et élargie (cousins, oncles, aïeuls…), famille de cœur (amis, partenaire) et toute communauté (classe sociale, communauté nationale) à laquelle l'individu est attaché par le sang, le sol ou les mœurs.

– Le cri de haine paraît viscéral : les communautés affectueuses seraient les plus néfastes si bien qu'il serait urgent de s'éloigner de ceux qui sont les plus proches de nous.

– Par le pluriel « *familles* », la citation dénonce le principe même de la famille en tant que milieu replié sur lui-même, comme en attestent les adjectifs « *clos* » et « *refermées* ».

– La formule « *possessions jalouses du bonheur* » peut être interprétée ainsi : les groupes repliés sur eux-mêmes se présentent aux individus comme la seule manière d'accéder au bonheur.

(Problématique) Dans quelle mesure la communauté, en tant que monde replié sur lui-même prétendant assurer pleinement le bonheur de l'individu, est-elle aliénante ?

(I) La communauté, en tant que milieu clos prétendant régir la vie de ses membres, peut être asphyxiante et détestable.

(A) La communauté est un milieu clos en termes d'espace et de comportements, donc possiblement étouffant. Elle transmet à l'individu des tares et des héritages pesants.

◆ Wharton : « *il pouvait aussi énumérer les caractéristiques de chaque famille : comme, par exemple, la fabuleuse avarice de la branche cadette des Lefferts – ceux de Long Island – ou encore la propension des Rushworth à faire des mariages insensés, ou encore la folie périodique de chaque seconde génération chez les Chivers d'Albany* » (I, p. 27).

◆ Eschyle : la famille et son héritage maudit : « *Ah ! race furieuse, si durement haïe des dieux ! Ah ! race d'Œdipe – ma race ! – digne de toutes les larmes ! Hélas ! voici accomplies aujourd'hui les malédictions d'un père !* » (*Les Sept contre Thèbes*, p. 163).

◆ Spinoza : si la communauté juive se revendique « *élue de Dieu* » depuis son origine, elle doit renoncer à cet héritage car elle ne bénéficie en réalité d'aucune prérogative : « *Une forme d'État comme celle-là ne pourrait convenir, tout au plus, qu'à des hommes qui voudraient vivre seuls sans commerce avec le dehors, se renfermer dans leurs limites et s'isoler du reste du monde* » (p. 146).

(B) La communauté fonctionne comme un « *foyer clos* » aux « *portes fermées* » en raison de son manque de curiosité et de son refus de s'ouvrir aux autres communautés.

◆ Eschyle : la communauté est sous-tendue par la haine de l'étranger : « *Une troupe inconnue ne se fait apprécier qu'avec le temps ; quand il s'agit d'un étranger, chacun tient prêts des mots méchants, et rien ne vient plus vite aux lèvres qu'un propos salissant* » (*Les Suppliantes*, p. 85).

◆ Wharton : la nation américaine ne vit que par opposition avec d'autres pays (notamment européens) et Archer ne conçoit pas de partir : « *Comme si un "gentleman" pouvait abandonner son pays ! C'était aussi impossible que de se mêler à la politique* » (chapitre XIV, p. 138).

◆ Spinoza : « *la haine atroce de tout Gentil devenue non seulement licite, mais devoir pieux* » (chapitre XVII, p. 129) : haïr les Gentils (les non-Hébreux) relève de la piété, ce qui favorise considérablement leur cohésion. Ils sont d'autant plus unis que leurs mœurs et leurs rites sont singuliers, différents des autres, et que tous les autres leur apparaissent comme des ennemis.

(C) La communauté prétend être la seule à même d'assurer le bonheur de chacun de ses membres, alors qu'elle empêche d'être libre et heureux.

◆ Wharton : « *Newland remercia le ciel d'être un citoyen de New York, et sur le point de s'allier à une jeune fille de son espèce* » (IV, p. 49), mais plus tard, on peut lire : « *La monotonie de sa vie lui mettait dans la bouche comme un goût de cendres ; par moments, il avait le sentiment d'être enterré vivant* » (p. 151).

◆ Eschyle : les Argiens rivalisent d'hospitalité au point de laisser penser aux Danaïdes que leur bonheur est garanti : « *Le logis ne nous manquera pas ; deux nous sont offerts, l'un par Pélasgos, l'autre par la cité – dont nous pouvons même user sans redevance : on nous rend tout facile* » (*Les Suppliantes*, p. 85). Danaos reste lucide sur le contre-don que leurs hôtes pourraient finir par exiger.

◆ Spinoza : la communauté n'empêche pas d'être libre et heureux. Dieu assure prospérité et bonheur aux Hébreux en échange de leur obéissance. Néanmoins, il y a des limites à cette prospérité, puisque cette idée de « *peuple élu* » a abouti à une société close sur elle-même et a alimenté l'hostilité des autres peuples.

(II) Mais la communauté peut être source d'attachement et de joie.

(A) Un attachement par habitude peut être renforcé par des pratiques communautaires qui fournissent des repères à l'individu.

◆ Wharton : « *Votre famille vous conseillera, vous expliquera, vous montrera la voie* » (chapitre IX, p. 92).

◆ Eschyle : Étéocle met sur le même plan la « *cité* » et la « *maison* » : « *Prend-elle peur, c'est un fléau pire encore pour sa maison et sa cité* » (*Les Sept contre Thèbes*, p. 148).

◆ Spinoza : la religion crée du lien entre les hommes. Pour le philosophe, « *accomplir la loi de Dieu c'est pratiquer la justice et la charité suivant le commandement de Dieu* » (chapitre XIX, p. 167). La pratique de la charité implique un soin accordé à l'autre et exclut la pauvreté.

(B) La communauté peut être choisie.

◆ Wharton : initialement, la comtesse Olenska déclare à Archer : « *Je ne parle pas votre langue* » (chapitre XV, p. 145). Néanmoins, cette différence de langue n'empêche pas un désir de communiquer et de se lier à l'autre : « *Oh ! mon ami !* » (p. 145).

◆ Eschyle : s'étant désolidarisées des fils d'Égyptos, les Danaïdes souhaitent désormais faire communauté avec les Argiens dans *Les Suppliantes*. Le retissage des « *liens anciens* » permet d'établir une communauté choisie. Dans *Les Sept contre Thèbes*, Polynice a, lui aussi, opté pour une nouvelle communauté composée de Tydée, Capanée, Étéocle, Hippomédon, Parthénopée et Amphiaraos.

◆ Spinoza : avec le pacte social (évoqué dans le chapitre XVI), les individus décident de transférer leur droit de nature. Il s'agit d'une communauté choisie, bien qu'elle soit en même temps nécessaire.

(C) Des moments de joie dans la communauté.

◆ Spinoza : « *Je ne pense pas qu'on puisse rien trouver de plus efficace pour fléchir les âmes des hommes ; rien ne s'empare de l'âme avec plus de force que la joie qui naît de la dévotion, c'est-à-dire à la fois de l'amour et de l'admiration* » (p. 132).

◆ Eschyle : joie de la victoire : « *Il y a là matière à la joie comme aux pleurs. Thèbes a la victoire* » (*Les Sept contre Thèbes*, p. 168).

◆ Wharton : Archer éprouve initialement une certaine joie à l'idée d'annoncer officiellement ses fiançailles avec May.

(III) Comment être heureux sans rejeter totalement l'appartenance à une communauté ?

(A) La possibilité de fréquenter différentes « *familles* » et de choisir de les aimer ou non.

◆ Wharton : « *Mrs Archer, qui aimait à mettre en axiomes sa philosophie sociale, disait : "Nous avons tous quelques chéris dans la racaille." Encore qu'elle fût osée, la phrase était juste, et plus d'un membre de cette société exclusive en avouait secrètement la vérité* » (III, p. 36).

◆ Eschyle : dans *Les Suppliantes*, les Danaïdes s'apprêtent à être adoptées et à adopter une nouvelle famille : les Argiens. Le mythe commun d'Io leur a permis de renier une famille – Égyptos et ses fils – au profit d'une famille plus aimable et tout aussi légitime du fait de leurs ancêtres communs.

◆ Spinoza : la notion de choix n'est pas pertinente, puisque chez Spinoza, tout être ne peut agir qu'en étant déterminé par son essence. Cela dit, on peut envisager, à partir du chapitre XX, que certains choisissent la soumission, et d'autres la révolte. On pourrait alors « *choisir son camp* » : « *Qui sait en effet qu'il est, dans sa conduite, irréprochable, ne craint pas la mort comme un criminel et ne se sauve pas du supplice par des implorations ; car le remords d'aucune vilenie ne torture son âme ; il est honorable à ses yeux, non infamant, de mourir pour la bonne cause, glorieux de donner sa vie pour la liberté* » (chapitre XX, p. 202).

(B) La communauté doit renoncer à encadrer pleinement le bonheur de l'individu afin qu'il apprenne à se connaître, à se questionner, à expérimenter.

◆ Spinoza : « *Ce n'est pas pour tenir l'homme par la crainte et faire qu'il appartienne à un autre que l'État est institué ; au contraire c'est pour libérer l'individu de la crainte, pour qu'il vive autant que possible en sécurité, c'est-à-dire conserve, aussi bien qu'il se pourra, sans dommage pour autrui, son droit naturel d'exister et d'agir* » (chapitre XX, p. 193).

◆ Wharton : cette rébellion de l'individu face au prétendu bonheur offert par la communauté est parfaitement visible dans la conversation entre Olenska, attachée à sa liberté, et Archer, plus conventionnel :

> « – *Franchement, que gagneriez-vous qui pût compenser la possibilité, la certitude d'être mal vue par tout le monde ?*
>
> *– Mais... ma liberté : n'est-ce rien ? [...]*
>
> *– L'individu, dans ces cas-là, est toujours sacrifié à l'intérêt collectif ; on s'accroche à toute convention qui maintient l'intégrité de la famille* » (chapitre XII, p. 126).

◆ Eschyle : dans *Les Suppliantes*, en fuyant l'union avec les fils d'Égyptos, les Danaïdes refusent le « *bonheur* » que souhaitait leur imposer la communauté. Néanmoins, l'intervention finale des suivantes interroge la possibilité pour les femmes de refuser le mariage.

(C) Faire communauté, même provisoirement : une expérience sensible et intellectuelle que nous offrent les œuvres au programme.

◆ Eschyle : le théâtre, et spécifiquement la tragédie, s'inscrit dans un rituel social et religieux puisque les pièces étaient jouées à l'occasion de fêtes religieuses, les Dionysies.

◆ Spinoza : l'auteur programme comme lecteur idéal « *le lecteur-philosophe* », intelligent et ouvert, par contraste avec les « *non-philosophes* » pétris de préjugés, de superstitions et de craintes : « *Tel est, Lecteur Philosophe, l'ouvrage que je te donne à examiner avec la conviction qu'en raison de l'importance et de l'utilité de son objet, qu'on le prenne dans sa totalité ou dans chacun de ses chapitres, il ne recevra pas de toi mauvais accueil* » (Préface, p. 59). Spinoza en appelle à l'intelligence d'un lecteur qui ne doit pas hésiter à exercer son jugement critique, donc à débattre.

◆ Wharton : le roman met ponctuellement en scène des communautés réunies autour d'une création : « *dans les fauteuils et dans les loges, on souriait un peu des sentiments rebattus et des situations sensationnelles, mais on ne s'en amusait pas moins* » (XIII, p. 125). Archer tente de créer avec May une « *communauté de lecteurs* » avec des résultats mitigés : « *elle s'était même essayée à la lecture, et déjà elle était assez avancée pour se moquer avec lui de la fade sentimentalité des* Idylles *de* Tennyson, *mais non pour goûter la beauté d'Ulysse et des Lotophages* » (chapitre VI, p. 62).

Plans simples

Ces sujets ne sont traités que dans leur démarche argumentative. Vous pouvez, pour vous entraîner, chercher dans chaque sous-partie les exemples les plus adéquats pour chaque argument, puis rédiger une des parties. Cet exercice constitue un très bon entraînement pour faire le point sur vos connaissances et sur votre capacité à rédiger.

Sujet 7 (type BCPST)

Pistes pour l'analyse et la problématisation

– La citation interroge le lien entre l'homme solitaire et la communauté. L'isolement de *« l'homme solitaire »* lui est bénéfique afin de penser seul, loin des opinions d'autrui et du bruit du monde.

– L'expression « *homme solitaire* » exige de spécifier l'identité de celui qui s'isole. Par ailleurs, de quelle nature est sa retraite ? Est-elle choisie ou imposée ? Est-il solitaire par nature ou temporairement ?

– Quelles relations cet homme solitaire entretient-il avec *« la communauté »* ? S'agit-il de la communauté humaine ou d'une communauté spécifique dont il serait issu mais qu'il aurait quittée ?

– Cette prise de distance serait propice à la création de nouvelles valeurs, ce qui implique d'une part que la communauté est déjà porteuse de valeurs, mais que ces valeurs peuvent (doivent) être repensées et renouvelées. On nommera *« valeurs »* ce à quoi les individus attribuent de la valeur, de l'importance, et qui sont partagées socialement.

– Pour quelles raisons éprouve-t-il le besoin de créer de nouvelles valeurs ? Il faut supposer que ces valeurs peuvent être désuètes, sources d'exclusion, immorales (la valeur trop forte accordée à l'argent ne privilégie-t-elle pas le gain, au détriment de l'altruisme et de la solidarité ?).

– Mais une fois ces valeurs conçues, théorisées, que peut-il en faire ? Peut-il les présenter au groupe et espérer l'influencer, le modifier ?

– Cette phrase provient de l'essai *Comment je vois le monde* et prend place dans un paragraphe plus long qui pourrait faire l'objet d'une dissertation : *« L'homme solitaire pense seul et crée des nouvelles valeurs pour la communauté. Il invente ainsi de nouvelles règles morales et modifie la vie sociale. La personnalité créatrice doit penser et juger par elle-même car le progrès moral de la société dépend exclusivement de son indépendance. [...] Je définis une société saine par cette double liaison. Elle n'existe que par des êtres indépendants mais profondément unis au groupe. »*

– Einstein défend donc l'idée que ces règles ont un impact sur la vie sociale. Parce que la citation sélectionnée ne le précise pas, on peut se demander comment un *« homme solitaire »* pourrait avoir une influence sur le groupe et l'amener à modifier sa façon de vivre et ses priorités.

(Problématique) Dans quelle mesure un individu solitaire peut-il à la fois se détacher de la communauté pour mettre à distance ses valeurs et créer de nouvelles valeurs que le groupe serait susceptible d'adopter ?

(I) Il est vrai que l'individu solitaire peut, par sa réflexion indépendante, créer de nouvelles valeurs pour la communauté.

(A) La citation suppose que toute communauté repose sur des valeurs. Ces valeurs dominantes, propres à chaque communauté, relèvent d'un héritage ancestral, de mythes. Elles peuvent être ancrées, diffusées et entretenues par des *« dirigeants »* ou par certains *« êtres modèles »*.

(B) L'homme solitaire prend du recul sur les valeurs à l'œuvre dans la communauté. Mais qui est ce solitaire ? Quelles formes prend sa retraite ? Est-elle provisoire ou définitive ?

(C) S'éloignant des valeurs de la communauté, il peut proposer d'autres valeurs, plus modernes, plus inclusives, plus morales. Le solitaire peut envisager de nouveaux modes de vie, plus ouverts à l'altérité. Il peut également imaginer un renouvellement du langage s'il le juge empreint de connotations, voire de préjugés.

(T) Par son regard décentré, l'individu solitaire semble à même de reconsidérer les valeurs de la communauté. Néanmoins, la solitude et l'éloignement de la communauté sont-elles les meilleures conditions pour envisager de nouvelles valeurs pour le groupe ?

(II) Toutefois, l'homme solitaire risque de se couper de la communauté et de déployer une pensée peu féconde.

(A) L'homme solitaire qui « pense seul » ne devient-il pas un marginal dont la pensée risque d'être condamnée par la communauté ? Parce que tout individu peut se tromper, s'égarer, on peut d'abord se demander si la mise à l'écart est nécessairement féconde. Par ailleurs, un éloignement trop radical peut déconnecter l'individu de la communauté. *In fine*, celui qui pense seul pense comme un être à part : il peut avoir raison, mais il prend le risque d'être condamné par la pensée commune.

(B) De fait, on pense souvent mieux à plusieurs. La pensée est rendue plus féconde par la fréquentation d'autrui, le débat, les dialogues. C'est dans l'échange que la communauté peut être repensée, plus que dans la pensée unique d'un homme solitaire.

(C) Néanmoins, faute de pouvoir dialoguer avec autrui, l'homme solitaire peut prendre du recul en s'appuyant sur les exemples du passé ou sur des lectures.

(T) *In fine*, l'homme solitaire risque de créer des nouvelles valeurs pour lui, plus que pour la communauté. Comment peut-il savoir ce qui vaut pour la communauté s'il ne la fréquente plus ? Dès lors, afin que la citation d'Einstein soit valide, il faut peut-être fixer des conditions et des limites à la solitude.

(III) Finalement, il faut probablement fixer des limites et des conditions à la rupture et à la solitude.

(A) L'individu solitaire ne peut pas s'inscrire dans une solitude radicale s'il veut proposer des valeurs adaptées à la communauté. Il doit se contenter de retraites ponctuelles ou de décisions temporaires qui s'inscriront dans la volonté de la communauté.

(B) Parce que l'on pense souvent mieux à plusieurs, si *« l'homme solitaire »* veut créer de nouvelles valeurs pour sa communauté, il doit certes s'en détacher, mais la fréquentation d'autres communautés peut lui être profitable.

(C) L'homme seul devra nécessairement réintégrer la communauté s'il veut que les nouvelles valeurs prennent vie et soient adoptées par la communauté. Il doit en effet les partager, les promouvoir (dans des traités, des discours), voire les incarner par son exemple.

Sujet 8 (type CCINP)

Pistes pour l'analyse et la problématisation

– Le propos souligne les dérives autoritaires de communautés qui absorbent l'individu.

– La négation restrictive « *ne... que* » appuie cette idée d'étouffement.

– Le rythme ternaire « *l'intégration, l'homogénéité et le consensus* » pourrait correspondre à des valeurs bénéfiques si on les comprend comme une capacité d'accueil et une recherche de concorde.

– Mais la fin de la phrase confirme la portée critique du propos : les communautés ne « *supportent* » pas le débat, non seulement au sens où elles ne l'encouragent pas, mais aussi en tant qu'elles ne résistent pas à un débat qui les mettrait en question, qui ferait émerger les divergences et les menacerait.

– En somme, les communautés chercheraient à contrôler les individualités et à canaliser toute forme de marginalité ou de dissidence.

(Problématique) Les communautés ont-elles besoin d'étouffer les individualités et de censurer le débat démocratique pour assurer leur survie ?

(I) Il est vrai qu'un monde dominé par les communautés absorbe les différences.

(A) Le monde des communautés favorise l'intégration et l'homogénéisation par la séduction, par une « *tyrannie douce* » (terme employé par Tocqueville pour décrire la démocratie américaine). La communauté enserre l'individu dans des espaces clos ou restreints qui lui donnent l'impression d'un cocon, d'une protection afin de mieux le contenir, le contrôler.

(B) Mais cela pourrait tout aussi bien se faire par la violence. La communauté oblige tout membre à respecter des lois et sanctionne ceux qui y dérogent. Elle lui impose également des rites et des dieux pour former un consensus.

(C) Soucieuses d'empêcher toute contestation et tout écart, les communautés se définissent par le rejet du débat démocratique, le refus de voir les valeurs ancestrales mises en doute, estimant que cela les fragiliserait.

(T) La citation suggère que les communautés, se sentant menacées par tout dissensus, tentent d'intégrer les individus et de faire taire leurs singularités. Mais les communautés sont-elles à ce point fragiles et hostiles à la diversité ?

(II) Mais les communautés sont-elles si fermées ? Leur pérennité n'est-elle pas assurée, au contraire, par leur capacité à accueillir une certaine hétérogénéité, qui est à l'origine même du débat démocratique ?

(A) Si la citation évoque la stratégie d'intégration, on constate que le monde dominé par les communautés peut aussi choisir d'exclure. L'homogénéité de la communauté n'est garantie qu'au prix du rejet des différences et des marginaux.

(B) Mais la puissance d'une communauté ne vient-elle pas de sa capacité à accueillir la différence ? Cet accueil de la différence l'enrichit et lui permet de se régénérer, de rester un organisme vivant. Les communautés, derrière leur apparente homogénéité, sont composées de pièces rapportées, de groupes multiples, voire d'étrangers. C'est cette pluralité qui fait sa force et sa vitalité car la communauté se trouve ainsi renouvelée, dynamisée, modernisée.

(C) Le débat démocratique consolide la communauté et évite la sclérose. Les délibérations du peuple réaffirment les valeurs de la communauté et la raffermissent ; la liberté de jugement et le déploiement d'opinions diverses et opposées ne nuit ni à la concorde, ni à l'État.

(T) Il est donc possible que les communautés tirent profit de la variété des individus qui la composent et de la pluralité des opinions qui y circulent. Mais si Touraine envisage un monde dominé par les communautés, on peut s'interroger sur leur nécessité.

(III) Alain Touraine évoque un monde plein de dangers parce qu'il est dominé par les communautés. Toutefois, cette situation de communautés qui s'imposent dans une démocratie n'est-elle pas plus enviable qu'une société entièrement dominée par des individualités ?

(A) Un monde dominé par les individualités pourrait courir le risque d'une atomisation des groupes et de conflits permanents ou dérisoires pour des intérêts personnels.

(B) Pire que les conflits, l'absence de confrontations constituerait un vrai risque pour la démocratie car il n'y aurait plus de *« monde commun »*, mais seulement des horizons subjectifs, des *« bulles »*. Il en découlerait une solitude accrue des individus.

(C) Dès lors, le pouvoir du roman, du théâtre et de la philosophie consiste peut-être à théoriser ces mondes dominés par des communautés ou des individualités. Le lecteur/spectateur peut ainsi mettre ces mondes en débat et s'interroger sur sa place dans la communauté.

PARTIE 6

Citations

1. Eschyle

A. *Les Suppliantes*

1. « Des gerbes de sanglots disent ma terreur : trouverai-je ici des frères prêts à veiller sur mon exil, loin de la Terre Brumeuse ? » (Chœur, p. 53.)
▶ **Thèmes** : importance de la fraternité ; communauté ; exil pour préserver les droits individuels.

2. « Que les enfants d'une auguste mère échappent aux embrassements des mâles, libres d'hymen, libres de joug ! » (Chœur, p. 55.)
▶ **Thèmes** : communauté des femmes rassemblées au nom du sort individuel de chacune ; mariage forcé ; femmes objets des hommes.

3. « [...] répondez aux étrangers en termes suppliants, gémissants et éplorés, ainsi qu'il convient à des arrivants, en disant nettement que votre exil n'est pas taché de sang. » (Danaos, p. 57.)
▶ **Thèmes** : accueil de l'autre ; assimilation de l'étranger à une autre culture ; volonté de paix.

4. « D'où vient donc cette troupe à l'accoutrement si peu grec, fastueusement parée de robes et de bandeaux barbares, à qui je parle ici ? » (Pélasgos, p. 59.)
▶ **Thèmes** : regard de la cité sur un peuple étranger ; différence culturelle ; opposition entre individu barbare et culture de la communauté argienne.

5. « Vous semblez en effet avoir d'antiques liens avec notre pays. » (Pélasgos, p. 62.)
▶ **Thème** : origines communes entre les communautés.

6. « Mais vous secourir, je ne le puis sans dommage. Et pourtant il m'est pénible aussi de dédaigner vos prières. Je ne sais que faire ; l'angoisse prend mon cœur : dois-je agir ou ne pas agir ? Dois-je tenter le Destin ? » (Pélasgos, p. 64.)
▶ **Thèmes** : dilemme tragique ; l'individu contre la communauté ; conséquences d'une décision individuelle sur un collectif.

7. « Décider ici n'est point facile : ne t'en remets pas à moi pour décider. Je te l'ai dit déjà : quel que soit mon pouvoir, je ne saurais rien faire sans le peuple. Et me garde le Ciel d'ouïr Argos me dire un jour, si pareil malheur arrivait : "Pour honorer des étrangers, tu as perdu ta cité !" » (Pélasgos, p. 65.)
▶ **Thèmes** : refus d'un pouvoir autocrate ; un individu (même roi) ne peut décider sans le consentement de sa communauté.

8. « Rassurez-vous, mes filles : tout va bien du côté d'Argos ; le peuple a rendu un décret décisif [...] nous aurons "la résidence en ce pays, libres et protégés contre toute reprise par un droit d'asile reconnu ; nul habitant ni étranger ne pourra nous saisir ; use-t-on de violence, tout bourgeois d'Argos qui ne nous prête aide est frappé d'atimie, exilé par sentence du peuple". » (Danaos, p. 72.)
▶ **Thèmes** : acceptation d'une communauté par une autre communauté ; droit d'asile ; inviolabilité des lois démocratiques.

9. « Terre monstrueuse, juste objet de mon culte, que vais-je devenir ? Où fuir ? Sur la terre d'Apis est-il pour moi une cachette sombre ? » (Chœur, p. 78.)
▶ **Thèmes** : lamentation du chœur ; difficile recherche d'asile ; terres communes ; individu qui cherche sa place.

10. « Par un vote unanime, le peuple argien l'a proclamé sans appel : jamais il n'abandonnera à la violence une troupe de femmes. C'est là un clou assez fermement planté et enfoncé, pour que rien ne l'ébranle jamais. Il ne s'agit point de mots inscrits sur des tablettes ni scellés dans des rouleaux de papyrus : tu entends ici le clair langage d'une bouche libre. » (Pélasgos, p. 83.)
▶ **Thèmes** : éloge des institutions démocratiques ; communauté des femmes protégée par une autre communauté.

B. *Les Sept contre Thèbes*

1. « Peuple de Cadmos, il doit dire ce que l'heure exige, le chef qui, tout à sa besogne, au gouvernail de la cité, tient la barre en main, sans laisser dormir ses paupières. Car, en cas de succès, aux dieux tout le mérite. » (Étéocle, p. 143.)
▶ **Thèmes** : triomphe et défaite des troupes ; suprématie des dieux sur l'individu ; puissance et faiblesse du dirigeant.

2. « [...] n'arrachez pas du sol, avec ses racines, entièrement détruite, proie de l'ennemi, une ville qui parle le vrai parler de Grèce, des maisons qui protègent un foyer ! Ne courbez point un pays libre, une ville fondée par Cadmos, sous un joug d'esclave. » (Étéocle, p. 145.)
▶ **Thèmes** : soumission de l'individu à la loi divine ; supplication d'un dirigeant au nom de sa communauté.

3. « Je ne te dénie point le droit d'honorer les dieux ; mais, si tu ne veux pas semer la lâcheté au cœur des citoyens, reste en repos, ne laisse pas déborder ta terreur. » (Étéocle, p. 150.)
▶ **Thèmes** : communauté des hommes vs communauté des femmes ; risque d'impiété de la communauté des femmes ; importance des dieux fédérateurs de la cité.

4. « [...] c'est un ennemi qui engagera la lutte avec un ennemi, et ils heurteront des dieux ennemis sur leurs boucliers. » (Messager, p. 158.)
▶ **Thèmes** : guerre ; individu contre individu ; opposition des dieux.

5. « Pour les mortels, le succès n'est qu'un don des dieux. » (Messager, p. 162.)
▶ **Thèmes** : individus soumis aux dieux ; individus face aux dieux.

6. « Roi contre roi, frère contre frère, ennemi contre ennemi, j'engage le combat avec lui. » (Étéocle, p. 163.)
▶ **Thèmes** : guerre ; combat fratricide ; individu contre individu ; individu dévoué à la communauté.

7. « Les dieux ! ils n'ont désormais plus souci de moi. L'offrande de ma mort, seule, a du prix pour eux. » (Étéocle, p. 164.)
▶ **Thèmes** : sacrifice individuel au nom de la paix ; action individuelle au nom d'une malédiction.

8. « Ah ! race furieuse, si durement haïe des dieux ! Ah ! race d'Œdipe – ma race ! – digne de toutes les larmes ! Hélas ! voici accomplies aujourd'hui les malédictions d'un père ! » (Étéocle, p. 163.)

▶ **Thèmes** : individu victime de la faute de sa famille ; tragédie familiale.

9. « Leur haine a pris fin. Dans la terre trempée de leur sang, leurs vies se sont mélangées ; cette fois, ils sont bien du même sang ! » (Chœur, p. 172.)

▶ **Thèmes** : réunion des frères par la mort ; discordes individuelles et familiales ; guerre et paix.

10. « ANTIGONE : Et je déclare, moi, aux chefs des Cadméens : si personne ne veut aider à l'ensevelir, c'est moi qui l'ensevelirai. Je saurai affronter un péril pour enterrer un frère. [...] Et que personne n'aille décréter le contraire : mon audace saura trouver les moyens d'agir.

LE HÉRAUT : Je t'engage à ne pas être ainsi rebelle à ta cité. » (Antigone et le Héraut, p. 175.)

▶ **Thèmes** : individu contre la cité ; réfutation d'un ordre collectif au nom de la justice.

2. Baruch Spinoza, *Traité théologico-politique*

1. « Et la loi suprême de la Nature étant que chaque chose s'efforce de persévérer dans son état, autant qu'il est en elle, et cela sans tenir aucun compte d'aucune autre chose, mais seulement d'elle-même, il suit que chaque individu a un droit souverain de persévérer dans son état, c'est-à-dire (comme je l'ai dit) d'exister et de se comporter comme il est naturellement déterminé à le faire. » (Chapitre XVI, p. 66.)

▶ **Thème** : droit souverain de l'individu sur toute chose.

2. « Pour vivre dans la sécurité et le mieux possible, les hommes ont dû nécessairement aspirer à s'unir en un corps et ont fait par là que le droit que chacun avait de Nature sur toutes choses appartînt à la collectivité et fût déterminé non plus par la force et l'appétit de l'individu, mais par la puissance et la volonté de tous ensemble. » (Chapitre XVI, p. 70.)

▶ **Thèmes** : la communauté politique est instaurée pour fuir l'insécurité ; principe d'utilité de la communauté.

3. « Voici maintenant la condition suivant laquelle une société peut se former sans que le Droit Naturel y contredise le moins du monde, et tout pacte être observé avec la plus grande fidélité ; il faut que l'individu transfère à la société toute la puissance qui lui appartient, de façon qu'elle soit seule à avoir sur toutes choses un droit souverain de nature, c'est-à-dire une souveraineté de commandement à laquelle chacun sera tenu d'obéir, soit librement, soit par crainte du dernier supplice. Le droit d'une société de cette sorte est appelé Démocratie et la Démocratie se définit ainsi : l'union des hommes en un tout qui a un droit souverain collectif sur tout ce qui est en son pouvoir. » (Chapitre XVI, p. 75.)

▶ **Thème** : concilier le droit individuel et la société.

4. « Dans un État et sous un commandement pour lesquels la loi suprême est le salut de tout le peuple, non de celui qui commande, celui qui obéit en tout au souverain ne doit pas être dit un esclave inutile à lui-même, mais un sujet. » (Chapitre XVI, p. 78.)
▶ **Thème** : un peuple qui obéit dans son intérêt propre n'est pas un esclave.

5. « Nul en effet ne pourra jamais, quel abandon qu'il ait fait à un autre de sa puissance et conséquemment de son droit, cesser d'être un homme ; et il n'y aura jamais de souverain qui puisse tout exécuter comme il voudra. » (Chapitre XVII, p. 97.)
▶ **Thème** : limites indépassables du pouvoir politique vis-à-vis des individus.

6. « Chacun pense être seul à tout savoir et veut tout régler selon sa complexion ; une chose lui paraît équitable ou inique, légitime ou illégitime suivant qu'il juge qu'elle tournera à son profit ou à son détriment ; par gloire il méprise ses semblables et ne souffre pas d'être dirigé par eux ; par envie de l'honneur qu'il n'a pas ou d'une fortune meilleure que la sienne, il désire le mal d'autrui et y prend plaisir. » (Chapitre XVII, p. 102.)
▶ **Thèmes** : passions antipolitiques ; principes de destruction de la communauté politique.

7. « Constituer dans la cité un pouvoir tel qu'il n'y ait plus place pour la fraude ; bien mieux, établir partout des institutions faisant que tous, quelle que soit leur complexion, mettent le droit commun au-dessus de leurs avantages privés, c'est là l'œuvre laborieuse à accomplir. » (Chapitre XVII, p. 103.)
▶ **Thème** : les institutions, levier pour contrebalancer la nature « antipolitique » de l'homme.

8. « Où les hommes en effet commencent à disputer avec l'ardeur du fanatisme, appuyés de part et d'autre par des magistrats, il est impossible de jamais arriver à un apaisement et la division en sectes est inévitable. » (Chapitre XVIII, p. 149.)
▶ **Thème** : origine et danger de la division de la communauté.

9. « L'exercice du pouvoir ne va pas sans la pire violence dans un État où l'on tient pour crimes les opinions qui sont du droit de l'individu auquel personne ne peut renoncer. » (Chapitre XVIII, p. 154.)
▶ **Thème** : la liberté de penser de l'individu, un droit inaliénable.

10. « Il suit de là qu'on ne peut montrer aucune piété envers le prochain, qui ne soit impie, si quelque dommage en est la conséquence pour l'État, et qu'au contraire il n'est pas d'action impie envers le prochain qui ne prenne un caractère pieux, si elle est accomplie pour la conservation de l'État. » (Chapitre XIX, p. 173.)
▶ **Thème** : étendue du pouvoir politique : il détermine les lois religieuses.

11. « Ce gouvernement donc sera le plus violent qui dénie à l'individu la liberté de dire et d'enseigner ce qu'il pense ; au contraire, un gouvernement est modéré quand cette liberté est accordée à l'individu. » (Chapitre XX, p. 192.)
▶ **Thème** : la liberté d'expression comme droit inaliénable.

12. « Ce n'est pas pour tenir l'homme par la crainte et faire qu'il appartienne à un autre que l'État est institué ; au contraire c'est pour libérer l'individu de la crainte, pour qu'il

vive autant que possible en sécurité, c'est-à-dire conserve, aussi bien qu'il se pourra, sans dommage pour autrui, son droit naturel d'exister et d'agir. » (Chapitre XX, p. 192-193.)
▶ **Thème** : la finalité de l'État : libérer l'individu pour qu'il vive en sécurité et déploie sa puissance d'agir.

13. « On n'agit même jamais contrairement au décret et à l'injonction de sa propre Raison, aussi longtemps qu'on agit suivant les décrets du souverain. » (Chapitre XX, p. 195.)
▶ **Thème** : la soumission au pouvoir politique doit être totale dans les actes, et elle ne peut pas être contraire à la raison.

14. « Les hommes sont ainsi faits qu'ils ne supportent rien plus malaisément que de voir les opinions qu'ils croient vraies tenues pour criminelles, et imputé à méfait ce qui émeut leurs âmes à la piété envers Dieu et les hommes ; par où il arrive qu'ils en viennent à détester les lois, à tout oser contre les magistrats, à juger non pas honteux, mais très beau, d'émouvoir des séditions pour une telle cause et de tenter quelle entreprise violente que ce soit. » (Chapitre XX, p. 199.)
▶ **Thème** : la liberté d'avoir des opinions individuelles, condition de la concorde politique.

15. « On ne fera point que tous répètent la leçon faite ; au contraire, plus on prendra de soin pour ravir aux hommes la liberté de la parole, plus obstinément ils résisteront. » (Chapitre XX, p. 199.)
▶ **Thème** : résistance individuelle face à l'oppression.

16. « Combien de schismes enfin sont nés dans l'Église surtout de ce que les magistrats ont voulu mettre fin par des lois aux controverses des docteurs ! » (Chapitre XX, p. 200.)
▶ **Thème** : l'intervention du politique dans les opinions détruit l'unité de la communauté.

17. « Quelle pire condition concevoir pour l'État que celle où des hommes de vie droite, parce qu'ils ont des opinions dissidentes et ne savent pas dissimuler, sont envoyés en exil comme des malfaiteurs ? » (Chapitre XX, p. 201.)
▶ **Thème** : éloge des individualités dissidentes.

18. « Il faut nécessairement accorder aux hommes la liberté du jugement et les gouverner de telle sorte que, professant ouvertement des opinions diverses et opposées, ils vivent cependant dans la concorde. » (Chapitre XX, p. 202.)
▶ **Thème** : la diversité des opinions n'est pas incompatible avec la concorde.

19. « Les schismes ne naissent pas d'un grand zèle pour la vérité (ce zèle est, au contraire, source de bienveillance et de mansuétude), mais d'un grand appétit de régner. » (Chapitre XX, p. 205.)
▶ **Thème** : origine des divisions politiques et religieuses : la soif de pouvoir.

20. « Les vrais perturbateurs sont ceux qui, dans un État libre, veulent détruire la liberté du jugement qu'il est impossible de comprimer. » (Chapitre XX, p. 205.)
▶ **Thème** : détruire la liberté de jugement compromet la communauté.

3. Edith Wharton, *Le Temps de l'innocence*

1. « Rien ne lui était plus agréable chez sa fiancée que la volonté de porter à la dernière limite ce principe fondamental de leur éducation à tous deux : l'obligation rituelle d'ignorer ce qui est déplaisant. » (Chapitre III, p. 43.)
▶ **Thèmes** : éducation ; règles ; conformisme ; devoir collectif ; aveuglement.

2. « L'habitude de vivre ensemble dans une étroite intimité leur avait donné le même vocabulaire, l'habitude de commencer leurs phrases par : "Maman trouve", ou : "Janey est d'avis", selon que l'une ou l'autre désirait émettre une opinion personnelle. » (Chapitre V, p. 52.)
▶ **Thèmes** : langue et langage ; mimétisme ; opinion personnelle ; conformisme.

3. « Elle est "la pauvre Ellen" parce qu'elle a eu la mauvaise chance de faire un détestable mariage ; mais je ne vois pas que ce soit une raison pour se couvrir la tête de cendres, comme si c'était elle qui fût coupable. » (Chapitre V, p. 58.)
▶ **Thèmes** : langue et langage ; exclusion ; préjugé ; culpabilité.

4. « Si nous ne nous tenons pas entre nous, c'est l'effondrement de la société. » (Chapitre VI, p. 67.)
▶ **Thèmes** : esprit de corps et communauté ; devoir collectif ; règles.

5. « – À la mode ? Attachez-vous tant d'importance à la mode ? Pourquoi ne pas se faire sa mode à soi ? » (Chapitre IX, p. 89.)
▶ **Thèmes** : conformisme ; indépendance ; liberté individuelle et communauté.

6. « Peut-être ai-je toujours vécu avec trop d'indépendance. En tout cas, je veux faire ce que vous faites tous : je veux sentir de l'affection et de la sécurité autour de moi. » (Chapitre IX, p. 89.)
▶ **Thèmes** : esprit de corps et communauté ; règles ; conformisme ; culpabilité ; indépendance.

7. « Archer fut [...] ému à la pensée de ce qui avait pu donner à Mme Olenska cette soif d'une liberté qui comportait tant de solitude. » (Chapitre IX, p. 91.)
▶ **Thèmes** : liberté individuelle et communauté ; solitude.

8. « – Oh ! je sais, je sais. Elles veulent m'aider, mais à la condition de ne rien entendre qui leur déplaise. [...] La solitude, c'est de vivre parmi tous ces gens aimables qui ne vous demandent que de dissimuler vos pensées. » (Chapitre IX, p. 92-93.)
▶ **Thèmes** : conformisme ; règles ; solitude ; opinion personnelle ; culpabilité.

9. « Ne pourrions-nous pas être un peu nous-mêmes, May ? » (Chapitre X, p. 98.)
▶ **Thèmes** : opinion personnelle et communauté ; conformisme ; règles ; marginalité ou exclusion.

10. « Archer s'en voulait de la trouver un peu puérile dans la bouche de May, qui avait près de vingt-deux ans. Et il se demandait à quel âge les femmes "bien élevées" commençaient à penser par elles-mêmes. » (Chapitre X, p. 98.)
▶ **Thèmes** : éducation ; opinion personnelle ; conformisme ; préjugé ; culpabilité.

11. « Eh bien, puisqu'il leur faut une victime, je vous permets de leur livrer la comtesse Olenska, s'écria Archer. Je ne me soucie pas du tout de m'offrir en holocauste pour expier les crimes de Mme Olenska. » (Chapitre X, p. 104.)
▶ **Thèmes :** exclusion ; conformisme ; culpabilité.

12. « Ils étaient encouragés dans cette manière de voir par leurs mères, leurs tantes et autres parentes : toutes pensaient comme Mrs. Archer que, dans ces affaires-là, les hommes apportent sans doute de la légèreté, mais qu'en somme la vraie faute vient toujours de la femme. » (Chapitre XI, p. 111.)
▶ **Thèmes :** éducation ; préjugé ; conformisme ; culpabilité.

13. « Au-delà de la glissante pyramide qui composait le monde de Mrs. Archer, s'étendait la région hétéroclite où vivaient des artistes, des musiciens et des "gens qui écrivent". Ces échantillons épars de l'humanité n'avaient jamais essayé de s'amalgamer avec la société. En dépit de leurs originalités, on les disait pour la plupart dignes d'estime, mais ils préféraient rester entre eux. » (Chapitre XII, p. 116.)
▶ **Thèmes :** esprit de corps et communauté ; marginalité.

14. « Les artistes ici ne forment pas un milieu. On les tient plutôt en marge. » (Chapitre XII, p. 122.)
▶ **Thèmes :** exclusion ; esprit de corps et communauté ; conformisme ; langue et langage.

15. « Je veux rompre tout à fait avec ma vie passée ; devenir comme tout le monde ici. » (Chapitre XII, p. 122.)
▶ **Thèmes :** conformisme ; opinion personnelle et communauté ; règles ; marginalité.

16. « L'individu dans ce cas-là, est presque toujours sacrifié à l'intérêt collectif, on s'accroche à toute convention qui maintient l'intégrité de la famille, protège les enfants [...]. » (Chapitre XII, p. 126.)
▶ **Thèmes :** exclusion ; devoir collectif ; esprit de corps et communauté ; règles ; préjugé.

17. « La monotonie de sa vie lui mettait dans la bouche comme un goût de cendres ; par moments, il avait le sentiment d'être enterré vivant. » (Chapitre XV, p. 151.)
▶ **Thèmes :** conformisme ; solitude.

18. « Mrs. Archer vivait retirée du monde et l'observait du haut de sa solitude. » (Chapitre XXVI, p. 246.)
▶ **Thèmes :** solitude ; marginalité.

19. « Il se heurtait contre les préjugés et les points de vue traditionnels comme un homme absorbé se heurte contre le mobilier de sa chambre. Il était absent. Il s'étonnait parfois que les personnes qui l'entouraient pussent s'imaginer qu'il fût encore là. » (Chapitre XXVI, p. 251.)
▶ **Thèmes :** préjugé ; règles ; solitude ; marginalité.

20. « C'était ainsi dans ce vieux New York, où l'on donnait la mort sans effusion de sang ; le scandale y était plus à craindre que la maladie, la décence était la forme suprême du courage, tout éclat dénotait un manque d'éducation. » (Chapitre XXXIII, p. 301.)
▶ **Thèmes :** exclusion ; esprit de corps et communauté ; devoir collectif ; éducation.

PEFC/10-31-1895

Achevé d'imprimer en mai 2024 par l'imprimerie Chirat en France
Dépôt légal : mai 2024 - N° 202405.0011

N° éditeur : MAGSI20230218